U0854004

新编21世纪金融学系列教材

国际金融

第二版

编 著 蒋先玲

International Finance

中国人民大学出版社
·北京·

内容简介

本书全面涵盖了国际收支、汇率决定和国际货币体系的理论及实践内容，本书既重视传统理论，又包括许多国际金融研究的最新进展和国际金融实务的最新变化。与国内其他教材相比，本书强调了理论模型和假设，同时并不局限于介绍国际金融实务的操作技巧，而是将理论与实践结合在一起，还运用了大量图形、表格来阐述相关理论。一方面，本书尽量将深奥的理论模型简单化、通俗化，使本书的内容难度适当；另一方面，本书又总结了国际金融实务技术，强调国际金融理论与实务的相互指导、相互促进作用。

本书共分三大部分：第一部分为国际金融基础篇，包括第一章至第四章，主要介绍国际金融学的基本概念与基本原理，为学生深入学习后面的知识打下理论基础。第二部分为国际金融实务篇，包括第五章至第七章，主要介绍外汇市场与外汇交易、国际金融市场和国际信贷业务等国际金融实务的基本内涵及操作特点。第三部分为国际金融宏观管理篇，包括第八章至第十章。本部分主要探讨一些重要的国际金融话题，如汇率制度与国际储备管理、国际资本流动与国际金融危机以及金融全球化下的国际协调与合作问题等。讨论这些问题的相关章节之间的逻辑性没有前面两个部分严谨，在不同版本教材中的顺序相差很大，但这并不影响相关话题的重要性以及对相关知识的理解与掌握。每一个章节都可以作为一个相对独立的研究课题，它们对于研究和理解一国开放经济的状况是十分重要的，因此有必要进行深入学习。

本书的作者从事国际金融学的教学与研究工作近30年，长期坚持在教学第一线，因而教学经验丰富，这使得本书的结构安排符合教学规律，既便于教师安排教学，也便于学生理解与接受。

作者简介

蒋先玲 女，湖北潜江人，九三学社社员。经济学博士、二级教授，博士生导师。享受国务院政府特殊津贴专家，中组部第四批国家“万人计划”教学名师。现任对外经济贸易大学国际学院院长。

1987年中南财经政法大学金融专业毕业，获经济学学士学位，1990年中南财经政法大学金融学研究生毕业，获经济学硕士学位，2002年获得对外经济贸易大学经济学博士学位，2003年加拿大维多利亚大学（University of Victoria）商学院访问学者。主讲货币银行学、国际金融、国际金融管理及项目融资等课程，出版教材及专著14部。2012年北京市师德先进个人，2013年北京市高等教育教学名师，2015年鸿儒金融教育基金会首届“金融学杰出教师奖”获得者。获得2018年国家级教学成果奖二等奖两项、主讲的MOOC《货币金融学》获2019年国家精品在线开放课程称号、主讲的线下课程《货币银行学》获2020年首批国家级线下一流本科课程称号。主要研究方向为货币政策及开放条件下的金融理论与政策。

第二版前言

《国际金融》教材第一版完成于 2018 年 3 月，出版于 2018 年 10 月。虽然本书第一版是根据作者自 1991 年开始讲授国际金融课程近 30 年的授课心得和国际金融领域的最新发展整理而得，但由于最近两年国际金融领域发展迅速，加之我国教育教学改革正如火如荼，因而在向读者介绍国际金融的基本概念、基本原理和基本分析方法的过程中，如何讲好中国对外开放的故事，培养读者理解我国国际金融与开放经济政策等方面的问题以及进行独立思考的能力，显得十分必要。因此，在保证第一版基本结构和逻辑关系不变的基础上，本次修订主要做了以下调整：

第一，在章节结构上，每章增加了“本章启示”，算作抛砖引玉，帮助读者理解此章内容与现实问题的关联性，做到理论联系实践，从而激发其分析、解决现实问题的兴趣，培养思辨能力。

第二，增加了一些内容。例如，在第一章中补充了国际头寸的相关知识，以便分析一国金融账户交易的结果；在第三章汇率决定理论中，对每种汇率理论的假设和论证进行了详细补充；在第四章国际收支调节理论中，对蒙代尔-弗莱明模型的政策搭配思想进行了细致的整理，并补充了一些内容；在第五章中，由于外汇市场互换交易占了半壁江山，故对互换交易的规则进行了详细介绍；在第六章的专栏中对伦敦离岸人民币市场进行了介绍；在第七章国际信贷业务中，作者结合贸易融资的实际情况，对章节内容及结构进行了比较大的调整，重点介绍了从银行角度如何对进出口商进行贸易融资和提供综合服务等。

第三，对全书的文字和数据进行了校对及更新。

第四，本书建立了电子资源库，具体信息见书后的教学支持页，以便教师使用本书进行教学。

本书既适用于普通高等学校国际金融学或国际金融课程的教学，也适用于有兴趣了解国际金融领域相关原理的读者自学。在教学过程中，教师可根据所在院校对国际金融课程的学时要求进行增减。

在本书的修订过程中，作者得到了使用此书的各位师生提出的宝贵意见的支持，对外经济贸易大学博士生黄鑫、魏天磊、覃甜雨等进行了资料搜集工作，同时在编写过程中，作者参考了大量的同类教材、著作及期刊等，在此一并表示感谢。与此同时，作者还要感谢本书的责任编辑及中国人民大学出版社领导的辛勤付出。

由于本人的学识水平有限，书中难免存在疏漏、错误之处；在此，恳请读者批评指正！

作者邮箱：jiangxianling@uibe. edu. cn。

蒋先玲

2021 年 2 月于北京

第一版前言

本书全面涵盖了国际收支、汇率决定和国际货币体系的理论及实践内容，本书既重视传统理论，又包括许多国际金融研究的最新进展和国际金融实务的最新变化。例如，在介绍国际收支平衡表时，引用了《国际收支手册》第六版的标准，符合当前中国现状；与此同时，自进入21世纪以来，国际范围内的金融危机越来越频繁地爆发，本书对债务危机及货币危机等做了专门讨论。

与国内其他教材相比，本书不仅强调了理论模型和假设，而且并不局限于介绍国际金融实务的操作技巧，而是将理论与实践结合在一起，还运用了大量图形、表格来阐述相关理论。一方面，本书尽量将深奥的理论模型简单化、通俗化，使本书的内容难度适当；另一方面，本书又总结了国际金融实务技术，强调国际金融理论与实务的相互指导、相互促进作用。

此外，本书还具有一些适合学生使用的特点：①结构流畅，一气呵成。本书中各章节的逻辑通顺，并精炼为十章，既有利于大学16～18个教学周的学期安排，又突出了国际金融课程的相关知识特色，减少了与国际金融管理、国际金融风险管理及国际结算等课程的重复，一方面既便于教师安排教学，另一方面又能提高学生的学习兴趣。②本书的编排体例适合大学生的学习习惯。每章开篇都有“学习目标”等教学要点，并在许多章节加入了专栏、案例以及讨论内容，本书最后还附有国际金融重要术语的中英文对照表。此外，各章中还有一些关于最新金融实践的小专栏，可以帮助学生运用本章的知识，让学生感受到所学知识的有效性和趣味性。③相对于国外教材使用间接标价法而言，本书中的案例均以直接标价法为依据，这对于使用直接标价法的中国学生而言，掌握起来更为方便。④作者从事国际金融的教学与研究工作已近30年，长期坚持在教学第一线，有丰富的教学经验，因而本书的结构安排符合教学规律，便于学生理解与接受。

本书共分三大部分，各部分的主要内容和逻辑结构如下：

第一部分为国际金融基础篇，包括第一章至第四章，主要介绍国际金融的基本概念与基本原理，为学生深入学习后面的知识打下理论基础。

第一章为开放经济下的国际收支及其调节，这是本书的开篇章节。国际金融的研究任务之一就是研究开放经济下一国国际经济交易所面临的货币金融问题。因此，要研究国际金融，必须首先了解一国的国际经济交易状况，而国际收支与国际收支平衡表是对一国国际经济交易的统计记录。因此，国际收支平衡表及其失衡的原因、对策分析等成为本书的第一章内容。

第二章为开放经济下的外汇与汇率。国际经济交易不同于国内交易，需要用他国货币去折算或购买，比如进口美国产品必须用美元去购买。由于他国货币需要用本国货币来交换，因此国际经济交易的结果就产生了国际金融最基础、最重要的概念——外汇与汇率。汇率是重要的经济杠杆之一，汇率的波动会对一国经济产生重要影响，所以第二章重点介绍外汇与汇率的基础知识。

第三章为汇率决定理论。在前面的分析中，我们假定汇率是给定的，是外生变量。事实上，汇率与金融市场中的其他价格一样，都是随机变动的。若想在频繁变动的汇率中寻找规律并探究其原因，就需要对汇率决定理论进行系统的学习。因此，在第三章的学习中，我们将重点介绍国际收支说、购买力平价理论、利率平价理论及资产市场说等有代表性的汇率决定理论。

第四章为国际收支调节理论。第一章只是分析了国际收支失衡的调节措施，但由于国际经济交易的重要性，一些学者专门对导致一国国际收支失衡的根本原因及调节措施进行了理论研究，并形成了不同的国际收支调节理论。第四章将重点介绍国际收支弹性论、国际收支吸收论、国际收支货币论及政策搭配思想等对国际收支失衡原因及调节措施的基本观点。

第二部分为国际金融实务篇，包括第五章至第七章，主要介绍外汇市场与外汇交易、国际金融市场和国际信贷业务等国际金融实务的基本内涵及操作特点。

第五章为外汇市场与外汇交易。由于外汇市场和外汇交易的存在，资金在不同国家或地区的流转才得以进行，国际债权与债务关系才得以结清。随着外汇市场业务的不断拓展，外汇交易已不再是简单的国际贸易结算，出于规避汇率风险、套期保值和投机目的的外汇交易量呈逐步上升之势。因此，第五章将先学习传统的外汇交易，如即期外汇交易、远期外汇交易（虽然远期外汇交易也应算作金融衍生交易，但它与新型的期权交易、期货交易相比，属于最初的衍生交易，由于远期外汇主要是作为国际贸易和国际投资的结算工具，所以将远期外汇交易算作传统交易也有一定合理性）、套利交易和互换交易。此后，学习外汇市场的衍生交易，如外汇期货交易和外汇期权交易等。

第六章为国际金融市场。它为国际金融实务操作提供了重要的工具和场所，包括国际货币市场、国际资本市场以及产生于 20 世纪 60 年代、至今仍有生命力的欧洲货币市场。欧洲货币市场（又称离岸金融市场）的吸引力为我国将上海建设成国际金融中心和在香港、伦敦分别建立人民币离岸中心提供了有力的理论支撑及实证经验。与此同时，自 20 世纪 90 年代以来，在国际金融市场上涌现出了信用违约互换等新的金融工具，第六章也将加以分析。

第七章为国际信贷业务。这是国际金融实务的具体体现。如果说前述外汇市场和国际金融市场的业务不一定直接服务于实体经济，那么第七章的国际信贷业务就是紧紧围绕国际贸易和国际投资的融资问题展开的。通常说来，人们会将这些业务简单地列为贸易融资，贸易融资是国际金融实务的重要内容之一。因此，在第七章的学习中，我们将重点介绍出口信贷、国际保付代理及福费廷等信贷业务的操作特点。

第三部分为国际金融宏观管理篇，包括第八章至第十章。本部分主要探讨一些重要的国际金融话题，如汇率制度与国际储备管理、国际资本流动与国际金融危机以及金融全球化下的国际协调与合作等。讨论这些问题的相关章节之间的逻辑性没有前述部分严谨，在不同版本教材中的顺序相差很大，但这并不影响相关话题的重要性以及对相关知识的理解与掌握。每一个章节都可以作为一个相对独立的研究课题，它们对于研究和理解一国开放经济的状况是十分重要的，因此有必要进行深入学习。

第八章为汇率制度与国际储备管理，这是一国开放金融中的重要话题。第八章首先介绍了汇率制度的基本种类及优缺点，进而分析了汇率制度选择的影响因素，并利用蒙代尔-弗莱明模型的两国模型讨论了不同汇率制度下宏观经济政策的相对有效性，以便学生理解选择不同汇率制度的影响因素。与选择汇率制度相关的另一个问题是外汇管制，发展中国家都存在一定程度的外汇管制，了解通行的外汇管制措施对于顺利开展国际经济交易有重要的促进作用。通过一定的国际金融交易，在一国外汇管理法规的背景下，就形成了一国的国际储备。国际储备是一国对外清偿力的保证，但随着浮动汇率制度的合法化，国际储备资产的汇率风险日益加剧，国际储备管理的重要性日益突出。因此，第八章还会介绍国际储备管理的基本原理。

第九章为国际资本流动与国际金融危机。随着国际经济、金融一体化的加剧，跨国资本流动频繁，这在促进东道国经济发展的同时，也会带来负面影响，严重的还会带来金融危机。因此，第九章重点介绍国际资本流动的成因、发展趋势及主要形式，以及由国际资本流动不当引起的国际债务危机和货币危机。

第十章为金融全球化下的国际协调与合作。第九章分析了国际资本流动与国际金融危机，尤其是与生产和贸易无关的短期资金流动给全球金融市场稳定及各国经济带来的冲击，这表明了国际协调与合作的必要性和重要性。因此，第十章首先应用两国的蒙代尔-弗莱明模型分析一国经济波动在国际上传导的理论解释，证明国际协调与合作的必要性，然后介绍最重要的国际协调制度安排，即国际货币制度和国际金融组织（包括全球性国际金融组织和区域性国际金融组织），最后对区域间的货币协调（即货币区制度）进行简单介绍，特别是对欧元给区域货币协调带来的影响进行了分析。

在全书的编写过程中，对外经济贸易大学研究生丁万荣、王曼宁等进行了资料搜集及校对工作，在此表示感谢！与此同时，在编写过程中，作者参考了大量的同类教材、著作及期刊等，限于篇幅，恕不一一列出，在此特做说明并对相关作者表示感谢！限于作者水平，书中难免有疏漏、错误之处，恳请读者批评指正。作者邮箱：jiangxianling@uibe.edu.cn。

本书得到了“对外经济贸易大学教务处教材建设项目”的资助。

蒋先玲

2018 年 3 月 4 日于北京

目录

第四章

国际收支调节理论

第五章

外汇市场与外汇交易

第六章

国际金融市场

第七章

国际信贷业务

第八章

汇率制度与国际储备管理

第一章

开放经济下的国际收支及其调节

学习目标

- 掌握与国际收支相关的基本概念
- 看懂国际收支平衡表与国际投资头寸表
- 掌握国际收支失衡的含义及原因
- 理解不同汇率制度下国际收支的调节方式
- 掌握市场失灵时国际收支的政策调节措施

本章导读

国际金融学是研究开放经济条件下国际货币交易、资本运动、资金融通规律、制度安排及其组织管理的学科，其运行环境是国际经济交易。国际经济交易必然涉及国际债权与债务关系以及货币收支关系，从而产生了国际收支问题。理解国际收支状况是理解开放经济状况的重要指标，因此作为国际金融学的开篇，本章将介绍国际收支的概念，国际收支平衡表的构成、编制及分析，国际收支的调节措施。通过学习本章，学生可以理解国际收支平衡与失衡的内容以及我国国际收支的状况等，并能运用国际收支的基本概念及原理，针对一国对外经济交往的相关问题进行初步探讨与分析。

本章词汇

国际收支	居民	非居民	国际收支平衡表
自主性交易	调节性交易	支出增减政策	支出转换政策
顺差	逆差		

第一节　国际收支

国际收支（balance of payment）反映了一国与其他国家间的产品、资本和劳动力等要素的国际流动状况，是开放经济中对决策者而言最重要的指标之一。国际收支账户既是对国际收支的一个完整记录，又是衡量一国经济开放性的主要工具。

一、国际收支的概念

现在的国际收支概念采用的是国际货币基金组织（IMF）在《国际收支和国际投资头寸手册》（第六版）［以下简称《国际收支手册》（第六版）］中的规定："国际收支是指某个时期居民与非居民之间经济交易的汇总统计表。"

这一定义强调的是交易基础，只要国际经济交易发生，无论是否实际收付，都记入国际收支。它不仅包括涉及外汇收支的经济交易，而且包括未发生现金收付的其他经济交易。

二、国际收支概念的内涵

理解国际收支的定义需要掌握以下几点：

（一）国际收支是一个流量指标

流量指标是指在某一时期内才有经济含义的指标，如季度或年度的国民生产总值。与此相对应，存量指标是指在某一时点才有经济含义的指标，如在季末、年末的货币供应量等。

国际收支反映了在一定时期内一国对外经济交易的变动值，当人们提及国际收支时，必须指明它属于哪一个时期，即指明报告期。这个报告期可以是 1 年，也可以是 1 个季度或 1 个月，通常以 1 年为报告期。

（二）国际收支记载的是一国居民与非居民之间的交易

国际收支记载的交易主体是居民与非居民。只有居民与非居民之间的经济交易才算国际经济交易，才会记入国际收支。区分居民与非居民的标准不是国籍，而是经济利益中心所在地（居住地）。居民是一个经济概念，居民与公民不同，公民是一个法律概念。

居民是指在一个国家的经济领土内具有经济利益中心的经济单位。这里有三个关键点：

1. 经济领土

这是理解居民与非居民的空间标准，居民必须位于经济领土之内。一个国家的经济领土是指由该国政府有效实施经济管理的地区，包括两部分：一是该国陆地区域、领空、领海、在海上领土中属于该国领土的岛屿等地理领土；二是该国在世界其他地方的飞地。其中，飞地是指实际上位于其他国家领土内，由拥有或租赁它们的政府在经过它们实际所在国政府正式同意后，用于外交、军事、科学或其他目的的，有明确划分界限的陆地区域（如使领馆、军事基地、科学站、信息或移民局、援助机构、具有外交身份的中央银行代表处等）。这些区域可以与其他组织共享，但作为飞地，其执行部门必须在很大程度上不受地方法律的制约。然而，完全受东道国经济体法律制约的政府执行部门不被视为本国居民，而被视为东道国经济体的居民。

2. **经济利益中心**

这是理解居民与非居民的时间标准。居民必须在经济领土范围内具有“经济利益中心”。经济利益中心是指一个经济单位在某经济领土范围内拥有的相对固定的活动场所（如厂房、设施、住宅等），在当地用一年或一年以上从事某种经济活动或交易，或者计划如此行事。

3. **经济单位**

对于一个经济体来说，其居民单位主要由两大类经济单位组成，可细分为个人、政府、企业和社会团体四种类型。

（1）家庭和组成家庭的个人。它们构成“住户居民”，凡在所在国从事经济活动与交易满 1 年及 1 年以上的个人，除外国驻本国外交使节、军事机构和联合国维和军事人员外，无论其国籍，均属本国居民。在这里，需要强调的是住户的居民属性取决于其住所所在地，而不是工作所在地。例如，边境工人属于本国居民，其工作地点和住所地点不一致，他们白天或者经常（如每星期）跨过边境到邻国工作，但其住所在本国，因而他们就是本国的居民、邻国的非居民。类似地，还有因季节性工作需要在另一个国家工作后再回到其家庭的季节性工人，他们是本国的居民。而在国外停留时间即使超过 1 年的本国留学生、病患者以及他们的陪同家属，仍被视为本国居民。学生在其东道国经济体内的学费和其他支出纳入旅行类别。然而，如果他们打算在完成学业后继续留在该领土内，则转为其学习所在领土内的居民。

（2）法定的社会实体和社会团体。它们构成“法人居民”，包括公司和准公司（如国外直接投资者的分支机构）、非营利机构和该经济体中的各级政府。例如，中国境内的企业（包括外国独资、合资与合作企业）及社会团体都是中国的居民，而中国在境外的直接投资企业则是中国的非居民。特别地，国际货币基金组织、世界银行、联合国等国际组织机构不是任何国家的居民，它们是所有国家的非居民。

（三）国际收支反映了所有的国际经济交易

国际收支反映了所有的国际经济交易，即经济价值从一个经济单位向另一个经济单位转移的全部交易。虽然国际收支的英文表述“balance of payment”中有“支付”（payment）一词，但现代的国际收支并不以收支为基础，而是以交易为基础，也就是遵循权责发生制原则，即只要国际经济交易发生，无论是否收到货币，甚至无论是否涉及货币收支，都要统计记录在国际收支差额中。

国际收支并不以收支为基础，而是以交易为基础。

国际收支反映的国际经济交易按性质可分为以下四大类：①交换，即居民与非居民之间由一方给另一方提供经济价值并从对方得到价值相等的回报。这里所说的经济价值包括实际资源（货物、服务、收入）和金融资产。例如，货物、服务与货物、服务之间的交换，如易货贸易、补偿贸易等；金融资产与货物、服务之间的交换，如进出口贸易等；金融资产与金融资产之间的交换，如有价证券投资等。②转移，即居民与非居民之间由一方给另一方提供经济价值，但没有从对方得到任何补偿。例如，货物、服务从一方到另一方的无偿转移，如无偿的物资捐赠；金融资产从一方到另一方的无偿转移，如债权国对债务国的债务减免等。③移居，即一个人把住所从一个经济体搬迁到另一个经济体的行为。例如，居民在移居国外后，使得原属于居民与居民之间的交易变成了非居民与居民之间的关系，此时就需要在该经济体的国际收支中予以反映。④其他根据推断而存立的交易。例如，国外直接投资收益的再投资被资本化记入国际收支的直接投资中，因为投资者本应将这部分收益汇回母国，但却继续留在东道国，相当于母国在东道国的直接投资增加了，尽管这一行为并不涉及两国资金与劳务的交流。

三、国际收支与国际投资头寸

（一）国际投资头寸的概念

在研究开放经济时，与国际收支概念相联系的另一个概念是国际投资头寸。

国际投资头寸（international investment position，IIP）是指一国居民与非居民之间股权、债权以及货币黄金等金融资产和金融负债的余额。对外资产包括在国外的直接投资、证券投资、其他投资和储备资产等项目。对外负债包括外国在本国的直接投资、证券投资和其他投资等。

国际投资净头寸是某个时点上一个经济体居民对非居民的金融资产存量减去金融负债存量的差额。该差额为正，表明该经济体为净金融资产国；该差额为负，则表明该经济体为净金融负债国。

国际投资头寸的变动，主要是由特定时期内国际收支的各种金融账户交易引起的，除此之外，还可能由对外资产和负债的价格变化、汇率变化及其他变化所引起，即

国际投资年末头寸＝年初头寸＋交易＋价格变化＋汇率变化＋其他调整

国际投资头寸表是反映特定时点上（如年末）一个国家或地区对其他国家或地区的金融资产和金融负债存量（余额）的统计报表，其基本框架见表1-1。

表1-1 国际投资头寸表（简表）

项目	期初头寸	交易	其他变化	期末头寸
净头寸				
A. 资产				

续表

项目	期初头寸	交易	其他变化	期末头寸
直接投资				
证券投资				
金融衍生品和雇员认股权				
其他投资				
B. 负债				
直接投资				
证券投资				
金融衍生品和雇员认股权				
其他投资				

（二）国际收支与国际投资头寸的关系

1. 国际收支与国际投资头寸的联系

第一，国际收支账户和国际投资头寸账户是一国国际账户的两大账户，都属于反映一国国际经济交易和对外开放程度的重要指标。

第二，这两个账户对居民和非居民、记账单位以及折算方法等国际经济交易基本要素的界定保持一致，而且都遵循权责发生制财务原则。

第三，国际收支金融账户与国际投资头寸的格式完全一致，是国际投资头寸统计数据的一个主要来源。国际投资头寸是国际收支中金融账户的经济交易结果，即国际收支是因，国际投资头寸是果。

2. 国际收支与国际投资头寸的区别

第一，国际收支是流量账户，国际投资头寸是存量账户。国际收支是一个动态概念，国际收支平衡表相当于企业的财务状况变动表，反映一国国际经济交易的流量情况。国际投资头寸是一个静态概念，国际投资头寸表相当于企业的资产负债表，反映特定时点上一国对其他国家或地区金融资产和金融负债的存量状况或余额情况。

第二，国际收支平衡表采用复式记账原理，“有借必有贷”，每笔交易做相反的记录，因此，通常国际收支平衡表的差额为零。而国际收支头寸表记录某一时点的头寸，报表两边的差额表示了该经济体是债权国还是债务国，差额通常不为零。

第三，国际收支记录的范围大于国际投资头寸记录的范围。国际收支是所有国际经济交易的货币记录，而国际投资头寸反映的只是一个经济体对外债权与债务的状况。国际经济交易中的对外捐赠、侨民汇款等经常转移都属于国际收支统计范畴，但它们并未反映在国际投资头寸中。

第四，国际收支状况只是导致国际投资头寸变化的主要原因，但不是唯一原因。如前所述，国际投资年末头寸＝年初头寸＋交易＋价格变化＋汇率变化＋其他调整。其中，交易的变化是指国际收支中涉及一国对外资产和对外负债所有权变更的交易，而价格变化、汇率变化和其他调整也是导致一国国际投资头寸变化的原因之一。

第二节 国际收支平衡表的基本框架

国际收支平衡表（balance of international payments，BP）又称国际收支账户，是系统记录一个国家（或地区）在一定时期内（一年、半年、一个季度或一个月）各种国际收支项目及其余额的一种统计报表，它集中体现了该国国际收支的具体构成和总貌。

一、国际收支平衡表的账户设置

国际货币基金组织公布的《国际收支手册》（第六版）规定，国际收支平衡表的账户包括经常账户、资本与金融账户和误差与遗漏三个一级账户。

（一）经常账户

经常账户（current account）又称经济往来项目，是指居民与非居民之间经常发生的经济交易内容，记录实际资源在各国间交易的账户，是国际收支平衡表中最基本和最重要的账户。经常账户包括三个二级账户：货物和服务账户、初次收入账户和二次收入账户。

1. 货物和服务账户

货物和服务账户记录居民与非居民之间货物和服务的交换活动。

（1）货物账户记录有形物品或商品的进出口交易，又称有形贸易。货物账户的收支状况反映了一国产品的国际竞争力，对经常账户乃至整个国际收支的状况起着决定性作用。按照国际贸易业务惯例，对于每一笔进出口交易，出口以离岸价格（FOB）[①] 计算，进口以到岸价格（CIF）[②] 计算，但根据 IMF 的统计口径，在记入国际收支平衡表时，货物的出口和进口应在货物的所有权从一国居民转移到另一国居民时记录下来，即进出口额均按离岸价格（FOB）计价。

（2）服务账户又称无形贸易账户，记录服务的输入和输出。服务项目主要包括加工服务、维护和维修服务、运输、旅行、建设、保险和养老金服务、金融服务、知识产权使用费、电信、计算机和信息服务和文化娱乐等。其中，知识产权使用费账户记录的是专有权的使用费和特许费，即经批准使用的无形资产、非金融资产和专有权，如商标、版权、专利、制作方法、技术、设计制造权、经销权等。需要注意的是，学生和病人无论在外停留多长时间都被称为旅游者，其开支记入旅游服务项目，但旅游者购买的、记入海关数据并超过海关限额的自用或馈赠的贵重物品（如珠宝）、耐用消费品（如轿车和电子货物）和其他消费品记入一般产品。未记入一般产品的贵重物品和耐用消费品应记

---

① FOB，英文全称是 FREE ON BOARD，是对外贸易的一种报价方式，即指出口商只负责将货物装运到船上，其他一切费用（包括租船费用）都由进口商负责的一种报价方式。

② CIF，英文全称是 COST INSURANCE AND FREIGHT，是对外贸易中的一种报价方式，即指由出口商支付出口的成本、保险和运费的报价方式。

入旅行项目（如在当地购买并放置于度假屋的货物）。军事人员、使馆工作人员不是旅游者，其开支记入政府服务项目。

按照此前使用的《国际收支手册》（第五版）的标准，加工贸易统计在货物贸易项下。在《国际收支手册》(第六版）中，加工贸易被定义为不涉及所有权转移的贸易，在加工者与所有者之间不记录一般产品交易，而是记入服务贸易项下。

2. 初次收入账户

初次收入账户（primary income account）记录居民与非居民机构单位之间的初次收入流量。初次收入是指机构单位因其对生产过程所做的贡献或向其他机构单位提供金融资产和出租自然资源而获得的回报。因此，初次收入包括雇员报酬、投资收益和其他初次收入 3 类：

（1）雇员报酬，是向生产过程投入劳务的收入。当雇主与雇员为不同国家的居民时，双方因雇佣关系而产生的工资、薪金和福利收支，包括雇主代表雇员支付的社保基金、私人保险、年金以及退休金等视为雇员报酬。雇员报酬主要记录由边境工人和季节工人获得的劳务收入。

（2）投资收益，是指居民与非居民之间因提供金融资产而获得的回报，包括股本收入（股息和准公司收益提取、再投资收益）和债务收入（利息）。需要注意的是，对金融衍生品和雇员认股权的所有权不记入投资收益。资本损益也不作为投资收益记录，所有由交易引起的资本损益都记录在金融账户中。

（3）其他初次收入，包括将自然资源让渡给另一主体使用而获得的租金收入，以及跨境产品和生产的征税与补贴。其中，租金是指使用土地提炼矿藏和其他地下资产以及捕鱼、林业和放牧权而收到或支付的款项。

3. 二次收入账户

二次收入账户（secondary income account）记录居民与非居民之间的经常转移。转移是一个机构单位向另一个机构单位提供货物、服务、金融资产或其他非生产资产而无相应经济价值物品回报的交易。现金转移包括一个机构单位向另一个机构单位支付货币或可转让存款而无任何回报。实物转移包括非现金类货物或者资产所有权的转移或服务的提供，而未获得具有相应经济价值物品的回报。转移可分为资本转移和经常转移。

资本转移是指资产（非现金或存货）的所有权在居民和非居民之间的转移；或者是一方或双方获得或处置资产（非现金或存货）的转移，或者是债权人为债务人减免债务的转移。资本转移涉及提供在未来很长一段时间内发挥作用的资本资产（capital asset）或者涉及影响金融资产某当事方资产存量（或以影响其资产存量为目的）的转移。

资本转移的特征主要表现为：不影响交易双方的当期国民可支配总收入，影响的是交易双方的经济存量；不直接涉及生产和消费过程。而经常转移的特征主要为：影响交易双方的当期国民可支配总收入和消费水平，影响交易双方的经济流量；减少捐赠方的收入和消费能力、增加接受方的收入和消费能力；其交易对象是立即被消费或者在转移完成后即将被消费的实际资源。

经常转移记入经常账户，表明其在各经济体收入分配过程中的作用。资本转移列于资本账户中。

经常转移分为个人转移和其他经常转移。其中，个人转移包括居民住户向非居民住户提供的或从其那里获取的所有现金或实物的经常转移，包括居民与非居民之间的礼赠、嫁妆、继承、赡养费等项目及在国外停留时间至少超过1年的工人（外国的居民）向母国的汇款（侨汇）。其他经常转移包括对所得和财富等征收的经常性税收、社保缴款、社会福利、非寿险和标准化担保的净保费、非寿险索赔和标准化担保下的偿付要求、经常性国际合作及其他。对于现金转移，捐赠方记录货币或存款的减少并记录应付转移，接受方记录货币或存款的增加并记录应收转移。对于以实物免费提供货物或服务，捐赠方记录货物或服务的出口和应付转移，接受方记录货物或服务的进口和应收转移。根据惯例，住户之间进行的与彩票和其他博彩类型有关的经常转移记入个人转移。

（二）资本与金融账户

资本与金融账户（capital and financial account）是指对资产所有权的国际流动行为进行记录的账户，包括资本账户和金融账户两个二级账户。

1. 资本账户

资本账户（capital account）是记录居民与非居民之间非生产、非金融资产的取得/处置情况和资本转移情况的账户。

因此，资本账户记录两项内容：非生产、非金融资产的取得（借记）/处置（贷记）和资本转移。

非生产、非金融资产主要包括以下几项：自然资源及相关的权利，如土地、矿产权、林业权、水资源、渔业权、大气空间和电磁光谱；契约、租约和许可以及营销资产（和商誉），如品牌、报刊名称、商标、标志和域名等。非生产、非金融资产的取得或处置记入资本账户。例如，本国在国外购买的用于建设驻外使领馆的土地的交易以及居民与非居民之间的品牌、商标、契约、租约和许可等的所有权转让交易都属于资本账户。然而，非生产、非金融资产的租金收入记录在经常账户的“初次收入”子账户中。与非生产、非金融资产相对应的是生产资产和金融资产。生产资产（如固定资产、存货和贵重物品等）的所有权交易情况记入经常账户的货物和服务账户，无论这些货物和服务是用于资本性还是经常性目的。金融资产［如股权类工具、债权类工具和其他金融资产与负债（货币性黄金、金融衍生品与雇员认股权）］的变动记入金融账户。金融资产的投资收益（如利息、股息和留存收益）记录在经常账户的“初次收入”子账户中。

如前所述，资本转移是指资产（非现金或存货）的所有权在居民和非居民之间的转移；或者是一方或双方获得或处置资产（非现金或存货）的转移，或者是债权人为债务人减免债务的转移，包括政府和私人转移、债务豁免等。

需要注意的是，资本账户记录的是无形资产所有权的转让或出售，而经常账户记录的是针对无形资产使用权进行的国际交易。

特别地，债务减免需要与债务注销相区分，只有前者才作为资本转移交易处理。债务减免根据债务双方的协议产生，具有转让利益的意图，而债务注销则是债权人单方面确认无法回收账款，是债权人出于被迫或者债务人无力偿还而采取的单方面行为，其实质是资本损失（capital loss），不反映在国际收支平衡表中。债务减免不大可能发生于商业实体之间，商业实体之间更常见的是债务注销。

资本账户差额表示资本转移和非生产、非金融资产的贷方合计减去借方合计。

2. 金融账户

金融账户（financial account）记录一个经济体对外金融资产与金融负债交易的结果，反映资本流出入的情况，表明了该经济体金融资产的净获得和负债的净产生。金融账户按照性质和功能分为直接投资、证券投资、金融衍生品（储备资产除外）和雇员认股权、其他投资以及储备资产 5 个子账户。

（1）直接投资。当一经济体的居民投资者通过投资对另一经济体的居民企业实施了管理、控制或重要影响时，便产生了直接投资关系。控制或重要影响既可以直接实现（即通过拥有股权，获得对一个企业的表决权），也可以间接实现（即通过在另一个对该企业具有表决权的企业中拥有表决权）。因此，实现控制或重要影响的两种方式为：一是直接的投资关系，是指投资者拥有股权，并且这种股权使其在直接投资企业中享有 10%或以上的表决权。如果投资者在直接投资企业中拥有 50%以上的表决权，则认为存在控制。如果投资者在直接投资企业中拥有 10%～50%的表决权，则认为存在重要影响。二是间接的投资关系，是指投资者在直接投资企业中拥有表决权，而该直接投资企业又在另一个（或一些）企业中拥有表决权。

（2）证券投资。证券投资是指没有被列入直接投资或储备资产的、有关债务或股本证券的跨境交易和头寸，记录有关债务或股本证券的跨境交易。例如，居民在境外资本市场上发行股票或申购（买入）境外投资基金份额，非居民卖出境内股票或中长期债券等。特别地，如果投资基金的份额或单位（即由投资基金发行的份额或单位）有证券作为证明，并且不是储备资产或直接投资，应列入证券投资。尽管在交易所交易的金融衍生品属于可流通工具，但不列入证券投资，而是被列入了单独的类别。与其他证券投资不同，投资基金中的未分配证券投资收益推定为应付给所有者的款项，然后重新投入该投资基金。在收益再投资的金融账户分录中，投资基金收益记入经常账户的“初次收入”账户。

（3）金融衍生品（储备资产除外）和雇员认股权。金融衍生品合约是一种金融工具，该金融工具与另一个特定的金融工具、指标或产品挂钩，通过这种挂钩，可以在金融市场上对特定金融风险本身进行交易，包括期货、期权和互换等。例如，居民与非居民之间因新签约期权交易收取/支付期权费、平仓未到期金融衍生工具发生的收支、追加保证金收支以及金融衍生工具到期履约引起的收支等都记入金融衍生品分录。雇员认股权作为一种报酬形式，是向公司雇员提供的、授予雇员可以在约定时间内，以约定价格购买一定数量雇主股票的权利。它是一种特殊的期权，发行期权的公司可能是雇员所在经济体之外另一经济体的居民（如用人单位是期权所涉公司的一个分支机构或子公司）。一方面，雇员认股权的定价行为与金融衍生品的定价行为类似；另一方面，它们具有不同的目的（即雇员认股权是为了鼓励雇员为提升公司的价值做贡献，而不是交易风险）。如果授予的雇员认股权可以不受限制地在金融市场上交易，即可列为金融衍生品。

（4）其他投资。其他投资账户记录所有直接投资、证券投资或未包括储备资产的金融资产与负债交易，包括下述子账户：①其他股权；②货币与存款；③贷款；④保险和养老金；⑤贸易信贷，⑥其他应收账款和应付账款；⑦特别提款权的分配（负债），因为国际货币基金组织向基金组织成员分配的特别提款权，构成各成员的负债，其对应分录为储备资产下的特别提款权。其中，贸易信贷是指居民与非居民之间在进出口贸易过程中由于资金支付时间与货物所有权发生转移的时间不一致而在买卖双方之间形成的债权与债务。例如，本国出口商提供给外国进口商的贸易信贷和出口应收款，外国出口商提供给本国进口商的贸易信贷和进口应付款。

（5）储备资产。储备资产账户记录货币当局可以随时动用并控制的外资资产，包括货币黄金、持有的特别提款权、在国际货币基金组织的储备头寸和其他储备——外汇储备。作为储备资产的重要构成之一，外汇储备由货币和存款、证券、金融衍生工具和其他债权构成。储备资产的相关内容详见第八章。

总的来讲，金融账户反映了一国的对外金融资产和金融负债的变化，同时表明了经常账户和资本账户差额是如何获得资金或支出资金的。金融账户的资产方表明本国居民对外国居民求偿权的变化，金融账户的负债方表明外国居民对本国居民求偿权的变化。

（三）误差与遗漏

误差与遗漏（errors and omissions）是人为设置的一个账户，它是基于会计上的需要。当国际收支平衡表中的借贷方出现差额时，该账户可用来抵消由于资料不完整、统计时间不一致、计价标准不同以及不同币种间的换算差额等原因形成的统计偏差。

二、国际收支平衡表的记账方法

（一）国际收支平衡表的记账原理

国际收支平衡表是按照复式簿记法记录和编制的，也就是以借、贷为符号，遵循“有借必有贷，借贷必相等”的记账原则，对每笔国际经济交易都用相等的金额，在两个或两个以上的有关账户中做相互联系的登记，同时记入借方和贷方。

1. 凡是引起本国从外国获得外汇收入的交易均记入贷方

这些项目又称正号项目（符号可省略），包括实际资源的出口、金融资产的减少或者金融负债的增加，比如本国产品和服务的出口、对外资产的减少和对外负债的增加都记入贷方。

2. 凡是引起本国对外国支出货币（或引起外汇需求）的交易均记入借方

这些项目又称负号项目，包括实际资源的进口、金融资产的增加或者金融负债的减少，比如本国产品和服务的进口、对外资产的增加和对外负债的减少都记入借方。

总之，在国际收支账户的记录和编制中，不论是对于实际资源还是金融资源，借方均表示该国资产（资源）持有量的增加，贷方均表示该国资产（资源）持有量的减少。

但是，在金融账户下储备资产账户的经济含义与记账含义相反，即贷方余额表示储备资产减少，借方余额表示储备资产增加。因为从外汇储备资产的存在形式看，一国外汇储备增加，表明该国政府持有的外汇存款和外汇有价证券增加，即对外金融资产增加，所以，记入借方，即负号项目，反之，储备资产减少，表明该国对外金融资产减少，记入贷方，即正号项目。所以说，储备资产的记账符号和其经济含义是相反的。

3. 误差与遗漏项目的记账原理

误差与遗漏账户差额是作为残差项推算出来的，即如果经常账户和资本与金融账户净差额之和为贷方余额（正号），说明借方有漏记项目，则将该差额记入误差与遗漏项目的借方；反之，如果经常账户和资本与金融账户净差额之和为借方余额（负号），说明贷方有漏记项目，则将该差额记入误差与遗漏项目的贷方。

国际收支平衡表的记账原理如表 1-2 所示。

表 1-2 国际收支平衡表的记账原理

借方	贷方
进口货物	出口货物
本国居民接受非居民提供的服务	本国居民对非居民提供的服务
非居民从居民获得的初次收入	居民从非居民获得的初次收入
非居民从居民获得的二次收入	居民从非居民获得的二次收入
居民从非居民获得外国资产所有权	非居民从居民获得本国资产所有权
本国对外金融资产增加	本国对外金融资产减少
本国对外金融负债减少	本国对外金融负债增加
储备资产增加	储备资产减少
借记误差与遗漏：经常账户和资本与金融账户净差额之和为贷方余额	贷记误差与遗漏：经常账户和资本与金融账户净差额之和为借方余额

（二）国际收支平衡表记账方法示例

下面列举一些典型案例演示国际收支平衡表的记账方法。

例 1-1

中国某出口商向美国进口商出口价值 500 万美元的生活用品，美国进口商以其本国银行存款向我国出口商支付货款。

实际资源的出口属于引起本国从外国获得外汇收入的交易，记入贷方；该笔交易对应的账户是金融账户的借方。因为美国进口商以其本国银行存款进行支付，导致我国对外金融资产增加，所以有

借：资本与金融账户——金融账户——其他投资——货币和存款　　500 万美元

　贷：商品出口　　500 万美元

例 1-2

中国某进口商从沙特进口 5 000 万美元的原油，并用其海外银行的存款进行支付。

实际资源的进口属于引起本国对外国支出外汇的交易，记入借方；该笔交易对应的账户是金融账户的贷方。因为该笔进口交易导致中国在海外银行的存款下降，即中国的

对外金融资产减少，所以有

借：商品进口　5 000 万美元

　贷：资本与金融账户——金融账户——其他投资——货币和存款　5 000 万美元

例 1-3

中国游客去加拿大旅游，支付 1 万美元食宿等费用。中国游客用在本国商业银行的外汇存款进行支付。

中国游客去国外旅游，相当于进口国外旅游服务，属于引起我国对外支付外汇的交易，记入服务账户的借方；中国游客用本国银行的外汇存款支付，引起中国金融机构对外负债的增加，记入金融账户的贷方。

借：经常账户——货物与服务——服务——旅游　1 万美元

　贷：资本与金融账户——金融账户——其他投资——货币与存款　1 万美元

例 1-4

中国政府动用官方储备 50 万美元向缅甸提供无偿援助，同时提供了相当于 40 万美元的食品与药物援助。

该笔交易首先引起中国官方储备的减少，记入储备资产的贷方；提供相当于 40 万美元的物品，推断为出口增加，记入货物的贷方。这两笔交易都属于中国政府对外国政府的无偿援助，记入经常转移的借方。

借：经常账户——经常转移——政府间转移　90 万美元

　贷：资本与金融账户——金融账户——储备资产　50 万美元

　　　经常账户——货物与服务——货物出口　40 万美元

例 1-5

中国在某国购买一块土地以扩建使领馆，土地的费用为 50 万美元，雇用所在国的建筑公司修建馆舍的费用为 20 万美元，以上费用中国用在该国的银行存款进行支付。

居民在非居民国家购买土地，是非生产、非金融资产的取得与处置，属于资本账户交易。中国在外国购买土地，引起中国对外国的外汇支出，记入资本账户的借方；雇用外国劳务，属于进口外国服务，记入服务账户的借方。所有费用的支出使我国在外国银行的存款减少，属于对外金融资产减少的交易，记入金融账户的贷方。

借：经常账户——货物与服务——服务——建筑　20 万美元

　　资本与金融——资本——非生产、非金融资产的取得/处置　50 万美元

　贷：资本与金融——金融——其他投资——货币与存款　70 万美元

根据上述方法将一国在一定时期的所有国际经济交易的货币价值记录下来，就得到一国国际收支平衡表。表 1-3 是国际货币基金组织发布的《国际收支手册》（第六版）的标准格式。

表 1-3　国际收支平衡表

国际收支	贷方	借方	差额
经常账户			
货物和服务			
货物			
服务			
初次收入			
雇员报酬			
利息			
公司的已分配收益			
再投资收益			
租金			
二次收入			
对所得、财富等征收的经常性税收			
非寿险净保费			
非寿险索赔			
经常性国际转移			
其他经常转移			
养老金权益变化调整			
经常账户差额			
资本账户			
非生产、非金融资产的取得/处置			
资本转移			
资本账户差额			
净贷出（+）/净借入（-）（来自经常账户和资本账户）			
金融账户（按职能类别）	金融资产净获得	负债净产生	差额
直接投资			
证券投资			
金融衍生品（储备资产除外）和雇员认股权			
其他投资			
储备资产			
资产/负债变化总额			
净贷出（+）/净借入（-）（来自金融账户）			
误差与遗漏净额			

资料来源：摘自国际货币基金组织的《国际收支手册》（第六版）。

第三节　国际收支失衡分析

从统计报表上看，国际收支平衡表是根据会计学中的复式簿记法来编制的，因而借方与贷方总是平衡的，其差额为零。然而，这种平衡是会计学上的平衡，而非国际收支的平衡，因此要借助对自主性交易和调节性交易的分析。从理论上说，只有自主性交易的均衡才是实质意义上的国际收支平衡。本节首先介绍判断一国国际收支失衡的标准，然后介绍分析国际收支差额的几个统计口径，最后系统地剖析国际收支失衡的类型、原因及影响。

一、国际收支失衡的标准

从理论上说，判断一国国际收支是否平衡，是从将国际收支平衡表的内容重新分为自主性交易和调节性交易开始的。

（一）自主性交易与调节性交易

按照交易发生的不同动机或目的，可以将国际收支平衡表记录的国际经济交易分为自主性交易和调节性交易。

1. 自主性交易

自主性交易（autonomous transaction）又称事前交易，是指经济单位出自某种经济目的（如追求利润、减少风险、资产保值、逃税避税、逃避管制或投机等）独立进行的国际经济交易。自主性交易体现的是各经济主体或居民个人的意志，具有自发性和分散性，因而必然是不平衡的。在这种情况下，一国会为了弥补自主性交易出现的差额而进行另一种交易，即调节性交易。

2. 调节性交易

调节性交易（accommodating transaction）又称补偿性交易和事后交易，是指为了弥补自主性交易出现的差额，由政府或货币当局进行的交易活动。调节性交易具有集中性和被动性的特点，是由货币当局或政府为了弥补自主性交易的缺口而人为做出的努力，调节性交易的数量取决于自主性交易的结果。

（二）自主性交易是否平衡是判断国际收支失衡与否的理论标准

一般来说，国际收支平衡就是指自主性交易的平衡。只有自主性交易活动才会主动地出现缺口或差额，从而影响到一国国际收支的最终平衡。因此，从理论上说，衡量一国国际收支平衡与否的标准是看其自主性交易是否达到平衡。

由于很难区别哪些交易是自主性交易，哪些交易是调节性交易，因而在实际中，国际收支失衡常指经常账户收入＋资本账户收入＋金融账户收入不等于经常账户支出＋资本账户支出＋金融账户支出的情形。

二、国际收支差额的统计口径

国际收支差额分为国际收支顺差与国际收支逆差。国际收支顺差（balance of payment surplus，以下简称“顺差”或“盈余”）是指一个国家或地区在一定时期内（通常为一年），其国际收入总额大于国际支出总额的现象。反之，国际收支逆差（balance of payment deficit，以下简称“逆差”或“赤字”）是指一个国家或地区在一定时期内（通常为一年），其国际收入总额小于国际支出总额的现象。从静态角度讲，国际收支差额主要包括贸易收支差额、经常账户差额、资本与金融账户差额等。

（一）贸易收支差额

贸易收支差额是指产品和服务进出口之间的差额。

$$\mathrm{NX}=X-M$$

式中，NX 为净出口，X、M 分别为本国的出口额、进口额。

这一差额在传统上经常作为整个国际收支的代表，它综合反映了一国的产业结构和产品的国际竞争力，受到各国的重视，具有政治敏锐性。与此同时，贸易收支差额的数字易于通过海关收集，反映了一国或地区的自我创汇能力，能够较快地反映出一国的对外经济交往状况。如果出现了国际贸易收入大于国际贸易支出（贷方余额），称为贸易收支顺差；反之，如果出现了国际贸易支出大于国际贸易收入（借方余额），则称为贸易收支逆差。

（二）经常账户差额

经常账户差额为：

$$\mathrm{CAB}=X-M+\mathrm{BPI}+\mathrm{BSI} \tag{1-1}$$

其中，

CAB＝经常账户差额

BPI＝初次收入差额

BSI＝二次收入差额（经常转移净额）

经常账户差额综合反映了一国的进出口状况（包括服务贸易）和实际经济发展水平，经常被当作制定国际收支政策和调整产业政策的重要依据。因此，下面从几个方面进行深入分析。

1. 经常账户差额是国内储蓄与国内投资的差额

在开放经济下，本国的产品和服务不仅销售给本国居民，而且可以销售给外国居民；与此同时，本国居民也可以购买和使用外国的产品和服务。前者为本国的出口（X），后者为本国的进口（M），因此本国的 GDP 就要增加一项国外需求（$X-M$）。所以，在开放经济下的国民收入恒等式可表示为：

$$Y=C+G+I+X-M \quad (1-2)$$

式中，Y 为国民总收入；C 为家庭消费；G 为政府消费；I 为投资总额。

用净出口 NX（即贸易收支差额）表示国外净需求，则上式变为：

$$Y=C+G+I+\mathrm{NX} \quad (1-3)$$

上式是从支出角度考察的国民收入恒等式。如果从收入角度考察，有

$$Y=C+S_p+T \quad (1-4)$$

式中，S_p 为私人储蓄；T 为政府税收。

将（1-3）式和（1-4）式进行整理，可得：

$$Y-C=I+G+\mathrm{NX}=S_p+T$$
$$\mathrm{NX}=(S_p-I)+(T-G) \quad (1-5)$$

由于 $S_g=T-G$ 为政府储蓄，故（1-5）式可以演变为：

$$\mathrm{NX}=(S_p+S_g)-I=S-I \quad (1-6)$$

式中，S 为国民储蓄，国民储蓄等于私人储蓄加政府储蓄。

在不考虑初次收入差额和二次收入差额的情况下，经常账户差额是进口额与出口额的差额（$\mathrm{CAB}=X-M$），因此有

$$\mathrm{CAB}=S-I \quad (1-7)$$

结论：经常账户差额是国内储蓄与国内投资的差额。经常账户差额的变化和储蓄与投资的缺口密切相关。这个结论有以下两方面的意义：

一方面，本国经常账户当年顺差（$S>I$）表示该国当年让渡了本国的实际资源，通过贸易顺差输出了资金，说明此时该国处于贷款人（lender）的地位；本国经常账户当年逆差（$S<I$）表示该国当年占用了他国的实际资源，说明此时该国处于借款人（borrower）的地位，即贸易逆差国通过贸易逆差输入资金。另一方面，$I=S-\mathrm{CAB}$，即在储蓄一定的条件下，一个经济体可以通过经常账户赤字（即增加对外借款）来提高投资水平，如以外债来支持投资所需原材料的进口；反之，一国国民储蓄超过总投资的部分（$I-S=-\mathrm{CAB}$）可以被其他国家借入以增加后者的资本存量，即他国发生经常账户顺差。由此可见，由于储蓄与投资的缺口（$S-I$）导致的国际产品流动和国际产品与服务流动（CAB）是同一个问题的两个方面，资本是从经常账户盈余国流向赤字国，为后者的国内投资提供融资。

2. 经常账户差额是国内吸收与国内产出的差额

在开放经济下，总支出（A）可以分为对国内产品与服务的吸收（A_d）和对进口产品与服务的吸收两部分（M），即

$$A=A_d+M \quad (1-8)$$

同理，国内生产总值（GDP）要么在国内销售（A_d），要么在国外销售，即出口（X），故有

$$\text{GDP}=A_d+X \tag{1-9}$$

根据 CAB=NX=$X-M$ 的假定，对（1－8）式和（1－9）式进行整理，可得：

$$\text{CAB}=\text{GDP}-A=Y-A \tag{1-10}$$

结论：经常账户差额是国内吸收与国内产出的差额。如果国内吸收 A 大于国内产出（收入），则该国经常账户为赤字；反之，该国经常账户为顺差。

3. 经常账户差额的宏观经济含义

在封闭经济条件下，一国重要的国民经济核算指标是国内生产总值 GDP（Gross Domestic Product）。它是指一个国家（或地区）在一定时期内（通常为一年）所生产的全部最终产品的价值总和，是反映一个国家（或地区）在一定时期内生产活动最终成果的指标。

$$\text{GDP}=C+I+G \tag{1-11}$$

上式也是封闭经济国民收入核算的重要恒等式。但是，在开放经济条件下，国民收入核算就需要区别国民生产总值（GNP）或国民可支配收入（Gross National Disposable Income，GNDY）与国内生产总值（GDP）的区别了。GNDY 是指一国居民在一定时期内通过提供生产要素所获得的收入总和。在开放经济条件下，一国生产要素获得的总收入就不再等于本国的总产出了，因为一国居民不仅可以通过向国内提供生产要素来获取收入，还可以通过向非居民提供生产要素来获取收入，两者之差为经常账户下初次收入差额（BPI）与二次收入差额（BSI）之和。

$$\text{GNDY}=\text{GDP}+\text{BPI}+\text{BSI} \tag{1-12}$$

因此，如果经常账户中的初次收入差额和二次收入差额之和为贷方差额，经常账户差额就具有宏观上的意义了，即

如果 BPI+BSI >0，则 GDP$<$GNDY，表明外国居民在本国创造的新增财富小于本国居民在外国创造的新增财富。此时，如果用 GDP 衡量一国的经济总量，具有低估本国经济实力的倾向，典型代表是当前发达的市场经济体。

如果 BPI+BSI<0，则 GDP$>$GNDY，表明外国居民在本国创造的新增财富大于本国居民在外国创造的新增财富。此时，如果用 GDP 衡量一国的经济总量，具有高估本国经济实力的倾向，典型代表是当前的新兴市场经济国家。

（三）资本与金融账户差额

按照《国际收支手册》（第六版）的标准，如果不考虑误差与遗漏，经常账户和资本与金融账户必然相等，但符号相反。也就是说，只要经常项目是顺差，那么资本与金融账户必然是逆差，经常账户的顺差越大，资本与金融账户的逆差越大。

$$\text{CAB}=-(\text{KAB}+\text{NFA}) \tag{1-13}$$

其中，

KAB=资本账户分录差额

NFA=金融账户分录净额

通过资本与金融账户，一方面，可以反映一个国家资本市场的开放程度和金融市场的发达程度，并为一国货币政策和汇率政策的调整提供有益的借鉴。一般来说，资本市场的开放程度越高，资本与金融账户差额在国际收支平衡表中的占比就越高。另一方面，资本与金融账户和经常账户之间具有融资关系。如前所述，按照复式记账原理，经常账户中实际资源的流动和资本与金融账户中资产所有权的流动是同一个问题的两个方面，在不考虑误差与遗漏的情况下，经常账户的余额必然对应着资本与金融账户的方向相反但数量相等的余额。因此，资本与金融账户的余额可以折射出一国经常账户的状况和融资能力。

（四）基本差额

基本差额（basic balance）是指经常账户加上长期资本账户（包括直接投资、证券投资与其他投资账户中偿还期限在一年以上的相应金融资产）所形成的余额。传统上，将经常账户和长期资本作为线上交易，短期资本和储备资产作为线下交易，因此基本差额就是线上交易的差额。

基本差额＝经常账户差额＋长期资本流入－长期资本流出

基本差额统计了一国国际收支平衡表中相对稳定的部分，反映了一国国际收支差额的长期趋势。相对于短期资本来说，长期资本是一种比较稳定的资本流动，其本身不具有投机性，而是以市场、利润为目的，反映一国在国际经济往来中的地位和实力。因此，如果一国国际收支的基本差额为顺差，即使其综合账户差额暂时为逆差，但从长期看，该国仍具有较强的国际经济实力。

当然，基本差额分析的难点在于长期资本和短期资本的划分在现实中存在一定难度，存在两者有可能相互转化的情况。

（五）综合账户差额

综合账户差额（overall balance）是指经常账户和资本与金融账户中的资本转移、直接投资、证券投资、金融衍生品和雇员认股权、其他投资账户所构成的余额，即将国际收支账户中的储备资产剔除后的余额。

综合账户差额＝经常账户差额＋资本与金融账户（除储备资产之外）的差额
＝－储备资产差额

因此，综合账户差额将储备资产作为线下项目，而将其他所有账户作为线上项目，其结果是综合账户差额的变动必然带来储备资产相反的变动。所以，综合账户差额的意义在于衡量国际收支对一国储备资产造成的压力。当综合账户差额为顺差或逆差时，就要通过增加或减少储备资产来平衡。

示例 1-1

2019 年中国的国际收支平衡表

国际收支平衡表是一国在一定时期内国际经济交易的统计记录，也在一定程度上反映了该国的国民经济运行状况。表 1－4 是 2019 年中国的国际收支平衡表。

表 1－4　2019 年中国的国际收支平衡表（年度表）　　单位：亿美元

项目	2019 年
1. 经常账户	1 413
贷方	29 051
借方	－27 638
1. A 货物和服务	1 641
贷方	26 434
借方	－24 793
1. A. a 货物	4 253
贷方	23 990
借方	－19 737
1. A. b 服务	－2 611
贷方	2 444
借方	－5 055
1. A. b. 1 加工服务	154
贷方	157
借方	－4
1. A. b. 2 维护和维修服务	65
贷方	102
借方	－37
1. A. b. 3 运输	－590
贷方	462
借方	－1 052
1. A. b. 4 旅行	－2 188
贷方	358
借方	－2 546
1. A. b. 5 建设	51
贷方	144
借方	－93
1. A. b. 6 保险和养老金服务	－62
贷方	48
借方	－110
1. A. b. 7 金融服务	15
贷方	39
借方	－24
1. A. b. 8 知识产权使用费	－278
贷方	66
借方	－344

续表

项目	2019 年
1. A. b. 9 电信、计算机和信息服务	80
贷方	349
借方	−270
1. A. b. 10 其他商业服务	194
贷方	692
借方	−498
1. A. b. 11 个人、文化和娱乐服务	−31
贷方	10
借方	−41
1. A. b. 12 别处未提及的政府服务	−21
贷方	16
借方	−37
1. B 初次收入	−330
贷方	2 358
借方	−2 688
1. B. 1 雇员报酬	31
贷方	143
借方	−112
1. B. 2 投资收益	−372
贷方	2 198
借方	−2 570
1. B. 3 其他初次收入	11
贷方	18
借方	−7
1. C 二次收入	103
贷方	259
借方	−157
1. C. 1 个人转移	1
贷方	40
借方	−40
1. C. 2 其他二次收入	102
贷方	219
借方	−117
2. 资本与金融账户	567
2.1 资本账户	−3
贷方	2
借方	−5

续表

项目	2019年
2.2 金融账户	570
资产	−1 987
负债	2 558
2.2.1 非储备性质的金融账户	378
资产	−2 180
负债	2 558
2.2.1.1 直接投资	581
2.2.1.1.1 资产	−977
2.2.1.1.1.1 股权	−849
2.2.1.1.1.2 关联企业债务	−128
2.2.1.1.1.a 金融部门	−175
2.2.1.1.1.1.a 股权	−191
2.2.1.1.1.2.a 关联企业债务	16
2.2.1.1.1.b 非金融部门	−802
2.2.1.1.1.1.b 股权	−658
2.2.1.1.1.2.b 关联企业债务	−144
2.2.1.1.2 负债	1 558
2.2.1.1.2.1 股权	1 313
2.2.1.1.2.2 关联企业债务	246
2.2.1.1.2.a 金融部门	184
2.2.1.1.2.1.a 股权	159
2.2.1.1.2.2.a 关联企业债务	25
2.2.1.1.2.b 非金融部门	1 374
2.2.1.1.2.1.b 股权	1 153
2.2.1.1.2.2.b 关联企业债务	221
2.2.1.2 证券投资	579
2.2.1.2.1 资产	−894
2.2.1.2.1.1 股权	−293
2.2.1.2.1.2 债券	−601
2.2.1.2.2 负债	1 474
2.2.1.2.2.1 股权	449
2.2.1.2.2.2 债券	1 025
2.2.1.3 金融衍生工具	−24
2.2.1.3.1 资产	14
2.2.1.3.2 负债	−37
2.2.1.4 其他投资	−759
2.2.1.4.1 资产	−323

续表

项目	2019 年
2.2.1.4.1.1　其他股权	−15
2.2.1.4.1.2　货币和存款	−863
2.2.1.4.1.3　贷款	331
2.2.1.4.1.4　保险和养老金	−12
2.2.1.4.1.5　贸易信贷	368
2.2.1.4.1.6　其他	−132
2.2.1.4.2　负债	−437
2.2.1.4.2.1　其他股权	0
2.2.1.4.2.2　货币和存款	−557
2.2.1.4.2.3　贷款	425
2.2.1.4.2.4　保险和养老金	18
2.2.1.4.2.5　贸易信贷	−288
2.2.1.4.2.6　其他	−35
2.2.1.4.2.7　特别提款权	0
2.2.2　储备资产	193
2.2.2.1　货币黄金	0
2.2.2.2　特别提款权	−5
2.2.2.3　在国际货币基金组织的储备头寸	0
2.2.2.4　外汇储备	198
2.2.2.5　其他储备资产	0
3. 误差与遗漏	−1 981

资料来源：国家外汇管理局国际收支分析小组. 2019 年中国国际收支报告. 国家外汇管理局网站，2020-03-27.

注：1. 本表计数采用四舍五入原则。2. 根据《国际收支和国际投资头寸手册》（第六版）编制，资本与金融账户中包含储备资产。3. “贷方”按正值列示，“借方”按负值列示，差额等于“贷方”加上“借方”。本表除标注“贷方”和“借方”的项目外，其他项目均指差额。4. 在金融账户下，对外金融资产的净增加用负值列示，净减少用正值列示。对外负债的净增加用正值列示，净减少用负值列示。

表 1-4 显示，2019 年我国国际收支延续基本平衡，表现出较强的稳健性和适应性。

经常账户顺差为 1 413 亿美元，与 GDP 之比为 1.0%，依然处于相对均衡的发展阶段，体现了近年来国内经济发展和经济结构优化调整的结果。其中，货物贸易顺差增加，服务贸易逆差收窄，投资收益状况改善。

跨境资本流动总体稳定，非储备性质的金融账户顺差为 378 亿美元。2019 年，我国国际收支口径的直接投资净流入为 581 亿美元，较上年下降 37%，与近五年的平均水平相当。其中，我国对外直接投资净流出（直接投资资产净增加）977 亿美元，较上年下降 32%。从投资形式看，以对外股权投资为主，以对外债权投资为辅。对外股权投资净流出 849 亿美元，较上年下降 25%；对境外关联企业贷款净流出 128 亿美元，下降 58%。外国来华直接投资继续保持净流入。外国来华直接投资净流入（直接投资负债净增加）1 558 亿美元，虽然较上年下降 34%，但根据联合国贸易和发展会议报告，2019 年我国吸引直接投资规模稳居发展中国家首位、世界第二位。证券投资延续一定规模净流入，证券投资项下净流入（净负债增加）579 亿美元，同时证券投资双向投资流量维持高位，表明我国政府支持金融市场有序开放的积极态度和有效措施既吸引了境外投资者，又为境内投资者在境外配置资产提供了多种渠道，并且提升了我国金融市场的流动性和活力。

证券投资继续呈现净流入。2019 年，我国证券投资净流入 579 亿美元，境外投资者中长期配置人民币资产的需求依然较高；其他投资延续小幅逆差态势，市场主体跨境融资更趋理性、有序。

结合当年国际投资头寸分析（见表 1－5），2019 年我国国际收支总体平衡。在此情况下，我国储备资产保持基本稳定，年末外汇储备余额为 31 079 亿美元，较上年末的 30 727 亿美元增长 352 亿美元。其中，由交易引起的储备资产余额减少 193 亿美元。

三、国际收支失衡的类型和原因

为了及时调节国际收支失衡，需要分析其产生的具体原因，以便采取相应措施。根据导致国际收支失衡的原因，可以将国际收支失衡分为以下几种类型。

（一）周期性失衡

周期性失衡是指由于一国处于经济周期的不同阶段而导致的国际收支失衡。宏观经济受商业周期的影响，会周而复始地出现繁荣、衰退、萧条、复苏四个阶段。在经济周期的不同阶段，无论是价格水平的变化，还是生产和就业的变化，或是两者的共同变化，都会对国际收支状况产生不同的影响。

例如，一国处于经济繁荣时期，而它的贸易伙伴国处于经济萧条时期：由于繁荣时期的社会需求旺盛，因此该国的进口往往快速增长，而出口往往因国内需求旺盛引起的国内物价上升（出口产品的国外竞争力下降）而下降，所以通常会使一国经常账户出现赤字；而在经济萧条时期，国内市场需求的疲软往往会引起出口的增加和进口的减少，使一国经常账户出现盈余。对于资本与金融账户来说，在经济繁荣时期的投资前景看好，因而有大量资本流入，将使该账户出现顺差；反之，在经济萧条时期，该账户将会出现逆差。

不仅如此，由于各国的经济关系日益密切，同时各国的生产活动和经济增长受世界经济的影响日益加强，主要工业国的商业景气循环极易传导到其他国家，从而引起世界性的经济景气循环，并使各国出现国际收支周期性失衡。这突出表现为发达国家对发展中国家的影响。当发达国家处于衰退阶段时，它对发展中国家的出口需求减弱，将造成发展中国家的出口下降，并使发展中国家出现周期性国际收支失衡。

（二）结构性失衡

结构性失衡是指当国际分工格局或国际需求结构等国际经济结构发生变化时，一国的产业结构及相应的生产要素配置不能完全适应这种变化，由此发生的国际收支失衡。

世界各国由于自然资源和其他生产要素禀赋的差异而形成了一定的国际分工格局，这种国际分工格局随要素禀赋和其他条件的变化而变化，任何国家都不能永远保持既定不变的比较利益。如果一国的产业结构不能随国际分工格局的变化而得到及时调整，便会出现结构性失衡。此外，从需求角度看，消费者偏好的改变、代替天然原料的合成材料的发明、出口市场的收入变化、产品的来源及价格变化等都会使国际需求结构发生变化。若一国的产业结构不能很好地适应这种需求变化而得到及时调整，也会出现结构性失衡。

（三）货币性失衡

货币性失衡是指由一国的价格、利率或汇率等货币性因素所导致的国际收支失衡。

例如，如果一国货币发行量过多，则该国物价水平普遍上涨、产品成本提高、出口产品的竞争力下降，因而出口减少，而进口产品的价格相对降低，进而刺激进口增加。这两方面的原因将使贸易收支和经常项目收支出现逆差。此外，由于货币发行过多、市场利率下降、资本流出增加、资本流入减少，从而资本与金融账户出现赤字。

（四）收入性失衡

收入性失衡是指由于国民收入水平的变动而导致的国际收支失衡。一国国民收入的变化可能是由经济周期的阶段变更引起的，也可能是由经济增长率的变化引起的。一方面，如果一国经济处于高速增长期，则随着该国国民收入的增加，国内个人消费需求和企业投资需求将增加，进口的增长将超过出口的增长，国际收支容易发生逆差。另一方面，若国民收入增长是由经济增长率相对较高造成的，则可能吸引外资流入，进而造成资本项目盈余。因此，国民收入变动引起一国国际收支顺差还是逆差应视具体情况而定，但无论如何变化，都说明一国国民收入的变化会引起一国国际收支差额的变动。

（五）季节性失衡和偶然性失衡

季节性失衡是指由于生产和消费的季节性特征而造成的国际收支失衡。对于那些以农产品作为主要出口产品的发展中国家，它们的国际收支失衡常常表现为季节性失衡。这是因为在农产品收获的季节，此类国家可以通过农产品的出口形成贸易顺差。然而，在农产品收获之前，由于此类国家需要进口化肥、机械设备以及满足人们日常需要的必需品，往往又会出现贸易逆差。这种贸易差额的季节性变化是十分明显的。

偶然性失衡是指由于一次性的突发事件而造成的国际收支失衡。例如，洪水、地震等自然灾害在短期内往往会引起出口下降，但由于需要进口食品、药品以及其他生活必需品来应对自然灾害，往往又会导致进口增加，从而出现国际收支失衡。

一般来说，季节性失衡和偶然性失衡对国际收支的影响是一次性的，并且引起的失衡程度一般较轻、持续时间不长，而且带有可逆性。因此，一国往往采取动用储备资产的方法加以解决。

就上述国际收支失衡的类型来看，结构性失衡和经济增长率变化所引起的收入性失衡，一般具有长期、持久的性质，被称为持久性失衡或根本性失衡。由其他因素引起的国际收支失衡具有短期性，被称为暂时性失衡。与此同时，货币性失衡主要与价格等货币性因素（特别是资本项目）有关，其他国际收支失衡类型主要与经常项目（特别是贸易差额）有关，而与资本项目关系不大。

四、国际收支失衡的影响

持续的、大量的国际收支差额，无论是顺差还是逆差，都会给一国的经济发展带来影响。

（一）国际收支逆差的影响

若一国国际收支长期出现巨额逆差，将会给一国经济带来以下不利影响。

1. 本币汇率下跌

国际收支大量逆差，将会极大地削弱外国投资者与本国投资者持有本币的信心，他们会大量抛出本币或以本币表示的资产，致使本币汇率面临较大的贬值压力。此外，在外汇市场上，外汇需求大于外汇供给，也容易导致外汇汇率上升、本币汇率下跌。本币贬值不利于一国的进口，并加重该国的外债负担。

> 一般来说，一国国际收支大量逆差可能导致本国货币贬值、外汇升值。

2. 外汇储备减少

当汇率急剧下跌时，若货币当局不愿接受这样的后果，就会对外汇市场进行干预，即抛售外汇、购买本币，这样做会大量消耗外汇储备，甚至造成外汇储备的枯竭，进而影响该国对外支付的能力。

3. 货币供给量减少

当政府为了维持本币汇率稳定而大量抛售外汇储备、购买本币时，将直接引起本国货币供应量的减少。如果国际收支逆差是由资本账户赤字所致，其本身就意味着国内资本外逃及国内货币供给量减少。

4. 利率上升

国际收支逆差导致一国货币供应量减少，从而可能导致该国利率水平上升。

5. 失业增加

如果国际收支逆差是由经常账户的逆差引起的，那么必然导致与出口有关的部门就业机会减少。

6. 经济增长放缓

综上所述，国际收支逆差容易导致国内货币供应量下降、利率水平上升、失业增加、投资和消费下降，从而必将导致一国经济增长缓慢。

国际收支逆差对一国经济的综合影响如图 1－1 所示。

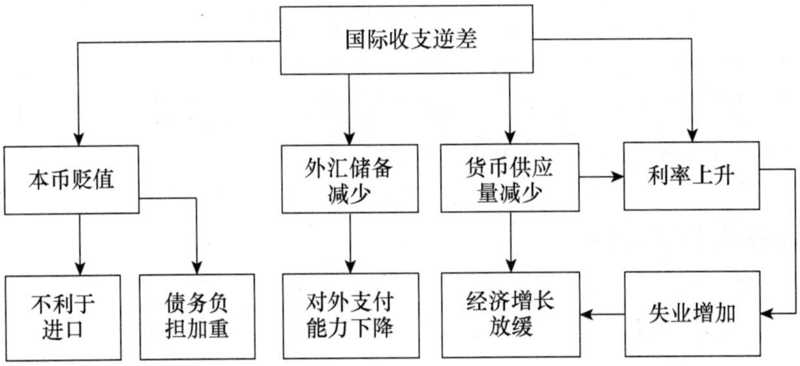

图 1-1　国际收支逆差对一国经济的综合影响

（二）国际收支顺差的影响

相对于国际收支逆差而言，国际收支顺差对一国经济增长的积极作用更突出一些。特别是对于一个处于成长中的经济体来说，持续性的国际收支顺差表明一国国际支付能力的增强、对外经济开放度的扩大以及国际经济地位的提高。因此，一般来说，发展中国家对国际收支顺差有一种内在偏好。但是，从短期来看，一国国际收支出现巨额顺差，仍会对经济造成一定程度的不利影响。

1. 本币汇率上升

在浮动汇率制度下，国际收支出现大量顺差，意味着在外汇市场上外汇供给大于外汇需求，因而外币贬值、本币升值。一国货币升值是一把双刃剑，它将降低一国产品的国际市场竞争力，抑制外国直接投资流入，从而影响国内的就业和经济增长。

2. 外汇储备增加

国际收支顺差意味着该国的官方储备资产增加，而在一国的官方储备资产中，外汇储备占有相当大的比例，因此将使一国外汇储备增加。虽然充足的外汇储备有利于保证一国的对外支付能力和抗风险能力，但外汇储备并非越多越好，因为储备资产的收益率往往低于长期资产的收益率，这意味着外汇资产没有得到有效利用。此外，储备货币汇率的不利变化会使储备资产蒙受损失。

3. 货币供应量增加

大量的国际收支顺差会增加一国的外汇储备，并导致一国货币供应量的增加。因为外汇储备是一国中央银行动用本币购买所得，而本国货币供应量的过快增长将带来通货膨胀的压力。

4. 引起国际经济摩擦

一国出现大量的国际收支顺差，意味着相关贸易伙伴的国际收支发生逆差，通常表现为出口和进口的失衡，因而容易引起贸易摩擦，影响国际经济关系。20 世纪 80 年代美国与日本的贸易摩擦，21 世纪初中国与美国、欧盟国家的贸易争端，都是典型的例子。

国际收支顺差对一国经济的综合影响如图 1-2 所示。

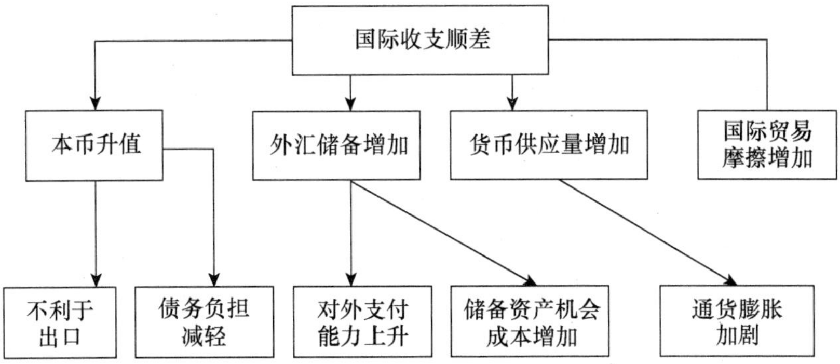

图 1-2 国际收支顺差对一国经济的综合影响

第四节 国际收支失衡的调节

国际收支失衡的调节主要包括两方面：一是依靠市场机制产生作用的自发调节机制；二是一国政府的政策性调节。

一、国际收支失衡的自发调节机制

国际收支失衡的自发调节机制是指在不考虑政府干预的情况下，通过市场机制的自发调节作用而实现的对国际收支的调节，即依靠收入、价格、利率、汇率、货币供应量等因素的自主变化对国际收支进行自动调节。

（一）金本位制度下的自发调节机制

在金本位制度下，国际收支的自发调节机制是通过大卫·休谟提出的“物价-现金流动机制”（又称“价格-铸币机制”）实现的。当一国发生国际收支逆差时，意味着该国的黄金净输出，而黄金外流导致国内的黄金存量下降、货币发行量下降，进而国内物价水平下降、该国产品价格的国际竞争力上升，导致出口增加和进口减少，从而国际收支逆差逐渐改善直到平衡。反之，当国际收支发生顺差时，意味着该国的黄金内流、货币供给量上升、国内物价水平上升，导致出口减少、进口增加，最终使国际收支顺差减少直至平衡。

物价-现金流动机制的传导过程如图 1-3 所示。

（二）纸币本位制度下的自发调节机制

在纸币本位制度下，国际收支的自发调节机制有两种：一种是在固定汇率制度下，一国货币当局通过外汇储备来干预外汇市场以维持汇率稳定，外汇储备的变动导致国内货币供应量的变化，从而促使利率机制、收入机制、价格机制自发地调节国际收支。另一种是在浮动汇率制度下，货币当局不再对外汇市场进行干预，即不通过外汇储备的增

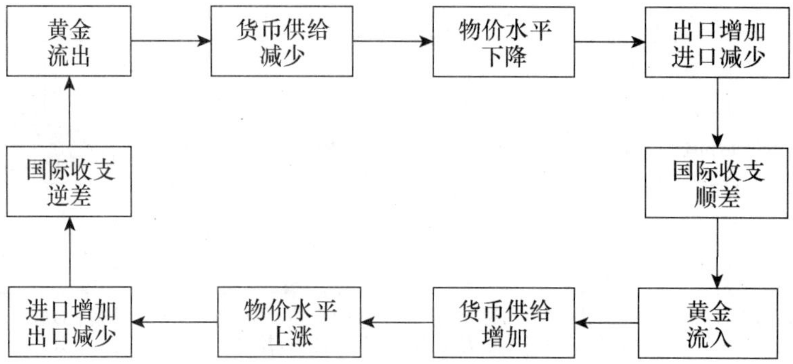

图 1－3　物价－现金流动机制的传导过程

减来影响外汇供给或需求，而是任凭市场的外汇供求来决定汇率的上升或下降，通过汇率机制自发地调节国际收支。

1. 固定汇率制度下的自发调节机制

这里所指的固定汇率制度是指，在纸币本位制度下，一国货币当局有义务维持本国货币汇率的稳定。在这种制度下，当一国国际收支出现不平衡时，仍有自发调节机制发挥作用，但自发调节的过程较为复杂一些。在国际收支失衡后，外汇储备、货币供应量发生变化，进而影响国民收入、物价和利率等变量，使国际收支趋于平衡。

在纸币流通的固定汇率制度下，国际收支失衡可以通过利率机制、收入机制和价格机制来调节。

（1）利率机制。当一国出现国际收支逆差时，本币存在贬值压力，该国货币当局会抛售外汇、购买本币，使本国货币供应量下降、利率上升，这将引起该国的资本流出减少、资本流入增加，该国的资本与金融账户得到改善、国际收支逆差减少直至平衡。反之，当一国出现国际收支顺差时，该国的货币供应量加大、利率下降、资本净流出增加，从而该国的国际收支顺差逐渐减少直至消除。

（2）收入机制。当一国出现国际收支逆差时，本币存在贬值压力，该国货币当局会抛售外汇、购买本币，该国货币供应量下降、利率上升、消费和投资减少，导致国民收入下降。国民收入下降将使进口需求下降、经常账户顺差增加，进而使得该国的国际收支逆差减少直至平衡。反之，当一国国际收支出现大量顺差时，该国的国民收入上升、进口需求上升、经常账户顺差减少，进而使得该国的国际收支顺差减少直至平衡。由此可见，收入机制是调节机制的长期反映，利率机制在短期内影响资本与金融账户差额，然后进一步借助收入机制从长期影响经常账户差额。从这一角度讲，利率机制在国际收支自发调节中发挥了重要作用。

（3）价格机制。当一国出现国际收支逆差时，本币存在贬值压力，该国货币当局会抛售外汇、购买本币，该国的外汇储备减少、货币供应量下降、国内价格下降，从而该国出口产品的国际竞争力上升，外国产品在国内的价格相对上升，该国出口增加而进口减少，经常账户得以改善，从而使该国的国际收支逆差减少直至平衡。反之，当一国出现国际收支顺差时，该国的国内物价上涨、出口产品价格上升、进口产品价格相对下降，导致该国的出口减少和进口增加，经常账户顺差下降，进而该国的国际收支顺差逐渐减少直至平衡。

以上国际收支失衡的三个自发调节机制如图 1－4 所示。

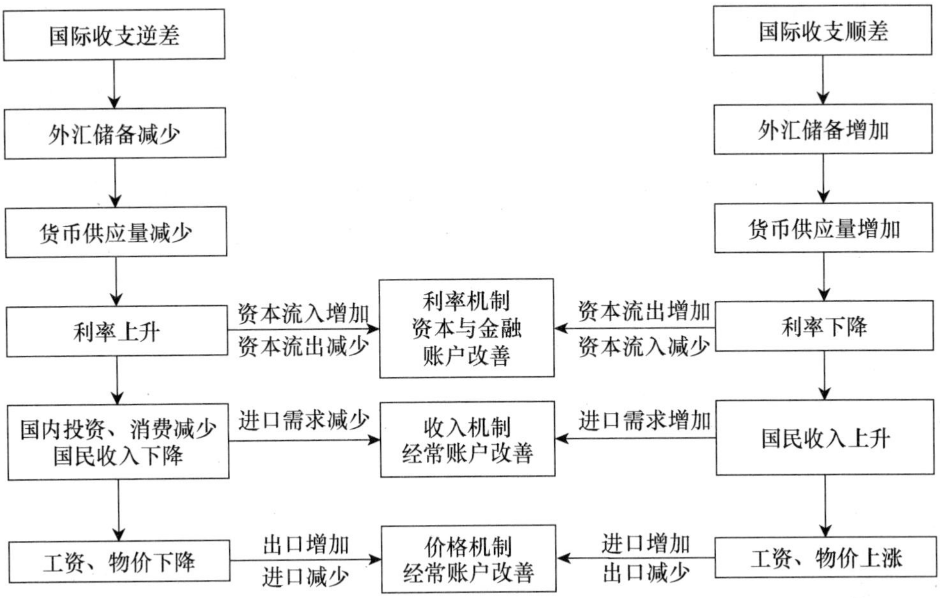

图 1－4　纸币本位固定汇率制度下国际收支的自发调节机制

在实际生活中，即使是采用浮动汇率制度的国家，其货币当局也会对利率、收入和价格等宏观经济指标进行调控，借以对汇率进行不同程度的干预。所以，上述利率机制、收入机制和价格机制在浮动汇率制度下也能在一定程度上发挥作用。

2. 浮动汇率制度下的自发调节机制

在浮动汇率制度下，当一国国际收支失衡时，必然会对外汇市场产生压力，致使外汇汇率发生波动。如果该国政府允许汇率自由波动而不加以干预，则国际收支失衡还可以通过外汇汇率的波动而改善。例如，当一国出现国际收支逆差时，该国的外汇需求会大于外汇供给，致使外汇汇率上升、本币贬值，该国出口产品以外币表示的国际市场价格下降，出口产品的国际竞争力上升，从而出口增加、进口减少，该国的贸易逆差逐渐减少、国际收支趋于平衡。反之，当一国出现国际收支顺差时，将通过外汇市场供求关系的变化引起本币汇率升值，从而出口减少、进口增加，该国的国际收支顺差得以减少。

上述自发调节机制如图 1－5 所示。

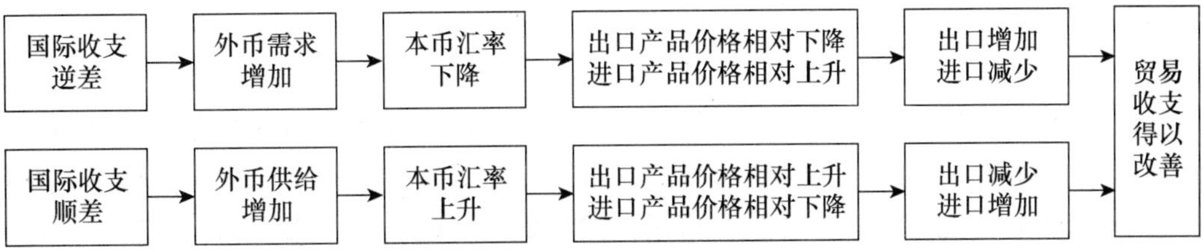

图 1－5　纸币本位浮动汇率制度下汇率的自发调节机制

二、国际收支失衡的政策性调节

虽然国际收支失衡能够自动恢复，但固定汇率制度下国际收支失衡的自发调节过程往往需要牺牲国内宏观经济目标，而浮动汇率制度下国际收支失衡的自动恢复过程相当漫长。此外，不论在何种汇率制度下国际收支失衡的自动调节机制都需要相应的经济环境。因此，当一国国际收支失衡时，各国货币当局都会主动采取适当的政策和措施加以调节。

国际收支失衡的政策性调节是指发生国际收支失衡的国家通过改变其宏观经济政策和加强国际经济合作，主动对本国的国际收支进行调节的政策措施。

一国政府可以采取的国际收支调节政策如图 1－6 所示。

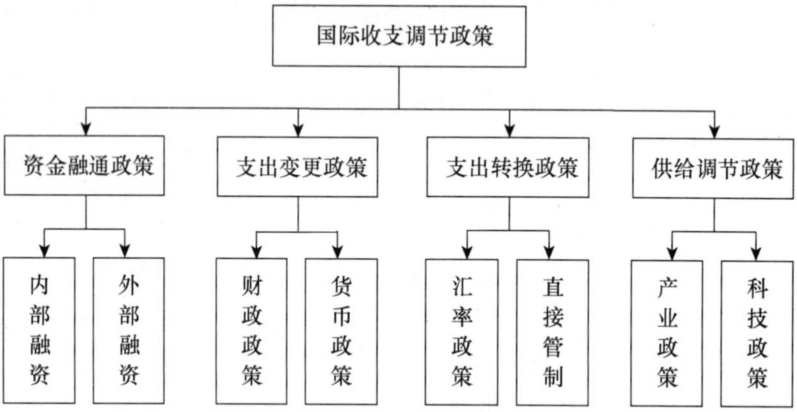

图 1－6　国际收支调节政策

（一）资金融通政策

资金融通政策是指运用官方储备或临时向外筹借资金来抵消超额外汇需求或供给的一种国际收支调节政策，具体包括两种方式：内部融资和外部融资。

1. 内部融资

内部融资主要是使用外汇缓冲政策。外汇缓冲政策是指一国政府通过对外汇储备的调整来调节国际收支，使得国际收支失衡的影响局限于外汇储备的增减，而不会导致汇率的急剧变动。由于这种政策措施是以外汇储备作为缓冲体，因此被称为外汇缓冲政策。

运用外汇缓冲政策调节国际收支的一般做法是，运用持有的国际储备（主要是黄金和外汇）成立外汇平准基金（exchange stabilization fund），用于抵消市场的超额外汇供给或需求，从而改善国际收支状况。外汇平准基金是指一国政府用来干预外汇市场的储备基金，它由黄金、外汇和本国货币构成。当国际收支发生逆差，导致外汇汇率上升且超出政府的目标区间时，就可通过在市场上抛售储备、购买本币来缓和外币升值，进而调节国际收支；反之，当国际收支发生顺差，导致本币升值过快时，就可通过在市场上购入储备、投放本币的方式来增加本币供给、抑制本币升值，进而调节国际收支。因此，外汇缓冲政策是解决一次性、季节性或临时性国际收支失衡的最简便有效的政策措施，但不能解决长期的国际收支逆差，因为它受一国储备水平的制约。

2. **外部融资**

外部融资是指一国政府可以通过政府间信贷、国际金融市场融资和国际金融机构贷款等方式筹集资金，用以调节国际收支失衡问题。

不过，利用外部融资来调节国际收支会使本国政府负担一定的利息费用，并受一国对外借款能力的约束。

（二）支出变更政策

支出变更政策是指一国政府通过改变社会总需求或社会总支出的水平来改变对外国产品、劳务及其金融资产的需求，以达到调节国际收支目的的政策措施。它主要包括财政政策和货币政策。

1. **财政政策**

一国政府通过增减财政开支和调节税率等财政政策，借助控制社会总需求和物价水平来调节国际收支。当一国出现国际收支逆差时，政府可以采取缩减公共开支、提高税率等紧缩性财政政策来抑制社会总需求，从而相应地压缩进口；与此同时，社会总需求降低会使物价水平下降，从而有利于出口并进一步抑制进口，致使国际收支逆差逐渐减少。反之，当一国出现国际收支顺差时，政府可以采取增加公共开支、降低税率等扩张性财政政策来刺激社会总需求，从而有利于增加进口、减少出口，使国际收支顺差逐渐减少。

2. **货币政策**

货币政策是指中央银行通过调节货币供给和利率，进而影响宏观经济的需求管理政策。它主要包括贴现政策、调整法定准备金率政策和公开市场操作政策。

例如，当一国国际收支出现逆差时，中央银行可以提高再贴现率，或者提高法定存款准备金率，或者在公开市场上抛售政府债券。一方面，这些政策可以紧缩信用、抑制消费，使进口减少，进而改善国际收支；另一方面，这些政策可以使市场利率提高，同时促进外国资本流入、减少本国资本流出，从而改善资本账户，并使国际收支最终得以改善，反之亦然。

（三）支出转换政策

支出转换政策是指一国政府通过汇率政策、关税政策及其他直接管制方式，改变社会总支出在外国产品和本国产品之间的需求结构，从而调节国际收支的政策措施。它主要包括汇率政策和直接管制。支出转换政策不改变社会总需求的水平，仅改变需求和支出的方向。

1. **汇率政策**

汇率政策是指一国通过调整其货币升值或贬值的方式，提高或降低本币汇率，借以影响进出口的价格和数量，进而改善其国际收支的政策措施。在固定汇率制度下，一国政府可以通过货币的法定升值、贬值来调节国际收支；在浮动汇率制度下，一国政府可以通过对外汇市场的干预来影响汇率的变动方向，从而调节国际收支。

例如，当发生国际收支逆差时，一国可以调低本币汇率，使本币贬值。在国内价格基本不变或变动不大的情况下，以外币表示的出口产品价格会下降，以本币表示的进口产品价格会上升，其结果会使出口增加、进口减少，进而国际收支逐渐平衡，反之亦然。当然，汇率政策发挥作用要受到诸多因素的制约，如进出口产品的需求弹性、本国是否存在闲置资源等。

2. **直接管制**

直接管制是指政府通过对国际经济交易实施直接行政控制，改变各种产品的可获得性以实现国内外支出转换，从而调节国际收支。直接管制措施主要包括贸易管制（关税、进出口配额）和金融管制（外汇兑换管制、汇率管制），前者属于数量型管制，后者属于价格型管制。

直接管制具有收效迅速和针对性强等特点，但它并不能真正解决国际收支问题，只能将显性国际收支失衡转变为隐性国际收支失衡。因此，一旦管制取消，国际收支失衡仍会出现。与此同时，若一国实行直接管制政策，既会遭到国际经济组织的反对，又会引起其他国家的不满和报复。

（四）供给调节政策

供给调节政策主要是通过增加一国出口行业的有效供给，用以扩大出口，从而改善国际收支的措施。这是一国调节国际收支的长期性措施，主要包括产业政策和科技政策。前者是通过产业政策的制定，调整国内生产的供给结构；后者是通过科技政策，加快知识对产出的推动作用。因此，供给调节政策可用来调节国际收支的结构性失衡，但缺点是作用过程较为漫长。

总体而言，当一国国际收支出现失衡时，要针对形成的原因采取相应对策。例如，如果一国的国际收支失衡是由经济周期波动引起的，可使用外汇缓冲政策进行调节；如果国际收支逆差是由货币性因素引起的，可采用汇率政策来改善；如果国际收支失衡是由收入性不平衡引起的，可实行调节国内支出的措施，即采取紧缩性的财政政策与货币政策；如果发生结构性的失衡，则可采用直接管制以及调整经济结构的相关政策。每一种调节政策都有优缺点，一国可以采取几种政策进行搭配调节，尽量以最小的经济代价和社会代价来减少国际收支失衡，甚至最终达到国际收支平衡。

专　栏

中国国际收支平衡表与国际投资头寸表

国际投资头寸表是反映特定时点上（如年末）一个国家或地区对世界其他国家或地区的金融资产和金融负债存量（余额）的统计报表。表 1-5 是 2017—2019 年中国国际投资头寸表（年度表）。

表 1-5　2017—2019 年中国国际投资头寸表（年度表）　　单位：亿美元

项目	2017 年末	2018 年末	2019 年末
净头寸	21 007	21 461	21 240
资产	71 488	74 049	77 145

续表

项目	2017 年末	2018 年末	2019 年末
1. 直接投资	18 090	19 823	20 945
1.1　股权	15 590	16 830	17 811
1.2　关联企业债务	2 501	2 993	3 135
1.a　金融部门	2 371	2 518	2 839
1.1.a　股权	2 276	2 416	2 739
1.2.a　关联企业债务	95	102	100
1.b　非金融部门	15 719	17 305	18 107
1.1.b　股权	13 314	14 415	15 072
1.2.b　关联企业债务	2 405	2 891	3 035
2. 证券投资	4 925	4 980	6 460
2.1　股权	2 977	2 700	3 738
2.2　债券	1 948	2 279	2 722
3. 金融衍生工具	59	62	67
4. 其他投资	16 055	17 505	17 443
4.1　其他股权	54	69	84
4.2　货币和存款	3 611	3 896	4 179
4.3　贷款	6 373	7 097	6 963
4.4　保险和养老金	101	106	135
4.5　贸易信贷	5 319	5 972	5 604
4.6　其他	597	364	479
5. 储备资产	32 359	31 680	32 229
5.1　货币黄金	765	763	954
5.2　特别提款权	110	107	111
5.3　国际货币基金组织的储备头寸	79	85	84
5.4　外汇储备	31 399	30 727	31 079
5.5　其他储备资产	5	−2	0
负债	50 481	52 588	55 905
1. 直接投资	27 257	28 271	29 281
1.1　股权	25 150	25 858	26 748
1.2　关联企业债务	2 107	2 413	2 533
1.a　金融部门	1 351	1 422	1 605
1.1.a　股权	1 241	1 277	1 426
1.2.a　关联企业债务	110	145	179
1.b　非金融部门	25 906	26 849	27 676
1.1.b　股权	23 909	24 581	25 321
1.2.b　关联企业债务	1 997	2 268	2 354
2. 证券投资	10 994	10 964	13 646

续表

项目	2017年末	2018年末	2019年末
2.1　股权	7 623	6 842	8 617
2.2　债券	3 370	4 122	5 029
3. 金融衍生工具	34	60	65
4. 其他投资	12 197	13 294	12 913
4.1　其他股权	0	0	0
4.2　货币和存款	4 365	4 833	4 245
4.3　贷款	3 922	4 169	4 605
4.4　保险和养老金	100	109	135
4.5　贸易信贷	3 523	3 931	3 644
4.6　其他	188	154	189
4.7　特别提款权	100	97	97

资料来源：国家外汇管理局网站。

注：1. 本表计数采用四舍五入原则；2. 净头寸是指资产减负债，“+”表示净资产，“−”表示净负债；3. 从2015年第一季度开始，本表按照国际货币基金组织发布的《国际收支和国际投资头寸手册》（第六版）的标准进行编制和列示；4. 自2017年末以来的贸易信贷数据根据最新调查结果修订，未追溯调整之前数据。

表1-5显示，2019年末我国国际投资净头寸为21 240亿美元，表明我国为净债权国。其中，我国对外金融资产为77 145亿美元，包括直接投资20 945亿美元、证券投资6 460亿美元、金融衍生工具67亿美元、其他投资17 443亿美元、储备资产32 229亿美元；我国对外负债为55 905亿美元，包括直接投资29 281亿美元、证券投资13 646亿美元、金融衍生工具65亿美元、其他投资12 913亿美元。

如何看待和分析我国的国际投资头寸状况呢？

1. 我国具备较强的国际清偿力。从总量上看，从表1-5展示的2017—2019年数据来看，我国国际投资头寸都处于净债权地位，而且都在2万亿美元以上，初具规模，并呈稳步上升趋势。

2. 我国的对外金融资产以储备资产为主。以2019年为例，当年末国际投资头寸为21 240亿美元，而当年的储备资产高达32 229亿美元，较上年末增长1.7%，其中由交易引起的储备资产余额减少193亿美元，由汇率及价格等非交易因素引起的储备资产余额增加742亿美元。储备资产占我国对外金融资产总额的42%，继续占据对外资产首位，但比重较上年末下降1个百分点，为自2004年公布国际投资头寸数据以来的最低水平。一方面，这表明我国具有稳定汇率的重要实力；另一方面，虽然外汇储备的流动性和安全性较高，但其收益率相对较低，因而机会成本较高。

3. 我国的对外负债以私人部门的对外负债为主。在2019年我国的对外负债55 905亿美元中，主要以银行和企业等私人部门的对外负债为主。其中，尤其以对外直接投资（FDI）为主，当年吸引对外直接投资29 281亿美元，占对外负债的52.38%，这与发达国家对外负债以政府负债为主的状况具有显著差异，这种对外资产、负债的结构有利于防范金融风险，稳定金融体系。

4. 在我国的对外负债中，来华证券投资增长较快。外国来华证券投资13 646亿美元，占比为24%，上升了3.6个百分点（其中，境外投资我国境内证券市场取得长足发展)。2019 年末，境外投资者对我国境内证券市场的持仓市值约为 6 500 亿美元（其中，股票持仓量占 A 股总市值的 4.3%，较上年末提高 1.1 个百分点)；债券持仓量占境内债券托管总量的 2.3%，较上年末提高了 0.2 个百分点，体现了我国金融市场扩大开放和深化改革的结果。

《本章小结》

1. 国际货币基金组织在《国际收支手册》（第六版）中规定：“国际收支是指某个时期居民与非居民之间经济交易的汇总统计表。”这一定义强调的是交易基础，只要国际经济交易发生，无论是否实际收付，都记入国际收支。国际投资头寸反映的是一个经济体在一个时点的对外债权和对外债务的余额。国际收支是因，国际投资头寸是果。

2. 国际收支平衡表又称国际收支账户，是系统记录一个国家（或地区）在一定时期内（一年、半年、一个季度或一个月）各种国际收支项目及其余额的一种统计报表。它包括经常账户、资本与金融账户和误差与遗漏三大一级账户。国际投资头寸表是某一时点的某一经济体对外金融资产与负债余额的统计记录。国际收支平衡表的差额一般为零，而国际投资头寸表的余额一般不为零，它表明该经济体是净债权国还是净债务国。

3. 国际收支平衡表是按照复式簿记法记录和编制的，也就是以借、贷为符号，遵循“有借必有贷，借贷必相等”的记账原则。凡是引起本国从外国获得外汇收入的交易均记入贷方，凡是引起本国对外国支出货币（或引起外汇需求）的交易均记入借方。

4. 从理论上说，判断一国国际收支是否平衡主要看其自主性交易是否平衡，因而在实际中判断一国国际收支是否平衡的标准是看总差额是否为零，即经常账户差额、资本与金融账户（扣除储备资产）差额、基本差额、综合差额是否为零。

5. 由于各种不同的原因，国际收支失衡可分为周期性失衡、结构性失衡、货币性失衡、收入性失衡、季节性失衡和偶然性失衡等。

6. 持续的、大量的国际收支逆差会导致本币汇率下跌、外汇储备减少、货币供应量减少、利率上升、失业增加及经济增长放缓等后果；反之，持续的、大量的国际收支顺差会导致本币汇率上升、外汇储备增加、货币供应量增加和引起国际经济摩擦等后果。

7. 国际收支的自发调节机制包括金本位制度下的物价-现金流动机制和纸币本位制度下的自发调节机制，后者又包括固定汇率制度下的利率机制、收入机制和价格机制以及浮动汇率制度下的汇率机制。

8. 国际收支的政策性调节措施包括资金融通政策、支出变更政策、支出转换政策以及供给调节政策。

《本章启示》

2019 年 7 月 10 日，国家统计局发布了《新中国成立 70 周年经济社会发展成就系列报告》。该系列报告显示，1950 年我国货物进出口额为 11.3 亿美元，2018 年超过 4.6 万亿美元，为全球货物贸易第一大国。特别是自改革开放以来，我国的对外贸易迅速发展。1978—2018 年我国的货物进出口额增长 223 倍，年均增速为 14.5%。

随着货物进出口规模的迅速扩大，我国货物贸易占全球货物贸易的份额和位次逐步提升。根据该系列报告，1978 年我国货物进出口总额占全球的份额为 0.8%，列第 29 位。2009 年，我国成为全球货物贸易第一大出口国和第二大进口国。2013 年，我国超越美国成为全球货物贸易第一大国，2014—2015 年保持了这一地位。2017—2018 年我国继续保持全球货物贸易第一大国地位。2018 年，我国货物进出口总额占全球的份额为 11.8%。

这些数据是我国改革开放的成果，也是我国国力增强的表现，有助于读者理解我国保持国际收支平衡的重要性。

本章复习题

一、本章重要概念

国际收支	国际投资头寸	国际投资头寸表
国际收支平衡表	居民	非居民
经常账户	资本与金融账户	顺差
逆差	支出变更政策	支出转换政策
物价-现金流动机制	自主性交易	调节性交易

二、本章思考题

1. 如何理解国际收支的概念？
2. 简述国际收支与国际投资头寸的关系。
3. 简述国际收支平衡表的主要账户构成。
4. 如何理解经常账户顺差必然导致资本与金融账户逆差？
5. 简述国际收支不平衡的几种类型。哪些因素会导致国际收支长期不平衡？
6. 分析国际收支失衡的经济影响。
7. 国际收支自发调节机制有哪几种？它们发挥作用的条件是什么？
8. 简述国际收支的政策性调节措施。

本章讨论题

1. 请自行设计 8 笔国际经济交易，涉及经常账户、资本与金融账户，并以此编制一张国际收支平衡简表。

2. 试讨论我国国际收支平衡表中的错误与遗漏账户出现金额变化的特点及原因。

第二章
开放经济下的外汇与汇率

学习目标

- 了解外汇与汇率的基本概念
- 掌握汇率的主要种类
- 理解即期汇率与远期汇率的基本关系
- 掌握汇率的决定与影响因素
- 理解并掌握汇率变动对一国经济的影响

本章导读

国际经济交易中涉及的货币通常被称为外汇（foreign exchange）。什么是外汇？外国货币就是外汇吗？外汇具有哪些特征？汇率是什么？在具体的交易中应用哪种汇率？为什么在开放经济中外汇现钞的价值低于现汇的价值？汇率的变化受宏观经济和微观经济中许多因素的影响，又反过来影响一国经济的运行。这些问题构成了国际金融中最基本、最重要的问题。

本章词汇

外汇　汇率　实际汇率　有效汇率　远期汇率　升水　贴水

第一节　外汇的概念与基本特征

一、外汇的概念

外汇有动态外汇和静态外汇之分。

（一）动态外汇的概念

动态外汇是指把一国货币兑换为另一国货币，以清偿国际债权与债务关系的金融行为。外汇的英文为“foreign exchange”，其本意就是“国际汇兑”。按照中文的理解，“汇”表示货币资金在异地间的转移，“兑”表示货币的交换，因而在国际上不同货币间的交换业务活动就称为“国际汇兑”。国际汇兑的实质是以非现金方式进行的国际支付，从这个意义上讲，动态外汇的概念基本等同于“国际结算”，是人们通过特定的金融机构将一种货币兑换成另一种货币，然后借助各种金融工具结清国际债权与债务关系的行为。

（二）静态外汇的概念

静态外汇又有广义的静态外汇和狭义的静态外汇之分。人们通常所说的外汇是指静态外汇的概念。

1. 狭义的静态外汇

狭义的静态外汇（以下简称“狭义外汇”）是指以可兑换外币表示的、被各国普遍接受的、可直接用于国际债权与债务清偿的各种支付凭证，包括存放在国外银行的外币存款以及以外币表示的银行汇票、支票和电汇凭证等。其中，国外银行的外币存款是狭义外汇的主体。这是因为银行汇票等外汇支付凭证需要以外币存款为基础。由于以外币表示的有价证券（如外币债券、外币股票）不能直接用于国际支付，因而它们不能被视为外汇。严格地说，外币现钞也不能算作狭义外汇，因为只有将现钞运回发行国并存入银行、形成银行存款后才能成为外汇。由此可见，狭义外汇强调了外汇的国际结算功能。

2. 广义的静态外汇

广义的静态外汇（以下简称“广义外汇”）泛指一切以外币表示的、可作为一国国际储备资产的金融资产，主要包括外币现钞、外币支付凭证和外币有价证券。各国外汇管制法中所称的外汇就是广义外汇。我国使用列举法来规定外汇的范畴。根据 2008 年 8 月新修订的《中华人民共和国外汇管理条例》第三条的规定，外汇是指以外币表示的可以用作国际清偿的下列支付手段和资产：①外币现钞，包括纸币、铸币；②外币支付凭证或者支付工具，包括票据、银行存款凭证、银行卡等；③外币有价证券，包括债券、股票等；④特别提款权；⑤其他外汇资产。

实际上，之所以有狭义外汇与广义外汇之分，主要是从不同研究角度进行界定的。

从银行、企业等微观经济主体的角度来看，它们要求外汇资金能自由、及时地兑换成本币或其他国家的货币，能直接用于国际非现金结算，这样的外汇才有实际意义。而对于一国宏观管理当局来说，能起到稳定汇率、平衡国际收支作用的外汇资产都是外汇。例如，外币股票、债券等通过变现，同样可以起到稳定汇率、弥补国际收支差额的作用，因而一国货币当局将其算作外汇范畴。

特别声明，若不特指，本书所指的外汇都是狭义外汇的概念。

狭义的静态外汇是指以可兑换外币表示的、被各国普遍接受的、可直接用于国际债权与债务清偿的各种支付凭证。

二、外汇的基本特征

首先，我们必须明确，并不是任何外国的货币都是本国的外汇。人们需要外汇的实质是为了购买货币所在国的产品和服务，这是因为任何货币都有以一定的购买力表示的价值。从这个意义上讲，外汇本质上相当于一种对外国产品和服务的要求权。因此，要将一种外币以及用外币表示的资产作为外汇，必须具备以下四个基本特征：

1. 国际性

国际性是指外汇必须是以外币表示的金融资产，任何以外币计价的实物资产、无形资产及以本币表示的金融资产都不是外汇。

2. 可兑换性

可兑换性是指外汇持有人能够不受限制地将它们兑换为其他外币及以外币表示的支付手段。可兑换性是外汇的基本特征，外汇可兑换性的实质是各国产品和服务能否自由交换的问题。一国货币能兑换成他国货币，实际上就意味着其持有人通过这种兑换，能取得对该国产品和服务的购买力。如果一国禁止外国人随意购买本国的产品和服务，那么该国货币的可兑换性就失去了基础，该国货币就不能被其他国家称作外汇了。

3. 可偿付性

可偿付性是指外汇可以在另一国直接作为支付手段无条件使用。外汇的可偿付性能确保其持有人拥有对外币发行国产品和服务的要求权。如果外汇没有真实的债权与债务关系作为基础，就不能保证被偿付，只能是空头支票，不能算作外汇。

4. 普遍接受性

普遍接受性是指外汇能够被其他国家普遍接受。一国的货币能够被其他国家普遍接受，意味着他国居民或政府可随时购买该国的产品和服务，即该国必须具有相当规模的生产能力和出口能力，或者该国拥有其他国家所缺乏的资源。因此，外汇的“普遍接受性”特征也被人们理解为“物质保证性”特征。

满足以上外汇基本特征的货币才是国际经济交往中所指的外汇。表 2-1 列出了常用的外汇及其国际标准化组织代码。

表 2-1 常用的外汇名称、标准代码及习惯写法

货币名称	国际标准代码	习惯写法
美元	USD	$/US$
欧元	EUR	€
英镑	GBP	£
日元	JPY	JP¥
瑞士法郎	CHF	SF
新西兰元	NZD	NZ$
港元	HKD	HK$
新加坡元	SGD	S$
加拿大元	CAD	C$
菲律宾比索	PHP	₱
俄罗斯卢布	SUR	₽
韩元	KRW	₩
泰铢	THB	฿
澳大利亚元	AUD	A$

我国人民币的国际标准代码为 CNY，习惯写法为 RMB¥。

第二节　汇率及其标价方法

一、汇率的概念

汇率（foreign exchange rate）又称汇价，是用一种货币表示另一种货币的价格，或者说是一国货币与另一国货币的兑换比率或比价。在我国，人民币兑外币的汇率通常在中国银行挂牌对外公布，因此汇率又称牌价。

一般来说，在实践中，汇率通常表示到小数点后的第四位，如 6.516 8。小数点后的第四位数称为“个数点”。“点”（point）就是汇价点，相当于万分之一，1 点＝0.000 1，依此类推。小数点后的第三位数称为“十点”，小数点后的第二位数称为“百点”，小数点后的第一位数称为“千点”。汇率波动通常在小数点后的第三位，即“十点”变动。因此，一旦知道了汇率变动的点数，就可以知道其具体变动的值了。假定美元兑人民币的汇率下降了 60 点，即 1 美元下降了 0.006 0 元人民币。反过来，假定汇率由 1 美元兑 7.012 0 元人民币变化为 1 美元兑 7.022 0 元人民币，则表示美元汇率上涨了 100 个点。需要注意的是，由于日元的币值较小，用日元表示的汇率应精确到小数后第 2 位，小数点后的第 2 位数字称为“个点”，如 USD/JPY 的汇率由 105.25 变为 105.00，则表明美元兑日元的汇率下降了 25 个基点，或 25 点。

习惯上，汇率的写法有两种：一种是国际标准代码表示法，即将两种货币的国际标准代码用斜杠表示，具体数值在旁边写出，如美元兑港元的汇率为 USD/HKD：7.801 0-7.802 0（或简写为 7.801 0/20）；另一种是货币符号表示法，即将两种货币的习惯写法用

斜杠直接表示出来，如上述美元兑港元的汇率也可以这样表示：\$/HK\$：7.801 0-7.802 0。这两种方法表达的意思一致。

在经济生活中，汇率一直扮演着重要的角色。因为汇率实际上是把用一种货币表示的价格“翻译”成用另一种货币表示的价格，因而它为比较不同国家的产品和服务的成本与价格提供了基础。

二、汇率的标价方法

由于汇率是两国货币的比价，因此不同于一般的产品价格，外汇汇率具有双向表示的特点，既可以用本币表示外币的价格，也可以用外币表示本币的价格。也就是说，外汇汇率可分为直接标价法和间接标价法。至于本币以外的其他各种货币之间的比价，由于无法用直接标价法或间接标价法来判断，此时往往以一种国际上的主要货币或关键货币（key currency）为标准，由此产生了美元标价法。

（一）直接标价法

直接标价法（direct quotation）又称价格标价法，是将一定单位（1 个、100 个或 10 000 个单位）的外国货币折算为一定数额的本国货币的汇率表示法。

外国货币＝基准货币
本国货币＝标价货币

在直接标价法下，汇率就是以本币表示的单位外币的价格。套用产品价格的表示法，在这里，外币相当于“产品”，本币相当于“货币”，所以是用本币给外币标价。此时，汇率的变动是以本币数额的变动来直观表现的：如果汇率数值升高，意味着需要比原来更多的本币才能兑换到单位外币，说明外币升值（appreciation）了（“外币”这种产品涨价了或本币贬值了）；反之，如果汇率数值下跌，意味着仅需要比原来更少的本币就能兑换到单位外币，说明外币贬值（depreciation）了（“外币”这种产品降价了或本币升值了）。也就是说，使用这种标价法能从汇率数值的高低变化直观判断出外国货币汇率的升降，因此人们将这一标价法称为“直接标价法”。

例如，我国外汇牌价使用的就是直接标价法。假设人民币牌价为 1 美元＝6.516 8 元人民币，这个价格是将外币视为一种普通产品，并按本国普通产品的标价法进行标价，正如同“1 斤鸡蛋＝6.516 8 元”一样。

目前，除英镑、欧元、美元外，世界上绝大多数国家的货币都采用直接标价法。我国国家外汇管理局公布的外汇牌价也采用直接标价法。

由于汇率是两种货币相互交换的价格，等式两边都是货币，因此就有一个问题：如何计算汇率的变化率？汇率变化率可否在任何情况下都引用商品价格变化率的公式？另外，一种货币的升值幅度是否等于另一种货币的贬值幅度？例如，假定期初的 EUR/USD＝1，那么其中一种货币的升值幅度是否等于另一种货币的贬值幅度？

（二）间接标价法

间接标价法（indirect quotation）又称数量标价法，是将一定单位的本国货币折算为一定数额的外国货币的汇率表示方法。

> 本国货币＝基准货币
> 外国货币＝标价货币

在间接标价法下，汇率就是以外币表示的单位本币的价格。本币相当于“产品”，外币相当于“货币”，是用外币给本币标价，汇率的涨跌是以外国货币的数量变化来表示的（因而称为数量标价法）。如果汇率数值升高，意味着单位本币可以兑换到比原来更多的外币，说明外币贬值（或本币升值）；反之，如果汇率下跌，意味着单位本币只能兑换到比原来更少的外币，说明外币升值（或本币贬值）。这表明汇率数值的升降只能间接地反映出外币价值的升降，从这一角度来说，这种标价法被称为“间接标价法”。

例如，在纽约外汇市场上，USD 1＝EUR 0.755 9。这个价格是将本币视为一种普通产品，并用欧元（外币）来表示其价格。如果汇率变为 USD 1＝EUR 0.855 9，则表示在纽约外汇市场上，欧元这种外汇的汇率下降了。因为欧元的初始价格是 EUR 1＝USD $\frac{1}{0.7559}$，现在变为 EUR 1＝USD $\frac{1}{0.8559}$了，即欧元与原来相比不值钱了，说明欧元汇率下降了。

能够采用间接标价法的国家，通常该国曾经或者目前在国际经济舞台上占据重要的地位，其货币曾经或目前是世界上最主要的国际货币之一。英国在金本位制度时期及第一次世界大战前后，在国际经济及金融领域一直占据支配地位，伦敦一直是国际金融中心，英镑也一直是最主要的国际货币。因此，英镑除了对欧元采用直接标价法外，对其他货币一直采用间接标价法。在第二次世界大战后，由于美元逐渐在国际支付和国际储备中取得统治地位，使美元除对欧元、英镑采用直接标价法外，对其他货币的标价法均改为间接标价法（纽约外汇市场从 1978 年 9 月 1 日开始采用间接标价法）。自欧元出现后，它成为世界上最主要的货币之一，其报价也采用间接标价法。

直接标价法和间接标价法是表示不同货币比价关系的两种不同方式，两者可以相互换算。它们换算的方法为：直接标价法和间接标价法互为倒数关系。需要注意的是，在换算时，要将原汇率的买卖价位置颠倒以后再取各自的倒数。之所以要颠倒顺序，是因为在两种不同的汇率标价法下，外汇买入价和卖出价的前后位置是相反的（详见“第三节　汇率的分类”中的相关内容）。

> 例如，已知 USD/CNY：6.514 8－6.519 8，试计算人民币 1 元等于多少美元？
> **解：** 根据换算原则，有
> 人民币 1 元＝1/6.519 8 美元－1/6.514 8 美元
> ＝0.153 4－0.153 5 美元

在未特别声明的情况下，本书使用的汇率都是直接标价法下的汇率。

（三）美元标价法

除本币以外，其他货币之间的比价由于无法用直接标价法或间接标价法来判断，此时往往是将一种国际上的主要货币或关键货币作为标准。例如，在第二次世界大战后，由于美元是世界货币体系的中心货币，各国外汇市场上均以美元作为标准公布外汇比价，这就是“美元标价法”（U. S. dollar quotation）。

美元标价法是指以一定单位的美元为标准来计算能兑换多少其他货币。其特点是：第一，所有货币对美元报价；第二，除英镑、爱尔兰镑、澳大利亚元、新西兰元、欧元及特别提款权外，其他货币均采用以美元为标准的直接标价法。

> 美元＝基准货币
> 其他货币＝标价货币

例如：

USD 1＝CAD 1. 037 8
USD 1＝HKD 7. 755 8

美元标价法通常在银行间交易时采用，对于从事国际银行间业务的银行来讲，其报价形式完全统一，因而便于交易，并极大地减少了直接套汇的机会。

第三节　汇率的分类

在实际运用中，外汇汇率可从不同角度划分为不同种类，下面介绍几种主要的划分方式。

一、买入汇率、卖出汇率、中间汇率和现钞汇率

从银行买卖外汇的角度看，汇率可以分为买入汇率、卖出汇率、中间汇率和现钞汇率。

（一）买入汇率

买入汇率（buying rate）又称买入价（bid rate），是指商业银行等机构买进外汇时所使用的汇率，具体是指银行买进单位外币所支付的本国货币数量。

> 在直接标价法下，买入价的数字较小。
> 在间接标价法下，买入价的数字较大。

（二）卖出汇率

卖出汇率（selling rate）又称卖出价（offer rate），是指商业银行等机构卖出外汇时所使用的汇率，具体是指银行卖出单位外币所收取的本国货币数量。

> 在直接标价法下，卖出价的数字较大。
> 在间接标价法下，卖出价的数字较小。

需要注意的是：第一，买入价和卖出价是从银行的角度讲的，而非从客户的角度。因此，客户从银行买入外汇采用的是外汇卖出价，客户向银行卖出外汇采用的是外汇买入价。第二，买与卖的对象是外汇，比如在美国纽约外汇市场，银行买卖的是美元以外的货币。

在实际外汇交易中的不同标价法下，买入价与卖出价的排列顺序是不一样的。

在直接标价法下：

中国银行的外汇牌价　USD 1=CNY 6.514 8－6.519 8
买入价　卖出价
（银行买入美元价）（银行卖出美元价）

即前面的数字是外汇买入价，后面的数字是外汇卖出价，并且前面的数字小于后面的数字，符合“贱买贵卖”的买卖原则。

在间接标价法下：

伦敦外汇市场的报价　GBP 1=USD 1.445 7－1.449 7
卖出价　买入价
（银行卖出美元价）（银行买入美元价）

此时，前面的数字是外汇卖出价，后面的数字是外汇买入价，即伦敦商业银行卖出1.445 7美元的外汇时收取1英镑的本币，或者卖出1美元外汇收取1/1.445 7英镑的本币；买入1.449 7美元外汇时支付1英镑本币，或者买入1美元外汇时支付1/1.449 7英镑的本币。虽然前面的数字小于后面的数字，但分析发现，美元的买入价为1/1.449 7英镑，美元的卖出价为1/1.445 7英镑，仍然符合“贱买贵卖”的外汇买卖原则。

> 在直接标价法下，中国银行的外汇报价：
>
> USD 100=CNY 611.730 0－614.190 0
> （买入价）　（卖出价）
>
> 在间接标价法下，伦敦外汇市场的报价：
>
> GBP 1=USD 1.445 7－1.449 7
> （卖出价）（买入价）

因此，无论是哪种汇率标价法，卖出价必然高于买入价，卖出价与买入价的差额就构成了外汇银行等金融机构买卖外汇的利润。卖出价与买入价的差价一般为千分之一到千分之五。外汇市场越发达、交易量越大，这个差价就越小。

（三）中间汇率

中间汇率（middle rate）又称中间价，是指银行买入汇率和卖出汇率的算术平均值，即（买入价＋卖出价）/2。中间价不是在外汇交易中使用的实际成交汇率，而是为了方便计算［如计算套算汇率和远期升（贴）水率等］，或者用于新闻报道和经济分析。

（四）现钞汇率

现钞汇率（banknote rate）是指银行买卖外币现钞时所使用的汇率。前述的买入汇率、卖出汇率是指银行买卖外币支付凭证时的价格，俗称“现汇汇率”。一般来说，现钞买入价低于现汇买入价，而现钞卖出价等于现汇卖出价。

> 现钞买入价低于现汇买入价。
> 现钞卖出价等于现汇卖出价。

这是因为银行在买入汇票等外币支付凭证后，通过航邮划账可以很快地存入国外银行以获取利息或调拨使用；而银行在买进外币现钞后，则要经过一定的时间，待外币现钞积累到一定数额后，才能将其运送并存入这种外币的发行国调拨使用。在此期间，买进现钞的银行要承受一定的利息损失；运送现钞并将其存入外国银行的过程中还要发生运费、保险费等支出，银行便将这些损失及费用开支转嫁给出售外币现钞的客户来承担。因此，现钞买入价要低于现汇买入价。而银行卖出外币现钞的汇率则与现汇汇率卖出价相同，因为银行并未因此增加成本。

二、基本汇率和套算汇率

按制定汇率的不同方法，汇率可以分为基本汇率和套算汇率。

（一）基本汇率

基本汇率（basic rate）又称基准汇率，是指本国货币与关键货币的汇率，而对其他非关键货币则需要用套算方法求得。这是因为世界上的每个国家都有自己的货币，如果制定或报出本国货币与每一种外国货币之间的汇率，既不方便也无必要，因此各国大多报出一种与本国对外贸易关系最紧密的货币（即关键货币）的汇率。本币与关键货币间的汇率称为基本汇率。关键货币通常是可自由兑换的，并且是在该国国际收支中使用最多、在该国外汇储备中比重最大的货币。大多数国家都把美元当作关键货币，把本币与美元之间的汇率作为基本汇率。

（二）套算汇率

套算汇率（cross rate）又称交叉汇率，是指通过基本汇率套算出来的本国货币兑其他国家货币的汇率。

例如，我国某日制定的人民币兑美元的基本汇率是 USD 1=CNY 6.140 3，而当时伦敦外汇市场上英镑兑美元的汇率为 GBP 1=USD 1.542 3，则可套算出人民币兑英镑的汇率为：

$$\text{GBP } 1=\text{CNY}(1.542\,3\times 6.140\,3)=\text{CNY } 9.470\,2$$

套算汇率的计算方法有以下几种：

1. 同边相乘法

同边相乘法适用于两种基准汇率采用不同标价法的情况。也就是说，如果两种汇率中的一种采用直接标价法，另一种采用间接标价法，则用两数相乘即可得出套算汇率。

例 2-1

已知纽约外汇市场的报价为：

GBP/USD=1.487 0－1.489 0（直接标价法）

USD/EUR=0.777 0－0.779 6（间接标价法）

试计算 GBP/EUR 的汇率。

解：该案例符合同边相乘法的条件，所以英镑兑欧元的汇率就等于英镑兑美元的汇率与美元兑欧元的乘积，因而有

$$\begin{aligned}\text{GBP/EUR} &= 1.487\,0\times 0.777\,0-1.489\,0\times 0.779\,6\\ &= 1.155\,4-1.160\,8\end{aligned}$$

其证明过程可以通过将英镑兑欧元的汇率进行数字分解而得出：

$$\frac{\text{GBP}}{\text{EUR}}=\frac{\text{GBP}}{\text{USD}}\times\frac{\text{USD}}{\text{EUR}}$$

2. 交叉相除法

交叉相除法适用于两种基准汇率采用相同标价法的情况。也就是说，若两种货币的汇率均为直接标价法或两种货币的汇率均为间接标价法，则将两种汇率交叉相除即可得出套算汇率。

例 2-2

已知纽约外汇市场的报价为：

USD/CHF=1.662 0－1.664 0

USD/EUR=0.777 0－0.779 6

试计算 EUR/CHF 的汇率。

解：该案例符合交叉相除法的条件，因此欧元兑瑞士法郎的汇率等于美元兑瑞士法郎的汇率除以美元兑欧元的汇率。需要注意的是，在除以美元兑欧元的汇率时，要前后颠倒位置，即“交叉相除法”。所以，欧元兑瑞士法郎的汇率为：

$$EUR/CHF=1.662\,0/0.779\,6-1.664\,0/0.777\,0=2.131\,9-2.141\,6$$

同样，其证明过程可以通过对欧元兑瑞士法郎的汇率进行数字分解而得出：

$$\frac{EUR}{CHF}=\frac{EUR}{USD}\times\frac{USD}{CHF}=\frac{1}{USD/EUR}\times\frac{USD}{CHF}$$

当然，在实际外汇交易中，银行在公布本币与其他国家货币的汇率时，并不说明是基本汇率还是套算汇率。如果客户向银行询问非美元货币间的汇率，银行通常会直接报出套算汇率。虽然套算汇率已经日益普遍，也被专业交易者所接受，但它仍不是主要的交易方式。对于银行来说，套算汇率的交易仍被视为两笔对美元的交易。

三、电汇汇率、信汇汇率和票汇汇率

根据外汇资金划拨时所采用的不同支付工具，汇率可分为电汇汇率、信汇汇率和票汇汇率。

（一）电汇汇率

电汇汇率（telegraphic transfer rate，T/T rate）是以电汇方式买卖外汇时所使用的汇率。电汇是经营外汇业务的本国银行在卖出外汇后，开具付款委托书（payment order，P. O.），并以电信（电报、电传等）方式通知国外分支行或代理行付款给收款人的汇款方式。在国内银行以电汇方式卖出外汇时，由于付款快、不占用客户资金、能减少客户的汇率波动风险，所以电汇汇率比其他汇率要高。此外，它已成为外汇市场中计算其他汇率的基准。银行公布的汇率一般是指电汇汇率。

（二）信汇汇率

信汇汇率（mail transfer rate，M/T rate）是以信汇方式买卖外汇时所使用的汇率。信汇是经营外汇业务的本国银行在卖出外汇后，开具付款委托书，并立即以信函方式通知国外分支行或代理行付款给收款人的汇款方式。由于信汇方式所需的邮程长，银行可以在一定时期内占用客户资金，因此信汇汇率比电汇汇率要低，其差额约等于邮程利息，要视邮程天数和利率情况而定。信汇汇率主要用于中国香港地区和东南亚区域，其他地区较少采用。

（三）票汇汇率

票汇汇率（demand draft rate，D/D rate）是以票汇方式买卖外汇时所使用的汇率。票汇是经营外汇业务的本国银行在卖出外汇时，开立一张命令其国外分支行或代理行付款的汇票，并将其交给汇款人，由汇款人自带或寄往国外取款的汇款方式。显然，从汇票开出到付款会有较长的间隔时间，银行可以在此时期内占用客户资金，因此票汇汇率自然比电汇汇率低。

四、即期汇率与远期汇率

按外汇买卖交割时间的不同，外汇可分为即期外汇和远期外汇；相应地，汇率可以分为即期汇率和远期汇率。

（一）即期汇率

即期汇率（spot rate）又称现汇汇率，是外汇买卖双方成交后，在两个营业日内办理外汇交割时所采用的汇率。凡未注明远期汇率的都为即期汇率。即期汇率的高低取决于即期外汇市场上交易货币的供求状况。上述电汇汇率、信汇汇率和票汇汇率都是即期汇率。

（二）远期汇率

远期汇率（forward rate）又称期汇汇率，是买卖双方预先签订合约（远期合约），约定在未来某日期按照协议交割所使用的汇率，即远期合约中规定的汇率。所以，远期汇率在合约期内固定不变，它是在远期外汇买卖合约成交时确定的，因而在合约到期时应按此汇率进行交割，并且不受汇率波动的影响。

1. 远期差价

即期汇率和远期汇率通常不一致，两者的差额称为远期差价（forward margin）。远期差价具体有三种形式，即远期升水、远期贴水和远期平价。

如果远期汇率比即期汇率高，则称该货币远期升水（forward premium），其汇率差异称为该货币的远期升水值；如果远期汇率比即期汇率低，则称该货币远期贴水（forward discount），其汇率差异称为该货币的远期贴水值；如果远期汇率与即期汇率相等，则称为平价（at par）。

远期汇率升（贴）水的具体数值可以通过两种货币的即期汇率与两地的利差计算出来，即外汇升（贴）水值的计算方式有两种：

$$\text{外汇升(贴)水值}=\text{即期汇率}\times\text{两国利差}\times\frac{\text{远期月数}}{12}$$

$$\text{外汇升(贴)水值}=\text{即期汇率}\times\text{两国利差}\times\frac{\text{远期天数}}{360}$$

需要注意的是，在利用直接标价法计算两国利差时应用本国利率减去外国利率，而在利用间接标价法计算两国利差时应用外国利率减去本国利率。

结论：在直接标价法下，如果计算结果为正，表明远期外汇升水；如果计算结果为负，表明远期外汇贴水。反之，在间接标价法下，如果计算结果为正，表明远期外汇贴水；如果计算结果为负，表明远期外汇升水。

例 2-3

假定伦敦外汇市场的即期汇率为 1.555 0＄/£，伦敦外汇市场的利率为 7.5%，纽约外汇市场的利率为 9%。3 个月后，美元远期汇率是升水还是贴水？3 个月美元远期汇率的升（贴）水值是多少？

解：根据升（贴）水值的计算公式，有

$$三个月美元的升(贴)水值=1.5550\times(9\%-7.5\%)\times\frac{3}{12}=0.0058(美元)$$

此标价法为间接标价法，所以三个月美元兑英镑的汇率贴水，贴水值为 0.005 8 美元。

远期升（贴）水值也可以通过类似于利率的方式［即升（贴）水率］表示出来，通常被称作互换率（swap rate）。其计算方法为：

$$升(贴)水年率=\frac{升(贴)水值\times12}{即期汇率\times远期月数}$$

或者

$$升(贴)水年率=\frac{远期汇率-即期汇率}{即期汇率}\times\frac{12}{远期合约期限}\times100\%$$

同样地，在直接标价法下，如果计算结果为正，表明远期外汇升水；如果计算结果为负，表明远期外汇贴水。间接标价法则反之。

例如，假定在纽约外汇市场上瑞士法郎的即期汇率为＄1.663 0/SF，三个月期瑞士法郎的远期汇率为＄1.653 0/SF，则 3 个月瑞士法郎的升（贴）水年率是多少？

$$3个月瑞士法郎升(贴)水年率=\frac{1.6530-1.6630}{1.6630}\times\frac{12}{3}\times100\%=-2.41\%$$

计算结果表明，在纽约外汇市场上，3 个月瑞士法郎的贴水年率为 2.41%。

---

2. 远期汇率的报价方法

远期外汇交易的报价方法有两种：

（1）完整汇率报价法。这种报价方法又称直接报价法，是指外汇牌价上直接报出远期外汇的买入价和卖出价。这种报价方法适用于银行与客户之间的远期外汇买卖。日本和瑞士的外汇市场均采取这种报价方法。

（2）远期差价报价法。这种报价方法适用于银行之间的远期外汇买卖。远期差价报价法有两种表示方法：一是直接报出升水值或贴水值；二是报出远期差价点数。

1）升（贴）水表示法。在银行的远期外汇实务中，银行的报价有时只报出升水值或贴水值，此时就需要计算远期汇率的实际值。在不同的汇率标价法下，远期汇率的计算方法不同。

在直接标价法下：

$$远期汇率=即期汇率+升水(-贴水)$$

在间接标价法下：

远期汇率=即期汇率−升水(+贴水)

例如，某年某月某日香港外汇市场上的行情为：

即期汇率	USD/HKD	7.801 0/20
6 个月美元远期升水		60−80

则 6 个月美元远期汇率的计算用即期汇率加上相应的升水值（直接标价法），即

$$\begin{array}{r} 7.8010 \\ +0.0060 \\ \hline 7.8070 \end{array} \qquad \begin{array}{r} 7.8020 \\ +0.0080 \\ \hline 7.8100 \end{array}$$

即 6 个月的美元汇率（USD/HKD）为 7.807 0－7.810 0。

2）点数表示法。在远期外汇交易中，银行通常不标明是升水还是贴水，只报出点数。此时，在实际计算远期汇率时，可以不用考虑汇率的标价方法以及升水还是贴水，仅根据升（贴）水的排列进行计算。

当第一栏点数>第二栏点数时，即

远期汇率=即期汇率−点数

当第一栏点数<第二栏点数时，即

远期汇率=即期汇率+点数

例 2－4

已知即期汇率为：

USD/HKD	7.801 0/20
6 个月远期	70−90

试计算 6 个月远期美元是升水还是贴水？6 个月远期汇率是多少？

解： 由于远期差价点数前小后大，所以 6 个月远期汇率用“加法”计算：

$$\begin{array}{r} 7.8010 \\ +\ 0.0070 \\ \hline 7.8080 \end{array} \qquad \begin{array}{r} 7.8020 \\ +\ 0.0090 \\ \hline 7.8110 \end{array}$$

即 6 个月美元远期汇率（USD/HKD）为 7.808 0－7.811 0，表明 6 个月美元远期升水。

例 2－5

已知即期汇率为：

USD/HKD	7.801 0/20
9 个月远期	90−60

试计算 9 个月美元远期汇率是升水还是贴水？9 个月远期汇率是多少？

解：由于远期差价点数前大后小，所以 9 个月远期汇率用“减法”计算：

$$\begin{array}{r} 7.8010 \\ -0.0090 \\ \hline 7.7920 \end{array} \qquad \begin{array}{r} 7.8020 \\ -0.0060 \\ \hline 7.7960 \end{array}$$

即 9 个月美元远期汇率（USD/HKD）为 7.792 0－7.796 0，表明 9 个月美元远期贴水。

根据升（贴）水的含义及上面的远期汇率计算方法，我们可以得出以下结论：若远期差价的两个点数前小后大，应用“加法”计算远期汇率，表示远期升水；反之，表示远期贴水。所以，在直接标价法下，小数在前、大数在后就表示升水，代表外币升值；反之，大数在前、小数在后就表示贴水，代表外币贬值。同理，在间接标价法下，小数在后、大数在前就表示升水，代表外币升值；反之，小数在前、大数在后就表示贴水，代表外币贬值。

示例 2－1

汇率报价表的读法

国际外汇市场上的汇率通常以这样的形式给出：

某日纽约外汇市场报价表

	Closing Mid-Point	Bid/Offer Spread
JP¥（日元）	107.10	540－560
SF（瑞士法郎）	1.060 1	710－735
€（欧元）	1.221 9	630－660
£（英镑）	1.383 8	840－865

该汇率表采用的是国际外汇市场上惯用的美元标价法，即以一定单位的美元为标准来计算能兑换多少其他货币。其特点是：所有在外汇市场上交易的货币都对美元报价，除英镑、爱尔兰镑、澳大利亚元、新西兰元、欧元及特别提款权外，其他货币均采用以美元为外币的直接标价法，即 1 美元等于多少该种货币。银行报价的核心是美元，买入美元、卖出其他货币的交易称作 bid，卖出美元、买入其他货币的交易称为 offer。银行买价低于卖价，两者之差称作 spread。为了简单表示，银行在报价时一般给出一个收盘中间价（closing mid-point），再给出买卖价差（bid/offer spread），分别以买入价和卖出价的最后几位来表示。如上表所示，日元的收盘中间价为 107.10 日元兑换 1 美元，也就是银行实际买入美元的价格为 107.154 0 日元兑换 1 美元，银行实际卖出美元的价格为 107.156 0 日元兑换 1 美元；对于欧元而言，由于欧元采用的是间接标价法，所以 1.221 9 的含义是 1 欧元能够兑换 1.221 9 美元。同理，英镑的汇率是指 1 英镑能够兑换 1.383 8 美元。

五、名义汇率、实际汇率和有效汇率

按汇率的测算方法划分，汇率可以分为名义汇率、实际汇率和有效汇率。

（一）名义汇率

名义汇率（nominal exchange rate）就是通常所说的汇率。官方公布的汇率或外汇银行报出的汇率就是名义汇率，它可能由市场决定，也可能由官方制定。由于名义汇率没有剔除通货膨胀因素，因此名义汇率的升值或贬值并不意味着该国货币在国际市场上的竞争力发生了相应的变化。要反映这一点，就必须引入实际汇率的概念。

（二）实际汇率

实际汇率（real exchange rate）是指名义汇率经两国间价格水平调整后的汇率，它通常以指数形式表示，名义汇率 e 与实际汇率 R 之间的关系为：

$$R=e\times\frac{P_f}{P_h}=\frac{eP_f}{P_h} \tag{2-1}$$

其中，P_f 和 P_h 分别为外国及本国的价格指数；R 和 e 均为直接标价法下的汇率。上式表明，实际汇率等于名义汇率用外国价格水平与本国价格水平之比调整后的值①；或者说，名义汇率等于两国商品价格之比。因此，与名义汇率是两国货币的兑换比例不同，实际汇率是两国产品的兑换比例，是两国产品实际价格（即两国货币实际币值）进行对比的形式，是反映一国产品与服务在国际市场上的竞争力的指标。

例如，假设中国某计算机的售价为 1 000 元人民币/台，同规格、同品质的计算机在美国的售价为 100 美元/台，如果外汇市场上美元兑人民币的汇率为 1 美元∶7 元人民币，那么实际汇率为：

$$R=7\times100/1\,000=0.7$$

由此可知，实际汇率 R 为 0.7，即美元的实际汇率为 0.7，其含义就是美国 0.7 台计算机就相当于中国 1 台计算机的价值，表明美国产品的价格竞争力高于中国产品的价格竞争力。实际分析也是这样：人们如果需要购买计算机，会在美国购买，此时仅折合人民币 700 元，低于在中国的价格。所以，中国计算机的价格竞争力不如美国计算机。

因此，一国货币的实际汇率下降，该国产品的价格竞争力就会提高，外国产品的价格竞争力就会下降；反之，一国货币的实际汇率上升，该国产品的价格竞争力就会下降，外国产品的价格竞争力就会上升。也就是说，本国货币的实际汇率与本国产品和服务的国际竞争力呈反比关系。

---

① 在间接标价法下，实际汇率的公式为：

$$R=e\times\frac{P}{P_f}$$

即实际汇率等于名义汇率用本国价格水平与外国价格水平之比调整后的值。

然而，仅从名义汇率的变动上很难全面判定两国竞争力的变化。例如，若本币贬值10%（e 大约上升 10%），同时本国的价格水平上升 10%，但外国的价格水平不变，则本国产品与外国产品的相对竞争力将保持不变（实际汇率不变）。这是因为本国价格水平的同比例上升抵消了本币贬值对两国产品相对竞争力的影响，这一点从实际汇率保持不变可以得到证明，即实际汇率公式表明，外国价格水平的上升和外币的贬值对实际汇率的影响是相互抵消的；相应地，本国价格水平的上升和本币的贬值对实际汇率的影响也是相互抵消的，并不改变本国产品的相对竞争力。

（三）有效汇率

外汇汇率只反映了两种货币之间的价值之比，而同一种货币兑其他货币的汇率可能同时存在有升有降的情况，这样就很难判定该货币价值变化的实际情况。有效汇率（effective exchange rate）正好解决了这一困难，也为一国调控外汇汇率提供了重要依据。

有效汇率又称汇率指数，是指一种货币的价值相对于其他几种货币的价值的加权平均数，它综合反映了一国货币与其他几种货币的比值，可以从总体上把握该国货币的价值及其变化情况。汇率指数的权重根据每种外汇在该国国际经济交往中的重要程度来确定，其基本计算公式如下：

$$\text{A 币的汇率指数}=\sum_{i=1}^{n}\text{A 国货币兑 } i \text{ 国货币的汇率}\times\frac{\text{A 国与 } i \text{ 国的贸易值}}{\text{A 国的全部对外贸易值}} \quad (2-2)$$

汇率指数有多种分类。其中，一种分类是将其分为双边汇率指数和多边汇率指数，另一种分类是将其分为名义有效汇率指数和实际有效汇率指数。

双边汇率指数是两国货币汇率变动情况的指标。因为汇率是一国货币与其他货币相互兑换的比率，其本身就是双边的，所以选定一种汇率，在确定基期后就可以计算出某一时期的汇率指数，即双边汇率指数。比如英镑兑美元的汇率，2012 年 1 英镑平均兑 1.602 5 美元，2013 年平均兑 1.652 0 美元。如果以 2012 年为基期，即该年的汇率指数为 100，则 2013 年美元兑英镑的汇率指数为 103.09（$=\frac{1.6520}{1.6025}\times 100$），即 2013 年英镑兑美元的汇率相对于 2012 年平均上升了 3.09%；相应地，2013 年英镑兑美元的汇率指数为 97.0（$=\frac{1.6025}{1.6520}\times 100$），即美元兑英镑的汇率平均下跌了 3%。双边汇率指数是研究各种汇率指数的基础。

如果用两个以上的双边汇率指数计算出一个平均数，即多边汇率指数，又称有效汇率指数。例如，仍以 2012 年为基期，美元兑各货币的双边汇率指数为：美元兑英镑为 90.2，美元兑日元为 103.7，美元兑欧元为 101.1，美元兑加拿大元为 100，美元兑瑞士法郎为 99.3。若选用简单算术平均法计算，则得出 98.9［=(90.2+103.7+101.1+100+99.3)÷5］。这就是美元的一种多边汇率指数，它表明美元兑上述五种货币汇率的平均变动情况。

名义有效汇率指数是用来衡量一国货币相对于一组货币汇率的加权平均值，通常以本国与其他贸易伙伴国双边汇率的加权平均值表示。该指标的变化称为“名义升值”

或“名义贬值”。

实际有效汇率指数是经本国与所选国家间相对价格水平调整的有效汇率指数，它是本国价格水平与所选国家价格水平加权几何平均的比率与名义有效汇率指数的乘积。实际有效汇率指数上升代表本币相对价值的上升；反之，表示本币相对价值的下降。由于实际有效汇率指数不仅考虑了一国主要贸易伙伴国货币的变动，而且剔除了通货膨胀因素，因而能够更真实地反映一国货币的对外价值。此外，当一国的实际有效汇率指数下降时，意味着该国货币的贬值幅度与其主要贸易伙伴国货币的贬值幅度相比更大，因而该国产品的国际竞争力相对提高，有利于出口而不利于进口；反之亦然。

专 栏

人民币汇率指数

中国外汇交易中心网站（中国货币网）在 2015 年 12 月 11 日发布了 CFETS（中国外汇交易中心）人民币汇率指数，有助于引导市场改变过去主要关注人民币兑美元双边汇率的习惯，逐渐把参考一篮子货币计算的有效汇率作为人民币汇率水平的主要参照系，有利于保持人民币汇率在合理均衡水平上的基本稳定。

CFETS 人民币汇率指数参考 CFETS 货币篮子，具体包括在中国外汇交易中心挂牌的各人民币兑外汇交易币种，主要包括美元、日元、欧元等 13 种样本货币，各样本货币的权重是采用考虑转口贸易因素的贸易权重法计算而得的。这表明 CFETS 人民币汇率指数反映的是经常账户的人民币有效汇率，即中国进出口的汇率贸易条件。

长期以来，市场观察人民币汇率的视角主要是看人民币兑美元的双边汇率，但由于汇率浮动旨在调节多个贸易伙伴的贸易和投资，因此仅观察人民币兑美元的双边汇率并不能全面反映贸易品的国际比价。也就是说，人民币汇率不应仅以美元作为参考，也要参考一篮子货币。汇率指数作为一种加权平均汇率，主要用来综合计算一国货币兑一篮子外国货币加权平均汇率的变动，能够更全面地反映一国货币的价值变化。

参考一篮子货币与参考单一货币相比，不仅能反映一国产品和服务的综合竞争力，而且能发挥汇率调节进出口、投资及国际收支的作用。

2017 年 2 月 15 日中国外汇交易中心公布的最新数据显示，2016 年 2 月 5 日的 CFETS 人民币汇率指数为 99.23，较 2014 年底贬值了 0.77%。

第四节 汇率的决定与变动

一、金本位制度下的汇率决定与变动

（一）铸币平价是决定两国货币汇率的基础

金本位制度是以黄金作为本位货币的货币制度，包括金币本位制度、金块本位制度

和金汇兑本位制度。其中，典型的金本位制度是金币本位制度。在第一次世界大战前，国际上盛行的是金币本位制度，它是典型的金本位制度。英国于 1816 年率先实行金币本位制度，随后德国、法国、俄国、日本相继步其后尘，美国于 1900 年颁布了金本位法案。

在金本位制度下，以一定重量和成色的黄金铸造的金币为法定通货；金币可以自由铸造和自由熔化；金币与流通中的银行券可以自由兑换；作为一种世界货币，黄金在国际结算中可以跨国境自由输出入。金币中所含的一定成色和重量的黄金称为“含金量”，两种货币的含金量之比称为“铸币平价”（mint par，specie par）。铸币平价是金币本位制度下决定两国货币汇率的基础。

例如，当实行金币本位制度时，在英国，1 英镑的含金量为 113.001 6 格令（等于 7.322 38 克）纯金；在美国，1 美元的含金量为 23.22 格令（等于 1.504 63 克）纯金。根据含金量计算，英镑和美元的铸币平价是：

$$\frac{113.0016}{23.22}=4.8666$$

也就是说，1 英镑的含金量是 1 美元含金量的 4.866 6 倍，因此 1 英镑＝4.866 6 美元。这就是英镑兑美元汇率的基础。

（二）黄金输送点决定了汇率波动的幅度

在金本位制度下，外汇市场的交易汇率是围绕铸币平价上下波动的，而其波动幅度是以黄金输送点（gold transport points）为界限的。

当汇率变动对外汇交易者有利时，他就利用外汇办理国际结算；当汇率变动对其不利时，交易者就可以不用外汇，而是采用输出或输入黄金的方法进行结算。具体说来，汇率波动的上限是铸币平价加两国间的黄金运送费，称为“黄金输出点”（gold export points）。汇率波动的下限是铸币平价减两国间的黄金运送费，称为“黄金输入点”（gold import points）。上下波动的界限称为“黄金输送点”，如图 2－1 所示。

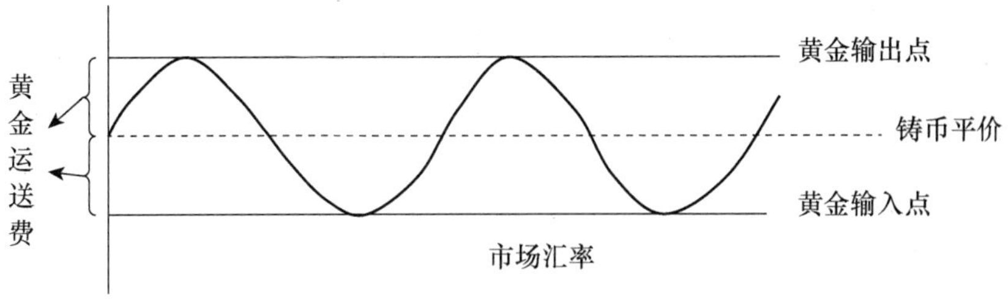

图 2－1　金本位制度下的汇率波动幅度

在国家间运送黄金的费用占所运送黄金的价值比重很小，因此相对来说，在金币本位制度下，汇率的波动幅度小，汇率基本上是固定不变的。

假定英镑是外汇、美元是本币，在英国和美国之间运送黄金的各项费用约为 0.03 美元，英镑与美元的铸币平价为 GBP 1＝USD 4.866 6，则汇率变动的上下限为：

上限＝黄金输出点＝铸币平价＋运送费用

即

GBP 1＝USD 4.866 6＋0.03＝USD 4.896 6

下限＝黄金输入点＝铸币平价－运送费用

即

GBP 1＝USD 4.866 6－0.03＝USD 4.836 6

假定在美国外汇市场上，英镑的价格受供求关系的影响而逐步上涨，假设 1 英镑＝4.966 6 美元，则需要购买英镑的美国商人就会直接运送黄金，以偿付对外负债，此举只不过花费成本 4.896 6 美元。其结果是外汇市场对英镑的需求就会下降，从而使英镑汇率降到 4.896 6 以下。相反，如果美国外汇市场上的英镑汇率下跌，假设 1 英镑＝4.766 6 美元，则拥有英镑收入的美国出口商就不会在外汇市场上出售英镑，而是直接将 1 英镑的黄金运回国内，在扣除 0.03 美元的运费、保险费后，他仍可得到 4.836 6 美元。其结果是外汇市场上英镑的供给就会减少，因而英镑汇率回升，直至升到 4.836 6 以上。

二、布雷顿森林体系下汇率的决定与变动

布雷顿森林体系是指从第二次世界大战后以美元为中心的国际货币体系。1944 年 7 月，西方主要国家的代表在联合国国际货币金融会议上确立了该体系，由于此次会议是在美国新罕布什尔州布雷顿森林举行的，因此称为“布雷顿森林体系”。该体系是以美元和黄金为基础的金汇兑本位制度，其基本内容包括美元与黄金挂钩、其他国家的货币与美元挂钩以及实行固定汇率制度。

（一）汇率决定的基础是金平价

布雷顿森林体系属于典型的金汇兑本位制度，即国内不流通黄金，黄金也不能自由输出入国境，市场上流通的是纸币，但各国政府都规定了纸币的含金量。两国纸币的法定含金量之比称为“金平价”（gold par）或“法定平价”，它是决定两国货币汇率的基础。但是，由于纸币不能自由兑换黄金（本国货币先兑换为美元，再由政府用美元向美国联邦储备体系兑换黄金），黄金也不能自由输出入，黄金输送点便不复存在，对汇率波动的客观限制也随之消失了。

（二）汇率的波动幅度由政府协定约定

在这种货币制度下，汇率的波动幅度主要靠政府的规定加以维护，实行可调整的钉住汇率制度。最初，《国际货币基金组织协定》规定，各国货币兑美元的汇率通常只能在法定平价±1％的幅度内波动。若市场汇率超过法定汇率 1％的波动幅度，各国政府有义务在外汇市场上进行干预，以维持汇率的稳定。1971 年 12 月，汇率变动的幅度扩大为±2.25％的范围，而决定“法定平价”的标准也由黄金改为特别提款权，如图 2－2 所示。

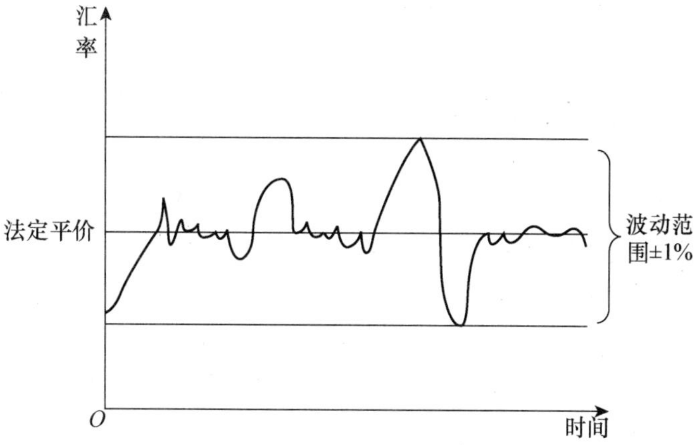

图 2－2 布雷顿森林体系下早期的汇率波动幅度

三、牙买加体系下汇率的决定与变动

（一）汇率决定的基础是购买力平价

在布雷顿森林体系崩溃后，1976 年 1 月各国在牙买加首都金斯敦签署了《牙买加协议》，决定实行浮动汇率制度，因此人们将现行的货币体系称为“牙买加体系”。在牙买加体系下，纸币与黄金正式脱钩，纸币不再规定含金量，纸币发行不受黄金准备金的限制。因此，汇率不再以含金量为依据，只能以两国货币所代表的实际价值为依据。这个实际价值就体现在货币对产品的支配能力上，即货币的购买力。两国货币的购买力之比称为“购买力平价”，它是决定两国货币汇率的基础。这是因为，一国需要外国货币，实际上是需要用其来购买外国的产品或服务。

（二）汇率的波动是无规则的

但是，在现行国际经济环境中，国际贸易并不是完全自由化的，购买力平价并不能发挥完全的作用，许多因素都会引起汇率发生偏移，甚至是较大的偏移。因此，牙买加体系下汇率的波动是无规则的，是经常的、频繁的，汇率的涨落几乎不受限制，如图 2－3 所示。

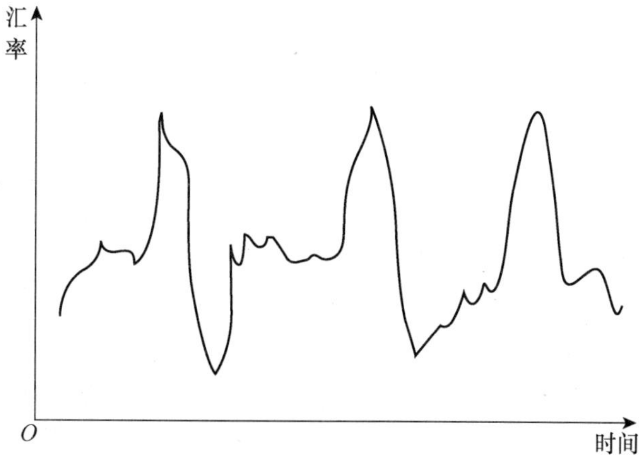

图 2－3 牙买加体系下的汇率自由浮动

下面进一步探讨影响汇率变动的主要因素。

四、影响汇率变动的主要因素

归纳起来，影响汇率变动的主要因素有以下几个方面。

（一）经济增长率差异

经济增长率差异是影响一国汇率的长期因素。两国的经济增长率差异对一国货币汇率的影响是多方面的，也是复杂的。第一，在其他条件不变的情况下，一国经济增长率相对较高，其国民收入增加相对较快，这样会使该国增加对外国产品和服务的需求，其结果会使该国对外汇的需求相对于外汇供给而言趋于增加，从而外币升值、本币贬值。第二，对于出口导向型国家来说，它们的经济增长主要是由出口增加推动的，而经济较快增长伴随着出口的高速增长，此时的出口增加往往超过进口增加，导致该国的外汇供给大幅增加，从而本币升值。第三，如果国内外投资者把该国较高的经济增长率视作经济前景看好、资本收益率提高的反映，则会导致外国对该国投资的增加，即资本流入增加，从而本币升值。第四，一国经济增长率较高也意味着该国劳动生产率提高较快，该国劳动生产率提高较快就意味着产品的生产成本下降较快，本国出口产品的国际竞争力提高较快，出口相对于进口增加较快，因而外汇供给大幅增加、本币升值。

一般来说，一国经济增长率提高，该国货币的升值趋势明显。

（二）国际收支状况

国际收支状况会影响外汇供求，从而影响汇率变动。国际收支状况通过影响外汇供求，进而影响汇率的过程，如图 2－4 所示。图 2－4 的横轴表示外汇数量，纵轴表示外汇汇率，曲线 S、曲线 D 分别代表外汇供给曲线和外汇需求曲线。在图 2－4（a）中，当外汇供给曲线由曲线 S_0 增加到曲线 S_1 时，外汇汇率由 e_0 下降为 e_1，表示本币升值。在图 2－4（b）中，当外汇需求曲线由曲线 D_0 增加到曲线 D_1 时，外汇汇率由 e_0 上升为 e_1，表示本币贬值。

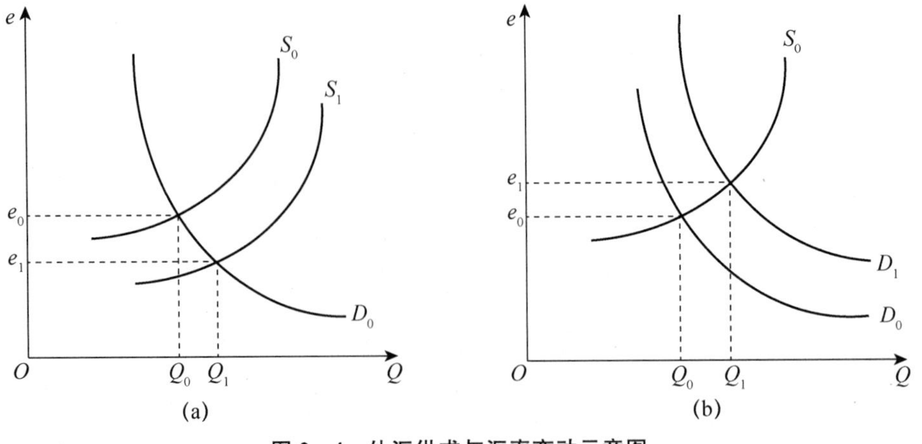

图 2－4　外汇供求与汇率变动示意图

因此，当一国出现国际收支顺差时，该国的外汇供给就会增加，进而引起外汇汇率下降或本币汇率上升；反之，当一国出现国际收支逆差时，该国的外汇需求就会增加，进而导致外汇汇率上升或本币汇率下跌。

当然，需要强调的是，国际收支状况并非一定会影响到汇率，这取决于国际收支差额的性质。短期的、临时性的、小规模的国际收支差额，可以轻易地被国际资金的流动、政府在外汇市场的干预及其他因素所抵消。不过，长期的、巨额的国际收支逆差，一般必然会导致本国货币贬值。

（三）通货膨胀率差异

货币对外价值的基础是对内价值。在纸币制度下，物价水平是一国货币价值在产品上的体现，物价越高意味着单位货币的价值越低。因此，我们通常认为，一国通货膨胀率超过另一国通货膨胀率，该国货币的对外价值就会下降，即本币贬值；反之，则本币升值。通货膨胀可以通过以下两个方面对汇率产生影响：

1. 对产品和服务贸易的影响

假设一国发生通货膨胀，该国出口产品和服务的国内成本就会提高，进而必然影响其国际价格，削弱该国产品和服务在国际市场上的竞争力，从而影响该国出口的外汇收入。与此同时，在汇率不变的情况下，该国的进口成本会相对下降，且能够按已上涨的国内物价出售，进而会刺激进口，导致外汇支出增加，由此也扩大了外汇市场供求的缺口，推动外币汇率上升和本币汇率下降；反之亦然。

2. 对国际资本流动的影响

假设一国发生通货膨胀，这必然使该国的实际利率降低，投资者为追求较高的利率，就会把资本移向海外。资本的过多外流将导致外汇市场上的外汇供不应求，从而外汇汇率上升、本币汇率下跌；反之亦然。

因此，从理论上说，在其他条件不变的情况下，货币对内贬值必然引起对外贬值。

（四）相对利率水平

相对利率水平也是影响汇率变动的重要因素。作为资本的价格，利率的高低直接影响金融资产的供求。若一国的利率水平相对提高，将会吸引外国资本流入该国，从而增加对该国货币的需求，该国货币汇率就趋于升值；反之，若一国的利率水平相对降低，将会直接引起国内短期资本流出，从而减少对该国货币的需求，该国货币汇率就趋于贬值。目前，国际资本流动规模远超国际贸易额，因而利率变动对汇率变动的作用就显得更为重要。

需要强调的是，在考察利率变动对汇率的影响时，要注意比较外国利率的情况及本国通货膨胀率的情况。如果本国利率上升，但其幅度不如外国利率的上升幅度，或者其幅度不如国内通货膨胀率的上升幅度，则不能导致本国货币升值。此外，利率在很大程度上属于一国货币政策工具的范畴，具有被动性，因而它对短期汇率能产生较大的影响，但对长期汇率的影响十分有限。

以上影响汇率变动的因素主要是经济因素，除此以外，还有许多非经济因素也在一定程度上影响了汇率的变化。

（五）中央银行干预

各国货币当局为保持汇率稳定或操纵汇率的变动以服务于某种经济政策，都会对外汇市场进行干预，从而影响汇率的变动。

通常说来，中央银行干预外汇市场的措施有四种：第一，直接在市场上买卖外汇；第二，调整国内的财政政策、货币政策等；第三，在国际范围内公开发表导向性言论，以影响市场心理；第四，与国际金融组织和有关国家配合或联合，进行直接或间接干预。虽然这些行动无法从根本上改变汇率的长期走势，但对汇率的短期走势会产生一定的甚至强烈的影响。

（六）预期因素

人们的心理预期有时对汇率的影响极大。这是因为，一旦人们对某种货币的心理预期发生变化，转瞬之间就可能诱发大规模的资金运动，从而引起汇率迅速变化。

如果市场上出现预测某国通货膨胀率将相对于别国提高、实际利率将相对于别国降低等不利因素，该国的货币就会在外汇市场上被大量抛售，其汇率就会下跌；反之，其汇率就会上涨。与此同时，人们对某种货币的预期往往会引起市场投机活动，从而加剧市场汇率的波动。

影响外汇市场交易者心理预期的因素有很多，主要包括一国的经济增长率、通货膨胀率、国际收支情况、利率、财政政策及政治局势等。

（七）重大的国内外政治事件或偶然事件

重大的国内外政治事件也是影响汇率变化的因素。汇率对政治事件的反应尤为敏感，因为政治事件对经济因素会产生直接或间接的影响。国际上的军事行动（如 1991 年的海湾战争、2001 年 9 月 11 日恐怖分子对纽约世贸中心的突发袭击、2003 年 3 月 20 日美英联军发动的对伊拉克的战争）均对美元汇率产生了重大影响。此外，一国首脑人物的政治丑闻、错误言论，中央银行官员的调离、任免，以及一些偶然事件都会对短期汇率走势产生不同的影响。

以上所述只是纸币制度下影响汇率的主要因素，这些因素相互影响、相互促进，共同构成了汇率变化的诱因。因此，只有对各种因素进行全面考察，对具体情况做具体分析，才能对汇率变动进行正确的分析与预测。本书第三章将介绍各种汇率决定理论，并从不同角度对汇率的决定做深入探讨。

第五节　开放经济下汇率变动的经济分析

如前所述，汇率会因为各种原因而发生变动，这种变动表现为汇率的上升或下降，也表示货币的升值或贬值。通常说来，在浮动汇率制度下，当 1 单位外国货币兑换本国货币的数量上升时，表示外汇汇率上升，即外币升值（appreciation）、本币贬值（depreciation）。在固定汇率制度下，当一国政府正式宣布提高本国货币的含金量或者提高本国货币与外国货币的基础汇率、降低外汇汇率时，称为本币法定升值（revaluation）、外币法定贬值（devaluation）。无论怎样，汇率变动都会对各种经济变量产生直接或间接的影响，下面从三个方面加以分析：①汇率变动对国际收支的影响；②汇率变动对国内经济的影响；③汇率变动对国际经济环境的影响。

一、汇率变动对国际收支的影响

汇率变动对国际收支的影响主要体现在对经常账户收支、资本与金融账户收支及外汇储备的影响。

（一）汇率变动对经常账户收支的影响

汇率变动将使该国进出口产品和服务的价格发生变化，抑制或刺激国内外居民对进出口产品和服务的需求，从而影响进出口规模和贸易收支。例如，若本国货币对外贬值，则意味着外汇汇率提高。此时，以外币表示的出口产品价格降低，以本币表示的进口产品价格提高，从而有利于扩大出口、抑制进口、改善一国贸易收支。

但是，贬值能否产生以上预期效应，还要受许多因素的制约：

第一，贬值效应受进出口产品的需求弹性影响。一般来说，只有当进出口供给弹性足够大且进出口需求弹性之和大于 1 时，本币贬值才会改善贸易收支，这就是马歇尔-勒纳条件。

第二，贬值的传导过程受“J 曲线效应”的制约。也就是说，贬值对出口的刺激作用和对进口的抵制作用，将因进出口合同的约束、生产调整以及需求变动滞后等因素延缓汇率变动对贸易收支的影响，甚至在短期内恶化收支，只有经过一段时间后，本币贬值才会使一国贸易收支得到改善。

第三，贬值效应会受到贸易条件恶化问题的困扰。贸易条件（terms of trade，TOT）是指单位出口产品可以购买的进口产品数额，其计算方法是以同种货币表示的出口价格指数（P_x）除以进口价格指数（用外币表示的进口价格指数 P_m），它表明 1 单位出口产品所能换回的进口产品数额。若由 π 表示贸易条件，则

$$\pi=\frac{P_x}{P_m}=\frac{P_x}{e\times P_m^f}$$

例如，如果某国 1 单位出口产品的价格为 4 欧元，1 单位进口产品的价格为 2 欧元，则其贸易条件为 2（$=\frac{4}{2}$），即 1 单位的出口产品将购买 2 单位的进口产品。如果 π 上升，表示 1 单位出口产品可以换得更多的进口产品，本国贸易条件改善；反之，如果 π 下降，则表示本国贸易条件恶化。因此，根据贸易条件的计算公式，在本国价格水平与外国价格水平不变的情况下，显然本币贬值会使一国的贸易条件恶化，而贸易条件恶化意味着该国实际资源的流失。

> 本币贬值会使一国的贸易条件恶化，而贸易条件恶化意味着该国实际资源的流失。

第四，贬值效应受到外国“报复”问题的困扰。若贸易伙伴国的货币发生同步贬值，则一国货币的贬值效果也会大打折扣。比如 1997 年亚洲金融危机后，印度尼西亚盾贬值了 80%而出口仅增加了 6%，其原因在于周边国家竞相贬值。

第五，贬值效应受到“外汇倾销”问题的困扰。外汇倾销（exchange dumping）是指一国通过提高本国货币的对外贬值幅度，使其大于本国的通货膨胀率水平，以达到扩大本国产品出口的目的。外汇倾销的表现是本国货币的对外贬值速度要快于对内贬值速度。一些国家之所以搞外汇倾销，是因为本国货币贬值后，出口产品用外国货币表示的价格降低，提高了该国产品在国际市场上的竞争力，有利于扩大出口；但因本国货币贬值、进口产品的价格上涨，削弱了进口产品的竞争力，从而限制了进口。但是，外汇倾销会遭到倾销对象国和其他国家的反对，它们将采取一些反倾销措施，从而使通过贬值刺激出口的手段失效。

（二）汇率变动对资本与金融账户收支的影响

一般来说，一国货币贬值将对本国资本与金融账户收支产生不利影响，主要表现在三个方面：

第一，对资本流出入的影响。一国货币贬值后，本国资本为了防止货币贬值的损失，就会大量抛出该国货币、购进其他币种，从而使资金从国内流向国外。如果人们认为贬值幅度不够，再贬值不可避免，则资本流出会进一步增加，即本币贬值可能会恶化一国的资本与金融账户。

第二，对吸引外国直接投资的影响是双重的。一方面，有利于吸引以合资或独资形式出现的实物投资的流入，因为本币贬值可使按贬值国货币计算的投资额增加，而且等量的外币投资可以购得比以前更多的生产资料和劳务。另一方面，本币贬值不利于投资者将投资所得的利润折成外币汇回，因为按照贬值后的汇率折算的外币将比原来的要少。因此，对一国来说，本币贬值对外国直接投资的影响到底是正还是负，要看两者数量的对比情况。

第三，对借用外债的影响。本币贬值将对一国对外借款产生不利影响，因为本币贬值将加重贬值国（债务国）偿还对外借款本息的负担。如果贬值国的国际债务较多，将会形成一国沉重的负担，严重时会导致主权债务危机。

（三）汇率变动对外汇储备的影响

汇率变动通过影响贸易收支、非贸易收支及资本与金融账户，必然会影响一国外汇储备的增减。

一般来说，一国货币汇率稳定，有利于该国对外贸易的增加和吸收外资，从而促进该国外汇储备增加；反之，则会引起一国对外贸易的减少和资本外流，使得外汇储备减少。此外，如果储备货币贬值，则以该种货币持有的外汇储备的实际价值就会遭受损失；

而储备货币的发行国则因该货币的贬值而减少了债务负担，即从中获利。

二、汇率变动对国内经济的影响

（一）汇率变动对国内物价的影响

下面以贬值为例分析汇率变动对国内物价的影响。一般来说，本币贬值会给一国通货膨胀带来压力，引起物价上涨。

第一，从进口来看，本币贬值将导致进口产品的价格上升。若进口的大多是原材料、中间产品，且这些物品的需求价格弹性小，必然导致进口成本的提高，由此引发成本推进型通货膨胀。

第二，从出口来看，本币贬值会刺激出口，但若贬值的前提是国内经济状况不好，则在短期内会加剧国内市场的供求矛盾，甚至引起出口产品国内价格的高涨，由此也会引起其他相关产品的物价上涨。

第三，从货币发行量来看，如果本币贬值增加了出口、改善了贸易收支，一般会导致该国外汇储备增加。为了稳定汇率，该国中央银行会投放相同价值的本币，在没有有效对冲操作的条件下，必然会增大该国通货膨胀的压力。

因此，如果一国想使本币贬值发生正效应，必须采取相应的货币政策予以冲销。

（二）汇率变动对国内利率的影响

下面以本币贬值为例进行分析，本币贬值对国内利率水平的影响表现为：

第一，本币贬值会扩大货币供应量，促使利率水平下降。因为贬值会刺激出口、增加外汇供给，从而增加本币投放；与此同时，本币贬值会限制进口，使外汇支出减少，因而货币回笼也会减少。

第二，本币贬值通过资产结构调整效应又会促使利率上升。本币贬值会使居民手持现金的实际价值下降，因此需要增加现金持有额才能维持原先的实际需要水平，导致全社会储蓄水平下降、利率上升；与此同时，也会促使居民把某些金融资产转换成现金，从而导致金融资产的价格下降、利率上升。

因此，本币贬值究竟是降低还是提高一国的利率，要视各国的具体情况而定。一般来说，随汇率下跌而来的是利率上升。

（三）汇率变动对产业结构、就业水平及国民收入的影响

下面以本币贬值为例，汇率变动对一国产业结构及就业水平的影响表现为：

第一，本币贬值会增加出口行业的利润，由此会促进资金等生产要素从非出口厂商和部门转向出口厂商和部门，进一步推动出口行业的发展，同时会带动其他相关行业趋于繁荣并增加就业。

第二，本币贬值会使一部分需求由进口产品转向国内产品，进口替代行业因此获得发展的机会，就业机会也会进一步被创造出来。

由于本币贬值给一国产业结构与就业水平带来了积极影响，因此它对一国国民收入也产生了积极影响，导致国民收入的增加。但前提条件是，本币贬值能够改善该国的国际收支状况。

三、汇率变动对国际经济环境的影响

汇率变动对国际经济环境的影响主要表现为：

（1）影响国际贸易的发展。汇率稳定有利于核算进出口成本和利润，可促进国际贸易的发展，而汇率波动频繁将增加各国对销售市场的争夺，影响国际贸易的正常发展。例如，某些发达国家利用本币贬值扩大出口、争夺市场，引起其他国家采取报复性措施（实行货币对外贬值或采取保护性贸易措施），从而产生贸易战和货币战，破坏国际贸易的正常发展，对世界经济的景气产生不利影响。

（2）影响国际资本流动。汇率稳定有利于长期资本的输出入，使资金的供求能在世界范围内得到调节，从而提高资金的使用效率，促进世界经济的发展。汇率不稳定会阻碍生产性资本的国际流动，加剧投机性短期资本的国际频繁流动，对有关国家的国际收支造成冲击，引发国际金融市场的动荡，严重时甚至会导致国际金融危机。

（3）影响国际经济关系的正常化。从国际角度来看，汇率的变动是双向的。本国货币贬值或汇率下调就意味着他国货币升值或汇率上升，因而会导致他国国际收支的恶化、经济增长缓慢，从而招致其他国家的不满、抵制甚至报复，掀起货币竞相贬值的风潮或加强贸易保护主义，其结果将会导致国际经贸关系的恶化。

专 栏

《广场协议》后的日元升值与日本泡沫经济

日元升值的历史开始于20世纪70年代初布雷顿森林体系的解体，而对日元升值和日本经济影响最为深远的则是著名的《广场协议》，甚至在探索20世纪90年代日本经济长期低迷的原因时，人们还不时提到该协议。那么，《广场协议》到底是怎么一回事？《广场协议》出笼于1985年9月22日，当时美国、日本、联邦德国、法国、英国五个发达国家的财政部部长及央行行长在纽约广场饭店举行会议，达成五国政府联合干预外汇市场，诱导美元兑主要货币的汇率有秩序地贬值，以解决美国巨额贸易赤字问题的协议。因该协议在广场饭店签署，故被称为《广场协议》。

一、签订《广场协议》的经济背景

《广场协议》的主要经济背景是解决美国因美元定值过高而导致的巨额贸易逆差问题，1985年前的美国基本经济情况可以佐证。

1979—1980年爆发了第二次石油危机，导致美国的能源价格大幅上升，消费者价格指数随之高攀，通货膨胀率超过两位数。例如，在1980年初将钱存进银行，年末的实际收益率是－12.4%。1979年夏天，保罗·沃尔克就任美联储主席。为治理严重的通货膨胀，他连续三次提高官方利率，实施紧缩的货币政策。其结果是美国出现了高达两位数的官方利率和20%的市场利率。

美元的高利率吸引了大量海外资金流入美国，进而导致美元汇率飙升。从 1979 年底到 1984 年底，美元汇率上涨了近 60%，美元兑主要发达国家货币的汇率超过了布雷顿森林体系瓦解前所达到的水平。美元大幅升值导致美国对外贸易逆差大幅增长，到 1984 年，美国的经常项目赤字达到创历史纪录的 1 000 亿美元。为了改善国际收支的不平衡状况，特别是减缓日本对外收支盈余的急剧增加，美国希望通过美元贬值来增加其产品的出口竞争力。

二、日元升值对日本经济的积极影响

第一，日元升值大大提高了日元在国际货币体系中的地位。即使在欧元诞生后，日元仍是国际上最主要的四大货币之一，是其他国家外汇储备中的重要币种。

第二，日元升值有助于日本克服资源对经济发展的制约。日本是一个自然资源贫乏的岛国，其经济发展建立在进口资源的基础上。日元升值后，日本以较少的费用便可以进口足够的资源，加之产业结构升级，资源已不再是日本经济发展的制约因素。

第三，日元升值使日本的海外纯资产迅速增加。以日元升值为契机，日本的对外投资大幅增加，即在海外购置资产、建立生产基地。日本在海外的纯资产迅速增加，1986 年达 1 804 亿美元，超过号称“食利大国”的英国（1 465 亿美元），跃居世界第一。此后，除 1990 年外，日本一直保持世界最大纯债权国的地位。2002 年底，日本的海外纯资产余额达 1 753 080 亿日元，按当年 12 月的平均汇率折算，约为 14 338 亿美元，与《广场协议》前的 1984 年相比，增加了 18 倍以上。

第四，日元升值提高了日本在世界经济中的地位。日本的人均 GNP 于 1987 年超过美国。一个自然资源贫乏的、总面积小于中国云南省的日本，成为世界经济中的重要一极。

三、《广场协议》后的日元升值与日本泡沫经济的关系

按照日本政府的思维定式，日元升值必然带来经济萧条。为了应对“日元升值萧条”，日本政府提出了向内需主导的经济增长转变的政策。在财政方面，从 1986 年度到 1988 年度的政府预算都将克服“日元升值萧条”作为重要的政策课题。在金融政策方面，日本连续 5 次下调利率，公定利率水平由 1985 年的 5%降至 1987 年 3 月以后的 2.5%。此外，日本还通过增加政策性贷款扩大了公共投资规模。

然而，原有产业结构下的日本经济增长已趋饱和，迅速增大的货币供应无法被产业吸收。在“土地拜物教”、收益预期的驱动下，大量资金流向了股市和房地产。自此，地价暴涨、股价扶摇直上，日本出现了非常严重的泡沫经济。到 1989 年末，日经 225 种股票的平均价格高达 38 915.87 日元，相当于 1984 年的 3.68 倍。从表面的因果关系和时间顺序来看，《广场协议》与日本的泡沫经济似乎确有某种联系。《广场协议》促成了日本宏观经济政策的转变，成为改变日本经济增长基调的一个重要转折点。这一转折点恰恰也是日本泡沫经济的起始点。

资料来源：范幸丽，王晶. 广场协议、日本长期经济萧条与人民币升值. 世界经济研究，2003（12）. 经作者整理。

本章小结

1. 通常所说的外汇是狭义的外汇概念，是指以可兑换外币表示的、被各国普遍接受的、可直接用于国际债权与债务结算的各种支付手段。

2. 一般来说，外汇必须具备国际性、可兑换性、可偿付性以及普遍接受性四个基本特征。

3. 汇率又称汇价，是用一种货币表示另一种货币的价格，或者说是一国货币与另一国货币的兑换比率或比价。在我国，人民币兑外币的汇率通常在中国银行挂牌对外公布，因此汇率又称牌价。汇率的标价方法有直接标价法、间接标价法和美元标价法。

4. 汇率可从不同角度进行划分。其中，从银行买卖外汇的角度看，汇率可以分为买入汇率、卖出汇率、中间汇率和现钞汇率。根据外汇资金划拨时所采用的支付工具不同，汇率可分为电汇汇率、信汇汇率和票汇汇率。按外汇买卖交割时间的不同，汇率可分为即期汇率和远期汇率。

5. 实际汇率是指名义汇率经两国间价格水平调整后的汇率，它等于名义汇率乘以外国物价水平与本国物价水平之商。因此，实际汇率是用名义汇率将外国产品或服务以外币表示的价格转换为以本币表示的价格之后，再将其与本国产品或服务的价格相比后的结果。本币的实际汇率贬值（R 值上升）表示本国产品在外国市场上的实际价格下降，其竞争力上升，而外国产品在本国市场上的价格却上升，其竞争力下降。实际汇率升值（R 值下降）则恰好相反。

6. 金本位制度下决定汇率的基础是铸币平价，黄金输送点决定了汇率波动的幅度。布雷顿森林体系下决定汇率的基础是金平价，汇率波动幅度由政府协定约定。牙买加体系下决定汇率的基础是购买力平价，汇率的波动是无规则的。

7. 现行制度下的汇率变动主要受经济增长率差异、国际收支状况、通货膨胀率差异、相对利率水平等经济因素的影响，同时还受中央银行干预、预期因素、重大的国内外政治事件或偶然事件等非经济因素的影响。

8. 汇率变动会对各种经济变量产生直接或间接的影响，形成一种交互往复的互动。无论汇率是升值还是贬值，它都将对一国国际收支、国内经济和国际经济环境产生重要影响。

本章启示

根据本章知识点可知，一国货币汇率的大幅、频繁波动将对一国国际收支、物价、利率、产业结构、就业及经济增长等造成诸多不利影响。幸运的是，人民币成为全球稳定性货币。人民币保持稳定的关键原因是国内生产总值（GDP）增长和外贸净出口增长。中国的经济增长始终保持活力和弹性，这就为人民币保持稳定创造了良好的基础条件。此外，贸易盈余为中国提供了强有力的国际支付能力，从而为人民币保持稳定奠定了良好的基础。

因此，人民币成为全球最稳定的货币之一，首先，离不开中国经济保持高速增长；其次，中国政治、社会的持续稳定为人民币保持稳定提供了坚实支撑；最后，世界需要中国在国际货币体系多元化格局中扮演稳定的角色。

本章复习题

一、本章重要概念

外汇	汇率	直接标价法	间接标价法	美元标价法
升值	贬值	买入汇率	卖出汇率	中间价
实际汇率	有效汇率	升水	贴水	

二、本章思考题

1. 如何理解狭义的静态外汇和广义的静态外汇的区别与联系？
2. 外汇的主要特征有哪些？
3. 汇率的直接标价法和间接标价法有什么区别及联系？
4. 金本位制度下汇率的决定机制是什么？
5. 纸币本位制度下影响汇率的因素有什么？
6. 汇率的变动对经济有何影响？

三、本章计算题

1. 已知 GBP 1＝USD 1.452 0－1.454 0，USD 1＝JPY 110.10－110.20。试计算英镑兑日元的套算汇率。

2. 已知 USD 1＝EUR 0.810 0－0.811 0，USD 1＝JPY 110.10－110.20。试计算欧元兑日元的汇率。

3. 某外汇市场上的汇率报价为 USD/JPY＝96.10/40，GBP/USD＝1.547 0/90。如果某客户按即期汇率将 1 000 万日元兑换成英镑，那么他能兑换多少？

4. 某日纽约外汇市场的外汇报价为：

即期汇率	USD/CHF＝1.121 0/20
6 个月远期差价	20－80

试计算 6 个月远期 CHF 是升水还是贴水？汇率是多少？

5. 已知外汇市场汇率为 USD 1＝CNY 6.121 5－6.127 5，A 银行的外汇报价为 USD 1＝CNY 6.123 5－6.125 5。那么，该银行是想买进美元还是卖出美元？

本章讨论题

1. 收集近年的人民币汇率数据，分析其变动的趋势特征及其原因。
2. 分析人民币汇率对中国经济的影响。

第三章

汇率决定理论

学习目标

- 掌握购买力平价理论的主要思想及局限性
- 掌握利率平价理论的主要思想及运用
- 理解资产市场说的基本特征
- 了解弹性价格货币模型的主要内容
- 理解黏性价格货币模型的政策含义
- 掌握资产组合模型中资产供给变动对汇率的影响

本章导读

汇率是变化无常的，但它有没有什么规律可循？学习汇率决定理论，有助于我们找到影响均衡汇率的要素，并用来预测汇率的变化趋势。汇率决定理论研究汇率由哪些因素决定以及汇率的变动受到哪些因素的影响，是国际金融理论的核心内容之一。传统的汇率决定理论主要包括国际收支说、购买力平价理论、利率平价理论、资产市场说。随着世界经济的发展，影响汇率的因素更为多元和复杂，进而产生了汇率决定新理论，主要包括汇率新闻模型理论、投资泡沫理论、混沌模型等。本章将详细探讨其中较为经典和有影响力的国际收支说、购买力平价理论、利率平价理论及资产市场说等。本章探讨的理论背景是实行货币自由兑换、汇率由市场决定的国家。

本章词汇

购买力平价　　一价定律　　利率平价理论　　汇率超调

第一节　国际收支说

关于汇率决定的国际收支说最早产生于第一次世界大战前的金本位制度时期，20 世纪 70 年代实行浮动汇率制度后，该学说得到了进一步发展。国际收支说认为，汇率是外汇市场上的价格，外汇市场上供求的变动对汇率有直接的影响，而外汇市场上的供求又受到国际收支的影响，因此国际收支状况与汇率之间存在着密切联系。国际收支说就是从国际收支角度分析汇率决定的一种理论。

国际收支说的早期形式是国际借贷说，1861 年英国经济学家戈逊（G. J. Goschen）于 1861 年在《外汇理论》（*Theory of Foreign Exchange*）中较为完整地阐述了汇率与国际收支的关系，他的理论被称为国际借贷说。在第二次世界大战后，随着凯恩斯主义的宏观经济分析被广泛运用，很多学者应用凯恩斯模型来说明影响国际收支的主要因素，从而形成了现代国际收支说，其代表人物是美国学者阿尔盖（V. Argy）。

一、国际收支说的早期形式：国际借贷说

国际借贷说（theory of international indebtedness）的主要思想是：一国汇率的变化是由外汇的供给和需求决定的，而外汇的供给和需求是由国际借贷产生的，因此国际借贷关系是影响汇率变化的主要因素。

（一）国际借贷的含义

该学说认为，国际借贷是指国与国之间的产品进出口、服务输出入及资本流动所形成的国际债权与债务关系。它不仅包括贸易往来，还包括资本的输出和输入。

该学说又将国际借贷分为固定借贷和流动借贷，前者是指借贷关系已形成但尚未进入实际支付阶段的借贷，后者是指已进入支付阶段的借贷。

（二）流动借贷是汇率决定的主要因素

国际借贷说认为，只有已进入支付状态的流动借贷才会对外汇供求产生影响，从而影响汇率。具体说来：

（1）当一国的流动债权＞流动债务时，其外汇供给＞外汇需求，容易造成外汇汇率下跌（本币升值）。

（2）当一国的流动债权＜流动债务时，其外汇供给＜外汇需求，容易造成外汇汇率上升（本币贬值）。

（3）当一国的流动债权＝流动债务时，其外汇供给＝外汇需求，汇率不会发生变动。

戈逊所说的流动借贷，实际上就是早期的狭义国际收支概念，所以又被称为“国际收支说”，这一理论实际上就是汇率的供求决定论。

（三）国际借贷说的缺陷

国际借贷说第一次较为系统地从国际借贷（即国际收支）的角度解释了外汇供求的变化及汇率波动的原因，该理论盛行于第一次世界大战前的金本位制度时期。从目前的角度看，国际收支仍是影响汇率变化最直接、最重要的基本因素之一。然而，国际借贷说存在其历史局限性。

第一，在金本位制度时期，铸币平价是汇率的决定基础，现实汇率总是围绕着铸币平价上下波动，因此需要研究的是为什么现实汇率会出现波动。国际借贷说说明了汇率是如何被决定的（外汇的供求），但并没有给出影响汇率变动的（或影响外汇供求的）具体因素，从而影响了这一理论的应用价值。人们在克服这些缺陷后，促进了现代国际收支说的产生。

第二，国际借贷说对国际借贷的分析不够深入。戈逊仅将国际借贷分为固定借贷和流动借贷，却没有对固定借贷和流动借贷的构成做深入的区分。

二、现代国际收支说

国际借贷说的缺陷在现代国际收支说中得到了弥补。现代国际收支说（balance of payment theory）形成于布雷顿森林体系崩溃之后，是凯恩斯主义的汇率理论。

现代国际收支说假定汇率自由浮动，政府不对外汇市场进行干预。在这个条件下，该理论认为，外汇汇率取决于外汇供求，而国际收支状况决定着外汇供求状况，因此汇率实际上取决于国际收支状况，从而影响国际收支的因素也将间接影响汇率。

假定国际收支仅包括经常账户、资本与金融账户（不含储备资产）。将经常账户简单地看作贸易账户，即将经常账户收支理解为进出口贸易收支（其中，进口主要由本国国民收入和两国相对价格之比决定，出口主要由外国国民收入和两国相对价格之比决定）；假定资本与金融账户收支取决于本国利率、外国利率和对未来汇率水平变化的预期。

因此，该学说认为，影响均衡汇率（E^*）变动的因素有国内外国民收入（Y_d、Y_f）、国内外价格水平（P_d、P_f）、国内外利率（i_d、i_f）以及人们对未来汇率的预期（E^e），即

$$E^*=f(Y_d, Y_f, P_d, P_f, i_d, i_f, E^e) \tag{3-1}$$

具体结论为：

（1）当其他条件不变时，本国国民收入增长、边际进口倾向增加，伴随而来的进口增加将引起国际收支赤字、外汇需求大于外汇供给，使外汇市场出现超额需求，本国货币趋于贬值；反之，外国国民收入增长、本国出口的增加引起国际收支盈余，外汇供给大于外汇需求，造成本国货币趋于坚挺。

（2）当其他条件不变时，本国物价水平上升或外国物价水平下降，本国产品的出口竞争力下降，将引起出口减少，导致本币疲软；反之亦然。

（3）当其他条件不变时，本国利率上升或外国利率下降，将刺激国外资金流入增加、

本国资金流出减少，引起国际收支盈余，使外汇供给大于外汇需求，结果导致外汇汇率下降、本币升值；反之亦然。

（4）当其他条件不变时，如果人们预期外汇汇率上涨，就会在外汇市场上抛出本国货币、购买外国货币，由此造成外币汇率上涨、本币贬值；反之亦然。

现代国际收支说认为，外汇汇率取决于外汇供求，而国际收支状况决定着外汇供求状况，因此汇率实际上取决于国际收支状况。

三、对国际收支说的评价

（一）国际收支说的贡献

第一，国际收支说指出了汇率与国际收支之间存在的密切关系。国际收支说是凯恩斯主义国际收支理论在浮动汇率制度下的应用，它指出了汇率与国际收支之间存在密切的关系，并运用供求分析方法将影响国际收支的各种因素纳入其中，分析了它们对汇率的影响，因而国际收支说对于分析短期内汇率的变化方向有重要意义。

第二，国际收支说是关于汇率决定的流量理论。其核心思想是国际收支引起的外汇供求流量变化决定了短期汇率水平及其变动。

（二）国际收支说的缺陷

第一，国际收支说仅指出了汇率与其他变量之间存在联系，但这些变量之间以及这些变量与汇率之间的关系十分复杂，该理论并未深入分析各变量之间的联系和相互作用，因而不是完整的汇率决定理论。

第二，国际收支。例如，当外汇市场交易量的变动很小时汇率却发生大幅变动的现象。与此同时，汇率是外汇的价格，其变动比普通产品市场上的价格变动更为剧烈和频繁。因此，运用普通产品市场上的价格与供求之间的关系来分析外汇市场并不恰当。

第二节 购买力平价理论

瑞典经济学家古斯塔夫·卡塞尔（Gustav Cassel）于1922年出版了《1914年以后的货币与外汇》一书，提出了购买力平价理论（theory of purchasing power parity），又称"PPP理论"。该理论是汇率决定理论中最有影响的理论之一。

它是从汇率与价格水平的关系角度研究汇率如何决定的理论。

购买力平价有两种形式：绝对购买力平价和相对购买力平价。前者解释了某一时点上汇率决定的基础，研究静态的购买力平价；后者解释了某一时期内汇率变动的原因，研究动态的购买力平价。

一、一价定律

购买力平价理论是建立在一价定律的基础上的。一价定律是产品市场上无套利定价原理的体现，也是购买力平价理论存在的基础条件。因此，在介绍购买力平价理论之前，需要先了解一价定律的基本内容。

（一）一价定律的概念

1. 一价定律的假定前提

一价定律（the law of one price）是在以下基本假定前提下推导出来的，主要包括：①产品是同质的；②价格具有完全弹性；③无贸易障碍，产品可自由流动；④无交易成本。根据产品的流动性，可将产品分为可贸易产品与不可贸易产品。可贸易产品（tradable goods）是指可以移动或交易成本较低的产品；不可贸易产品（non-tradable goods）是指不可移动或交易成本无限高的产品，如不动产和个人劳务项目（比如房地产、理发等）。其中，可贸易产品可以进行套利，不可贸易产品不能进行套利。

2. 一价定律的含义

一价定律可以简单地表述为：在无贸易成本和无贸易壁垒的自由竞争市场上，同质产品在不同的国家出售，按同一货币表示的价格是相等的。假设 P_i 为产品 i 的国内价格，P_i^f 为产品 i 的国外价格，e 为直接标价法下的汇率。根据一价定律的定义，有

$$P_i=e\times P_i^f \tag{3-2}$$

这表明一种产品在各国的价格是一致的，也就是通过汇率折算之后的标价是一致的。若在各国间存在价格差异，则会产生产品套购活动，最终使汇率或产品价格发生变化，直至同质产品在不同国家按相同币种表示的价格相等为止。此时，产品市场达到均衡状态。因此，一价定律仅适用于可贸易产品。

（二）一价定律的实现机制：商品套购

商品套购（commodity arbitrage）是指利用两国货币汇率与某一商品在两国价格之比不一致，通过在价格相对较低的国家买入一定数额该商品，然后在价格相对较高的国家售出以获得无风险利润的套利行为。在这种情况下，这两个国家的商品差价将逐渐缩小直到消失，此时套利行为才会停止，因为这时两国间的商品套购已经无利可图。商品套购的结果是同质商品在不同的国家以同一种货币计算的价格必然趋于一致。

若 $P_i>e\times P_i^f$，那么套购者将在外国购买该商品，然后运到国内高价出售。在固定汇率制度下，上述行为通过改变产品市场供求关系促使等式成立。在浮动汇率制度下，上述套购行为通过改变外汇市场供求关系促使等式成立。此时，汇率是同一种商品的国内外价格之比。反之，若 $P_i<e\times P_i^f$，那么套购者将会在国内购买该商品，然后出口到国外销售。

例如，假设某产品在美国的价格为 10 美元，美元兑人民币的汇率为 1 美元＝6.1 元

人民币。该产品在国内的价格为 61 元人民币。此时，用同一种货币计量的买入价格和卖出价格是相等的，即套购利润为零，因此不存在产品套利的可能性。如果该产品在国内的价格为 50 元人民币（在汇率为 1∶6.1 的情况下，相当于 8.20 美元），商家可以用 50 元人民币的价格购买产品，再以 10 美元的价格在美国卖出该产品而获利。此时，每单位产品的套购净利润为：

$$e\times P_i^f-P_i=6.1\times10-50=11(\text{元人民币})$$

如果这种套购行为一直进行，最终会导致该产品在中国的价格上涨、在美国的价格下跌，直至两国的价格趋于一致，也就是一价定律成立。

当然，如前所述，在开放经济条件下，一价定律成立的条件是非常严格的。在现实中，这些条件很难同时达到，因此一价定律的真实性一直受到质疑。

> 一价定律认为，在无贸易成本和贸易壁垒的自由竞争市场上，同质产品在不同的国家按同一种货币计算的价格是相等的。

当然，一价定律的零交易成本假设在现实中很难实现，现实中总是存在一定的交易成本。不过，商品套购机理无论是在有交易成本还是在无交易成本的情况下，均在一定程度上发挥作用，表现为缩小价格差，使价格朝着一致的方向调整。

二、购买力平价的主要内容

（一）绝对购买力平价

购买力平价理论认为，人们之所以需要外国货币，是因为用它可以购买外国的产品、服务和技术等；而外国人之所以需要本国货币，是因为外国人用它可以购买本国的产品、服务和技术等。也就是说，外汇需求是一种“引致需求”，其最终需求是对外国产品和服务的需求，因此，两国货币的交换比率，理应由它们之间的购买力对比来确定。购买力平价理论实际上表达的就是这样一个简单的道理。从这个意义上说，在所有的汇率决定理论中，购买力平价理论是一种最简单、最直观，也是最易于理解的汇率决定理论。

购买力平价理论的假定或隐含的假定主要包括：①只考虑本国和 1 个外国；②两国只生产可贸易产品，且两国产品同质；③不存在任何国际贸易障碍；④不存在资本流动；⑤充分就业；⑥价格体系能发挥作用；⑦一价定律存在。

绝对购买力平价（absolute purchasing power parity）认为，两国货币之间的汇率等于两国物价水平之比。

假定 P_a 和 P_b 分别表示本国（A 国）产品的一般价格水平（相当于 CPI 水平）与外国（B 国）产品的一般价格水平，a_i 和 b_i 分别为本国和外国第 i 种产品的权重，e 代表直接标价法汇率。

由于假定一价定律成立，故有

$$P_{ai}=eP_{bi} \tag{3-3}$$

$$e=P_{ai}/P_{bi} \quad (3-4)$$

进一步，假定在某一时点将单个可贸易产品拓展到其他可贸易产品，所有可贸易产品均符合一价定律，即有

$$P_a=eP_b \quad (3-5)$$

再进一步将单个产品换成一篮子产品，并假定两国一篮子产品的构成及权重相同，则有

$$\sum_{i=1}^{n}a_iP_{ai}=e\sum_{i=1}^{n}b_iP_{bi} \quad (3-6)$$

设 $\sum_{i=1}^{n}a_iP_{ai}$ 为本国一般物价水平 P_h，$\sum_{i=1}^{n}b_iP_{bi}$ 为外国一般物价水平 P_f，可得绝对购买力平价公式如下：

$$e=\frac{P_h}{P_f} \quad (3-7)$$

（3－7）式是绝对购买力平价的一般形式，它表明两国货币的汇率取决于两国的物价水平之比。根据这一等式，本国物价的上涨意味着外国货币汇率的上升，本国货币相对于外国货币贬值，即通常所说的“货币对内贬值，必然对外贬值”。其隐含的政策含义是，一国要稳定汇率，需要稳定物价水平。

> 绝对购买力平价理论认为，两国货币的汇率等于两国的物价水平之比。

需要注意的是，绝对购买力平价虽然是在一价定律基础上推导出来的，但两者是有本质区别的，主要表现为：①分析对象不同。绝对购买力平价以汇率为分析对象，而一价定律主要考察产品价格。②价格不同。一价定律涉及单个产品的价格，而购买力平价涉及一般物价水平。③适用条件不同。绝对购买力平价的适用条件不如一价定律那么严格。绝对购买力平价并不要求每一种产品的价格都相等，也不要求两国完全取消贸易壁垒，只要各国对进出口的限制程度相同，则绝对购买力平价就成立。因此，这意味着即使一价定律不成立，其背后的经济力量也会最终使各国货币的购买力趋于一致。

（二）相对购买力平价

相对购买力平价（relative purchasing power parity）理论研究某一时期汇率变化与价格变动的关系，它认为：两国货币的汇率将根据两国通货膨胀率的差异进行相应调整。

相对购买力平价理论假定绝对购买力平价始终成立，如果以 e_t、e_0 分别表示基期与当期的汇率，我们将绝对购买力平价写成变化率形式：

$$\frac{P_t}{P_0}=\frac{P_t^f}{P_0^f}\times\frac{e_t}{e_0} \quad (3-8)$$

因此，有

$$\frac{e_t}{e_0}=\frac{P_t}{P_0}\div\frac{P_t^f}{P_0^f} \tag{3-9}$$

如果用 π 和 π_f 分别表示国内外的通货膨胀率，则上式可变化为：

$$\frac{e_t}{e_0}=\frac{1+\pi}{1+\pi_f} \tag{3-10}$$

对上式两边减 1 取预期汇率变化率，则有

$$\Delta e=\frac{e_t-e_0}{e_0}=\frac{1+\pi}{1+\pi_f}-1=\frac{\pi-\pi_f}{1+\pi_f}\approx\pi-\pi_f \tag{3-11}$$

(3-11) 式就是相对购买力平价的简化公式，它的经济学含义为：在某一时期内预期汇率的变化幅度等于同一时期的预期两国通货膨胀率之差。因此，相对购买力平价理论认为，汇率应随着两国物价水平的变动而调整。如果本国通货膨胀率高于外国通货膨胀率水平，则本币应该贬值、外币应该升值；反之，如果本国通货膨胀率低于外国通货膨胀率水平，则外币应该贬值、本币应该升值。

相对购买力平价理论认为，汇率变化率等于两国的通货膨胀率之差。

例 3-1

假设某个时期内日本的一般物价水平从 100 上升到 150，同期美国的一般物价水平从 100 上升到 125。如果初始的日元兑美元的汇率是 USD 1＝JPY 112，那么根据相对购买力平价，日元兑美元的汇率将变为多少？

解：根据相对购买力平价公式，有

$$e_1=112\times\frac{150/100}{125/100}=134.4$$

也就是说，如果相对购买力平价成立，日元兑美元的汇率将变化为 USD 1＝JPY 134.4。这表明由于日本的物价上涨率高于美国的物价上涨率，因而日元相对于美元贬值了。

三、绝对购买力平价与相对购买力平价的关系

绝对购买力平价将价格水平与汇率水平联系起来，而相对购买力平价将价格变动与汇率变动联系起来。也就是说，绝对购买力平价说明了某一时点上汇率的变动，而相对购买力平价说明了某一段时间内汇率的变动规律。此外，绝对购买力平价在计算两国物价水平时，要求所参照的产品篮子及权重都相同，而相对购买力平价没有这个限制。

通常说来，绝对购买力平价成立，相对购买力平价一定成立；但是，相对购买力平价成立，绝对购买力平价不一定成立。例如，基期和报告期的汇率都等于绝对购买力平价的二分之一，此时相对购买力平价成立，但绝对购买力平价不成立。

从两个方面可以解释“为什么绝对购买力平价成立，相对购买力平价一定成立，而

反过来却不一定?”的问题。第一，从理论角度。从两个理论的前提假设可以看出，相对购买力平价理论对于绝对购买力平价理论的假设有了很大的放松。例如，绝对购买力平价理论要求一价定律成立，无交易和运输成本，产品篮子及权重相同，而以上三个条件在相对购买力平价理论中都可以不成立。因此，绝对购买力平价理论的条件更严格。换句话说，绝对购买力平价理论是相对购买力平价理论在一定条件下的子集。或者说，绝对购买力平价是强表达式，相对购买力平价是弱表达式。第二，从计量公式角度。从公式中，很显然可以推导出绝对购买力平价理论是相对购买力平价理论的充分条件，因为$e=P/P_f$恒成立（绝对购买力平价），所以有

$$e_t=P_t/P_t^f$$
$$e_0=P_0/P_0^f$$

将两式相除，可得与前述相同的相对购买力平价公式，即

$$\frac{e_t}{e_0}=\frac{P_t}{P_0}\div\frac{P_t^f}{P_0^f}$$

但是，若已知上面的公式，却无法推出：

$$e_t=P_t/P_t^f$$

最主要的原因是不知道$e_0=P_0/P_0^f$是否成立，这个式子正是基年的绝对购买力平价理论。换句话说，由于不能确定基年的绝对购买力平价是否成立，所以无法推导出t年的绝对购买力平价理论。

上述推导过程表明，绝对购买力平价成立，相对购买力平价必然成立；相对购买力平价成立，绝对购买力平价不一定成立，即绝对购买力平价不成立，相对购买力平价可能成立。

四、对购买力平价理论的评价

（一）购买力平价理论的贡献

第一，购买力平价理论从货币的基本特性（交易媒介功能）角度分析了货币交换的问题，不仅符合逻辑，而且易于理解。

第二，购买力平价理论使理论上的汇率具有了量化尺度，而且表达式简单。它对汇率水平与物价水平、汇率变动与两国通货膨胀率差异之间的关系这样的复杂问题给出了最简洁的描述，使之成为经济学家和政府部门计算均衡汇率的常用方法。因为一国的物价水平是其产品生产成本的反映，任何两个国家之间物价水平的比率都显示了两国产品竞争力的差异，所以汇率通过购买力平价关系成为影响一国产品竞争力的一个重要因素。

第三，购买力平价理论揭示了汇率变动的长期原因，它通常被作为汇率的长期均衡标准应用于其他汇率理论的分析之中。研究表明，购买力平价理论对长期均衡汇率变动趋势的预测能力更好，短期内的汇率变化会因各种原因偏离购买力平价理论。

（二）购买力平价理论的缺陷

第一，理论假设在现实中难以满足。现实中，由于受贸易障碍、信息成本、交易成本等因素的影响，可贸易产品是异质的，一价定律难以成立，因而汇率也很难通过商品套购机制满足购买力平价理论。

第二，只考虑了可贸易产品，没有将不可贸易产品考虑进来，这不符合现实。

第三，忽略了决定汇率水平的许多实际因素。购买力平价理论的基础是货币数量说，该学说认为，汇率变化是一种货币现象，货币数量决定货币的购买力，这意味着该理论忽略了诸如生产率的变化、消费者偏好的变化、国际贸易中管制措施的变动等实际因素对汇率的影响。

第四，没有考虑资本流动对汇率的影响。在 20 世纪 80 年代后越来越庞大的国际资本流动对汇率冲击的影响是在研究汇率变动时不能忽视的问题。

第五，存在一些技术性困难。比如采用何种物价指数最为恰当，而物价指数的不同选择会导致不同的购买力平价，因此实证检验的结果很难达成一致。在短期内，高于或低于购买力平价的偏差经常发生，并且偏离幅度较大。学术界普遍认为购买力平价理论在短期是不成立的；从长期看，没有明显的迹象表明购买力平价理论成立。也就是说，购买力平价理论在长期是否成立并没有得到统一的结论。

专　栏

国际货币基金组织总裁回应中国经济超美：不能只看购买力平价

2016 年 4 月，最新的世界经济报告《世界经济展望》显示：在购买力平价的基础上，中国是世界上最重要的经济体，并正在经历至关重要且复杂的过渡期，正在向以消费和服务为基础的可持续发展模式转变。国际货币基金组织非常看重购买力平价下的国内生产总值，同时根据购买力平价的原则来比对各国国内生产总值并重新进行计算。国际货币基金组织在 2016 年 4 月发布的报告显示，在购买力平价基础上的国内生产总值排名如下：中国占 17.1%的世界国内生产总值，排名第一，美国排名第二（15.8%），印度排名第三（7%），日本排名第四（4.3%），德国排名第五（3.4%），俄罗斯排名第六（3.3%）。

与此同时，国际货币基金组织总裁拉加德表示，虽然按照购买力平价标准，中国在 2016 年将超过美国成为世界第一大经济体，但衡量一国经济实力要看综合因素。

第三节　利率平价理论

随着生产和资本国际化的发展，资本的国际流动规模越来越大，并日益成为影响汇率的一个重要因素，利率平价理论应运而生。凯恩斯于 1923 年在《货币改革论》中首次系统地建立了古典利率平价理论。此后，英国经济学家保罗·艾因齐格（Paul Einzing）

在《远期外汇理论》（1931 年）和《外汇史》（1937 年）中进一步提出了动态的利率平价理论，主要研究国际资本套利活动引起的汇率与利率之间的关系，揭示了即期汇率、远期汇率、利率、国际资本流动之间的相互影响，从而形成了现代利率平价理论。

利率平价理论（theory of interest rate parity）包括抛补利率平价（covered interest rate parity，CIP）理论和无抛补利率平价（uncovered interest rate parity，UIP）理论两种形式。

一、抛补利率平价理论

抛补利率平价理论是一价定律在国际金融市场上的运用，其假设条件是：①资本完全自由流动，不同国家之间的金融资产可以完全替代，而且资本流动不存在任何交易成本。②投资者都是理性经济人，追求预期收益最大化。③投资者都有充足的套利资金。④在即期和远期外汇市场上，汇率自由浮动。⑤无交易成本。

在上述假设条件下，市场参与者的理性行为最终使国内利率水平与即期汇率、远期汇率之间保持一种均衡关系，即外汇市场上的远期升（贴）水幅度基本等于货币市场上的国内外利差幅度。这个结果是投资者的抛补套利行为所致。

抛补套利是指套利者在即期市场上进行资金转移、套取利差的同时，在外汇市场上签订与套利方向相反的远期外汇合同，预先确定在未来某到期日的汇率水平（远期汇率）。当套利到期时，按照预先规定的远期汇率卖出外币、买进本币，从而实现套期保值目的的一种套利活动。

假设两国的利差为 $i_h - i_f$，远期汇率为 F，即期汇率为 S。假定某投资者有 1 单位本国货币闲置一年不用，他可以选择两种投资方式：

①投资于国内，一年后可得到本利和 $1+i_h$。

②投资于国外。他先将 1 单位本国货币换成外币，得到 $1/S$，然后将其投资于外汇市场，一年后得到 $\frac{1}{S}\times(1+i_f)$ 的外币本息收入。由于这些资金是在一年后收回，为了规避一年后外币贬值的风险，投资者会在远期外汇市场上将其卖出，用以提前锁定其投资于外汇市场的本国货币所得，可得 $\frac{F}{S}\times(1+i_f)$。

如果投资于国内的收益大于国外，则投资者将选择在国内投资，进而国内金融资产的价格上升、收益率下降，此时投资者就会转投国外市场；反之，如果投资于国外的收益大于国内，投资者将选择在国外投资，进而国内金融资产的价格下降、收益率上升，套利的最终结果会使投资于国内外市场的收益率达到均衡，即投资者的套利行为使得国际金融市场上以不同货币计价的相似资产的收益率趋于一致。也就是说，套利资本的跨国流动保证了一价定律适用于国际金融市场，即

$$1+i_h=\frac{F}{S}\times(1+i_f) \tag{3-12}$$

对远期汇率变化率 $\Delta f\left(=\frac{F-S}{S}\right)$ 进行变形，有

$$\frac{F}{S}=1+\frac{F}{S}-1=1+\frac{F-S}{S}=1+\Delta f \tag{3-13}$$

将（3-13）式代入（3-12）式，则有

$$1+i_h=(1+\Delta f)(1+i_f)\Rightarrow i_h=i_f+\Delta f+i_f\times\Delta f\approx i_f+\Delta f$$

由于 $i_f\times\Delta f$ 是二阶小量，可忽略不计，因而有

$$\Delta f=i_h-i_f\Rightarrow\frac{F-S}{S}=i_h-i_f \tag{3-14}$$

（3-14）式就是抛补利率平价条件。抛补利率平价揭示了外汇市场上远期汇率是如何决定的，即远期汇率差价正好等于两国间的利差。也就是说，汇率的远期升（贴）水是由两国间的利差决定的：低利率货币远期升水，高利率货币远期贴水。

在抛补套利中，套利者在买进高利率货币套利的同时，需要做一笔远期外汇交易，即卖出高利率货币的远期交易。这样，一方面套利者赚取了两种货币的利率差，另一方面套利者通过远期外汇交易又避免了高利率货币贬值的风险。

如果高利率货币的远期贴水超过利差，套利仍会亏损。那么，我们应如何判断是否存在套利机会？在这种情况下，我们可借用升（贴）水年率来判断。升（贴）水年率是判断是否存在套利收益的重要指标，即

（1）升（贴）水年率＜两地利率差，则存在套利机会。

（2）升（贴）水年率＞两地利率差，则不存在套利机会。

（3）升（贴）水年率＝两地利率差，则是否套利无差异。

例 3-2

假定英国货币市场的年利率为 2.5%，美国货币市场的年利率为 4.75%，英镑兑美元的即期汇率为 GBP 1＝USD 1.555 0。若某客户有 50 000 英镑的资金可以投资 1 年，假定银行报出的英镑兑美元 1 年期远期汇率为 GBP 1＝USD 1.557 5，他应如何投资？

解：英镑的年利率低于美元，两者的年利率差为 2.25%，则根据利率平价理论，美元存在远期贴水的问题。根据贴水年率的计算公式，有（注意，这里是间接标价法）

$$\text{美元的贴水年率}=\frac{1.5550-1.5575}{1.5575}\times100\%=-0.16\%<2.25\%$$

即美元贴水年率低于两国间的利差，所以存在套利机会。

套利过程如下：投资者在即期市场上将英镑换成美元，得到 77 750 美元（＝50 000×1.555 0）；然后将其投资于 1 年期美元存款，得到 81 443.125 美元［＝77 750×(1＋4.75%)］。由于这些美元要在 1 年后才收回，面临美元未来贬值的风险，因此根据抛补套利的思想，该投资者在投资于美元存款的同时就与银行签订了一份 1 年期的远期美元卖出合约，按远期价格 GBP 1＝USD 1.557 5 预约卖出 81 443.125 美元。当存款合同到期时，该投资者交割远期合约，收到 52 290.93 英镑（$=\frac{81\,443.125}{1.557\,5}$）。该投资者套利投

资的收益率为 4.58%（$=\frac{52\ 290.93-50\ 000}{50\ 000}\times 100\%$），这个投资收益率远大于投资于英镑市场的年利率 2.5%，因此该套利是成功的。

如果银行报出的英镑兑美元 1 年期远期汇率为 GBP 1＝USD 1.609 5，是否还存在套利机会呢？此时，美元的贴水年率为：

$$美元的贴水年率=\frac{1.555\ 0-1.609\ 5}{1.609\ 5}\times 100\%=-3.39\%>2.25\%$$

通过计算可知，此时就不存在套利机会了。因为抛补套利的收益为 50 601.51 英镑（$=\frac{81\ 443.125}{1.609\ 5}$），其收益率仅为 1.2%，远低于投资于英镑市场的年利率 2.5%。

由此可知，如果高利率货币的远期贴水超过利差，套利仍会亏损，即只有当外汇的升（贴）水年率小于两地利差时，才存在套利机会。也就是说，如果汇兑损失超过了利差收益，投资者就会蒙受损失。

二、无抛补利率平价理论

无抛补套利（uncovered interest arbitrage）是指投资者根据自己对未来汇率变动的预期计算预期收益，在承担一定汇率风险的情况下进行套利交易的投资行为。也就是说，无抛补套利是投资者在将资金从低利率货币向高利率货币转移时，并不同时进行反向远期交易，仅赚取利差的一种套利交易。显然，无抛补套利仍有不存在交易成本、无资本流动障碍、套利资金规模不限等与抛补套利一致的假设，但与抛补套利不一致的是，它假定市场参与者是风险中性的，即投资者忽略了汇率变动，这表明投资者采用无抛补交易将面临汇率风险。

对无抛补套利者而言，投资者将 1 单位本币投资于本国金融市场产生的收益为 $1+i_h$；在同一时刻，如果投资者将 1 单位本币投资于外国金融市场，则投资总收益为 $\frac{1}{S}\times(1+i_f)$，设 S^e 为一年后的预期汇率，则一年后投资于国外金融市场的收益折合成本币为 $\frac{S^e}{S}\times(1+i_f)$。只有当投资收益在本国和外国相等时，资本市场才能达到均衡，可用公式表示为：

$$1+i_h=\frac{S^e}{S}\times(1+i_f) \tag{3-15}$$

下面对预期汇率变化率 $\Delta S^e\left(=\frac{S^e-S}{S}\right)$ 进行变形：

$$\frac{S^e}{S}=1+\frac{S^e}{S}-1=1+\frac{S^e-S}{S}=1+\Delta S^e \tag{3-16}$$

将（3-16）式代入（3-15）式，可得：

$$1+i_h=(1+\Delta S^e)(1+i_f)\Rightarrow i_h=i_f+\Delta S^e+i_f\times\Delta S^e\approx i_f+\Delta S^e \tag{3-17}$$

由于 $i_f \times \Delta S^e$ 是二阶小量，可忽略不计，因而有

$$\Delta S^e = i_h - i_f \Rightarrow \frac{S^e - S}{S} = i_h - i_f \tag{3-18}$$

（3-18）式就是无抛补利率平价条件，它表明：①预期汇率变化率等于两国货币利率之差。②如果本国利率高于外国利率，则意味着市场预期本国货币在远期将贬值，在即期将升值；反之，如果本国利率低于外国利率，则意味着市场预期本国货币在即期将贬值。

在抛补套利案例中，如果投资者并不进行远期外汇交易来锁定未来收益的本币价值，那么该投资者的投资收益 81 443.125 美元可以换回多少英镑就是一个未知数。如果未来美元的即期汇率大幅贬值，则该投资者将换回更少的英镑，即套利收益大打折扣；反之，如果未来美元的即期汇率大幅升值，则该投资者可能会赚取更高的收益。因此，在无抛补套利中，投资者是以承担汇率风险来赚取两国之间的利差收益的。

在前面的分析中，抛补利率平价与无抛补利率平价的成立是分别由两种类型的交易活动实现的，但在外汇市场上，还存在着另一种交易者——投机者。投机者的交易目的不在于获得随着时间变动的资产增值，而在于利用资产在特定时刻的差价获利。

当投机者预期未来的汇率与相应的远期汇率不一致时，他就会进行交易。假设投机者预期 $S_t^e > F_t$，他就可以在外汇市场上以 F_t 的汇率购入远期外汇，到期时，投机者交割远期外汇合约并按 F_t 的汇率买入外汇，再以 S_t^e 的价格出售，则投机者的预期收益为 $S_t^e - F_t$；反之，当投机者预期 $S_t^e < F_t$ 时，他就可以在外汇市场上以 F_t 的汇率卖出远期外汇，到期时，投机者以 S_t^e 的价格买入外汇，再用 F_t 的汇率出售外汇来交割远期合约，则投机者的预期收益为 $F_t - S_t^e$。上述投机活动会使预期汇率与远期汇率的差距逐渐缩小，直到趋于一致时停止，此时 $S_t^e = F_t$，抛补套利平价与无抛补套利平价同时成立。

三、对利率平价理论的评价

自 20 世纪 20 年代利率平价理论被首次提出后，它就受到了西方经济学家的重视。与购买力平价理论不同的是，它考察了资本流动（而不是产品流动）与汇率决定之间的关系，从一个侧面阐述了汇率变动的原因——资本在国际上流动，是一种与购买力平价理论互补的汇率决定理论。与购买力平价理论是一种中长期分析不同，利率平价理论是一种短期的汇率决定分析。

（一）利率平价理论的贡献

第一，利率平价理论把利率的决定因素扩展到金融市场领域，反映了货币因素在国际金融领域内日益重要的作用。

第二，从资本流动的角度揭示了汇率与利率之间的密切关系以及汇率的形成机制。它描述的利率和汇率的关系，为中央银行的干预提供了有效的途径，即如果存在一个发达的、有效的市场，中央银行就可以在货币市场上利用利率（尤其是短期利率）的变动对汇率进行调节。与此同时，该理论解释了远期汇率长期偏离利率平价的原因，对外汇

市场的实际操作、预测远期汇率的变动趋势及制定和调整汇率政策都具有重要意义。

（二）利率平价理论的缺陷

利率平价理论并不是一个完善的汇率决定理论，对它的批评主要为：

第一，利率平价理论的假设条件在现实中很难实现。利率平价理论忽略了交易成本和资本流动障碍，并假定套利资本的规模是无限的，这在现实世界中很难成立。国际金融市场上的一价定律难以实现，特别是当经济、政治等诸多因素引发货币危机时，按照利率平价理论进行的远期汇率预测往往与实际情况有较大差异。

第二，利率平价理论只是描述了汇率与利率之间的关系，并未表明到底是利率平价决定汇率变动，还是汇率变动决定利率平价，因而不能判断利率平价理论究竟是汇率决定理论还是利率决定理论。

第四节　汇率决定的货币分析法

自20世纪70年代以来，国际资金流动使资本与金融账户对汇率变动产生了重大影响。外汇市场上绝大部分的交易量都与国际资金流动相关，投资者以预期收益为依据进行资金的跨国流动。资产市场说（assets market approach）就是在这一背景下产生的。资产市场说认为：汇率是一种资产价格，这一价格是在资产市场上确定的，从而在分析汇率时应采用与普通资产价格决定基本相同的理论，这一分析方法被统称为汇率决定的资产市场说。依据本币资产与外币资产可替代性的不同假定，资产市场说可分为货币分析法与资产组合分析法。本节重点介绍货币分析法，下节重点介绍资产组合分析法。

一、资产市场说的假设及分类

与传统理论相比，汇率的资产市场说在分析方法上存在两点不同：一是决定汇率的是存量因素而不是流量因素。这一分析法弥补了传统汇率理论的不足。对于普通商品而言，价格是供求曲线相交的结果，只有当影响供求的实际因素变动（如收入减少）后，价格才随供求的变动进行调整。而资产市场上价格的变动是在某一时点对这一资产存量进行调整的结果，即一种资产价格的变动，是由于整个市场在某一时点改变了对该资产价值的评价。例如，交易者直接标高或标低价格。因此，这可以解释在供求关系很少甚至没有发生根本变动的情况下，资产价格（如汇率）也有可能发生变动，甚至是相当大的变动。二是在当期汇率的决定中强调预期的作用。与普通产品市场不同的是，资产市场对未来经济条件的预期会非常迅速地反映在即期价格中，这导致在现实经济条件没有明显变化的情况下，汇率仍然可能出现剧烈波动。

资产市场说的分析对象是开放小国，也就是该国无法影响国际利率水平，并假定：

（1）外汇市场是有效的，市场的当前价格反映了所有可能得到的信息。

（2）本国居民主要持有三种资产，即本国货币、本国债券、外国债券；与此同时，外国居民不持有本国资产，本国居民不持有外国货币。

(3) 资金完全流动，抛补利率平价始终成立。

资产市场说认为，在一国金融市场供求失衡后，市场均衡的恢复不仅可以通过产品市场的调整来完成，在各国资产具有完全流动性的条件下，还能通过国内外资产市场的调整来完成。均衡汇率是指两国资产市场供求存量保持均衡时两国货币间的相对价格。因此，资产市场说运用一般均衡分析法，将国内外产品市场、货币市场、证券市场结合起来进行汇率决定的分析。在这些市场中，国内外产品之间和资产之间存在一个替代程度的问题，在一国的各市场之间有一个受到冲击后调整的速度问题。由此，资产市场说可以进行不同的分类。

依据本币资产与外币资产可替代性的不同，资产市场说可分为货币分析法（monetary approach）和资产组合分析法（portfolio approach）。前者认为国内外资产之间具有完全的可替代性，后者认为国内外资产之间具有不完全的可替代性。

二、弹性价格货币分析法

货币分析法假定本币资产与外币资产可以完全替代，投资者仅根据不同资产之间的预期收益率进行投资。依据价格弹性的不同，货币分析法又可分为弹性价格货币分析法和黏性价格货币分析法。

弹性价格货币分析法，简称“弹性价格货币模型”（flexible-price monetary approach）或“货币模型”，它是美国经济学家弗兰克（Frankel，1976）、比尔森（Bilson，1977）等人首先提出的。在这一模型中，由于本外币资产是完全可替代的，因此这两种资产市场是统一的市场。根据一般均衡的原理，只要本国货币市场达到平衡，外币市场必然平衡。因此，货币模型把分析重点放在货币市场供求变动对汇率的影响上。其核心思想是，汇率可以自由调整，以反映各种因素对汇率水平决定的影响。

（一）弹性价格货币分析法的基本假设及基本模型

(1) 充分就业假设，即垂直的总供给曲线（如图 3-1 所示）。在这种假设下，经济中所有的价格（工资、物价、利率）在短期或长期都具有完全弹性，总需求变化只影响物价水平。货币供给是外生的，利率与实际国民收入都与货币供给无关，货币供给变动带来的货币市场不均衡，完全由价格的弹性变动来调整，不会影响利率和实际产出。

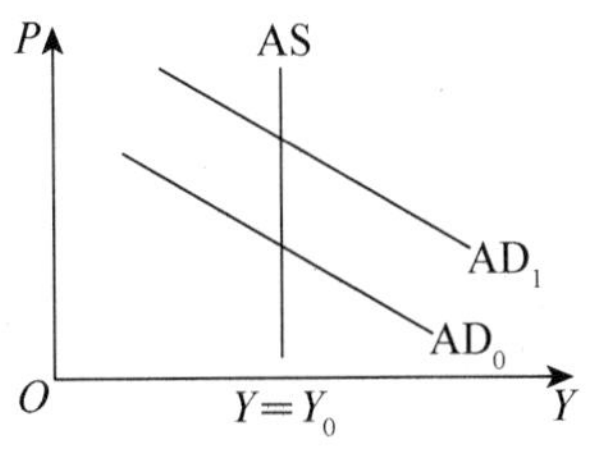

图 3-1 垂直的总供给曲线

（2）实际货币需求是实际国民收入和利率水平的稳定函数。

假定国内外货币需求的收入弹性和利率弹性分别为λ和ρ，则本国的实际货币需求函数为：

$$\frac{M_d}{P}=L(Y, R)=Y^{\lambda}R^{-\rho} \tag{3-23}$$

外国的实际货币需求函数为：

$$\frac{M_d^*}{P^*}=L(Y^*, R^*)=Y^{*\lambda}(R^*)^{-\rho} \tag{3-24}$$

式中，M_d^*为外国货币需求；P^*为外国一般物价水平；Y^*为外国收入水平；R^*为外国利率水平。

在货币市场均衡的情况下，有

$$M_s=M_d$$

及

$$M_s^*=M_d^*$$

因此，将（3-23）式及（3-24）式中的货币需求替换成货币供给，即

$$\frac{M_s}{P}=Y^{\lambda}R^{-\rho} \tag{3-25}$$

$$\frac{M_s^*}{P^*}=Y^{*\lambda}(R^*)^{-\rho} \tag{3-26}$$

（3）购买力平价持续成立。价格弹性调整可保证购买力平价始终成立，即

$$e=\frac{P}{P^*} \tag{3-27}$$

对（3-25）式、（3-26）式及（3-27）式两边同时取自然对数并移项，有

$$\ln P=\ln M_s-\lambda\ln Y+\rho\ln R \tag{3-28}$$

$$\ln P^*=\ln M_s^*-\lambda\ln Y^*+\rho\ln R^* \tag{3-29}$$

$$\ln e=\ln P-\ln P^* \tag{3-30}$$

将（3-28）式、（3-29）式代入（3-30）式，整理可得：

$$\ln e=(\ln M_s-\ln M_s^*)-\lambda(\ln Y-\ln Y^*)+\rho(\ln R-\ln R^*) \tag{3-31}$$

如果用e表示汇率的对数，用m表示货币存量的对数，用p表示价格水平的对数，用y表示实际收入的对数，用r表示利率的对数，加星号表示外国变量，则上式简化为：

$$e=(m-m^*)-\lambda(y-y^*)+\rho(r-r^*) \tag{3-32}$$

上式就是弹性价格货币分析法的基本模型。右边第一项表示本国和外国货币供给变动的差额，第二项表示本国和外国实际国民收入变动的差额，第三项表示本国和外国利率变动的差额。由此可见，两国之间的货币供给水平、实际国民收入水平以及利率水平

通过对各自物价水平的影响决定了汇率水平。这样，弹性价格货币分析法就将货币市场上的一系列因素引入了汇率水平的决定之中。

（二）各因素变动对汇率变动的影响

下面分析上式中各因素的变动对汇率水平的影响。

1. 本国货币供给水平一次性增加会造成本币相同比例的贬值

需要注意的是，弹性价格货币分析法认为货币供给是政府可以控制的外生变量，利率与实际国民收入都与货币供给无关，货币供给带来的货币市场不均衡，完全由价格的弹性变动来调整，不会影响利率和产出。因此，如图 3-2 所示，在其他条件不变的情况下，一国货币当局一次性增加货币供给［见图 3-2（a）］，会造成居民手中的货币余额超出居民愿意持有的货币量，居民将会增加支出以减少手中的货币余额。在充分就业假设下，产出不变，而额外的支出将使价格水平同比例上升［见图 3-2（b）］（价格具有完全的弹性），但利率不变［见图 3-2（c）］。由于假定购买力平价始终成立，因而本国价格水平的提高将带来本国货币的同比例贬值［见图 3-2（d）］。同理，外国货币供给相对上升一定比例将导致外币同比例贬值。

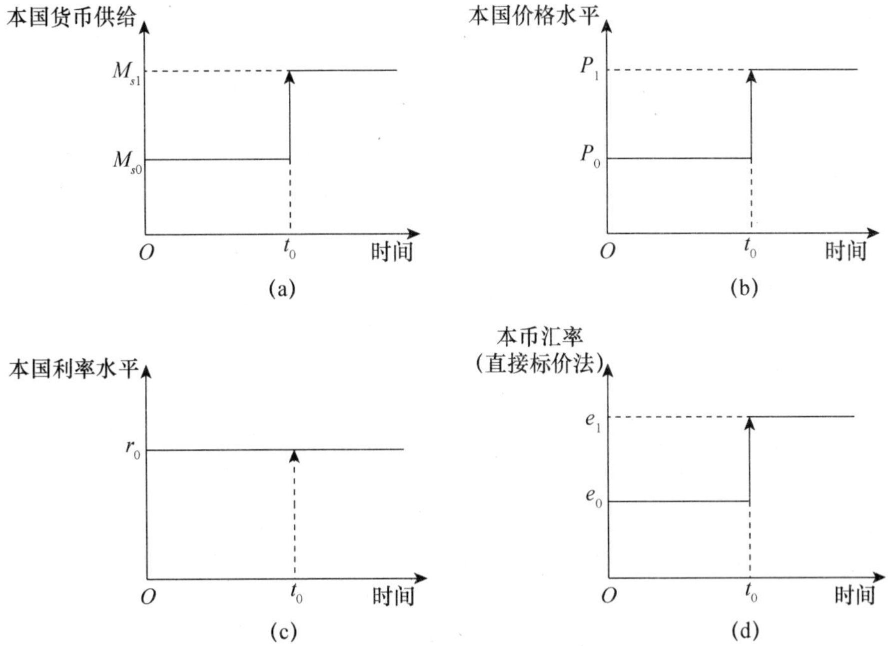

图 3-2 弹性价格货币模型中本国货币供给一次性增加的影响

根据图 3-2，在本国货币供给一次性增加后，各变量变动的时间路径是：图 3-2（a）中的货币供给从 M_{s0} 一次性增加到 M_{s1}；图 3-2（b）中的价格水平迅速同比例从 P_0 上升到 P_1；图 3-2（c）中的利率保持 r_0 不变；图 3-2（d）中的外汇汇率从初始的 e_0 迅速同比例地上升到 e_1（即本币迅速同比例贬值）。

2. 本国国民收入增加将导致本国货币升值

当其他因素保持不变时，本国国民收入（实际产出）的增加将会带来本国价格水平的下降。这是因为在货币供给和利率保持不变的情况下，货币需求的增加只能通过国内价格水平的下降来实现。本国价格水平下降又会通过购买力平价关系造成本国货币的相应升值。同理，外国国民收入增加将导致外国货币升值。

3. 本国利率上升将导致本国货币贬值

当其他因素保持不变时，本国名义利率的上升必然归因于通货膨胀预期的提高，从而减少货币需求、增加消费，其结果将导致国内价格水平上升，在购买力平价关系的作用下，本币将会贬值。同理，外国利率上升将导致外国货币贬值。

弹性价格货币分析法的上述观点与人们的经验观念正好相反。人们通常认为，本国利率上升会吸引外资流入，使本国出现国际收支顺差，从而使本币升值、外币贬值。而弹性价格分析法则认为，本国利率上升会导致本币贬值、外币升值。这是由弹性价格分析法的分析方法不同所致。弹性价格分析法使用的是存量分析法，而人们的经验分析一般用的是流量分析法——本国利率提高，将引起资本流入增加，结果导致本币升值、外币贬值。在弹性价格分析法中，是假定在现有的资产存量中，若货币供给不变，在利率上升的情况下会降低货币需求，在原有的货币供给水平下，将会出现货币供给大于货币需求，国内物价上涨，从而通过购买力平价关系会导致本币贬值、外币升值。

4. 通货膨胀预期的影响

如果我们将名义利率分成两个部分，即实际利率和通货膨胀预期，就可以对利率的影响做出另一种解释。我们用 r_r 代表实际利率，用 P_e 代表通货膨胀预期，则有 $r=r_r+P_e$。类似地，外国的名义利率也可以表示为 $r^*=r_r^*+P_e^*$。设两国实际利率相同（$r_r=r_r^*$）且保持不变，那么两国的利率差异就等于两国的通货膨胀预期差异，因而（3-32）式就可以改写为：

$$e=(m-m^*)-\lambda(y-y^*)+\rho(P_e-P_e^*) \tag{3-33}$$

即本国通货膨胀率预期上涨将导致本国货币贬值。这是因为通货膨胀预期上涨会减少人们对货币的需求，同时增加产品消费，导致国内价格水平上升，为了满足购买力平价，需要本币贬值。

> 弹性价格货币模型认为：本国货币供给水平一次性增加会造成本币相同比例的贬值；本国国民收入增加将导致本国货币升值；本国利率上升将导致本国货币贬值；本国通货膨胀预期上涨将导致本国货币贬值。

小结：弹性价格货币模型的结论如表 3-1 所示。

表 3-1 弹性价格货币模型各因素变动对汇率的影响

m 上升	e 上升	外币升值、本币贬值	m^* 上升	e 下降	外币贬值、本币升值
y 上升	e 下降	外币贬值、本币升值	y^* 上升	e 上升	外币升值、本币贬值
r 上升	e 上升	外币升值、本币贬值	r^* 上升	e 下降	外币贬值、本币升值
P_e 上升	e 上升	外币升值、本币贬值	P_e^* 上升	e 下降	外币贬值、本币升值

（三）对弹性价格货币模型的评价

1. 弹性价格货币模型的贡献

弹性价格货币模型是建立在购买力平价理论这一前提之上的，但它并不是购买力平价理论的简单翻版，而是具有诸多新的内容，主要体现在：

（1）弹性价格货币模型将购买力平价理论运用到资产市场上。它将形成于产品市场的汇率决定理论引入资产市场，视汇率为一种资产价格。弹性价格货币模型认为，当资金在本币存款、债券、外币或外国债券之间频繁转换时导致了汇率波动，抓住了汇率的特殊性质，并给现实中市场汇率的频繁变动提供了一种解释。因此，通常认为弹性价格货币模型是购买力平价理论的现代表现形式。

（2）弹性价格货币模型在现实中得到了广泛运用。该模型引入了货币供应量、国民收入等经济变量，分析了这些变量的变动对汇率的影响，克服了直接使用购买力平价而产生的物价指数选择等技术问题，从而在现实中的应用更广泛。

（3）弹性价格货币模型使用的是一般均衡分析法。在这个简单的模型里，实际上包含了产品市场均衡（弹性价格使市场随时出清）、货币市场均衡（货币供给等于货币需求）和外汇市场均衡（购买力平价成立），这使得它与前面分析的购买力平价理论等局部均衡模型有区别。

2. 弹性价格货币模型的缺陷

（1）它具有与购买力平价理论同样的缺陷。由于该模型以购买力平价理论为前提，而购买力平价理论是否成立一直存在争议，因此这种理论的可信度就存在问题了。

（2）它的假设在现实中仍存在争议。该模型假设产品价格具有完全弹性，这与现实不符。大量研究表明，产品市场上的价格调整不同于金融市场上的价格变动，一般比较缓慢，在短期中表现出黏性。与此同时，该模型假设货币需求是稳定的，这一点也存在争议。

总体而言，在实证检验中，货币主义的弹性价格货币模型并不令人满意。

三、黏性价格货币分析法

黏性价格货币分析法（sticky price monetary approach），通常简称“黏性价格货币模型”或“超调模型”（overshooting model），最初由美国经济学家多恩布什（Dornbusch）于1976年提出。它与弹性价格货币分析法的共同点是，两者都从货币市场均衡、产品市场均衡来分析汇率的决定和变动。它与弹性价格货币分析法不同的地方是，黏性价格货币分析法认定产品市场、资本市场的调整速度不同，产品价格在短期内具有黏性，而资本价格调整迅速，这就使得购买力平价在短期内不成立，经济存在着由短期不平衡向长期平衡过渡的过程。由于价格在短期内的黏性，经济均衡的恢复完全依赖于利率的变化，导致利率必然超调，并使汇率在短期内调整过度，其调整幅度超过长期均衡水平，表现出超调的特征，即汇率超调（overshooting exchange rate）。

（一）黏性价格货币模型的基本假设

黏性价格货币模型的假设为：

（1）产品市场（价格）与资产市场（利率、汇率）的调整速度不同。产品市场上的价格水平具有黏性，而资产市场的反应极其灵敏。

（2）购买力平价在短期内不成立，但在长期内能够较好地成立。由于汇率调整迅速，而价格水平调整滞后，因而在短期内不能满足购买力平价的要求，故实际汇率会在短期内发生变化；但在长期内，价格水平可以充分调整，购买力平价可以较好地成立。

（3）总供给曲线在短期内是水平的或不是垂直的，价格水平不发生调整。总供给曲线在长期内是垂直的。

（4）货币需求稳定、资本自由流动以及无抛补利率平价成立。

（二）黏性价格货币模型中的汇率调整过程

下面以本国货币供给的一次性增加为例，说明黏性价格货币模型中的汇率调整过程。

在货币供给一次性增加时［见图 3－3（a）］，由于资产市场价格的迅速调整，会使利率同比例下降［见图 3－3（c）］和汇率同比例贬值［见图 3－3（d）］，但是，由于价格黏性的存在，价格的上升则相对缓慢［见图 3－3（b）］。由于汇率和价格的调整速度不一致，造成汇率超调（贬值过度）。

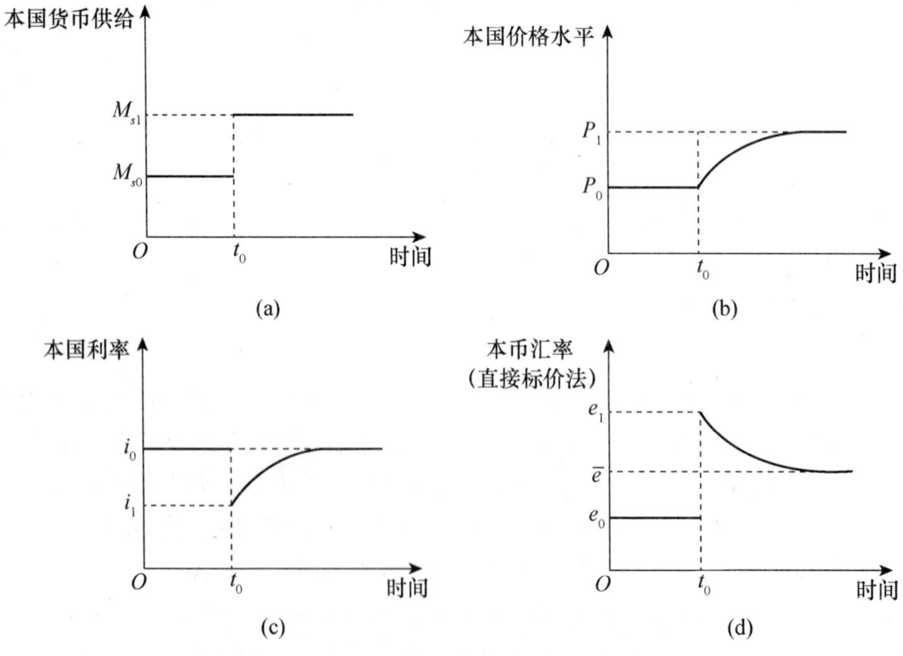

图 3－3　超调模型中本国货币供给一次性增加后各变量变化的动态描述

随着时间的推移，汇率的超调会使净出口增加和产出增加，由此造成价格水平的缓慢上升、利率的上升和本币汇率的升值，经济在新的基础上动态地重新达到均衡。这样的货币供给一次性增加最终表现为：①产出增加；②价格上涨；③利率先降后升；④本币汇率先贬值后升值。需要注意的是，当存在闲置资源时，货币供给一次性增加引起利率和汇率先同比例下降后又回升的幅度，要小于下降的幅度，其原因在于一部分新增的货币供给量被产出的增加所吸收。同理，价格最终上升的幅度也要小于货币供给量增加的幅度。表现在图 3－3（b）、图 3－3（c）和图 3－3（d）中，价格、利率和汇率的水平在新的经济均衡达到时都会与虚线有一段小小的距离。当然，如果忽略这一段距离的话，也可以笼统地说：当经济达到长期均衡水平时，价格水平与货币供给量同比例上涨；本国货币汇率达到长期均衡水平，购买力平价理论成立；利率与产出均恢复原状。

上述过程综合起来也可用图 3－4 动态地描述出来。

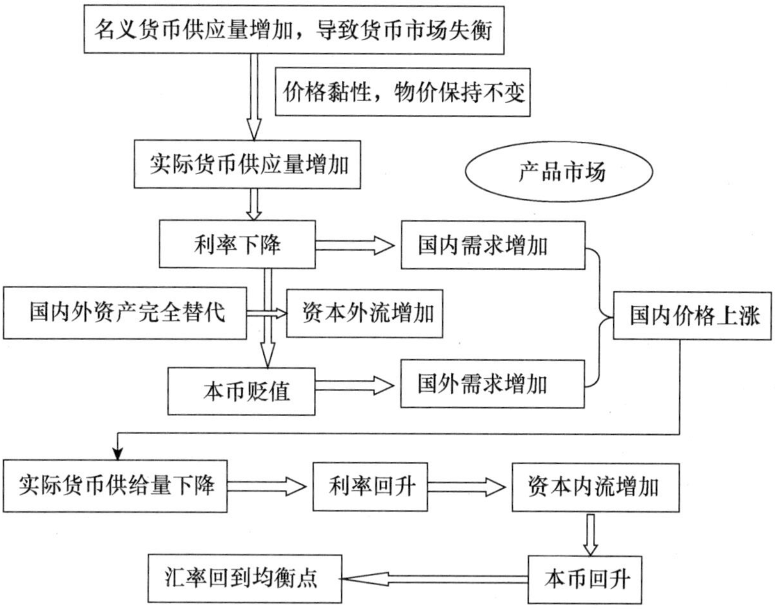

图 3－4　汇率超调过程图

（三）对黏性价格货币模型的评价

1. 黏性价格货币模型的贡献

黏性价格货币模型在现代汇率理论中具有极为重要的地位，主要体现在三个方面：

（1）黏性价格货币模型成为国际金融学中对开放经济进行宏观分析的最基本模型。它以货币模型为基础，融入了产品价格黏性这一被认为更切合现实生活的假设，因而实际意义更大，并对宏观开放经济做了较为全面系统的分析。

（2）黏性价格货币模型首次涉及汇率的动态调整问题，从而创立了汇率理论的一个重要分支——汇率动态学（exchange rate dynamics）。继黏性价格货币模型后，研究者又从多个角度将汇率动态学的研究推向深入，使汇率动态学成为汇率理论中的一个独立研究领域。

（3）黏性价格货币模型具有鲜明的政策含义。根据黏性价格货币模型（超调模型），超调是在开放经济条件下资金自由流动和汇率自由调整的必然现象，而汇率的过度波动会给金融市场和实体经济带来较大冲击甚至破坏。因此，完全自由的浮动汇率制度并不是最合理的，政府有必要对资金流动、汇率乃至整个经济进行干预和管理。这对于发展中国家的资本与金融账户开放具有重要的启发意义。

黏性价格货币模型认为，短期内价格与工资有黏性，利率和汇率必然超调——汇率对于货币供给波动的即刻反应超过长期反应，这一现象称为“汇率超调”。

2. 黏性价格货币模型的缺陷

（1）其假设在现实中存在争议。黏性价格货币模型是建立在货币主义模型基础上的，因而也具有与货币主义模型相同的一些缺陷，如假设货币需求是稳定的以及国内外资产具有完全的替代性。事实上，由于交易成本、外汇管制及各种风险，各国资产之间的替代性并不是完全的。

（2）对黏性价格货币模型难以进行计量检验。这是因为选择恰当的计量检验方法较为困难，而现实生活中的冲击有很多，难以确定汇率的变动是由哪种冲击造成的，因而在一定程度上影响了这一理论的实际应用。

（3）作为存量理论的黏性价格货币模型忽略了对国际收支流量的分析。它将汇率波动完全归因于货币市场的失衡，而否认产品市场变动对汇率的影响，未免有些片面。例如，在超调模型中，汇率的超调会使购买力平价在短期内不成立，本币的大幅贬值会导致本币的实际汇率大幅贬值，本国的产品竞争力上升，促使本国出口增加、经常账户顺差，而经常账户顺差会增加对本币的需求，从而使汇率发生波动。但遗憾的是，这一国际收支流量问题并没有反映在超调模型中。下面的资产组合分析模型就尝试在存量和流量因素的综合方面做出改进。

第五节　汇率决定的资产组合分析法

货币分析法片面强调货币市场均衡在汇率决定中的作用，无论是弹性价格货币分析法还是黏性价格货币分析法，都遵循一个共同的假定，即国内外的债券具有完全替代性，投资者表现为风险中性。然而，在现实中，国内外资产却存在不完全的替代因素，如政治风险、税负差别等。为了解决这一问题，资产组合均衡模型由此产生。美国普林斯顿大学经济学教授布朗森（W. H. Branson）等于 20 世纪 70 年代提出了汇率决定的资产组合分析法（portfolio approach to exchange rate），他在 1977 年发表的《汇率决定中的资产市场与相对价格》中将资产组合理论引入汇率的研究，创立了汇率决定的资产组合分析法，又称汇率决定的资产组合模型。该模型直接引入了本国资产总量，本国资产总量直接制约了各种资产的持有量，而经常账户的变动则会对它造成影响。这样，该模型就将流量因素与存量因素结合起来了。

一、资产组合分析法的基本特点

汇率决定的资产组合分析法认为，各国资产之间是不能完全替代的，因此一国居民既可以持有本国货币和各种债券，又可以持有外国的各种资产。一旦利率、货币供给量以及居民愿意持有的资产种类等发生变化，居民原有的资产组合就会失衡，进而引起各国资产之间的调整，促使资本在国际流动，这势必影响外汇供求，导致汇率的变动。

因此，与汇率决定的货币分析法相比，资产组合分析法具有以下基本特征：

（1）假设本币资产与外币资产是不完全替代的。货币分析法假设本币资产和外币资产是完全可替代的，而资产组合分析法认为不同资产之间不能完全替代。这主要是由于国内外资产存在的风险差异和税收差异等，使非抵补利率平价不成立。为了规避风险，投资者必须对国内外资产进行合理的组合，因此需要对本币资产与外币资产的供求平衡在两个独立的市场上进行考察，它主张用收益-风险分析法取代套利机制分析法。

（2）将流量因素与存量因素结合了起来。该理论将本国资产总量引入了分析模型，本国资产总量直接制约了各种资产的持有量，而经常账户的变动会对这一资产总量造成影响。所以，国际收支是影响汇率变动的重要因素，从而将流量因素与存量因素有机地结合了起来。

（3）认为非抵补利率平价不成立。货币分析法假定非抵补利率平价成立。但是，资产组合分析法认为，本外币资产不完全替代，非抵补利率平价未必成立。这是由于外汇市场存在不可消除的巨大风险，投资者在选择投资于本国资产还是外国资产时，首先要考虑的是如何规避风险。

二、资产组合分析法的基本模型

资产组合分析法假设：

（1）国外利率是给定的。

（2）预期未来汇率不发生变动，即人们有着稳定的汇率预期，因而影响所持外国债券收益率的因素仅是外国利率的变动。

（3）本国居民持有的资产总量（W，总财富）由三种资产构成：本国货币（M），它不产生利息；本国债券（B），它带来国内利率 i；外币资产 F，包括外国货币、外币存款和外币债券，它带来的收益包括国外利率 i^f 和外币汇率变化率，且在短期内不考虑持有本国债券及外国资产的利息收入对资产总量的影响。

（4）资产的供给由政府控制或相对稳定。本国货币供给和本国债券供给都是由政府控制的外生变量，外币资产的供给是通过经常账户的盈余获得的，在短期内相对稳定。

（一）资产组合分析法的基本形式

资产组合分析法认为，一国私人部门的财富可以用以下方式表示：

$$W=M+B+eF \tag{3-34}$$

需要注意的是，F 是外币资产，只有将其按汇率折算为本币资产之后才能与以本币表示的其他资产相加，即 eF。这意味着对外国债券的过度需求可部分通过本币贬值（外币升值）得到满足，因为本币贬值提高了外国债券的本币价值。

（3－34）式意味着一国资产总量的本国货币、本国债券和外币资产构成。投资者可根据不同资产的收益率、风险及自身的风险偏好情况确定最优的资产组合。投资者的资产选择原则是：第一，随着财富总量的增加，对三种资产的需求都将增加；第二，各种资产的选择比例与其自身的预期收益率成正比，与其他资产的预期收益率成反比。当每种资产的供求相等时，该资产市场就达到了均衡。从供给来看，本国货币和本国债券的供给是由政府控制的外生变量；外币资产的供给是通过经常账户的盈余获得的，在短期内假定经常账户不发生变动，因此外币资产的供给也是固定的外生变量。从需求来看，对每种资产需求的依据就是上述资产选择的原则。三种资产供求相等时的均衡条件为：

$$M=\alpha(i, i^f, \Delta e)W \tag{3-35}$$

$$B=\beta(i, i^f, \Delta e)W \tag{3-36}$$

$$eF=\gamma(i, i^f, \Delta e)W \tag{3-37}$$

$$\alpha+\beta+\gamma=1 \tag{3-38}$$

式中，α、β 和 γ 分别表示私人部门愿意以本国货币、本国债券和外币资产形式所持的财富比例。

当各种资产供求不均衡时会带来相应变量的调整，主要是利率和汇率的调整。在假设短期内各种资产的供给量不变的条件下，各种资产的需求变化将决定本国的利率和汇率水平。在长期内，对于本国既定的货币供给和债券供给，经常账户的失衡会带来本国持有的外币资产总量的变动，并且这一变动会引起资产市场的调整。因此，在长期内，经常账户应处于均衡状态。

（二）资产组合分析法的图形分析

下面以本国利率为横轴，以本国汇率（直接标价法）为纵轴，首先分析各资产市场的平衡曲线，然后分析在三个资产市场均衡的情况下总资产市场的均衡情况。

1. 本国货币市场曲线

图 3－5 描述了货币市场曲线（MM 曲线）是各种能够使货币供给等于货币需求的利率和汇率的组合。在货币市场上，货币供给是由政府控制的，而货币需求是本国利率、外国利率和资产总量的函数。当本国利率和外国利率上升时，持币的机会成本上升、货币需求下降；当资产总量增加时，货币需求也会增加。所以，货币需求是本国利率、外国利率的减函数，是资产总量的增函数。

图 3－5 显示，MM 曲线的斜率为正，这是因为 $e\uparrow\Rightarrow eF\uparrow\Rightarrow W\uparrow\Rightarrow M_d\uparrow\Rightarrow i\uparrow$。

另外，货币供给增加将导致 MM 曲线左移，货币供给减少将导致 MM 曲线右移。这是因为当货币供给增加时，为恢复货币市场均衡，必须降低利率以提高货币需求；反之，当货币供给减少时，为恢复货币市场均衡，必须提高利率以减少货币需求。

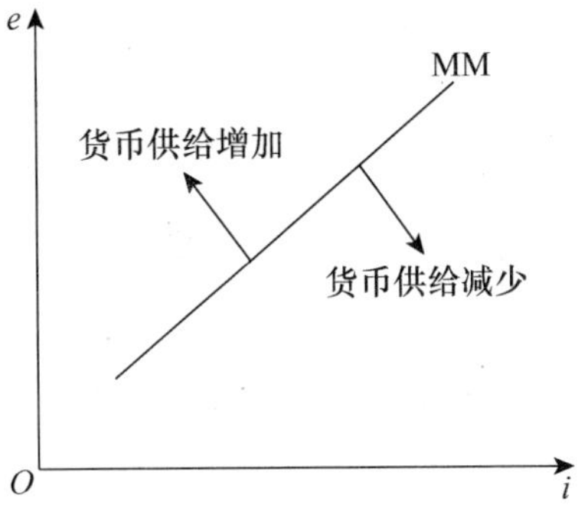

图 3－5　货币市场均衡时本国利率与汇率的组合

2. 本国债券市场曲线

图 3－6 描述了本国债券市场曲线（BB 曲线）是使本国债券供给等于本国债券需求的国内利率与汇率的各种组合。在本国债券市场上，本国债券供给同样是由政府控制的外生变量；与此同时，当本国利率提高时，投资者更倾向于持有本国债券，而当外国利率提高时则相反。因此，对本国债券的需求是本国利率和资产总量的增函数、外国利率的减函数。

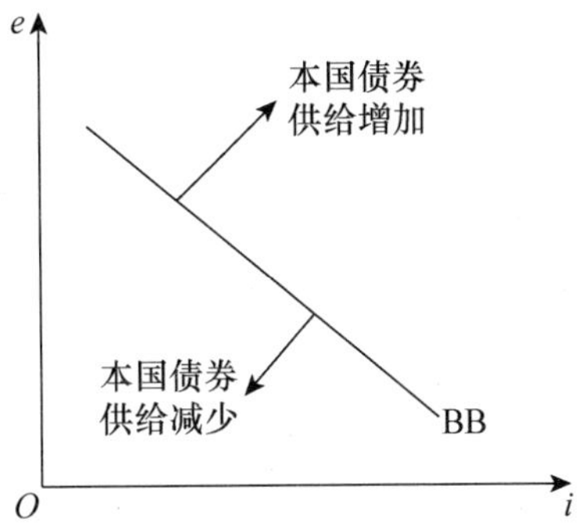

图 3－6　本国债券市场均衡时本国利率与汇率的组合

图 3－6 显示，BB 曲线的斜率为负，这是因为当 M_s 不变时，$e\uparrow\Rightarrow eF\uparrow\Rightarrow W\uparrow\Rightarrow$债券需求 $B_d\uparrow\Rightarrow$债券价格 $B_p\uparrow\Rightarrow i\downarrow$。

另外，债券供给增加将导致 BB 曲线右移，债券供给减少将导致 BB 曲线左移。这是因为当债券供给增加时，为恢复债券市场均衡，必须提高利率以增加债券需求；反之，当债券供给减少时，为恢复债券市场均衡，必须降低利率以减少债券需求。

3. 外币资产市场曲线

图 3－7 中的外币资产市场曲线（FF 曲线）描述了使外币资产国内供给量等于外币资产国内需求量的本国利率与汇率的各种组合。在外币资产市场上，外币资产的供给是通过历年经常账户盈余积累的，在短期内，假定经常账户的状况不变，即外币资产的供给是固定的外生变量。同理，外币资产的需求是本国利率的减函数、外国债券的增函数和资产总量的增函数。

图 3－7 显示，FF 曲线的斜率为负。这是因为 $i\uparrow\Rightarrow$部分对外币资产的需求转移到本国债券上$\Rightarrow$外币资产供给 $F_s>$外币资产需求 $F_d\Rightarrow$需要本币升值或外币贬值 $e\downarrow\Rightarrow F_d\uparrow\Rightarrow$维

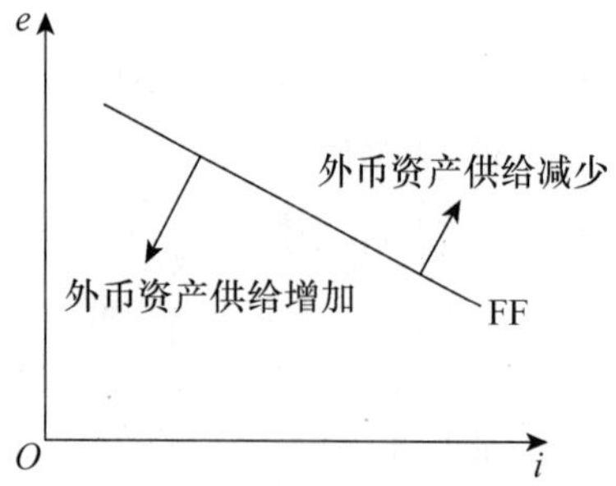

图 3-7　外币资产市场均衡时本国利率与汇率的组合

持市场均衡，或者 $e\uparrow\Rightarrow eF\uparrow\Rightarrow W\uparrow\Rightarrow$增加的财富中只是部分持有外币资产⇒外币资产供给 $F_s>$外币资产需求 $F_d\Rightarrow$需要 $i\downarrow\Rightarrow F_d\uparrow\Rightarrow$维持市场均衡。

另外，外币资产供给增加将导致 FF 曲线向左下移动，外币资产供给减少将导致 FF 曲线向右上移动。这是因为当外币资产供给增加时，为恢复外币资产市场的均衡，必须降低本国利率以增加外币资产需求；反之，当外币资产供给减少时，为恢复外币资产市场的均衡，必须提高本国利率以减少外币资产需求。

需要注意的是，FF 曲线比 BB 曲线更平滑①，这是因为本国债券市场对本国利率的变化更敏感，而外币资产市场对外汇汇率的变化更敏感。

由于各个市场是相互关联的，因此只有当本国货币市场、本国债券市场、外币资产市场同时均衡时，该国的资产市场才处于均衡状态。这样，在短期内各种资产的供给既定的情况下，对各种资产的需求将决定本国的利率和汇率水平。如图 3-8 所示，A 点为使三个市场同时均衡的均衡点，i_0 和 e_0 分别为均衡利率和均衡汇率。

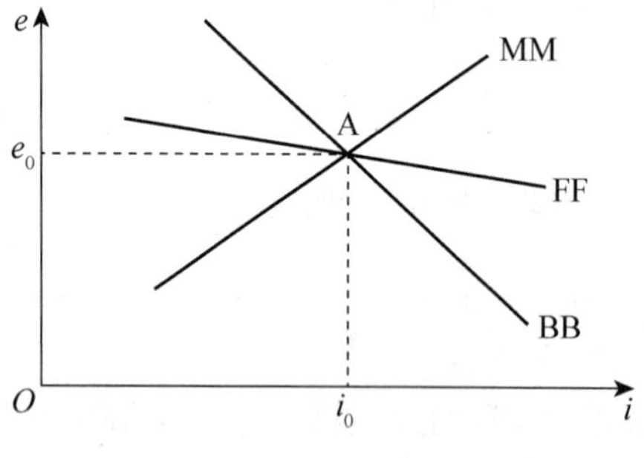

图 3-8　资产市场的短期均衡

三、资产供给变动与资产市场的短期调整

图 3-8 分析了在短期内（即当资产供给既定时），通过对不同资产的调整，使各资产市场实现均衡、资产组合达到均衡，由此决定了一个均衡汇率。然而，当资产供给发生变化时，均衡汇率应如何决定？对此，资产组合分析法认为，汇率正是在资产市场的

① 在此，BB 曲线的斜率绝对值大于 1，FF 曲线的斜率绝对值小于 1。

动态调整所引发的资产组合动态平衡过程中被决定的。

具体说来，资产供给的变化分为两种情况：一是资产结构的变化（即相对量变动），是指两种不同资产之间的互换，从而使一种资产的供给量增加而另一种资产的供给量相应减少，但资产总量不变。二是资产供给总量的变化（即绝对量变动），是指一种（或两种）资产的供给量变动，而其他资产的供给量不变，从而资产总量发生变化。前者对汇率产生的影响称为替代效应，后者对汇率产生的影响称为财富效应，具体变动方法如图 3－9 所示。

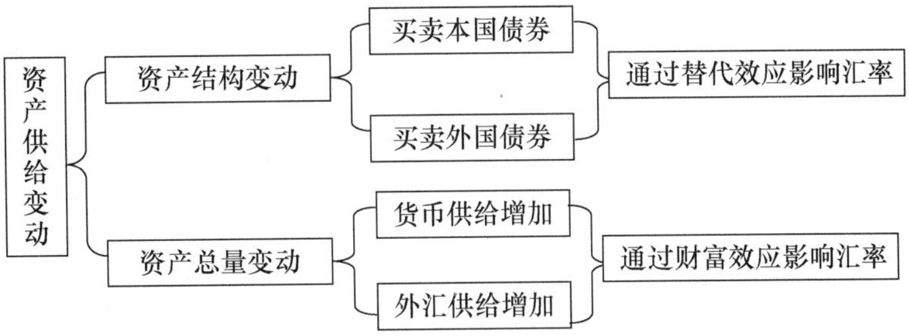

图 3－9　资产供给变动及影响汇率的方式

> 资产组合分析法认为，汇率正是在资产市场的动态调整所引发的资产组合动态平衡过程中被决定的。

下面分别加以介绍。

（一）资产供给相对量变动的汇率影响效应

中央银行可以通过以下两种方式改变资产供给的结构，即在本国债券市场上进行公开市场操作和在外币资产市场上进行外汇操作。

1. 中央银行在本国债券市场上进行公开市场操作的汇率影响效应

用本国货币买卖本国债券，这是中央银行在国内货币市场上的公开市场操作。这意味着私人部门货币持有量的上升（或下降）和本国债券持有量相同幅度的下降（或上升），即引起私人部门本国货币与本国债券的结构调整。

当中央银行用本国货币购买本国债券（即进行公开市场买入）时，一方面，货币供应量增加将使利率下降；另一方面，公开市场购买行为对本国债券形成的超额需求导致本国债券的价格上升，也使得利率下降。本国利率下降，导致人们对外国债券的需求上升，需要本币贬值以提高人们持有的外币资产价值。其作用路径如图 3－10 所示。

在图 3－10 中，中央银行进行了公开市场债券买入，因而本国货币供给增加，MM 曲线左移至 M′M′曲线；公开市场购买导致本国债券的供给减少，BB 曲线左移至 B′B′曲线。由于在本国债券市场上进行操作，外币资产曲线 FF 不变。因此，短期均衡点由原来的 A 点移向 B 点，它表明本币贬值及本国利率下降，而且本币贬值的幅度要小于本国利率下降的幅度。

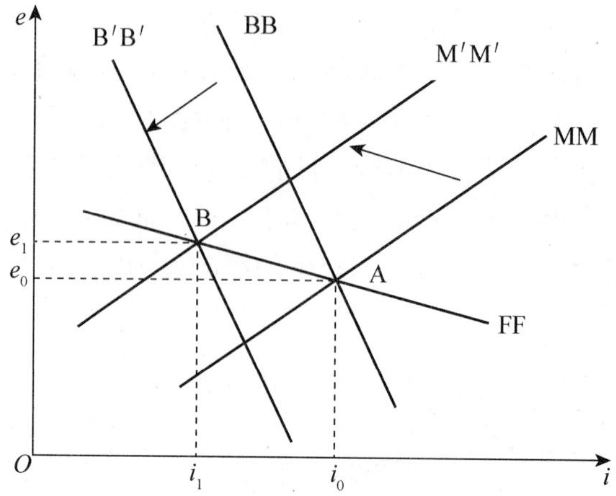

图 3-10 中央银行在本国债券市场上进行公开市场操作的经济效应

> 资产组合分析法认为，中央银行的公开市场债券买入导致本币贬值及本国利率下降，而且本币贬值的幅度要小于本国利率下降的幅度。

2. 中央银行在外币资产市场上进行外汇操作的汇率影响效应

用本国货币买卖外国债券，这是中央银行在外币资产市场上的外汇操作。这意味着私人部门货币持有量的上升（或下降）和外国债券持有量相同幅度的下降（或上升），即引起私人部门本国货币与外国债券的结构调整。其作用路径如图 3-11 所示。

在图 3-11 中，中央银行进行外国债券操作，此举对本国债券市场不产生影响，因而 BB 曲线不移动，公开外汇买入将使本国货币供给增加，MM 曲线左移至 M′M′曲线；外国债券供给减少将使 FF 曲线右移至 F′F′曲线，因此短期均衡点由原来的 A 点移向 B 点，它表明本币大幅贬值及本国利率水平下降。

> 资产组合分析法认为，中央银行的公开外汇买入导致本币大幅贬值及本国利率水平下降，但利率的下降幅度小于汇率的贬值幅度。

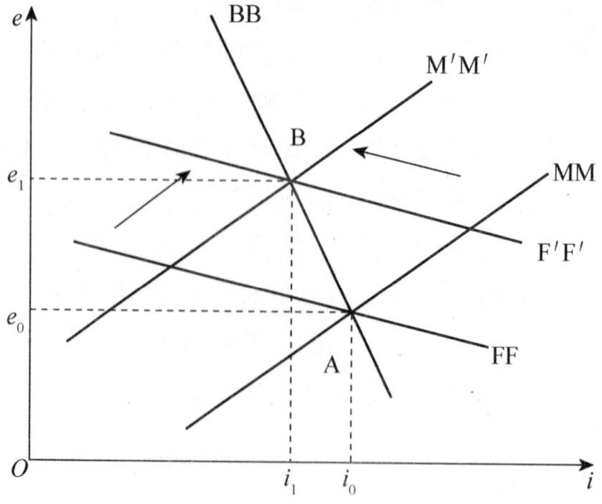

图 3-11 在外币资产市场上进行外汇操作的经济效应

比较图 3－10 和图 3－11 可以看出：中央银行在本国债券市场上进行操作对本国利率的影响更大，而在外币资产市场上进行操作对本国汇率的影响更大。

资产组合分析法认为，中央银行在本国债券市场上进行操作，对本国利率的影响更大，而在外币资产市场上进行操作，对本国汇率的影响更大。

（二）资产供给绝对量变动的汇率影响效应

中央银行可以通过以下两种方式改变资产供给的绝对量，即中央银行出于国内经济需要而一次性增减货币供给量和经常账户变动导致的外国债券供给的增减。

1. 中央银行一次性增减货币供给量的汇率影响效应

如果中央银行出于宏观调控的需要或为财政赤字融资而一次性增加货币供给量，则投资者持有的货币存量上升，为了使资产组合重新达到平衡，投资者将增加对本币债券和外国债券的购买，从而提高了本币债券的价格，并使国内利率下降，而对外国债券的需求上升，将使外币的汇率水平提高（本币贬值）。其作用路径如图 3－12 所示。

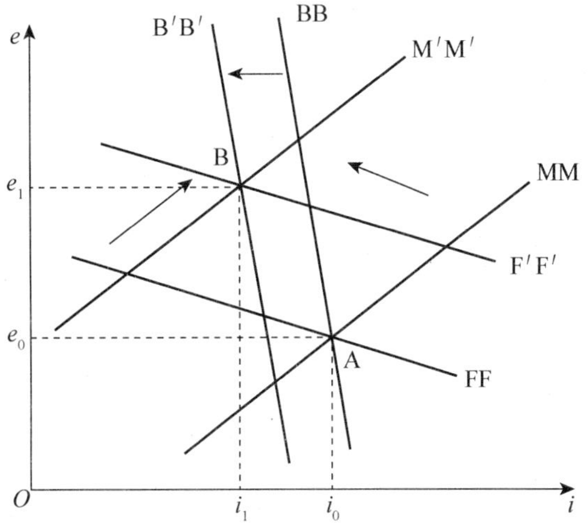

图 3－12　中央银行一次性增加货币供给量的影响

在图 3－12 中，中央银行增加货币供给量，首先导致本国货币供给增加，MM 曲线左移至 M′M′曲线。由于本国货币供给增加，一国财富总量增加。由于本国债券市场供给和外币资产市场供给没有增加，所以在本国债券市场和外币资产市场上都形成了超额需求，即相对于本国债券的超额需求而言，本国债券的供给减少，BB 曲线左移至 B′B′曲线；在外币资产市场上，相对于外币资产的超额需求，外币资产供给减少，FF 曲线右移至 F′F′曲线。因此，短期均衡点由原来的 A 点移向 B 点，它表明本币贬值及本国利率水平的下降。

资产组合分析法认为，中央银行增加货币供给导致本币贬值及本国利率水平下降。

2. 经常账户变动导致外汇供给量变动的汇率影响效应

如图 3－13 所示，经常账户盈余导致外币资产供给增加，FF 曲线左移至 F′F′曲线；与此同时，外币资产的增加使一国资产总量增加，这又形成了本国货币市场与本国债券市场上的超额需求。相对于这些超额需求，货币供给减少，MM 曲线右移至 M′M′曲线；本国债券供给减少，BB 曲线左移至 B′B′曲线。其结果是短期均衡点由原来的 A 点移向 B 点。它表明本币升值，而本币利率不变。

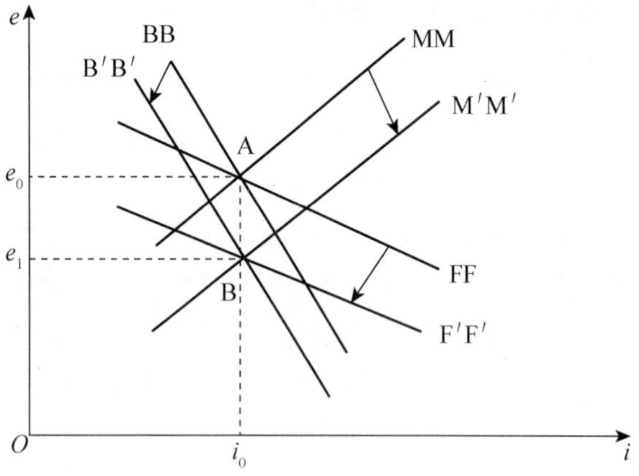

图 3－13　经常账户盈余导致的外币资产供给量增加的影响

资产组合分析法认为，中央银行公开买入外汇时，将会增加货币供给，并使本币升值，而本币利率不变。

对于这里的汇率变化，也可以这样理解：因为此处分析的是财富总量变化对汇率的影响，即假定财富结构是不变的，那么现在由于经常账户顺差，不仅使财富总量增加，而且会暂时提高外币资产在财富中的比重。为了维持资产结构的平衡，私人投资者就要出售外币资产、购买本国债券，这会导致外汇市场上汇率下降（本币升值）。

那么，为什么本国利率不变呢？经常账户顺差对本国货币市场的超额需求导致本国利率上升，而对本国债券市场的超额需求又导致利率下降，由于资产结构不变，这一升一降正好相抵；否则，如果利率变化，就难以找到唯一的均衡点了。

以上分析的总结如表 3－2 所示。

表 3－2　资产供给变动对短期均衡汇率和短期均衡利率的影响

项目	资产供给结构的变动		资产供给总量的变动	
	买进本币资产	买进外币资产	货币存量增加	外汇资产存量增加
本币利率	下降	下降	下降	不变
本币汇率	贬值	贬值	贬值	升值

由表 3－1 可知：

（1）汇率是由三个资产市场同时处于均衡状态所决定的，汇率与利率有密切的联系。

（2）从短期来看，汇率是由资产选择决定的，而不是由相对物价或购买力的对比决定的。

（3）经常账户变动会导致外汇资产存量发生变化，进而导致外币汇率变化。

四、资产市场长期均衡及其调整机制

图 3－10、图 3－11、图 3－12、图 3－13 中分析的均衡点 B 点并不是一个长期均衡点，因为在某一特定时点上，当汇率和利率达到均衡时，经常账户可能为顺差，也可能为逆差。在浮动汇率制度和政府不干预外汇市场的情况下，经常账户的顺差意味着外币资产供给增加，导致外币贬值、本币升值，进而影响外币资产供给增加的速度，但只要外币资产供给继续增加，外币就会继续贬值。这种不断的反馈过程形成了汇率的动态调节，直到经常账户差额为零、外币资产供给不再增加、本币不再升值为止。此外，在经常账户逆差的情况下也会发生类似的调整过程。这样，资产市场说便从短期汇率决定理论拓展为长期汇率决定理论。

长期均衡能否达到，关键在于本币贬值能否增加经常账户盈余，这意味着要符合马歇尔-勒纳条件。当满足这一条件时，经常账户的动态调整必然会实现经常账户平衡，此时经济处于长期均衡状态。

由此，资产组合分析法得出的结论为：

（1）重建资产组合均衡正是汇率在短期内大幅且频繁波动的根本原因。

（2）从长期来看，经常账户的变化在汇率变动中占主导地位。因为经常账户流量的调整涉及生产结构、资源配置等因素，不可能在短期内达到调整所需的目标。

（3）在较短的时间内，汇率的变动主要取决于金融资产的存量调整。

五、对资产组合分析法的评价

（一）资产组合分析法的贡献

资产组合分析法在现代汇率研究领域中占有重要地位，其贡献主要体现在以下几点：

1. 资产组合分析法第一次将存量分析方法正式引入汇率决定理论

资产组合分析法集合了流量分析和存量分析，使之成为更一般的模型。这体现在它既区分了本国资产与外国资产的不完全替代性，又将经常账户这一流量因素纳入了存量分析之中，因而原有的各种理论都能较好地被纳入这一模型中。

2. 资产组合分析法运用的是一般均衡分析

资产组合分析法从本国货币市场、本国债券市场和外币资产市场三个市场的动态调整来研究汇率的决定问题，体现了一般均衡分析法的特点。这克服了传统理论局部均衡分析的局限性，在一定程度上避免了传统汇率理论的片面性，因而能对现实汇率做出一定的解释。

3. 资产组合分析法具有特殊的政策分析价值

资产组合分析法假定本国资产与外国资产不可完全替代，这一假设比较符合现实，而且它首次区分了货币供给量结构的不同对汇率的不同影响，即将货币当局改变货币存量的方法分为两种，购买外国资产（公开外汇操作）与购买国内资产（公开债券操作），前者对汇率的影响大于后者。中央银行可以根据当前的宏观调控重点进行操作，这为各国央行对外汇市场进行干预提供了依据。

4. 资产组合分析法将汇率视为一种资产价格

资产组合分析法将汇率视为一种资产价格，从而把分析的焦点置于资产市场均衡，改变了传统汇率理论把研究重心置于国际收支差额特别是经常项目收支差额的局限性，从根本上改变了研究视角，也使理论研究更加贴近西方经济的现实。

（二）资产组合分析法的不足

资产组合分析法的不足有以下两点：

1. 模型过于复杂，在很大程度上制约了对它的运用

这一模型过于复杂，从而在很大程度上制约了对它的运用，影响了实证检验的效果。前面的分析是建立在许多特定前提之下的，如果没有这些前提，分析将极为复杂。此外，这一模型中的某些变量（如本国资产总量、外国资产总量）是极难获得统计数据的，这也使得资产组合的实证分析格外困难。某些变量的粗略估计有可能扭曲了其他变量对汇率决定所起的真实作用。

2. 从理论上看，这一模型纳入了流量因素，但没有对流量因素本身做专门的分析

一国的经常账户是受各种因素影响的，并不能简单地以它在长期内必然平衡而回避对经常账户状况的分析。从这个意义上说，资产组合分析法仍带有较多的货币主义特征，在汇率理论重新重视对流量因素进行分析的新趋势中，它只是一个过渡性的模型。

20 世纪 70 年代至 80 年代初是汇率决定的资产市场分析法盛行的时期。在这一时期，经济学家除致力于建立和扩展各种汇率决定的资产市场模型外，同时也致力于表明这些宏观结构模型对浮动汇率制度下的汇率解释能力非常弱。

专 栏

全球资产配置与人民币汇率波动

自 2017 年以来，随着人民币汇率波动的加剧，全球资产配置成为一个热门课题。

一、全球宏观经济变化的特征

全球主要经济体仍处在一个低经济增长、低通货膨胀的新常态中，私人部门持续去杠杆，货币政策环境极度宽松。

美国经济领先各国复苏，率先完成私人部门去杠杆，其家庭负债也回落到比较健康的水平，包括就业、地产以及财政、贸易状况明显改善，经济内生增长动能明显恢复，并率先启动加息周期。

欧、日等发达经济体复苏疲弱。欧元区的财政政策和货币政策难以协调问题、人口老龄化和难民问题以及日本面临的老龄化和结构性经济问题，从短期看都难以解决。

新兴市场经济体的整体情况也不太乐观。中国依然处于调结构、产业升级的进程中；

除印度等个别新兴市场经济体外，其他新兴市场经济体增长乏力。从近年来全球采购经理人指数（PMI）可以看出，发达国家PMI的表现明显好于新兴市场经济体。

二、中国居民全球资产配置的背景

中国居民投资经历了三个时代，从20世纪八九十年代的“存款”时代到2000—2013年的“房地产”时代，从2014年开始逐步过渡到新的投资时代，在2016年以后这种趋势更加明显，全面迈入居民投资的“金融产品”时代。

在国内经济新常态下，经济下行压力加大，以钢铁、煤炭、石化、建材为主要代表的实体经济领域面临生产过剩局面，去库存成为实体经济的最大难题，制造业步履维艰；国内股市自2015年6月以来出现了大幅下跌，股市财富大量“蒸发”；随着人口老龄化的到来和国家定位“房子是用来住的”，未来房价难有大幅上升；伴随着经济下行压力，国内利率也出现了长期下降趋势。因此，国内经济已经从过去的高速成长阶段逐步过渡到中高速发展的新常态，这一趋势性的变化将深刻影响着国内高净值人群的投资决策逻辑，国际资产配置已逐渐进入中产阶级的视野。如果说这种变化是环境压力下的变化，也可以从积极的层面来理解——这既是一种扩大视野、增强能力半径的投资行为，又是中国经济和国际逐步接轨的路径。

在这样的市场环境中，分散风险尤其重要。由于境外资产与国内资产的相关系数相对较低，因而它们对风险管理有很大的帮助。因此，从2016年开始，全球资产配置的概念正在逐步被中国的高净值人群接受，国内外环境的变化正在迫使中国的高净值人群必须通过资产的全球配置来实现财富的保值和增值。

三、中国投资者全球资产配置的主要渠道

目前，中国投资者进行全球资产配置主要有以下渠道：一是外币理财。国内众多银行目前都有相应的外币理财产品发售。二是国外保险、信托产品配置。海外保险、信托产品以及一些国家的国债成为许多投资者全球资产配置的第一步。三是房地产投资。受海外永久产权的吸引，以及子女教育和养老、医疗等驱动，房产投资成为很多投资者全球资产配置的重要一环。四是沪港通。境内投资者可以配置一些港股资产，挖掘港股的投资机会。五是香港基金互认产品。六是合格境内机构投资者（QDII）。这也是国内投资者通过合规途径配置全球资产的重要方法。

四、全球资产配置加剧了人民币汇率的波动

汇率决定的资产组合分析法认为，各国的不同资产之间只能部分替代，因而为了规避风险，投资者必须对资产进行合理的组合。由于全球有价证券是投资者投资的一个庞大市场，而且有价证券与货币之间有较好的替代性，因此汇率是由所有的金融资产存量结构平衡所决定的。

以外国债券为例，外国债券的供给是通过经常账户的盈余获得的。假定短期内经常账户不发生变动，即外国债券供给是一个外生变量，外国债券的需求是本国利率的减函数，是外国利率和资产总量的增函数。由于全球资产配置是一个短期波动因素，现在分析一下由于货币供给增加而导致中国居民增加外国债券需求对人民币汇率波动的影响。当货币供给增加时，货币市场存在超额供给，并使人民币相对利率下降，投资者立即做出反应，减少其人民币的持有比例，进而造成对人民币债券和外国债券的超额需求，最

终导致外汇汇率上升、人民币贬值。

本章小结

1. 国际收支说的早期形式——国际借贷说认为，只有已进入支付状态的流动借贷才会对外汇供求产生影响，从而影响汇率。现代国际收支说认为，外汇汇率取决于国际收支状况。因此，影响国际收支的因素（如国民收入水平、利率水平、物价水平）也将间接影响汇率。

2. 购买力平价理论认为，汇率是两国货币在各自国家中的购买力对比。该理论假定一价定律成立。购买力平价有两种形式：绝对购买力平价和相对购买力平价。前者解释了某一时点上汇率决定的基础，后者解释了某一时段内汇率变动的原因。

3. 一价定律是指在没有运输费用和其他贸易壁垒的自由竞争市场上，同种产品在不同的国家出售，按同一货币计算的价格应该是相等的。

4. 利率平价理论揭示了即期汇率、远期汇率、利率、国际资本流动之间的相互影响，它包括抛补利率平价理论和无抛补利率平价理论。

5. 抛补利率平价的含义是：①远期汇率差价正好等于两国间的利差。②高利率货币在即期市场上升水、在远期市场上贴水；反之，低利率货币在即期市场上贴水、在远期市场上升水。无抛补利率平价条件表明：①预期汇率变动率等于两国货币利率之差。②高利率货币将在远期贬值、即期升值，反之亦然。

6. 资产市场说认为：汇率是一种资产价格，这一价格是在资产市场上确定的。依据本币资产与外币资产可替代性的不同，资产市场说可分为货币分析法与资产组合分析法。根据国内资产价格弹性的不同，货币分析法可分为弹性价格货币分析法和黏性价格货币分析法。

7. 弹性价格货币分析法，通常简称“货币模型”，假定经济中所有的价格（工资、物价或汇率）在短期或长期都具有完全弹性。弹性价格货币分析法认为，两国之间的货币供给水平、实际国民收入水平以及利率水平通过对各自物价水平的影响决定了汇率水平。这样一来，弹性价格货币分析法就将货币市场上的一系列因素引入汇率水平的决定之中。

8. 黏性价格货币分析法，通常简称“超调模型”，认为在短期内，产品市场上的价格具有黏性，但货币市场的反应极其灵敏，利率将立即调整。经济均衡的恢复完全依赖于利率的变化，导致利率必然超调。与利率的超调相适应，汇率的变动幅度也超过长期的均衡值，表现出超调的特征。

9. 汇率的资产组合分析法认为：一国居民可以持有本国货币、本国债券和外币资产，一旦利率、货币供给量以及居民愿意持有的资产种类等发生变化，居民原有的资产组合就会失衡，进而引起各国资产之间的替换，促使资本的国际流动，这势必影响外汇供求，导致汇率和利率的变动。

本章启示

根据本章介绍的理论可知，影响汇率的因素众多，通过不同的假设、不同的模型、不同的角度会得出不同的结论和建议。但总的来看，一国货币贬值不一定能对本国经济产生积极的影响。此外，根据汇率超调模型可知，一国货币供给量的大幅增加会带来本国货币汇率短期内贬值过度，将会引起市场对本国货币的冲击。因此，中国政府多次声明：我们反对搞货币竞争性贬值，反对打货币战，也不会通过压低人民币汇率来刺激出口。特别是在金融危机背景下，中国政府更是以稳定人民币汇率为基本政策。例如，20世纪90年代中期发生的亚洲金融危机曾给人民币保持稳定带来极大的挑战，但事实证明，中国当时没有通过人民币贬值确保出口竞争力。中国的“克制”没有造成范围更广的贬值潮，稳定了地区的金融秩序。因此，保持人民币稳定是人民币国际化的坚实基础，也是全球金融治理的稳定之源。

本章复习题

一、本章重要概念

购买力平价理论　　一价定律　　可贸易产品　　套购行为
抛补利率平价　　无抛补利率平价

二、本章思考题

1. 简述购买力平价公式的推导并评述购买力平价理论的主要观点。
2. 简述利率平价公式的推导并评述利率平价理论的主要观点。
3. 汇率的资产组合分析法的基本指导思想是什么？该理论与其他汇率决定理论的区别是什么？
4. 简述弹性价格货币分析法的基本内容。
5. 简述黏性价格货币分析法中的汇率动态调整过程。
6. 论述资产组合分析法的主要分析方法。
7. 运用资产组合均衡模型分析央行公开市场债券操作和外汇操作的短期效应。
8. 试用本章介绍的汇率决定理论，对现实中的某一汇率变动情况进行分析。

三、本章计算题

1. 假设2019年美国的消费者价格指数为111.25，2020年为115.86，2019年英国的消费者价格指数为112.34，2020年为115.70。2019年美元兑英镑的汇率为1.537 8。假设美元汇率符合购买力平价理论，美元没有出现高估或低估。利用这些信息，请预测2020年美元兑英镑的汇率。

2. 已知纽约市场上美元的年利率为10%，伦敦市场上英镑的年利率为12%，伦敦市场上的即期汇率为GBP 1＝USD 1.80。如果利率平价理论成立，求1年期的远期汇率。

3. 假设美国货币市场上的利率为8%，英国货币市场上的利率为12%，外汇市场上的即期汇率为 GBP 1＝USD 1.548 0，3 个月英镑贴水 100。若你手中持有 1 000 万美元，应进行抛补套利吗？其结果如何？

本章讨论题

收集资料，对人民币汇率是否满足购买力平价理论、利率平价理论、黏性价格货币分析法进行检验。

第四章

国际收支调节理论

学习目标

- 掌握马歇尔-勒纳条件的推导过程及其含义
- 理解贬值的J曲线效应的含义
- 了解国际收支吸收论、国际收支货币论的理论框架及政策建议
- 掌握内外均衡调节理论的基本思想
- 了解蒙代尔-弗莱明模型的政策搭配思想

本章导读

国际收支调节理论又称国际收支决定理论，是国际金融学的重要理论，主要分析一国国际收支的决定因素与实现国际收支平衡的调节方法。国际收支调节理论最早可以追溯到18世纪英国哲学家、历史学家、经济学家大卫·休谟（David Hume）于1752年提出的物价-现金流动机制，其思想与当时古典经济学派所倡导的“自由放任”思潮一致。“物价-现金流动机制”认为，国际收支会随着黄金在一国的流出入而自动恢复平衡，政府无须采取任何干预手段。在此后相当长的时期内，该理论在国际收支调节理论的研究中一直占据支配地位。直到20世纪30年代末，国际金本位制度崩溃，新的国际金融格局驱使经济学家对国际收支调节理论进行了全新的探索。近代英国最著名的经济学家、新古典学派的创始人、剑桥大学经济学教授阿尔弗雷德·马歇尔（Alfred Marshall）提出了供求弹性的局部均衡分析，经过勒纳（A. P. Lerner）等人的进一步发展，形成了完整的国际收支弹性论。在第二次世界大战后，凯恩斯主义统治了整个经济学界，1952年詹姆士·爱德华·米德（James Edward Meade）和当时在国际货币基金组织工

作的西德尼·斯图尔特·亚历山大（Sidney Stuart Alexander）在凯恩斯宏观经济学的基础上，从国民收入和总需求的角度提出了国际收支吸收论。20 世纪 60 年代，随着货币主义在经济学界的崛起，诞生了国际收支货币论和宏观经济内外均衡的政策搭配理论。这些理论从不同角度深入分析了国际收支失衡的原因及调节方法，便于人们更加系统地认识一国国际收支失衡的原因及调节方法，也为一国货币当局调节国际收支提供了重要的理论依据。

本章词汇

马歇尔-勒纳条件　　J 曲线效应　　米德冲突　　丁伯根法则
有效市场分配原则

第一节　国际收支弹性论

英国经济学家马歇尔（1842—1924）是最早提出弹性理论的经济学家。随后，他把弹性理论推广到国际贸易方面，提出了“进出口需求弹性”的概念。勒纳（1903—1982）在马歇尔相关理论的基础上进一步指出，如果进出口需求弹性之和小于 1，则货币贬值会恶化贸易收支。英国剑桥大学的琼·罗宾逊（1903—1983）对马歇尔和勒纳的观点进行了完善，并于 1937 年在《外汇》一文中创立了弹性论（elasticity approach）的完整框架。

国际收支弹性论又称国际收支弹性分析法（elasticity approach），是在收入不变的条件下研究汇率变动对国际收支调节作用的理论。它主要研究货币贬值能够改善贸易收支的前提条件及其对贸易收支的影响，并围绕进出口产品的供求弹性来论述国际收支失衡及调节问题。

一、国际收支弹性论的基本思想

（一）国际收支弹性论的前提条件

国际收支弹性论的前提条件是：

（1）不考虑资本流动，国际收支等于贸易收支。

（2）进出口产品的供给弹性无穷大。（假设一国非充分就业，因而在拥有足够的闲置生产资源使出口产品的供给具有完全弹性的前提下，贬值效果便取决于需求弹性。）

（3）假设收入、价格不变，只考虑汇率变动对贸易收支的影响。这意味着假设经济处于充分就业状态。（这与假设 2 是矛盾的。）

（4）贸易收支最初是平衡的，汇率变化很小。

根据这些假设，国际收支弹性论认为，汇率变动通过国内外产品之间以及本国生产的可贸易产品（出口产品和进口替代品）与不可贸易产品之间的相对价格变动来影响一国进出口产品的供给和需求，进而影响国际收支。

（二）国际收支弹性论的基本观点

在上述假设条件下，国际收支弹性论认为，一国政府可以通过本币贬值来调节国际收支（贸易逆差→本币贬值→出口价格下降→出口上升→贸易收支改善），并进一步得出了货币贬值改善贸易收支的条件：当进口产品的需求弹性绝对值与出口产品的需求弹性绝对值之和大于1时，本币汇率贬值对改善国际收支是有效的；反之，本币汇率贬值将使国际收支进一步恶化。当进口产品的需求弹性绝对值与出口产品的需求弹性绝对值之和等于1时，本币汇率贬值对国际收支不发生影响。这就是著名的马歇尔-勒纳条件(Marshall-Lerner condition)。

> 货币贬值调节国际收支的效果取决于进出口产品的需求弹性绝对值之和。

二、马歇尔-勒纳条件

（一）马歇尔-勒纳条件的研究出发点

国际收支弹性论认为，若本币贬值，则出口产品的本币价格不变，而以外币表示的本国出口产品的价格下降，并且其下降的幅度恰好等于货币贬值的幅度。以外币表示的出口产品价格下降会刺激本国的出口数量增加，但只有当出口数量增加的幅度（$Q_X\uparrow$）大于以外币表示的出口产品价格下降的幅度（$P_f\downarrow$）时，出口额才会增加（$P_fQ_X\uparrow$）。显然，这取决于外国对本国出口产品的需求价格弹性。

对进口而言，当本币贬值而进口产品的外币价格不变时，以本币表示的进口产品价格上升（$P_h\uparrow$），进口量下降（$Q_M\downarrow$）。类似地，只有当进口量下降的幅度大于以本币表示的进口产品价格上升的幅度时，进口额才会减少（$P_hQ_M\downarrow$）。同样，这取决于国内对进口产品的需求价格弹性。

显然，在进出口产品的供给价格弹性无限大的条件下，本国货币贬值对贸易收支的作用取决于进出口产品的需求价格弹性。

（二）马歇尔-勒纳条件的公式推导

假设 e 为外汇汇率（单位外币的本币价格），X 为以本币表示的出口额，M 为以外币表示的进口额，B 为以本币表示的经常账户差额，则有

$$B=X-eM \tag{4-1}$$

（4-1）式的变量对汇率 e 求导，可得：

$$\frac{\mathrm{d}B}{\mathrm{d}e}=\frac{\mathrm{d}X}{\mathrm{d}e}-\frac{\mathrm{d}M}{\mathrm{d}e}\times e-M \tag{4-2}$$

出口产品需求对汇率的弹性（价格弹性）记为 D_X，根据弹性的定义，有

$$D_X=\frac{\text{出口产品需求量的变动率}}{\text{汇率的变动率}}=\frac{e}{X}\times\frac{\mathrm{d}X}{\mathrm{d}e}\qquad D_X>0 \tag{4-3}$$

进口产品需求对汇率的弹性（价格弹性）记为 D_M，根据弹性的定义，有

$$D_M=\frac{\text{进口产品需求量的变动率}}{\text{汇率的变动率}}=\frac{e}{M}\times\frac{\mathrm{d}M}{\mathrm{d}e}\qquad D_M<0 \tag{4-4}$$

由于该理论假设期初的贸易收支是平衡的，因而有

$$X=eM \tag{4-5}$$

将（4－3）式、（4－4）式、（4－5）式代入（4－2）式，整理可得：

$$\frac{\mathrm{d}B}{\mathrm{d}e}=M[(D_X-D_M)-1] \tag{4-6}$$

由于 $D_M<0$，因此本币贬值（$\mathrm{d}e>0$）能否改善一国贸易收支状况（$\mathrm{d}B>0$）的条件如下：

当且仅当 $|D_X|+|D_M|>1$ 时，有 $\frac{\mathrm{d}B}{\mathrm{d}e}>0$，即只有一国的进出口产品需求弹性的绝对值之和大于 1，本币贬值才会改善贸易收支状况。

如果 $|D_X|+|D_M|=1$，则有 $\frac{\mathrm{d}B}{\mathrm{d}e}=0$，表明本国货币贬值对一国的贸易收支未产生影响。

如果 $|D_X|+|D_M|<1$，则有 $\frac{\mathrm{d}B}{\mathrm{d}e}<0$，表明本国货币贬值会恶化一国的贸易收支。

例 4－1

假设本国的国际收支在期初保持平衡，本国的进出口量均为 10 000 个单位，进出口产品的需求价格弹性分别为 0.5、0.7。假定本币贬值 5%，那么国际收支状况是会恶化还是改善？具体影响是多少？为什么？

解： 已知：

$$X=M=10\,000$$

$$\frac{\mathrm{d}e}{e}=5\%$$

$$|D_X|=0.7$$

$$|D_M|=0.5$$

因为

$$\frac{\mathrm{d}B}{\mathrm{d}e}=M(|D_X|+|D_M|-1)$$

所以

$$
\begin{aligned}
\mathrm{d}B &= M(|D_X|+|D_M|-1)\mathrm{d}e \\
&= \frac{X}{e}\times(|D_X|+|D_M|-1)\mathrm{d}e \\
&= 10\,000\times(0.7+0.5-1)\times 5\% \\
&= 100
\end{aligned}
$$

即本币贬值使该国的贸易收支增加了 100 个单位，因此该国的国际收支得以改善。这是因为该国进出口产品的需求价格弹性满足马歇尔-勒纳条件。

需要注意的是，马歇尔-勒纳条件的假设前提是进出口产品的供给弹性无穷大。在放弃这一假定条件后，进出口产品以供给方货币表示的价格就不会在贬值后保持不变。出口产品的本币价格将因贬值所造成的出口需求上升而上升，而进口产品的外币价格也可能因进口需求下降而下降（若本国的进口产品在国际市场上占有一定份额，本国在进口产品的国际市场上就不会是单纯的价格接受者）。此时，进出口产品的数量就不会单纯取决于进出口产品的需求弹性，而是分别由进口产品的供给弹性与需求弹性、出口产品的供给弹性与需求弹性共同决定。在这种情况下，马歇尔-勒纳条件不再适用。本国货币贬值能否改善贸易收支，取决于进出口产品的需求弹性和供给弹性是否满足毕肯戴克-罗宾逊-梅茨勒条件（Bickerdike-Robinson-Metzler condition），即

$$
\frac{S_X S_M(D_X+D_M+1)+D_X D_M(S_X+S_M-1)}{(D_X+S_M)(D_M+S_M)}>0 \tag{4-7}
$$

其中，S_X、S_M 分别为出口产品的供给弹性和进口产品的供给弹性。鉴于推导（4－7）式的复杂性，本书不再推导。

> 马歇尔-勒纳条件认为：只有当一国进出口产品需求弹性的绝对值之和大于 1 时，本币贬值才能改善一国的贸易收支。

三、 J 曲线效应

本币贬值能否立即引起进出口产品的数量变化，从而改善国际收支？通常说来，在短时间内，即使马歇尔-勒纳条件成立，本币贬值也不能立即引起国际收支的改善，反而可能导致其恶化，只有经过一段时间后，国际收支才会得以改善，这一现象被称为 J 曲线效应（J-curve effect）。该效应是由于贸易收支的变化过程酷似英文大写字母 J 而得名的，它描述了本币贬值后贸易收支随时间变化的轨迹，如图 4－1 所示。

根据图 4－1，假设 $T=0$ 时刻的贸易收支存在逆差，此时政府采取本币贬值措施，则贸易收支在 $0\sim T_1$ 时期进一步恶化，$T_1\sim T_2$ 时期的贸易收支逆差逐渐缩小，T_2 时刻的贸易收支开始改善，T_3 时刻的贸易收支平衡，此后的贸易收支出现顺差。

具体说来，J 曲线运行的上述三个阶段分别为货币合同阶段、价格传导阶段和数量调整阶段。

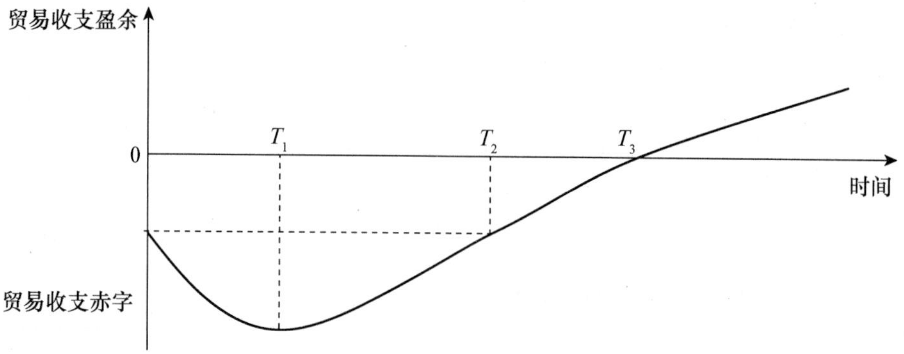

图 4-1 本币贬值的 J 曲线效应

（1）货币合同阶段。在这一阶段，进出口产品的数量和价格都不会因贬值而改变，主要是因为在这个阶段执行的都是原先签订的合同。这样，以本币表示的贸易差额就取决于进出口合同规定的计价货币。在进出口合同以外币计价的情况下，这部分进口合同和出口合同的本币价格就会与贬值同比例上升。如果本币贬值以前的进口支出大于出口收入，贸易赤字就会进一步扩大，即如果本币贬值前存在贸易逆差，本币贬值将使逆差进一步扩大，如表 4-1 所示。

表 4-1 本币贬值后在货币合同阶段对一国贸易收支的影响

出口合同所使用的货币	进口合同所使用的货币	
	本币	外币
本币	出口不变 进口不变 贸易差额不变	出口不变 进口增加 贸易逆差增加
外币	出口增加 进口不变 贸易差额改善	出口增加 进口增加 初始盈余：顺差增加 初始赤字：逆差增加

（2）价格传导阶段。在这一阶段，一方面，新签订的进出口合同的价格会因本币贬值而进行调整，但进出口产品的数量却由于进出口的供求黏性而暂时不会改变。在价格调整之前，由于本币贬值使进口产品的本币价格上升而数量不会减少，因而以本币表示的进口支出就会增加；另一方面，出口产品的外币价格往往以贬值的同样幅度下降，其结果是以本币表示的出口收入下降。在价格调整后，贸易收支将从谷底逐渐上升。

（3）数量调整阶段。在这一阶段，进出口产品的数量将因贬值和价格变动而调整。此时，贬值对贸易收支的正效应开始发挥。如果进出口产品的需求弹性符合马歇尔-勒纳条件，贸易收支将开始改善。

J 曲线效应：贬值不会立即引起贸易收支的改善，反而可能导致其恶化，只有经过一段时间后，贸易收支才会得以改善。

四、对国际收支弹性论的评价

（一）国际收支弹性论的贡献

第一，纠正了货币贬值一定能改善国际收支的片面看法。该理论表明：货币贬值能否改善国际收支取决于该国进出口产品的需求弹性。只有当进出口产品的需求弹性绝对值之和大于 1、进出口产品的供给弹性趋于无穷大时，本币贬值才能改善一国的国际收支。

第二，指出了货币贬值对不同国家有不同的影响。这一点适应了当时西方国家制定经济政策的需要，并在许多国家调节国际收支的实践中取得了一定的效果。一般来说，发达国家的进出口产品大多是弹性较大的工业制成品，货币贬值改善国际收支的作用较大；而发展中国家的进出口产品大多是弹性较小的初级产品，货币贬值改善国际收支的作用要小一些。

（二）国际收支弹性论的缺陷

第一，使用的是局部均衡分析。它只考虑了汇率变动对进出口贸易的影响，而假定其他条件不变。事实上，国际收支还受其他经济变量（如收入水平）的影响。贸易收支与国民收入之间是存在相互影响关系的。即使是汇率变化，也会通过对其他变量（如价格、工资）的影响而削弱对国际收支的调节作用。比如本币贬值一般会导致本国物价水平上涨，使得出口下降、进口增加，从而削弱本币贬值使国际收支改善的程度。

第二，其假设存在矛盾。该理论假设收入不变而价格可变，即经济处于充分就业状态，这与马歇尔-勒纳条件中出口供给弹性无穷大的假定是矛盾的。

第三，它忽略了收入效应对贸易收支的影响。将贸易收支等同于国际收支，没有考虑本币贬值对资本账户的影响。显然，这不符合国际经济交易的发展现状。

第二节　国际收支吸收论

国际收支弹性论没有考虑收入效应对国际收支的影响，那么，如何研究国民收入对国际收支的影响呢？

1952 年美国经济学家詹姆士·爱德华·米德和西德尼·亚历山大从国民收入与总需求的角度，着重考察了总收入与总支出对国际收支的影响，并在此基础上提出了国际收支调节的相应政策主张，这就是国际收支吸收论（absorption approach），又称国际收支吸收分析法，该理论在国际收支理论与凯恩斯宏观经济理论之间建立了全面的联系，标志着国际收支理论进入了成熟发展阶段。

一、国际收支吸收论的理论框架

亚历山大针对国际收支弹性论的缺陷，主张采用收入水平和支出行为来分析本币贬值对国际收支的影响。其基本精神来自凯恩斯主义的有效需求理论，亚历山大认为：国际收支失衡是总量不平衡的结果，因而可以通过调整有效需求来影响国民收入和国民支出行为，进而调节国际收支。

（一）国际收支吸收论的基本公式

按照凯恩斯的理论，国民收入（Y）与国民支出（E）的关系可以表述为：

$$Y=E \tag{4-8}$$

在封闭经济条件下，有

$$E=C+I+G=Y \tag{4-9}$$

式中，C 为消费支出；I 为投资支出；G 为政府支出。

在开放经济条件下，若把对外贸易也考虑进去，则有

$$Y=C+I+G+(X-M) \tag{4-10}$$

式中，X 为出口；M 为进口。

移动（4-10）式，可得：

$$X-M=Y-(C+I+G) \tag{4-11}$$

其中，$X-M$ 为贸易收支差额，可作为国际收支差额的代表。$C+I+G$ 为国内总支出，即国民收入中被国内吸收的部分，用 A 来表示。由此，国际收支差额实际上可由国民收入（Y）与国内吸收（A）之间的差额来表示。设国际收支差额为：

$$B=X-M$$

则有

$$B=Y-A \tag{4-12}$$

（4-12）式就是国际收支吸收论的基本公式。

（二）国际收支吸收论的基本观点

（4-12）式是一个会计等式，但亚历山大赋予其在逻辑上的因果关系，认为等式左端的 B 为果，右端的 $Y-A$ 为因。该等式表明国际收支不平衡的根本原因是总收入与总吸收的失衡。也就是说，当一国在一定时期内的总收入大于总吸收（$Y>A$）时，国际收支为顺差；当总收入小于总吸收（$Y<A$）时，国际收支为逆差；当国民收入等于总吸收（$Y=A$）时，国际收支平衡。因此，在国际收支失衡时，可以通过变动总收入和总吸收进行调节。调节国际收支逆差的方法是增加总收入或减少总吸收，或者两者兼用。

具体说来，可以有五种组合来改善国际收支状况：①总收入水平增加，而总吸收不变；②总收入水平不变，而总吸收减少；③总收入水平增加，同时总吸收减少；④总收入水平的增加大于总吸收的增加；⑤总收入水平的减少小于总吸收的减少。对于在何时用何种组合，国际收支吸收论指出：在非充分就业的情况下，可以通过扩大生产、增加总收入的方法来改善国际收支逆差；在充分就业的情况下，只能通过减少总吸收来改善国际收支逆差。

国际收支吸收论认为：国际收支状况由一国的总收入和总吸收决定，国际收支失衡是总收入与总吸收不均衡的结果。

二、国际收支吸收论关于货币贬值的效应分析

国际收支吸收论进一步分析了货币贬值对国际收支的调节效应。为此，亚历山大将吸收分为两部分，一部分为诱发性吸收，另一部分为自主性吸收，即

$$A=A_0+cY \tag{4-13}$$

其中，A_0 为独立于收入的自主性吸收；c 为边际吸收倾向，$c=\frac{\mathrm{d}A}{\mathrm{d}Y}$。将（4-13）式代入（4-12）式，并用增量表示，可得：

$$\mathrm{d}B=(1-c)\mathrm{d}Y-\mathrm{d}A_0 \tag{4-14}$$

对汇率求变化率，则有

$$\frac{\mathrm{d}B}{\mathrm{d}e}=(1-c)\times\frac{\mathrm{d}Y}{\mathrm{d}e}-\frac{\mathrm{d}A_0}{\mathrm{d}e}$$

（4-14）式表明，货币贬值对国际收支的影响取决于三个因素：①货币贬值对总收入的直接影响（$\mathrm{d}Y$）（与国民收入有关）；②货币贬值对总支出的直接影响（$\mathrm{d}A_0$）（与自主性吸收有关）；③货币贬值通过总收入的变化对总支出的间接影响（α）（与国民收入有关）。如果 $(1-c)\mathrm{d}Y/\mathrm{d}e>\mathrm{d}A_0/\mathrm{d}e$，那么贬值可以改善经常账户差额，反之则不能。因此，货币贬值对国民收入的影响，进而对国际收支的影响，具体包括两个因素：一个是 ΔY（收入效应），另一个是边际吸收倾向 c（吸收效应）。下面分别进行分析。

（一）货币贬值的收入效应

货币贬值的收入效应体现为以下三个效应。

1. 闲置资源效应

如果货币贬值的国家存在尚未得到充分利用的资源，货币贬值就会通过出口增加、进口减少，并借助外贸乘数，使该国产出（即国民收入）成倍增加。一方面，这会使该国国际收支状况得以改善；另一方面，国民收入的增加会使本国投资支出和消费支出增加，进而总吸收水平上升，这又会使该国国际收支状况恶化。因此，在收入增加和吸收

增加的情况下，最终的国际收支是改善还是恶化，取决于边际吸收倾向 c。因为在自主吸收不变的情况下，贸易差额可表示为：

$$\mathrm{d}B=(1-c)\mathrm{d}Y \tag{4-15}$$

因此，如果 c 大于 1，意味着吸收增加的速度快于收入增加的速度，此时整个国民收入的变化量（$1-c$）$\mathrm{d}Y$ 是下降的，即 $\mathrm{d}B<0$，国际收支恶化；如果 c 小于 1，意味着吸收增加的速度慢于收入增加的速度，此时整个国民收入的变化量（$1-c$）$\mathrm{d}Y$ 是增加的，即 $\mathrm{d}B>0$，国际收支改善。

2. 贸易条件效应

在通常情况下，货币贬值会恶化贸易条件。如前所述，贸易条件（π）是指一国单位出口产品价格指数（P）与单位进口产品价格指数（P^*）之比，即 $\pi=\frac{P}{eP^*}$，它反映了一国出口一定数量的产品换回进口产品的数量。贸易条件改善是指出口一定数量的产品换回更多数量的进口产品；而贸易条件恶化意味着出口一定数量的产品只能换回较少数量的进口产品。

如果本币贬值，意味着 e 上升而 π 下降，即贸易条件恶化。贸易条件恶化意味着要换回一单位的进口产品就需要更多单位的出口产品。本币贬值通过贸易条件效应相对减少了本国的国民收入（Y 下降），也使总支出 A 下降，即

$$e\uparrow\rightarrow\pi=\frac{P}{eP^*}\downarrow\Rightarrow Y\downarrow\rightarrow A\downarrow$$

那么，在收入和吸收都下降的情况下，本币贬值到底是改善还是恶化了该国的国际收支呢？这同样取决于边际吸收倾向 c 的大小。如果边际吸收倾向 $c>1$，此时吸收的下降速度快于收入的下降速度，$\mathrm{d}B>0$，国际收支改善；如果边际吸收倾向 $c<1$，此时吸收的下降速度慢于收入的下降速度，$\mathrm{d}B<0$，国际收支恶化。

3. 资源配置效应

国际收支吸收论认为，虽然货币贬值会恶化贸易条件，但由于货币贬值后出口增加、进口减少，将引起资源的重新配置，促使资源向进口替代部门或出口部门流动；或者说，促使资源向生产率较高的部门转移，提高了资源配置效率，从而使该国收入（Y）增加、国际收支改善。

（二）货币贬值的吸收效应

货币贬值对总支出的直接影响表现在通过自主性吸收的影响而影响国际收支。一般来说，货币贬值意味着以本币计价的本国居民收入的实际购买力下降。假设经济处于充分就业状态，货币贬值无法增加国民收入，即 $\mathrm{d}Y/\mathrm{d}e=0$。此时，人们要维持其原来的生活水准（即消费同样多的国内外产品），就必须增加吸收支出，即货币贬值可能会增加自主性吸收，使国际收支恶化。

货币贬值的间接吸收效应表现在通过总收入的变化对总支出的间接影响上，具体分为两大类四个方面，即货币途径和分配途径，前者包括现金余额效应和货币幻觉效应，

后者包括收入再分配效应和税收效应。

1. **现金余额效应**

现金余额是指人们以货币形式持有的实际收入。如果货币贬值引起该国物价水平上升，人们所持的实际现金余额将减少。因此，人们将被迫减少对产品和服务的支出，这会使消费下降、总吸收减少；或者，人们将持有的金融资产变现，这会使资产价格下降、利率上升、消费和投资下降、总吸收（A）减少，从而国际收支得以改善。也就是说，现金余额效应通过使总吸收水平下降，从而改善了国际收支。

2. **货币幻觉效应**

货币幻觉是指人们较为重视货币的名义价值，而不重视货币的实际价值的心理现象。货币贬值将推动国内物价上涨，如果货币收入与价格同比例上升，实际收入水平将保持不变，但由于货币幻觉的存在，人们只注意到物价的上涨而忽略了货币的实际收入保持不变，因此仍会减少消费，从而使总吸收水平随之下降，国际收支状况得以改善。也就是说，货币幻觉使总吸收水平下降，从而改善了国际收支。

3. **收入再分配效应**

货币贬值会使物价上涨，而工资的调整却是相对滞后的。这样，物价上涨将带来收入的再分配效应，即收入由工资收入者（固定收入者）转向利润收入者（弹性收入者）。由于各收入层次的边际吸收倾向不同，这就会影响吸收水平。

一般来说，弹性收入者的边际消费倾向较低，这种再分配效应使总的消费支出减少，即总吸收减少；如果弹性收入者将其增加的收入用于增加投资，那么总吸收增加。因此，总吸收增加与否或贸易收支能否改善，取决于实际消费支出变动与投资支出变动的对比。

4. **税收效应**

货币贬值会引起物价上涨，随着货币收入的最终上涨，在实行累进税制的国家，人们将进入更高的纳税等级，从而政府税收收入增加。由于政府的边际支出倾向通常小于私人的边际支出倾向，从而实际总支出减少、总吸收水平下降、国际收支得以改善。

综上所述，根据国际收支吸收论的思想，如果一国收入过低，导致国际收支逆差，则可采取扩张性政策来增加收入，只要收入的增加大于吸收的增加，即可改善国际收支。如果是因为国内吸收过多而引起的国际收支逆差，则可采取紧缩性政策，以减少吸收、改善国际收支。但在实际中，由于收入与支出是相互作用、相互影响的，即支出随收入的改变而改变，而收入又会因为支出的改变而改变，两者互为因果且有乘数关系，所以，只有政策的最终结果能使收入的增加大于它所诱发的支出的增加，或者使支出有效减少，才能使该国的国际收支得以改善。

三、对国际收支吸收论的评价

（一）国际收支吸收论的贡献

第一，采用一般均衡分析方法。国际收支吸收论建立在凯恩斯宏观经济学的基础之上，采用一般均衡分析方法，将国际收支和整个国民经济的诸多变量联系起来进行分析，从而克服了国际收支弹性论局部均衡分析的局限性。

第二，从货币贬值对总收入和总吸收的相对影响来考察货币贬值对国际收支的影响。它认为，货币贬值要起到改善国际收支的作用：一方面，必须要有闲置生产资源，因为只有存在闲置生产资源，在货币贬值后出口生产才能扩大；另一方面，边际吸收倾向小于1，因为只有当吸收增长少于收入增长（$\Delta A < \Delta Y$）时，货币贬值才能改善国际收支。这意味着货币贬值政策与紧缩性政策相结合能改善国际收支。

第三，具有强烈的政策搭配含义。这使其具有较强的实用性。它认为，当国际收支存在逆差时，在采用货币贬值措施的同时，应采用紧缩性财政政策和货币政策来减少吸收（需求），从而使内部经济和外部经济同时达到平衡。

国际收支吸收论和国际收支弹性论的区别如表4-2所示。

表4-2 国际收支吸收论与国际收支弹性论的区别

	分析方法	政策主张	贬值影响国际收支的条件	贬值影响国际收支的传导机制
国际收支弹性论	局部均衡分析方法	货币贬值政策（支出转换政策）	进出口产品的需求弹性绝对值之和大于1	通过影响出口相对价格和需求
国际收支吸收论	一般均衡分析方法	增减总收入和总吸收（支出变更政策）	存在闲置资源且边际吸收倾向小于1 或者，在贸易条件恶化时，边际吸收倾向大于1	通过影响国民收入和国内吸收的相对关系

（二）国际收支吸收论的缺陷

国际收支吸收论同样存在缺陷：

第一，假定货币贬值是出口增加的唯一原因，并以贸易收支代替国际收支，因此从宏观角度看，它具有不够全面和自相矛盾的地方。

第二，没有对以收入和吸收为因、以贸易收支为果的观点提供任何令人信服的逻辑分析。实际上，收入与吸收固然会影响贸易收支，但贸易收支也会反过来影响收入和吸收。

第三，没有考虑到货币贬值后相对价格变动在国际收支调整过程中的作用。事实上，在货币贬值后，可贸易产品的价格相对于不可贸易产品的价格上升，必然会导致资源的再分配。如果此时的资源已接近充分利用，则贸易收支的改善主要依靠吸收的减少。但是，如果主要减少的不是进口支出和对出口产品的支出，而是对不可贸易产品的支出，那么贸易收支又如何得以改善？显然，货币贬值引起的可贸易产品相对价格上升在这一过程中的作用是不可忽视的，所需的正是将从非贸易部门释放出来的这部分生产资源疏导到增加出口产品和进口替代品的生产上。

第四，忽略了资本流动在国际收支中的作用。国际收支吸收论没有涉及国际资本流动，对于国际收支理论来说，这是一个很大的缺陷。

不过，国际收支吸收论在国际收支调节理论的发展过程中具有一种承前启后的作用。一方面，它指出了国际收支弹性论的缺点，又吸纳了国际收支弹性论的某些合理内容，因而它是在国际收支弹性论基础上的一大进步；另一方面，它指出了国际收支失衡的宏观原因，并注意到国际收支失衡的货币方面（如现金余额效应和货币幻觉效应）。因此，国际收支吸收论成为 20 世纪 60 年代后期出现的国际收支货币论的先驱。

专　栏

经济发展新常态下的中国国际收支平衡问题

自 2012 年以来，虽然国内外经济金融环境发生了较大变化，但我国的国际收支保持了总体稳健的运行态势。从国际上看，全球经济增长出现分化，发达经济体的经济缓慢复苏，新兴经济体的经济增速回落；主要发达经济体的货币政策转向，国际金融市场受到较大影响。与此同时，国内经济发展进入新常态。自 2012 年以来，面对错综复杂的国内外环境，我国推动了供给侧结构性改革，保持国内经济始终在合理区间运行，积极防范跨境资本流动风险，为我国国际收支抵御外部冲击、趋向基本平衡奠定了坚实的基础。

近年来，我国的国际收支稳健运行，经常账户顺差始终处于合理水平，跨境资本流动在双向波动中趋向稳定，国际收支风险总体可控，未来有望保持基本平衡。

经常账户顺差始终处于合理区间且更趋平衡

近年来，我国经常账户顺差与国内生产总值（GDP）之比维持在 1%～3%。经常账户顺差与 GDP 之比自 2007 年起明显回落，由当年的近 10%降至 2010 年后的 4%以下，2020 年经常账户顺差为 2 989 亿美元，与同期国内生产总值之比为 2%，继续处于一个比较合理的水平，体现了国内经济结构的优化调整。

跨境资本流动在双向波动中趋向稳定

近年来，我国跨境资本流动的波动较大但总体趋稳。2013 年，我国非储备性质金融账户顺差为 3 430 亿美元，2014 年出现了 514 亿美元的小幅逆差，2015 年和 2016 年每年的逆差规模均超过 4 000 亿美元，从 2017 年上半年重新转为顺差 679 亿美元。在这种情况下，从 2017 年以来人民币兑美元的汇率稳中有升，对一篮子货币保持基本稳定；我国外汇储备企稳回升，2017 年 9 月末外汇储备余额为 31 085 亿美元，比 2016 年末增加了 980 亿美元，2020 年末达 32 165 亿美元，与 2019 年末相比，增幅为 3.5%。

资料来源：作者根据网络资料整理。

第三节　国际收支货币论

货币论的最早版本是大卫·休谟的价格-铸币流动机制。但是，自休谟提出这一机制后，货币与国际收支均衡的理论一直没有取得实质性的进展。直到 20 世纪 60 年代后期至 70 年代中期，经济学家哈里·约翰逊（Harry G. Johnson）、罗伯特·蒙代尔（Robert

A. Mundell）和雅各布·弗兰克尔（Jacob A. Frenkel）等人将封闭经济条件下的货币主义原理引申到开放经济中，货币论才以一种新的姿态亮相。他们从货币角度对国际收支问题进行了分析，并提出了国际收支货币论或货币分析法（monetary approach to balance of payments）。货币论强调国际收支在本质上是一种货币现象，决定国际收支的关键是货币需求和货币供给之间的关系。因此，国际收支货币论是建立在货币主义学说基础上的关于国际收支失衡的分析方法，它认为只要保证货币供给的增加与国民收入的实际增长一致，即可实现国际收支的平衡。

一、国际收支货币论的主要内容

（一）国际收支货币论的基本前提

国际收支货币论有四个基本经验假设：

（1）总供给曲线垂直。这意味着经济处于充分就业状态，国内物价上涨不会带来产出的增加。

（2）货币需求函数是稳定的。在充分就业的均衡条件下，一国的实际货币需求是收入和利率的稳定函数。

（3）可贸易产品的价格是由国际市场决定的，从长期来看，一国的价格水平和利率水平接近国际市场水平。

（4）汇率是固定的，国际收支失衡主要依靠外汇储备的变化来调节，而且由外汇储备变动导致的货币供给量变化，无法由货币当局运用公开市场操作等手段抵消。

（二）国际收支货币论的主要观点

在各项假设条件下，国际收支货币论的基本理论可用以下公式表达：

$$M_s = M_d \tag{4-16}$$

其中，M_s 为名义货币供应；M_d 为名义货币需求。从长期来看，可以假定货币供给与货币需求相等。

$$M_s = m(D+R) \tag{4-17}$$

其中，m 为货币乘数，是指银行体系通过存贷操作使基础货币放大的倍数；D 为国内提供的货币供应基数，即中央银行的国内信贷或支持货币供给的国内资产；R 为来自国外的货币供应基数，它通过国际收支盈余获得，以国际储备作为代表。为了方便起见，我们假定 $m=1$，则有

$$M_s = D+R \tag{4-18}$$

将（4-16）式代入（4-18）式，整理得到：

$$R = M_d - D \quad 或 \quad \Delta R = \Delta M_d - \Delta D \tag{4-19}$$

（4-19）式是国际收支货币论的最基本方程式。这个方程式告诉我们，国际收支问

题在本质上是一个货币问题。

国际收支货币论认为，国际收支失衡的根本原因在于国内货币供给与货币需求的失衡。国际收支失衡是建立在货币市场失衡的基础上的。如果货币需求大于货币供给，这部分超额货币需求必须通过国外货币的流入来满足，从而国际收支出现顺差；如果货币需求小于货币供给，这部分超额货币供给必须通过本国货币的流出来消化，从而国际收支出现逆差。由此可见，国际收支顺差和逆差是一国货币市场供求关系失衡的反映，国际收支失衡从本质上看是一种货币现象。

> 国际收支货币论认为：国际收支失衡的本质是国内货币供求失衡，如果货币需求大于货币供给，则国际收支出现顺差；反之，国际收支出现逆差。

二、国际收支货币论的政策建议

根据以上分析，国际收支货币论提出了以下政策建议：

1. 国际收支失衡可以由国内货币政策来解决

所有的国际收支失衡在本质上都是货币性的，因此国际收支失衡问题都可以由国内货币政策来解决。

国内货币政策主要是指货币供给政策。因为货币需求是收入、利率的稳定函数，而货币供给在很大程度上可由政府操控，因此扩张性货币政策（使 D 增加）可以减少国际收支顺差，而紧缩性货币政策（使 D 减少）可以减少国际收支逆差。也就是说，如果出现国际收支顺差，则中央银行应实行扩张性货币政策，使国内信贷规模（D）大于国内货币需求（M_d）；反之，如果出现国际收支逆差，则中央银行应实行紧缩性货币政策，使国内信贷规模小于国内货币需求。

2. 在调节国际收支逆差时，国内信贷规模的紧缩比本币贬值的效果要好

在假定货币需求稳定的情况下，货币论认为，一国国际收支逆差的根源在于国内信贷扩张过大。因此，货币论认为：国内信贷规模紧缩也可以消除国际收支逆差，而且其对国际收支的调节效应比本币贬值要好。因为本币贬值可能会引起更多的国际摩擦，而缩减国内信贷却不会导致其他国家的报复，并且操作起来更有效。

3. 只有能够影响一国货币供求的经济政策才能影响该国的国际收支

为了平衡国际收支而采取的贬值、进口限额、关税、外汇管制等贸易和金融干预措施，只有当它们的作用是提高货币需求尤其是提高国内价格水平时，才能改善国际收支，而且这种影响是暂时的。如果在施加干预措施的同时伴有国内信贷膨胀，则国际收支不一定能改善，甚至还可能恶化。

> 国际收支货币论政策主张的核心是：在国际收支逆差时，应注重国内信贷的紧缩。

三、对国际收支货币论的评价

（一）国际收支货币论的贡献

第一，国际收支货币论重新唤起了人们在国际收支分析中对货币因素的重视。自从凯恩斯主义统治西方经济学界以后，货币因素就被人淡忘了。凯恩斯主义在国际收支分析中只强调实际因素，几乎没有涉及货币因素。随着国际收支货币论的兴起，被遗忘的货币因素在国际收支调整中得到了人们应有的重视。

第二，国际收支货币论从开放经济的角度将货币的来源区分为国内部分和国外部分。此后，这一基本原理成为汇率决定的货币供求说的基础。

（二）国际收支货币论的缺陷

虽然国际收支货币论的基本观点及其提倡的国际收支调节方法，在国际收支理论研究以及各国宏观经济实践中都有广泛影响，但质疑的声音并未因此消失。就国际收支货币论自身而言，其局限性主要表现在以下几个方面：

第一，过分突出了货币因素在国际收支决定中的作用。国际收支货币论认为货币是国际收支失衡及其调节的唯一重要因素，而把收入、支出和贸易条件等其他因素看成次要的，这实质上是把现实的经济因果关系颠倒了。

第二，用外汇储备变动替代国际收支差额存在明显的不足。国际收支货币论只注重估计国际收支的最终结果——官方外汇储备账户的变动，而忽略了国际收支的结构问题——经常账户和资本与金融账户的自身平衡及相互影响问题。如果经常账户逆差从数量上恰好等于资本与金融账户顺差，那么以国际收支货币论的观点，官方储备不变说明国际收支平衡，无须采取任何调节政策或措施。但是，依靠借债来平衡经常账户逆差，将增加未来年份的外债还本付息负担，一旦资本流入中断，经常账户差额无法弥补，国际收支失衡问题便会立即显现。所以，只关注外汇储备账户的国际收支政策取向缺乏前瞻性，容易使政府陷入被动局面。

第三，关于货币需求函数稳定的假设受到质疑。货币需求函数是否稳定这一问题长期以来都存在争论，这个争论主要来源于凯恩斯主义和货币主义的争斗。凯恩斯主义者认为，货币需求受利率影响较大，货币需求会随着经济形势和利率波动而发生变化，因而货币需求并不稳定。但是，货币主义者认为，货币需求主要受恒久性收入影响，由于恒久性收入是一定时期的平均收入，相对比较稳定，因而货币需求函数也是稳定的。因此，如果货币需求不稳定，则货币论的各种政策主张将受到挑战。

第四，在政策层面也存在一定的局限性。国际收支货币论提出要改善国际收支状况，必须采取紧缩性货币政策，这显然是以牺牲国内的实际消费、投资、收入和经济增长为代价的，这一点受到了许多发展中国家经济学家的批评。

总之，以上的国际收支调节理论都是从某一角度分析了国际收支失衡的原因及调整对策。在开放经济条件下，有些政策可能在实现国际收支平衡的同时，影响了国内宏观经济目标的实现。此时，就需要解决内外均衡的矛盾与冲突问题，这就是国际收支的内外均衡理论所要回答的问题。

第四节　内外均衡理论及政策搭配思想

在开放经济条件下，追求内外均衡是政府从宏观上调控经济的中心任务。然而，内外均衡存在着相互冲突的现象，为了解决这一矛盾，必须进行政策搭配。

一、内外均衡的矛盾——米德冲突

（一）内部均衡与外部均衡的概念

1. 什么是内部均衡

一般来说，人们将封闭经济条件下政府的宏观经济政策目标——充分就业、物价稳定和经济增长归为内部均衡目标，它是一国国内经济运行所能达到的理想状况，反映了国内总供给与国内总需求相等的状态。

2. 什么是外部均衡

通常说来，外部均衡是指国际收支平衡，即一国在国际经济交易中收入与支出大致相等并略有结余。它反映了在特定时期内一国对其他国家的交易支付状况。

从简单和直观的意义上讲，国际收支调节的目的是要追求国际收支平衡；从更深的意义上讲，就是要追求在国内经济处于充分就业、物价稳定、经济增长下的国际收支平衡，也就是实现在内部均衡基础上的国际收支平衡。但是，在开放经济条件下，国内经济条件的变化、国际经济波动的传递、国际资金的投机性冲击等因素均会导致上述各目标之间的矛盾与冲突，而非协调一致。

（二）内部均衡与外部均衡的关系——米德冲突

1. 米德冲突的内涵

英国经济学家、1977年诺贝尔经济学奖获得者米德（J. Meade）在1951年的著作《国际收支》中最早提出了固定汇率制度下的内部均衡和外部均衡的冲突问题。他指出：在固定汇率制度下，政府只能运用影响社会总需求的支出变更政策（财政政策和货币政策）来调节内外均衡。这样，在开放经济条件下用一种政策手段难以同时完成内外均衡两个目标，从而出现内外均衡难以兼容的情形，这种情形被称为米德冲突（Meade conflict）。例如，当外部均衡要求实行紧缩性政策时，内部均衡却可能要求实行扩张性政策；同样，当外部均衡要求采用扩张性政策时，内部均衡却可能要求采用紧缩性政策。

这种冲突表现为表4-3中的情况1和情况4。

表 4-3 固定汇率制度下米德冲突的表现

情况	内部经济状况	外部经济状况
1	失业、经济衰退	国际收支逆差
2	失业、经济衰退	国际收支顺差
3	通货膨胀	国际收支逆差
4	通货膨胀	国际收支顺差

根据表 4-3，在情况 2 和情况 3 下，内部经济与外部经济是一致的，即在“失业＋顺差”的组合下，政府可用扩张性支出政策，通过刺激充分就业，使进口支出增加、国际收支趋于平衡。在“通货膨胀＋逆差”的组合下，政府可用紧缩性支出政策，通过稳定物价，使进口需求下降、国际收支趋于平衡。

但是，在情况 1“失业＋逆差”的组合下，由于国内经济衰退、失业增加，一国政府应采取扩张性支出政策；但是，面对国际收支逆差，一国政府又需要采取紧缩性支出政策。在这种情况下，一国政府将左右为难。同理，情况 4“通货膨胀＋顺差”的组合也存在矛盾。

因此，一国政府需要将各种政策搭配使用，才能同时实现内部均衡与外部均衡的目标。

米德冲突：在固定汇率制度下，内外均衡难以兼顾。

2. 对米德冲突的评价

米德冲突的不足之处在于，它只考虑了固定汇率制度下内外均衡的冲突问题。事实上，在浮动汇率制度下，内外均衡的冲突问题同样存在。因此，米德冲突被称为狭义的内外均衡冲突。广义的内外均衡冲突是指实现某一均衡目标的努力会对另一均衡目标造成干扰或破坏的现象。另外，米德冲突还忽略了资金流动对内外均衡的影响。在全球经济一体化的背景下，活跃在国际金融市场上的巨额资金流动会直接影响国内宏观经济的运行，使一国的国内经济受到更多的影响和制约，导致一国内外均衡的目标更加难以实现。

二、内外均衡矛盾的政策搭配原则与方法

为了实现开放经济条件下的双重均衡目标，需要有新的宏观调控思路，并合理协调各种政策工具。关于政策配合的“丁伯根法则”与政策指派的“有效市场分配原则”等理论的出现发展了开放经济条件下的政策调控理论，并给一国国际收支调节的实践提供了重要的理论依据。

（一）丁伯根法则

1969 年诺贝尔经济学奖获得者荷兰经济学家丁伯根（J. Tinbergen）最早于 1952 年提出将政策目标和政策工具联系在一起的方案。他指出：一国政府要实现一个经济目标，

至少要使用一种有效的政策工具；要实现 N 个独立的经济目标，至少要使用 N 种独立且有效的政策工具。这就是著名的丁伯根法则（Tinbergen's rule），属于数量匹配原则。

丁伯根法则的数学模型如下：

$$T_1=a_1I_1+a_2I_2$$
$$T_2=b_1I_1+b_2I_2$$

其中，T 为政策目标；I 为政策工具。从数学上看，只要 $a_1/b_1\neq a_2/b_2$，则表明两种政策工具线性无关，就可以求解出最佳目标水平 T_1^* 和 T_2^* 所需的 I_1 和 I_2 的水平，即

$$I_1=(b_2T_1^*-a_2T_2^*)/(a_1b_2-b_1a_2)$$
$$I_2=(a_1T_2^*-b_1T_1^*)/(a_1b_2-b_1a_2)$$

因此，如果决策者有 N 个目标，就需要有至少 N 种线性无关的政策工具，用以实现这 N 个目标。

根据丁伯根法则，只运用支出增减政策（假定财政政策和货币政策影响产出的效果一致，因此可被视为一种工具），通过调节支出总量的途径来实现内外均衡两个目标是不够的，必须寻找新的政策工具并进行合理搭配。

丁伯根法则：要实现 N 个独立经济目标，至少要有 N 种独立政策工具。

（二）蒙代尔的有效市场分配原则

丁伯根法则假定各种政策工具可以供决策当局集中控制，从而可以通过各种工具的紧密配合来实现政策目标。但是，蒙代尔指出：在许多情况下，不同的政策工具实际上被掌握在不同的决策者手中。例如，货币政策由中央银行掌控，财政政策由财政部掌管。如果决策者不能紧密协调这些政策并独立进行决策的话，就不能达到最佳的政策目标。因此，蒙代尔提出了有效市场分配原则（the principle of effective market classification）。该原则的含义为：每个目标都应被指派对这个目标有最大影响力的工具。根据这一原则，蒙代尔区分了财政政策、货币政策在影响内外均衡上的不同效果，提出了以货币政策实现外部均衡目标、以财政政策实现内部均衡目标的指派方案，属于最优指派原则，如图 4-2 所示。

在图 4-2 中，横轴表示财政政策，纵轴表示货币政策。图中的点沿横轴往右移动，表示实行扩张性财政政策；图中的点沿横轴往左移动，表示实行紧缩性财政政策。图中的点沿纵轴向上移动，表示实行扩张性货币政策；图中的点沿纵轴向下移动，表示实行紧缩性货币政策。IB 曲线表示内部均衡，即国内经济处于均衡状态。在 IB 曲线的左边，国内经济处于衰退和失业状态；在 IB 曲线的右边，国内经济处于通货膨胀状态。EB 曲线表示外部均衡，即国际收支处于平衡状态。在 EB 曲线的上边，表示国际收支逆差；在 EB 曲线的下边，表示国际收支顺差。IB 曲线和 EB 曲线的斜率都为负，表示当一种政策是扩张性政策时，为达到内部均衡或外部均衡，另一种政策必须是紧缩性政策；或当一种政策是紧缩性政策时，另一种政策必须是扩张性政策。IB 曲线比 EB 曲线更陡峭，

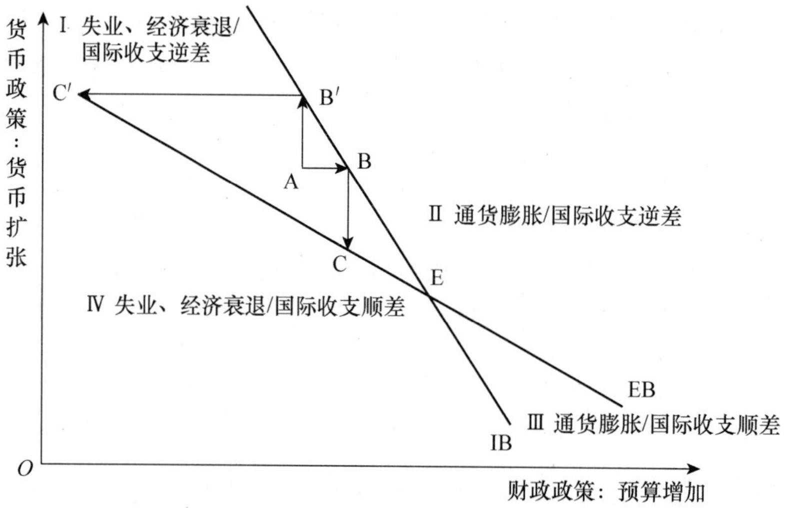

图 4-2 财政政策与货币政策的搭配

是因为蒙代尔曾假定：相对而言，财政政策对国民收入、就业等国内经济变量的影响较大，而货币政策（如利率政策）对国际收支的影响较大。

在上述假定下，蒙代尔认为：当国内宏观经济和国际收支都处于失衡状态（如 A 点）时，国际收支逆差与失业、经济衰退并行，此时就应采用扩张性财政政策来解决国内经济衰退问题，使 A 点向 B 点移动；与此同时，采用紧缩性货币政策来解决国际逆差问题，使 B 点向 C 点移动，如此循环下去，最终会使 A 点接近均衡点 E 点。在 E 点，国内经济和国际收支同时达到平衡。但是，如果实行的政策相反，即以财政政策解决外部均衡，以货币政策解决内部均衡，则 A 点将向 B′点移动，失业消除但国际收支逆差更严重；与此同时，采取紧缩性财政政策来解决逆差问题，将使 B′点向 C′点移动，此时国际收支逆差得以解决，但国内失业加重。如此下去，经济将离内外均衡点越来越远。

有效市场分配原则：对每个目标分配最有效的政策工具。蒙代尔认为，应用财政政策实现内部均衡，用货币政策实现外部均衡。

根据上述搭配思想，财政政策和货币政策的具体搭配方法如表 4-4 所示。

表 4-4 财政政策与货币政策的搭配运用

区间	经济状况	财政政策	货币政策
Ⅰ	失业、经济衰退/国际收支逆差	扩张	紧缩
Ⅱ	通货膨胀/国际收支逆差	紧缩	紧缩
Ⅲ	通货膨胀/国际收支顺差	紧缩	扩张
Ⅳ	失业、经济衰退/国际收支顺差	扩张	扩张

（三）斯旺模型

澳大利亚经济学家斯旺（T. Swan）在假定没有国际资本流动的前提下，提出了用支出转换政策与支出变更政策的搭配来解决内外均衡冲突的另一种思路，该思路被称为斯旺模型（Swan model）。斯旺模型的主要思想是：用支出变更政策（财政政策和货币政策）解决内部均衡问题，用支出转换政策（主要是汇率政策）解决外部均衡问题，如图 4－3 所示。

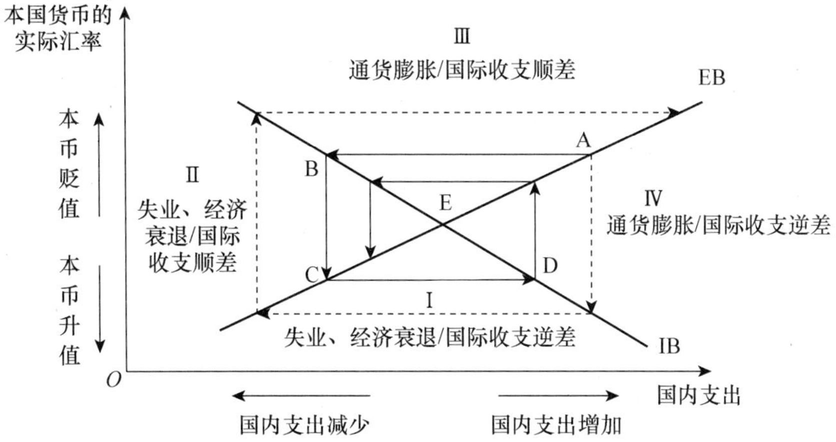

图 4－3　斯旺的支出转换政策与支出变更政策的搭配

在图 4－3 中，横轴表示国内支出（消费、投资与政府支出），代表支出变更政策：图中的点往右移动，代表国内支出增加；图中的点往左移动，代表国内支出减少。纵轴表示本国货币的实际汇率（直接标价法），代表支出转换政策：图中的点往上移动，表示外汇汇率上升、本币贬值，这种情况有利于扩大出口、不利于进口；图中的点往下移动，表示外汇汇率下降、本币升值，这种情况有利于进口、不利于出口。IB 曲线（内部均衡线）代表实际汇率与国内支出的结合，可以实现内部均衡（充分就业与物价稳定）。该曲线从左上向右下倾斜，因为本国汇率升值将减少出口、增加进口，所以要维护内部均衡就必须增加国内支出。因此，在 IB 曲线的右边有通货膨胀压力，在 IB 曲线的左边有失业的压力。EB 曲线（外部均衡线）表示实际汇率与国内支出的结合，可以实现外部均衡，即国际收支平衡。该曲线从左下向右上倾斜，因为本国汇率贬值会增加出口、抑制进口，所以要防止国际收支出现顺差，就需要扩大国内支出，以抵消出口的增长。EB 曲线的右边表示国际收支逆差，EB 曲线的左边表示国际收支顺差。

当经济处于失衡状态时，如区间Ⅲ中的 A 点，通货膨胀与国际收支顺差并行。此时，可先削减国内支出，使通货膨胀回落至 B 点；再让本币升值，以扩大进口、减少出口，使国际收支顺差下降，均衡点回落至 C 点。此时，国内经济出现失业，在这种情况下再扩大国内支出，则均衡点移向 D 点。如此沿实线箭头循环下去，经济就能达到内外均衡点 E 点。反之，如果调控政策沿虚线箭头移动，用支出转换政策调控国内经济失衡，用支出变更政策调控外部经济失衡，则经济将离内外均衡点越来越远。

根据上述搭配思想，支出转换政策与支出变更政策的具体搭配方法如表 4－5 所示。其基本结论是用支出转换政策调控国际收支，用支出变更政策调控国内经济均衡。

表 4-5 支出转换政策与支出变更政策的搭配运用

区间	经济状况	支出变更政策	支出转换政策
Ⅰ	失业、经济衰退/国际收支逆差	扩张	贬值
Ⅱ	失业、经济衰退/国际收支顺差	扩张	升值
Ⅲ	通货膨胀/国际收支顺差	紧缩	升值
Ⅳ	通货膨胀/国际收支逆差	紧缩	贬值

以上仅讨论了经济生活中的几种简单情况，经济生活要比理论分析复杂得多。例如，当经济中出现滞胀时，此时的政策搭配就比较复杂了。此外，在上述政策搭配中并未考虑外国可能出现的反应，如本国货币贬值可能引起外国报复。因此，在理论上应采取贬值措施，但实际上未必就能实施。

斯旺模型建议：用支出变更政策（财政政策和货币政策）实现内部均衡；用支出转换政策（主要是汇率政策）实现外部均衡。

三、蒙代尔-弗莱明模型的政策搭配思想

蒙代尔-弗莱明模型（Mundell-Flemming model）是由美国经济学家蒙代尔和德国经济学家弗莱明（J. M. Flemming）在封闭经济条件下的 IS-LM 模型基础上，加入了外部均衡分析而形成的。他们的主要贡献是在 IS-LM 模型的基础上，将国际资本流动纳入了宏观经济模型中，因此人们将该模型简称 IS-LM-BP 模型。在这里，我们只分析它在内外均衡实现过程中的政策搭配思想。

（一）蒙代尔-弗莱明模型的基本框架

蒙代尔-弗莱明模型的假设如下：第一，总供给曲线是水平的。产品价格不变，产出完全由需求决定；第二，马歇尔-勒纳条件成立；第三，无抛补利率平价成立；第四，汇率预期静态，即汇率预期变化率为零。

IS-LM-BP 模型可用一个以利率 i 为纵轴、以国民收入 Y 为横轴的直角坐标系图形来表示，如图 4-4 所示。

在图 4-4 中，IS 曲线表明了产品市场上的均衡条件，即在 IS 曲线上的任意一点都表示在给定的利率及其相应的国民收入水平上，投资额正好等于储蓄额，此时产品市场达到均衡。其中，I 表示投资额，S 表示储蓄额。投资是利率的减函数，储蓄是收入的增函数，当收入增加引起储蓄增加时，利率必须下降以相应增加投资，进而产品市场才能实现均衡。因此，在由利率和收入构成的坐标图中，IS 曲线是一条向右下方倾斜的曲线，其斜率为负。

LM 曲线表明了货币市场的均衡条件，即在 LM 曲线上的任意一点都表明在给定的利率及其相应的国民收入水平上，货币需求正好等于货币供给，此时货币市场达到均衡。其中，L 表示货币需求，M 表示货币供给。在简单的模型中，我们假定货币需求 L 只有

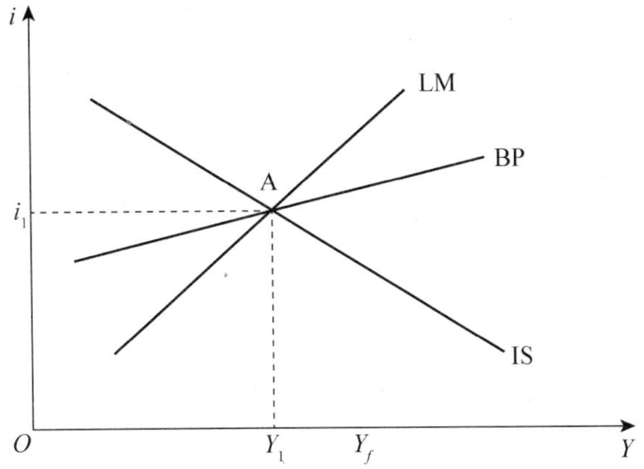

图 4-4 IS-LM-BP 模型的均衡①

两个动机——交易动机和投机动机。在一般情况下，我们假定个人的收入水平越高，交易货币需求就越大，因而交易货币需求是收入的增函数；与此同时，利率升高意味着持有货币的机会成本上升，因此投机货币需求是利率的减函数。M 是可以由政府调控的外生变量，在货币供给量既定的条件下，只能通过调节人们对货币的需求来实现货币市场的均衡。当收入增加引起交易货币需求增加时，利率必须上升，使人们对货币的投机需求减少，以抵消收入增加对货币交易需求增加的影响。因此，在由利率和收入构成的坐标图中，LM 曲线是一条向右上方倾斜的曲线，其斜率为正。

BP 曲线表明了国际收支的均衡条件。我们一般将国际收支分为两个部分，即经常账户和资本与金融账户。在分析问题时，我们假定出口与国民收入、利率水平无关，因而在模型中，出口是外生的；而进口与国民收入正相关，是收入的增函数。因此，国民收入水平越高，经常账户赤字就越大或盈余就越小。净资本流动是国内利率的增函数，在外部利率不变的情况下，国内利率越高，流入的资本就越多，流出的资本就越少。由于较高的收入水平会导致经常账户的恶化，因此要保持国际收支平衡，资本流入必须增加，这就要求较高的利率水平。由此可知，在由利率和收入构成的坐标图中，BP 曲线是一条向右上方倾斜的曲线，其斜率为正。在 BP 曲线左边的点是国际收支盈余点，因为在同样的资本流动额下，这些点所表示的收入较低，它们的经常账户盈余大于国际收支平衡时的水平；反之，在 BP 曲线右边的点是国际收支赤字点，因为它们代表的收入水平高于国际收支平衡时的水平。

BP 曲线的斜率取决于资本国际流动的难易程度。资本流动性越强，BP 曲线越平缓。这是因为在收入增加导致经常账户恶化时，如果资本流动性较强，国内利率只要提高较小的幅度，就可以吸引足够的资本流入来保持国际收支平衡。在资本可以完全流动时，利率稍高于国际市场利率，就会引起大量的资本流入，此时的 BP 曲线是水平的；反之，在资本不能流动时，即使利率水平提高，国际资本也不会流入本国，所以 BP 曲线是垂直的。除以上两种极端情况外，BP 曲线是一条斜率为正的直线，此时的资本是不完全流动的。

① 关于 IS-LM-BP 模型的推导见相关的宏观经济学教科书和论文，此处只引用其结论。

在图 4－4 中，IS 曲线、LM 曲线、BP 曲线相交于 A 点，对应的收入水平为 Y_1，利率水平为 i_1。Y_1 低于充分就业的收入 Y_f，即经济中存在失业。此时，经济中没有实现内部均衡，但满足了外部均衡的条件，因为 IS 曲线和 LM 曲线相交于 BP 曲线上的一点。

（二）IS-LM-BP 模型中实现内部均衡和外部均衡的政策选择

下面以资本不完全流动的情况为例，分析在不同的汇率制度下如何实现内部均衡和外部均衡的目标。

1. 固定汇率制度下的内外均衡调节

固定汇率制度意味着政府无法动用汇率政策，BP 曲线不能自由移动。

在这种情况下，我们可将资本不完全流动分为两种情况：一种是 BP 曲线的斜率小于 LM 曲线的斜率，即国际资本对利率的敏感性大于国内资本对利率的敏感性（BP 曲线平缓，资本流动程度较高）；另一种是 BP 曲线的斜率大于 LM 曲线的斜率，即国际资本对利率的敏感性小于国内资本对利率的敏感性（BP 曲线陡峭，资本流动程度较低）。

图 4－5 可用来说明在资本流动程度较低的情形下财政政策与货币政策的搭配情况：

假定一国的经济均衡点位于 A 点，收入水平和利率水平分别为 Y_1 和 i_1，它表示经济实现了外部均衡，但假定收入水平低于政府预期收入水平 Y_f。

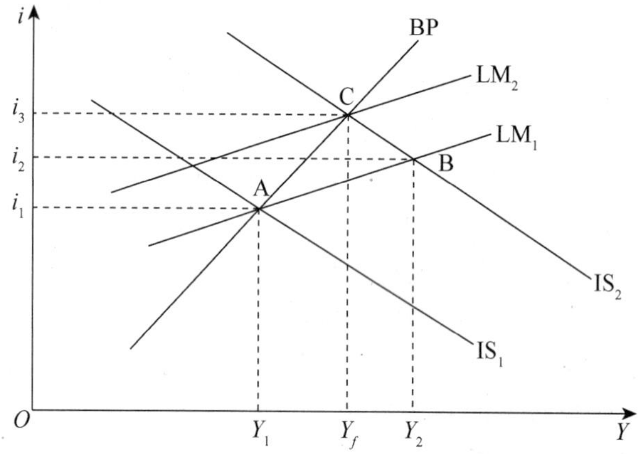

图 4－5　固定汇率制度且资本流动程度较低情形下的内部均衡和外部均衡

现在政府通过实行扩张性财政政策来消除失业，导致 IS 曲线从 IS_1 曲线右移到 IS_2 曲线，国内产出从 Y_1 上升到 Y_2，此时经济位于 B 点，利率水平为 i_2。但 B 点位于 BP 曲线的下方，意味着国际收支逆差，这是因为 BP 曲线比较陡峭，国际资本对利率的敏感性小于国内资本对利率的敏感性，因而资本的部分流入不能抵消进口的大量增加所致。国际收支逆差，本币面临贬值压力。此时，货币当局不得不在外汇市场上购入本币，导致货币供给量减少（紧缩性货币政策），使 LM_1 曲线左移至 LM_2 曲线，IS_2 曲线和 LM_2 曲线与 BP 曲线相交于 C 点。由于紧缩性货币政策进一步提高了利率，因此吸引了更多的资本流入，从而使国际收支恢复平衡。新的均衡点表明利率水平进一步提高，产出水平比初始水平增加。

由此可见，在固定汇率制度下，政府采取扩张性财政政策和紧缩性货币政策，可以同时实现内部均衡和外部均衡目标，而不需要调整汇率。此外，我们在这一分析过程中发现，政府使用单一的政策工具（本例中为财政政策）能够暂时实现内部均衡，但要以牺牲外部均衡目标为代价，要同时实现内部均衡和外部均衡目标，就必须配合使用财政政策与货币政策。这也间接证明了丁伯根法则的合理性。

在固定汇率制度且资本流动程度较低的情形下，扩张性财政政策与紧缩性货币政策搭配使用可以使实际产出提高，同时实现外部均衡目标。

图 4－6 可用来说明在资本流动程度较高的情形下财政政策与货币政策的搭配情况。

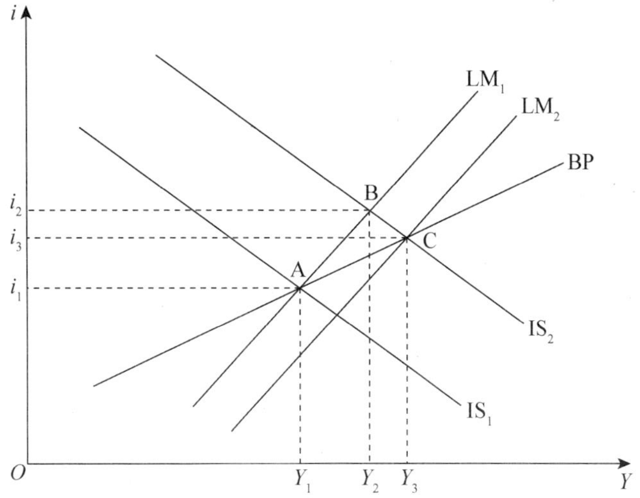

图 4－6　固定汇率制度且资本流动程度较高情形下的内部均衡和外部均衡

假定一国的经济均衡点位于 A 点，收入水平和利率水平分别为 Y_1 和 i_1，它表示经济实现了外部均衡，但收入水平低于政府预期收入水平。

在图 4－6 中，现在政府通过实行扩张性财政政策来消除失业，导致 IS 曲线从 IS_1 曲线右移到 IS_2 曲线，国内产出从 Y_1 上升到 Y_2，此时经济位于 B 点，利率水平为 i_2。B 点的产出水平上升、利率也上升。但 B 点位于 BP 曲线上方，意味着国际收支顺差，这是因为 BP 曲线比较平缓，国际资本对利率的敏感性大于国内资本对利率的敏感性，因而资本与金融账户的流入抵消了收入上升而导致的进口增加所致。在这种情况下，该国的国际收支顺差，本币面临升值压力。此时，货币当局不得不在外汇市场上购入外汇、抛售本币，导致货币供给量增加（扩张性货币政策），使 LM_1 曲线右移至 LM_2 曲线，IS_2 曲线和 LM_2 曲线与 BP 曲线相交于 C 点。由于扩张性货币政策降低了利率，因此资本流出增加，从而使国际收支恢复平衡。新的均衡点表明：相对于初始均衡点而言，利率水平和产出水平都有所上升。

在固定汇率制度且资本流动程度较高的情形下，扩张性财政政策与扩张性货币政策搭配使用可以使实际产出提高，同时实现外部均衡目标。

以上分析表明，在固定汇率制度下，当国内出现失业等经济萧条情况时，先用财政政策进行干预，即实行扩张性财政政策；然后，由于扩张性财政政策导致国际收支失衡，为了维护汇率固定，必须跟进相应的货币政策，最终才实现了内外同时均衡。这也证明了在固定汇率制度下财政政策的有效性。

那么，如果先用货币政策进行干预，会出现什么结果呢？如图 4－7 所示：

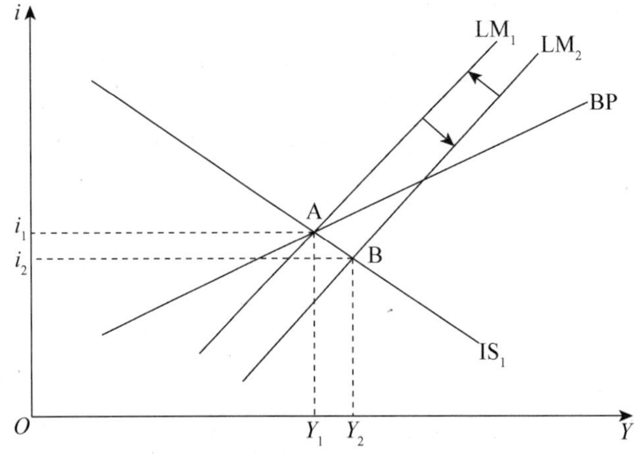

图 4－7　固定汇率制度下的内部均衡和外部均衡

假定先采取扩张性货币政策，导致 LM_1 曲线右移至 LM_2 曲线。这样，LM_2 曲线与 IS_1 曲线相交于 B 点，此时的利率下降、产出增加。但是，B 点在 BP 曲线下方，表明国际收支逆差，本币存在贬值压力，为维护固定汇率，货币当局不得不在外汇市场上购入本币、抛售外汇，导致货币供给量减少，使 LM_2 曲线左移至 LM_1 曲线，均衡点又重新回到初始均衡点，最终产出、利率都不发生变化。这表明货币政策失效。由于在此调整过程中只运用了货币政策这一种工具，财政政策无法跟进，进一步证明了丁伯根法则的合理性，即运用一种工具难以实现内外均衡两个目标。（这里的分析没有区分 BP 曲线的斜率，是因为即使区分了斜率，推导结果也一样，读者可以自己推导一下。）

2. 浮动汇率制度下的内外均衡调节

（1）浮动汇率制度下货币政策与汇率政策的搭配。在浮动汇率制度下，意味着政府可以动用汇率政策，BP 曲线可以自由移动。此时，政策搭配组合可以分为货币政策与汇率政策的搭配和财政政策与货币政策的搭配两种使用方法。

图 4－8 描述了在浮动汇率制度且资本流动程度较高情况下实施扩张性货币政策与汇率贬值政策的搭配情形。

假设最初的均衡位于 A 点，其利率和收入分别为 i_1 和 Y_1，但收入水平低于政府预期收入水平。此时，货币当局实施扩张性货币政策，使 LM_1 曲线右移到 LM_2 曲线，LM_2 曲线与 IS_1 曲线相交于 B 点，均衡利率水平从 i_1 下降到 i_2，同时国民收入从 Y_1 上升到 Y_2。B 点位于 BP_1 曲线的右方，表示国际收支逆差。在浮动汇率制度下，本币存在贬值趋势，由于满足马歇尔-勒纳条件，导致自发性出口增加，这将导致 IS_1 曲线、BP_1 曲线分别右移至 IS_2 曲线、BP_2 曲线，直至与 LM_2 曲线相交于 C 点，整个经济实现均衡。此时，国民收入进一步上升到 Y_3，利率则从 i_2 上涨到 i_3，但仍低于初始利率水平 i_1。所以，搭配使用货币政策和汇率政策可以使实际产出提高，同时实现外部均衡目标。

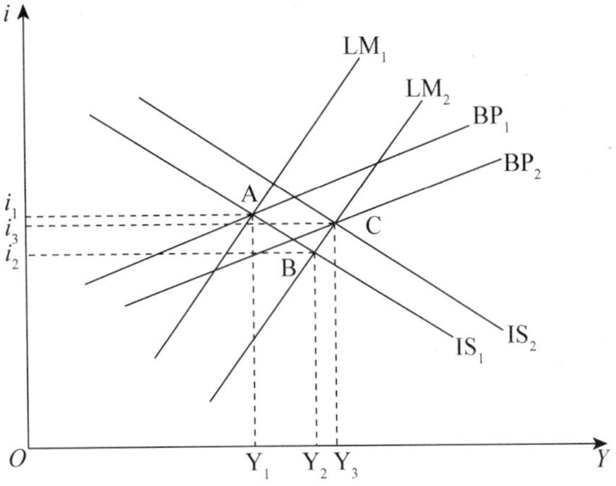

图 4-8　浮动汇率制度下货币政策与汇率政策的搭配：资本流动程度较高

同理，在浮动汇率制度且资本流动程度较低情况下实施扩张性货币政策与汇率贬值政策的搭配情形，可得出与上述相同的结论。

> 在浮动汇率制度且资本不完全流动情况下，扩张性货币政策与汇率贬值政策搭配使用可以使实际产出提高，同时实现外部均衡目标。

（2）浮动汇率制度下财政政策与汇率政策的搭配。浮动汇率制度下扩张性财政政策的效果取决于 LM 曲线与 BP 曲线的相对位置。下面考虑两种情形：①BP 曲线比 LM 曲线陡峭，即资本流动程度较低；②BP 曲线比 LM 曲线平缓，即资本流动程度较高。

在图 4-9 中，BP 曲线比 LM 曲线陡峭，LM 曲线的斜率<BP 曲线的斜率，即资本流动对利率的变化相对不敏感，而货币需求对利率却是富有弹性的。此时，扩张性财政政策使 IS_1 曲线右移至 IS_2 曲线，IS_2 曲线与 LM_1 曲线相交于 B 点，此时的国内产出增

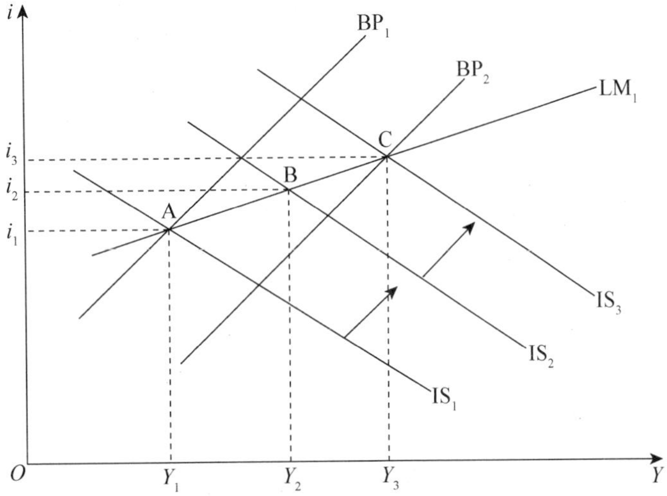

图 4-9　浮动汇率制度下财政政策与汇率政策的搭配：资本流动程度较低

加、利率上升。但国内均衡点B点位于BP曲线右下方，意味着国际收支发生逆差，本币存在贬值趋势，由于满足马歇尔-勒纳条件，导致自发性出口增加，IS_2 曲线继续右移到 IS_3 曲线，BP_1 曲线也右移到 BP_2 曲线。此时，新的均衡点C点实现了国内外均衡，即本国产出和利率上升，同时本币贬值。

在浮动汇率制度且资本流动程度较低时，扩张性财政政策和汇率贬值政策的搭配使用可以使实际产出提高，并同时实现外部均衡目标。

在图4-10中，BP曲线比LM曲线平缓，LM曲线的斜率>BP曲线的斜率，即资本流动对利率变化富有弹性，而货币需求对利率变化相对不敏感。此时，扩张的财政政策使 IS_1 曲线右移至 IS_2 曲线，IS_2 曲线与 LM_1 曲线相交于B点，此时的国内产出增加、利率上升。但是，国内均衡点B点位于BP曲线左上方，意味着国际收支发生顺差、本币升值，由于满足马歇尔-勒纳条件，导致自发性出口减少，IS_2 曲线左移至 IS_3 曲线，BP_1 曲线左移到 BP_2 曲线，此时新的均衡点C点实现了国内外均衡，即本国产出和利率上升，同时本币升值。当然，由于最终的均衡产出水平（Y_3）小于早期变化的产出水平（Y_2），说明扩张性财政政策挤走了一定程度的出口，即政府的财政政策存在一定的挤出效应。

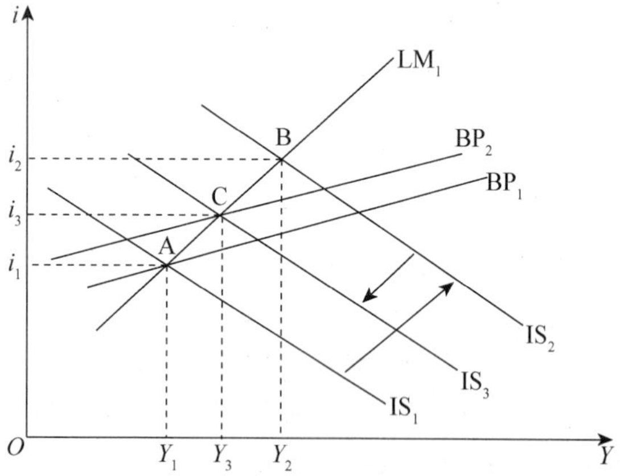

图4-10　浮动汇率制度下财政政策与汇率政策的搭配：资本流动程度较高

> 在浮动汇率制度且资本流动程度较高时，扩张性财政政策和汇率升值政策的搭配使用可以使实际产出提高，同时实现外部均衡目标。

专　栏

美国的量化宽松货币政策与其国际收支逆差

过去十年，西方一些政客和学者在各种场合无端指责人民币汇率。其中，屡屡被提及的就是人民币汇率低估造成美国国际收支逆差和失业。为了把问题扩大化，他们又把人民币汇率和全球经济失衡联系起来，煽动其他国家一起施压，其目的无非是把自己的问题变成别人的问题，为自己的经济政策失败寻找替罪羊，以便转嫁矛盾、转移不满。

一、美国国际收支失衡与汇率无关

影响国际收支的因素有很多，汇率只是其中之一，在某些情况下甚至不是主要因素。

进入21世纪，美国的贸易和经常账户逆差呈现扩大态势，大多数年份的贸易逆差和经常账户逆差超过GDP的4%。2002—2007年美元持续贬值，美元兑主要国家货币的贬值幅度达到32.7%，然而美国的贸易逆差却从2001年的3 618亿美元增至2007年的6 967亿美元，其占GDP的比重也从3.52%增至4.97%，而经常账户的整体情况也大体如此。连美元大幅贬值都没有解决美国国际收支逆差问题，如果说靠人民币升值来解决，那就更是无稽之谈了。另一个事实是，从2000年到2010年，有六年时间美国国际收支的变化与美元汇率变动的实际对应状况同理论上的关系是背离的，其中有四年是美元贬值伴随着美国国际收支恶化，另外两年是美元升值伴随着国际收支改善。这说明美国国际收支逆差的根源不在于汇率，更不在于人民币汇率，而是美国经济结构和经济政策的结果。

二、量化宽松货币政策是美国国际收支逆差的原因之一

根据国际收支货币论的观点，一国国际收支失衡其实是其货币市场失衡的表现。国际收支逆差表现为国内货币供给量的过度放大，顺差则表现为一国国内货币供给的不足。

根据这一理论，国际经济学家特里芬（1961）强调了美国货币政策对美国国际收支的影响。他认为，在非均衡的国际货币体系下，美国的国际收支主要是由供给因素决定的。美国货币供给的过度增长导致其对国际产品和金融资产的过度需求，形成了美国的国际收支逆差；与此同时，为了保持经济繁荣和避免经济衰退，美国也不断降低利率来刺激消费和投资，因为利率降低会减少储蓄并增加消费，而利率降低相当于减少了投资成本，刺激了投资增加。研究发现，美国的利率普遍低于世界上其他主要金融市场的基准利率。美国政府通过不断降低利率来刺激消费和投资，造成国内的吸收大于产出，最终只能通过国际贸易的逆差来满足国内的需求，因此美国宽松的货币政策是其逆差的一个根本性原因。

本章小结

1. 国际收支弹性论是在收入不变的条件下研究汇率变动对国际收支的调节作用的理论。其主要观点是：当进口产品的需求弹性绝对值与出口产品的需求弹性绝对值之和大于1时，本币汇率贬值对改善国际收支是有效的。当进口产品的需求弹性绝对值与出口产品的需求弹性绝对值之和小于1时，本币汇率贬值将使国际收支进一步恶化。当进口产品的需求弹性绝对值与出口产品的需求弹性绝对值之和等于1时，本币汇率贬值对国际收支不产生影响。这就是著名的马歇尔-勒纳条件。

2. 货币贬值能否改善国际收支要受J曲线效应的影响：在短时间内，即使马歇尔-勒纳条件成立，货币贬值也不能立即引起国际收支的改善，反而可能导致其恶化，只有经过一段时间后，国际收支才会得以改善。

3. 国际收支吸收论认为，国际收支盈余是总吸收相对于总收入不足的表现，而国际收支赤字则是总吸收相对于总收入过大的结果。因此，一国国际收支赤字最终都要通过改变收入或吸收来调节，即增加收入和减少吸收。

4. 国际收支货币论将国际收支看成一种货币现象，并认为：如果货币需求大于货币供给，这部分超额货币需求必须通过国外货币的流入来满足，从而国际收支出现顺差；如果货币需求小于货币供给，这部分超额货币供给必须通过本国货币的流出来消化，从而国际收支出现逆差。因此，扩张性货币政策可以减少国际收支顺差，而紧缩性货币政策可以减少国际收支逆差。

5. 在开放经济条件下，追求内外均衡是政府从宏观上调控经济的中心任务。然而，内外均衡存在着相互冲突的现象，英国经济学家米德指出：在固定汇率制度下，用一种政策手段难以同时完成内外均衡两个目标，从而出现内外均衡难以兼容的情形。这种情形被称为米德冲突。

6. 经济学家丁伯根指出：一国政府要实现一个经济目标，至少要使用一种有效的政策工具；要实现 N 个独立的经济目标，至少要使用 N 种独立且有效的政策工具。这就是著名的丁伯根法则。

7. 经济学家斯旺在假定没有国际资本流动的前提下提出了“斯旺模型”，即用支出变更政策解决内部均衡问题，用支出转换政策解决外部均衡问题。而蒙代尔提出的有效市场分配原则指出，应以货币政策实现外部均衡目标、以财政政策实现内部均衡目标，这样可以同时实现内外均衡的目标。

8. 蒙代尔–弗莱明模型建立在宏观经济学 IS-LM 模型的基础上，研究在不同汇率制度和不同资本流动情况下调节内外均衡的工具。

本章启示

根据蒙代尔–弗莱明模型的思想，在浮动汇率制度且资本流动程度较高的情况下，扩张性财政政策和汇率升值政策搭配使用可以使实际产出提高，同时实现外部均衡目标。这一理论为我国近年来的宏观经济政策提供了依据。例如，在 2020 年的新型冠状病毒肺炎疫情的背景下，由于我国经济正处在转变发展方式、优化经济结构、转换增长动力的攻关期，在经济发展前景向好的同时，面临着经济下行压力加大与疫情防控压力相互交织的复杂形势，我国政府表示：必须继续实施积极的财政政策和稳健的货币政策，打好财政政策和货币政策的“组合拳”，努力把疫情影响降到最低，维护经济社会发展大局稳定，推动经济高质量发展取得新进展。稳健的货币政策目标之一就是稳定人民币汇率，这样的政策搭配能有效地发挥政策组合拳的效应。

本章复习题

一、本章重要概念

马歇尔–勒纳条件　J 曲线效应　支出转换政策　支出变更政策
米德冲突　丁伯根法则　蒙代尔的有效市场分配原则

二、本章思考题

1. 简述马歇尔–勒纳条件的推导及其含义。
2. 国际收支弹性论对货币贬值三个阶段和 J 曲线的论述包括哪些内容？

3．试述国际收支吸收论的分析思路及其政策主张。

4．简述国际收支吸收论关于货币贬值的收入效应与吸收效应。

5．试述国际收支货币论的分析思路及其政策主张。

6．简述米德冲突的含义及其解决路径。

7．简述蒙代尔有效市场分配原则的主要思想。

8．简述斯旺模型的主要内容。

9．推导 IS 曲线、LM 曲线和 BP 曲线，并解释各条曲线上方（或左边）、下方（或右边）的经济含义。

10．应用 IS-LM-BP 模型分析国际收支失衡在固定汇率制度和浮动汇率制度下的调节机制。

三、本章计算题

某年一国的进出口额均为 1 200 亿美元，该国货币兑美元的汇率为 1 美元∶12 单位该国货币。假设次年该国的货币贬值，汇率为 1 美元∶14 单位该国货币。已知该国的进口需求弹性为 0.5，出口需求弹性为 0.7。试计算次年该国贸易收支的变化额。

本章讨论题

1．收集数据，说明我国目前内外均衡是否存在冲突。为什么？

2．马歇尔-勒纳条件说明了什么？是否适合我国目前的情形？

第五章

外汇市场与外汇交易

学习目标

- 了解外汇市场的概念
- 理解即期外汇交易的特点及方法
- 掌握远期汇率的主要种类及远期外汇交易的作用
- 了解外汇掉期交易的基本流程
- 掌握外汇的买卖价在外汇兑换业务中的运用
- 掌握外汇期货、外汇期权业务的特点及功能

本章导读

外汇市场是国际金融市场的重要组成部分，由于它的存在，资金在国际上的调拨划转才得以进行，国际资本才得以流动，跨越国界的资金借贷融通才得以实现。最早的外汇市场交易主要是服务于国际贸易和国际结算之需，因而贸易融资成为主要的外汇交易。随着全球金融市场的发展和全球经济金融一体化的推进，外汇市场业务不断发展，外汇市场交易已不再是简单的国际贸易结算工具，绝大多数的外汇交易是为了规避风险、进行套期保值或投机。传统的外汇交易主要有即期外汇交易、远期外汇交易和外汇掉期交易。在此基础上，外汇市场创新不断，又产生了外汇期货和外汇期权等金融衍生工具。

本章词汇

即期外汇交易　远期外汇交易　外汇掉期　套汇　外汇期货　外汇期权

第一节　外汇市场概述

一、外汇市场的概念与特征

（一）外汇市场的概念

顾名思义，外汇市场（foreign exchange market）是进行外汇买卖或货币兑换的场所。具体说来，外汇市场是指外汇供给者、外汇需求者及交易中介机构进行外汇交易的场所或网络。

因此，外汇市场可以是有形的交易场所，也可以是无形的交易网络。

有形的外汇市场是指有固定交易场所的外汇市场，它有固定的交易时间和规则。在营业时间内，交易各方聚集在外汇交易场所进行面对面的交易。从历史上说，它流行于欧洲大陆国家，所以又称“大陆型外汇市场”。较典型的有法国巴黎、德国法兰克福、意大利米兰、比利时布鲁塞尔等外汇市场。

无形的外汇市场是指没有固定交易场所和固定交易时间，参与者利用电话、电报、计算机网络等现代化通信手段进行交易的外汇交易网络。无形的外汇市场最初流行于英国和美国，故称“英美式外汇市场”。现在，它不仅流行于欧洲以外的地区，而且成为欧洲外汇交易的主要形式。较典型的有英国伦敦、美国纽约、日本东京等外汇市场。

国际清算银行（BIS）在 2019 年 9 月公布的数据显示，全球外汇市场的交易额已经攀升至 6.6 万亿美元的历史最高水平。

> 传统的外汇衍生品市场一直以外汇远期交易和外汇掉期交易为主，其中主要被银行用于隔夜头寸管理的外汇掉期交易最为活跃，占外汇衍生品市场交易总量的七成左右。不过，其占比已由 1998 年的 75.65% 降至 2013 年的 64.40%，且呈现出逐步下降的态势。同期，外汇期货、外汇期权等非传统外汇衍生品的交易发展迅速，其占外汇衍生品市场交易总量的比重还较小，但呈现出逐步上升的态势。

（二）外汇市场的基本特征

外汇市场作为金融市场的重要组成部分，呈现出不同于其他市场的基本特征。

1. 高度一体化的市场

外汇市场的一体化特征是指全球各地的外汇市场日益紧密地联系在一起，表现为空间上的统一性和时间上的连续性。

从空间上看，各国外汇市场都用现代化的通信技术（电话、电报、电传等）进行外汇交易，因而它们之间的联系非常紧密，形成了一个统一的世界外汇市场。

从时间上看，由于时差的关系，世界上的各个外汇市场在营业时间上相互衔接，形成了一种前后相连的循环作业格局，因而外汇交易可以全天 24 小时连续不断地进行。例如，澳大利亚、亚洲、欧洲、北美的外汇市场分处不同的时区，其开市、闭市时间既有交错，又能首尾衔接。

外汇市场的这种高度一体化特征，一方面使外汇交易商进行外汇交易可以不受时间限制，在任何时间都能找到外汇市场执行其交易指令，另一方面也使处于不同时区的各国中央银行能够在干预外汇市场汇率方面采取联合行动。

2. 相对集中的市场

外汇市场是一个相对集中的市场，表现为交易币种和交易地点的相对集中。

目前，外汇市场的可交易币种有十几种。其中，大多数外汇交易集中在美元、欧元、英镑、日元、澳大利亚元、瑞士法郎、加拿大元七个币种上。美国在世界上的政治经济实力决定了美元全球硬通货的地位，使它在国际产品市场上被当作货币标准使用，如在黄金市场、原油市场上。与此同时，美元也是目前世界上排名第一的外汇储备货币，是外汇交易中的基础货币。因此，虽然纽约在外汇市场上的份额远低于伦敦，但从货币品种来看，美元依然是占比最大的货币。截至 2019 年 9 月，外汇交易中近 88%的货币对涉及美元，欧元的比重从 2016 年的 31%升至 2019 年的 33%，日元的比重下降了 5 个百分点至 17%，但它仍是第三大交易最活跃的货币。新兴市场货币和人民币的市场份额分别上升至 25%和 4.3%。中国离岸货币的营业额为 2 840 亿美元，仍是仅次于瑞士法郎的第八大交易货币。

目前，世界上有 30 多个主要的外汇市场，它们分布于世界各大洲的不同国家和地区。但是，最重要的外汇市场仍然集中在少数发达国家或地区的国际金融中心，如伦敦、纽约、东京、新加坡、法兰克福、苏黎世、香港、巴黎、洛杉矶、悉尼等。另外，一些新兴的区域性外汇市场（如巴拿马、开罗和巴林等）也大量涌现，并逐渐走向成熟。

就成交量的地理分布而言，外汇交易继续集中在全球最大的金融中心。国际清算银行 2019 年 9 月的报告显示，外汇市场交易活动（包括现货、直接远期、外汇掉期和期权交易）越来越集中在全球主要的金融中心，包括伦敦、纽约、东京、中国香港和新加坡，这五大金融中心的外汇交易活动份额从三年前的 77%上升至 79%。

3. 价格波动频繁的市场

自 20 世纪 90 年代以来，由于世界经济不平衡的加剧、国际资本流动的自由化以及外汇市场上投机活动的活跃，外汇市场上的汇率波动更加频繁和剧烈。例如，1997 年的亚洲金融危机、2001 年美国的“9·11”事件、2008 年的美国次贷危机等，都导致外汇市场上的汇率大幅波动。

除此之外，外汇市场交易品种的特征也导致了价格的频繁波动。在外汇交易中，外汇掉期占据半壁江山，而现货交易相对萎缩。外汇总成交量的增加主要是由于外汇掉期的增加，外汇掉期主要被市场参与者用于流动性管理和对冲货币风险。根据国际清算银行的调查，这一数字在 2019 年达到 3.2 万亿美元，比 2016 年公布的上一份报告增加了 8 000 多亿美元或 34%。现货交易在全球外汇交易活动中的份额从 2016 年的 33%下降到 2019 年的 30%。相比之下，外汇掉期交易的市场份额持续增长，在 2019 年 4 月占外汇市场总交易量的 49%。

4. **政府干预越发频繁和突出的市场**

由于汇率波动对一国经济的影响较大，为了稳定本国汇率，各国中央银行都积极参与外汇市场的交易，以稳定汇价。尤其是在全球经济一体化步伐加快、各国越来越依赖于世界经济的背景下，汇率对一国经济的杠杆作用得到强化，因此各国政府为了保证本国货币汇率的变化不至于对本国经济产生负面影响，会更加频繁地干预外汇市场。

二、外汇市场的交易主体及交易层次

（一）外汇市场的交易主体

外汇市场的交易主体有外汇银行、外汇经纪人、非银行客户和中央银行或货币当局。

1. **外汇银行**

外汇银行是外汇市场上最重要的参与主体，大多数国家对银行经营外汇业务实行许可制度。因此，外汇银行是指经中央银行指定或授权经营外汇业务的商业银行及其他金融机构。

具体说来，外汇银行可分为三种类型：专营或兼营外汇业务的本国商业银行；在本国的外国商业银行分行及本国与外国的合资银行；其他经营外汇买卖业务的本国金融机构。一般操作是：外汇银行在国外分支行或代理行开立外汇账户，银行买入外汇，即存入该行的外汇账户，银行卖出外汇，即从该行的外汇账户支付。

2. **外汇经纪人**

绝大多数外汇银行之间都不直接面对面地打交道，而是通过外汇经纪人安排成交。外汇经纪人是指在银行之间或银行与客户之间进行联系、接洽外汇买卖业务的中间商，他们主要是促成交易，并从中收取佣金。

外汇经纪人通常熟悉外汇供求情况和市场行情，因而可以在买主和卖主之间积极活动，以促成交易，并从中赚取收益。

外汇经纪人一般有两类：一类是一般经纪人，又称大经纪人，是公司或合伙的组织。在大多数情况下，它们垄断了介绍外汇买卖的业务，其利润十分可观。有时，它们也用自有资金参与外汇买卖，同时承担风险、赚取汇差，此时经纪人就是自营商。另一类是小经纪人，又称外汇掮客或跑街经纪人（running broker）。他们利用电话、通信设备和交通工具，奔走于银行、进出口商、贴现公司等机构之间接洽外汇交易，专门代客户进行外汇买卖，他们只收取佣金而不承担风险。

3. **非银行客户**

非银行客户是指因从事国际贸易、国际投资及其他国际经济活动而出售或购买外汇的非银行机构及个人，他们是外汇市场上最终的供给者和需求者。根据参与外汇交易的目的不同，这些非银行客户的外汇买卖可以分为四类：

第一，交易性的外汇买卖。例如，从事国际贸易的进出口商、到东道国投资的跨国公司、筹措外币贷款的国内企业等都需要进入外汇市场。

第二，保值性的外汇买卖。他们利用不同外汇市场的汇率差异，通过套期保值交易赚取无风险的利润。

第三，投机性的外汇买卖。他们通过预测汇率的走势，以少量保证金从事大额外汇交易并赚取差价。

第四，小额的外汇供求。这类交易主体有留学生、侨汇者及旅行者等。

4. 中央银行或货币当局

各国的中央银行或货币当局都持有相当数量的外汇余额作为国际储备的重要构成部分，并承担维护本国货币汇率稳定的职责，所以中央银行参与外汇市场交易的目的是对外汇市场进行干预，将本国货币的汇率稳定在一个希望的水平上，减少由国际短期资本流动造成的本国货币汇率剧烈波动。中央银行的外汇市场干预活动通常通过外汇经纪人或外汇银行进行。

相对而言，中央银行在外汇市场上的交易量并不是很大，但它对汇率走势的影响举足轻重。这是因为外汇市场上的其他参与者都密切关注中央银行的举动，以便及时获取政府宏观经济决策的有关信息。中央银行的一举一动都会影响外汇市场上的各种参与者对汇率的预期。

（二）外汇市场的交易层次

按交易对象的不同，外汇市场可分为三个层次。

1. 第一层市场

第一层市场是外汇银行与一般客户间的外汇交易市场，又称零售市场，属于代客交易。外汇银行通过增减其在海外分支行或国外代理行中有关币种存款账户上的外汇资金余额，代客户买卖外汇，银行赚取外汇买卖差价。此外，它也直接收兑不同国家的货币现钞。

2. 第二层市场

第二层市场是银行与银行间的同业外汇交易市场，又称批发市场。银行在为客户提供中介服务的过程中，会出现各种外汇头寸缺口，由于汇率的波动会对外汇头寸缺口产生风险，因此外汇银行就会在出现多头时进入外汇市场抛售外汇，在出现空头时进入外汇市场购买外汇，以调节外汇头寸。

此外，银行还出于投机、套利、套汇等目的主动建立外汇头寸，进行同业间更大规模的外汇交易。一般来说，银行间外汇交易的买卖价差小于银行与客户间的买卖价差。

3. 第三层市场

第三层市场是中央银行与外汇银行间的外汇交易市场，主要是指中央银行为稳定汇率而进行的外汇交易。中央银行通过与外汇银行间的外汇买卖，影响外汇的供求关系，使汇率稳定在某一期望的水平上。例如，当某种外汇的汇率低于期望的水平时，中央银行就会从外汇银行买入该种外汇，增加对该外汇的需求，从而促使该外汇汇率回升到期望的水平；反之，当某种外汇的汇率高于期望的水平时，中央银行就会向外汇银行卖出该种外汇，增加对该外汇的供给，从而促使该外汇汇率回落到期望的水平。

三、世界主要外汇市场

目前，世界上最重要的外汇市场是伦敦、纽约、东京、新加坡、中国香港、苏黎世、巴黎和法兰克福外汇市场等。下文将详述前五个外汇市场。

（一）伦敦外汇市场

伦敦外汇市场因其历史最悠久和交易规模最大而成为久负盛名的国际外汇市场。在第二次世界大战前，由于英镑是当时最主要的国际货币，大量的外汇业务使伦敦外汇市场在世界上独占鳌头。在第二次世界大战后，虽然英国开始衰落，但由于其在历史上建立起来的国际金融关系和信誉及长期积累起来的业务经验和技术，伦敦仍不失为世界上最重要的外汇市场。目前，其外汇交易量仍居国际外汇市场首位，承担着近40%的全球外汇交易，日均交易量超过紧随其后的纽约外汇市场三倍。

伦敦外汇市场是一个典型的无形市场，它没有固定的交易场所，只是通过电话、电传、电报完成外汇交易。在伦敦外汇市场上的外汇交易类别有即期外汇交易、远期外汇交易和外汇掉期交易等。在伦敦外汇市场上交易的货币几乎包括所有的可兑换货币，规模最大的是英镑兑美元的交易，其次是英镑兑欧元和日元的交易。此外，像美元兑欧元、欧元兑日元、日元兑美元等多边交易，在伦敦外汇市场上也普遍存在。

由于伦敦外汇市场所在的时区处于东京和纽约之间，其一天24小时都能和这两个主要的外汇市场进行交易。

（二）纽约外汇市场

纽约外汇市场的交易量仅次于伦敦外汇市场。在第二次世界大战后，美国的经济实力大增，对外经济关系迅速发展，美元取代英镑，成为世界上最主要的储备货币和清算手段，纽约外汇市场就成了全世界美元交易的清算中心，它不但是美国国内外汇交易中心，而且是世界各地外汇结算的枢纽。

纽约外汇市场也是一个无形市场，其货币结算均通过纽约地区银行同业清算系统和联邦储备银行支付系统进行。由于美国没有外汇管制，对经营外汇业务没有限制，政府也不指定专门的外汇银行，因此几乎所有的美国银行和金融机构都可以经营外汇业务。但纽约外汇市场的参加者仍以商业银行为主，包括50余家美国银行和200多家外国银行在纽约的分支机构、代理行及代表处。

纽约外汇市场的汇率报价既采用直接标价法（美元兑英镑），又采用间接标价法（美元兑欧洲各国货币和其他国家货币），以便在世界范围内进行美元交易。其交易货币主要有欧元、英镑、加拿大元、日元等。

（三）东京外汇市场

随着日本经济的不断发展及经济地位的提高，东京外汇市场的规模不断扩大，已成为仅次于伦敦和纽约的第三大国际外汇市场。与伦敦外汇市场和纽约外汇市场相似，东京外汇市场也是无形市场，交易者利用电话、电报等通信设施完成交易。

从交易货币上看，东京外汇市场上的币种比较单一，主要是日元兑美元和日元兑欧元的交易，其中日元兑美元的交易占交易总额的60%以上。从交易品种上看，掉期业务比较活跃，占外汇市场交易量的60%以上，而即期交易、远期交易所占的比重较小。

（四）新加坡外汇市场

新加坡外汇市场是全球第四大外汇市场，日均交易量仅次于东京外汇市场。

新加坡外汇市场是一个无形市场，除了保持现代化通信网络外，还直接同纽约的CHIPS（Clearing House Interbank Payment System，即纽约清算所银行同业支付系统）和欧洲的SWIFT（Society for Worldwide Interbank Financial Telecommunications，即环球同业银行金融电讯协会）系统连接，因而其货币结算功能十分方便。新加坡外汇市场的交易以美元为主，占交易总额的85%左右。该市场中的大部分交易都是即期交易，掉期交易及远期交易合计占交易总额的1/3；汇率均以美元报价，非美元货币间的汇率通过套算求得。新加坡地处欧、亚、非三洲交通要道，时区优越，上午可与香港、东京、悉尼等市场进行交易，下午可与伦敦、苏黎世、法兰克福等欧洲市场进行交易，中午还可同中东的巴林进行交易，晚上可同纽约进行交易。根据交易需要，新加坡外汇市场一天24小时都可同世界各地区进行外汇买卖。

（五）香港外汇市场

1973年香港取消外汇管制后，国际资本大量流入，致使香港外汇市场日趋活跃，并得到迅速发展。作为世界第五大外汇交易中心的香港外汇市场也是无形市场，通过现代化通信设施进行交易，没有固定的交易场所。

香港外汇市场由两部分构成：一是港元兑外汇的市场，包括美元、日元、欧元、英镑、加拿大元、澳大利亚元等主要货币和东南亚国家的货币，其中当然包括人民币。二是美元兑其他外汇的市场。在香港外汇市场中，港元与其他外币不能直接兑换，必须通过美元套购。美元是所有货币兑换的交易媒介，所有货币都需要先换成美元，再由美元折成所需货币。

此外，香港外汇市场与伦敦、纽约外汇市场保持着密切的联系，只要欧美外汇市场上有新的外汇业务，很快就会传到香港外汇市场。因此，香港外汇市场上的金融创新品种比较多。

第二节　传统的外汇交易业务

传统的外汇交易业务包括即期外汇交易、远期外汇交易和掉期交易，它们构成了外汇市场上最基本的业务，基本能满足国际贸易、结算、信贷融资及风险管理的需求。

一、即期外汇交易

（一）即期外汇交易概述

1. 即期外汇交易的概念

即期外汇交易（spot exchange transaction）又称现汇交易，是指交易双方以当时外汇市场的价格（即期汇率）成交，并在成交后的两个营业日内办理有关货币收付交割的外汇交易，是最基本的外汇交易形式。

2. 即期外汇交易的交割日

交割是指在外汇交易中，购买外汇的一方付出本币、收进外币，出售外汇的一方付出外币、收进本币的行为。结算日又称有效起息日（value date），是进行资金交割的日期。银行同业间外汇即期交易的交割日主要有三种类型：

（1）标准交割（value spot，VAL SP），是 T+2 交割，是指在即期交易成交后的第二个营业日交割。伦敦、纽约、苏黎世等外汇市场都采用这种方式。

（2）隔日交割（value tomorrow，VAL TOM），是 T+1 交割，是指在即期交易成交后的第一个营业日进行交割。新加坡、马来西亚、加拿大等外汇市场采用这种方式。

（3）当日交割（value today，VAL TOD），即 T+0 交割，是指在即期交易成交当日进行交割。中国香港市场的美元兑港元的即期交易就是当日交割。

但是，无论是哪种交割日规定，如果遇到法定节假日，交割期均顺延。

3. 即期外汇交易的结算方式

即期外汇交易的结算方式有信汇、票汇和电汇三种。其中，大部分交易采取电汇方式。

（二）即期外汇交易的报价与交易程序

1. 即期外汇交易的报价

在即期外汇市场上，通常把提供交易价格的机构称为报价者，一般是指外汇银行；将向报价者索价并在报价者提供的即期外汇价格上与报价者成交的外汇经纪人、其他外汇银行等称为询价者。

在即期外汇交易中，外汇银行的报价有以下几个惯例：

第一，外汇银行的报价一般都采用双向报价方式，即银行同时报出买入价和卖出价，两者的差额称为差价。汇率一般由 5 位有效数字组成，包括大数（the big figure）和小数（the small figure）两部分。大数是汇价的基本部分，通常交易员不会报出，只有在证实交易时或汇率波动较为剧烈的市场上才会报出；小数是指汇价的最后两个数字。

例如，某银行的外汇牌价为 EUR/USD=1.198 1/1.198 6。斜线左边的货币称为基准货币，右边的货币称为标价货币。在本例中，基准货币是欧元，标价货币是美元。1.19 是大数，81 和 86 是小数，81 与 86 之间的差额称作差价。

第二，在即期外汇交易中，报价的最小单位为基点（basic point），即标价货币最小价格单位的 1%。

第三，除特殊标明外，货币的报价均是针对美元，即所报货币与美元的比价。

第四，大部分货币的汇率报价均采用直接报价法，只有英镑、爱尔兰镑、新西兰元和澳大利亚元采用间接报价法。

2. 即期外汇交易的交易程序

即期外汇交易主要通过双边交易的方式达成，并按一定的固定程序来进行。这些程序包括：

（1）询价。当一家外汇交易银行接到客户的委托，要求代为买卖外汇或银行自身因调整外汇头寸而买卖外汇时，交易员首先要通过电话或电传方式向其他银行进行询价。询价时通常要自报家门，以便对方做出交易对策，但询价时不能透露出自己的买卖意图，以避免对方抬高价格或压低价格。

（2）报价。当一家外汇交易银行接到询价时，一般被要求做出回答，即报价。在报价时，银行要同时报出买价和卖价，并且通常只报出买价和卖价的最后两位数。在报价时必须遵守“一言为定”的原则，只要询价方愿意按报价进行交易，报价行就不得反悔或变更。

（3）成交。当报价方报出价格后，询价方必须给予回答，明确表示是否买进或卖出。若不满意报价，询价方可回答“Thanks，Nothing”表示谢绝，则该报价对双方无效；若接受报价，则需要说明买卖的方向和数量。

（4）证实。在报价行做出交易承诺时，通常给对方的答复是“OK，Done”。然后，对买卖双方交易的货币、汇率、金额、起息日期、结算方法及银行账户信息等予以确认。

（5）交割。双方的交易员需要将交易的文字记录交给后台交易员，后台交易员根据交易要求指示其代理行将卖出的货币划入对方指定的银行账户。

表 5-1 归纳了一个简单的即期外汇交易程序。

表 5-1 即期外汇交易程序实例

交易语言	含义解释
A：GBP 5 Mio	A（银行）询价：英镑兑美元，金额为 500 万英镑
B：1.577 3/78	B（银行）报价：价格为 GBP 1=USD 1.577 3/78
A：My Risk	A 不满意 B 的报价，在此价格下不做交易，即此价格不再有效，A 可以在数秒之内再次向 B 询价
A：NOW PLS	A 再次向 B 询价
B：1.577 5 Choice	B 以 1.577 5 的价格任 A 选择要买或卖
A：Sell PLS My USD To A NY	A 选择卖出英镑，金额为 500 万英镑 我的美元请汇入 A（银行）的纽约账户
B：OK Done at 1.577 5 I Buy GBP 5 Mio AGUSD Val May-20 GBP To My London TKS for Deal，BIBI	B 的此交易已成交 在 1.577 5 的价格上我买入 500 万英镑，交割日为 5 月 20 日 我的英镑请汇入伦敦的英镑账户，谢谢惠顾，再见

（三）即期外汇交易运用的套汇交易

套汇交易（arbitrage transaction）是电汇业务的一种特殊运用，因此它属于一种即期外汇交易。

1. **套汇交易的定义**

套汇交易是指在不同的时间（交割期限）、不同的地点（外汇市场）利用汇率或利率上的差异进行外汇买卖，以防范汇率风险和谋取套汇收益的外汇交易活动。根据价格差异的不同种类，套汇可分为地点套汇和时间套汇。

地点套汇（space arbitrage）是指套汇者利用不同外汇市场之间的汇率差异，同时在不同的地点进行外汇买卖，以赚取汇率差额的一种套汇交易。地点套汇又可分为直接套汇和间接套汇两种。

时间套汇（time arbitrage）是指套汇者利用不同交割期限所造成的汇率差异，在买入或卖出即期外汇的同时，卖出或买入远期外汇，通过时间差来营利的套汇方式。时间套汇实质上就是掉期交易，不同的只是时间套汇侧重于交易动机，而掉期交易侧重于交易方法（详见本节的掉期交易）。

此处先重点介绍地点套汇。

由于世界各地的外汇市场是密切联系的，各市场的汇率通常十分接近。但是，有时在不同的外汇市场上，外汇汇率在很短的时间内会因为种种原因而出现较大差异，从而引起外汇投机者追逐外汇差价的活动，这就是地点套汇活动。从事套汇交易的大多数是资金雄厚的大银行或设有专门外汇交易部门的大公司，它们能在较短时间内运用大笔资金。这样，即使汇差很小，但由于买卖外汇的数额较大，也可以获得丰厚的利润。

套汇交易都是利用电汇进行的，因为汇差的存在是较短时间的事，套汇活动将使汇差很快消失或减至极小。所以严格说来，套汇交易属于即期外汇交易的延伸。

2. **地点套汇交易的种类**

地点套汇交易可分为直接套汇和间接套汇。

（1）直接套汇（direct arbitrage）又称两角套汇（two points arbitrage），是指利用同一时间两个外汇市场的汇率差异进行贱买贵卖，以赚取汇率差额的外汇买卖活动。其交易的准则是：在汇率较低的市场买进，同时在汇率较高的市场卖出，即“贱买贵卖”。

例如，在某一时点，外汇市场的行情如下：

纽约外汇市场：£1＝$1.554 0/90
伦敦外汇市场：£1＝$1.551 0/30

由此可见，英镑在纽约外汇市场上比在伦敦外汇市场上贵，投资者此时套汇，即可获得收益。具体套汇路线是：在纽约外汇市场卖出英镑，在伦敦外汇市场买入英镑。在纽约外汇市场以£1＝$1.554 0（外汇买入价，客户卖英镑相当于银行买英镑，用外汇买入价）的价格卖出英镑、买入美元；与此同时，在伦敦外汇市场以£1＝$1.553 0（外汇买入价，客户卖出美元、买进英镑，相当于银行买进美元，用外汇买入价）的价格卖出美元、买进英镑，则每1英镑经过转手可得差价0.000 6英镑（＝1.554 0/1.553 0−1）。若投机者动用1 000万英镑进行套汇，则可获毛利6 000英镑。

（2）间接套汇（indirect arbitrage）又称三角套汇（three points arbitrage）或多角套汇（multiple points arbitrage），是指利用三个或多个不同地点的外汇市场中三种或多种货币之间的汇率差异，同时在这三个或多个外汇市场上进行外汇买卖，以赚取汇率差额的一种外汇交易。

相对于直接套汇来说，间接套汇比较复杂。其中一点是投资者在进行间接套汇时，必须先判断一下是否有套汇的机会，然后再确定套汇路线。

例 5-1

在某一时点，外汇市场的行情如下：

纽约外汇市场：＄1＝€0.804 0－0.810 0(间接标价法)

法兰克福外汇市场：￡1＝€1.447 0－1.449 0(直接标价法)

伦敦外汇市场：￡1＝＄2.004 0－2.005 0（间接标价法）

某投机者准备投入 1 000 万美元套汇，那么他在这三个市场上套汇是否可行？如果可行的话，应该怎么运作？收益如何？

解：套汇步骤如下：

第一步，判断是否存在套汇机会。判断三地的汇率有无差异的方法有两种：一是将各外汇市场的汇率统一成同一标价法，并将基准货币均统一成 1，然后将三个汇率同边相乘（买入价与买入价相乘，卖出价与卖出价相乘）。如果乘积为 1，说明不存在套汇机会；如果乘积不为 1，说明存在套汇机会。

在本例中，可将法兰克福外汇市场的汇率转换成间接标价法，即

€1＝￡1/1.449 0－1/1.447 0＝￡0.690 1－0.691 1

然后，买入汇率的乘积为：

0.810 0×0.691 1×2.005 0＝1.122 4≠1

因此存在套汇机会。

另一种简化方法是，先算出中间汇率，然后将中间汇率相乘。如果乘积为 1，说明不存在套汇机会；如果乘积不为 1，说明存在套汇机会。在本例中，中间汇率分别为：纽约外汇市场，＄1＝0.807 0；法兰克福外汇市场，￡1＝1.448 0；伦敦外汇市场，￡1＝＄2.004 5。由于

0.807 0×1.448 0×2.004 5＝2.342 3≠1

所以存在套汇机会。

第二步，确定套汇路线。先用其中的两个汇率套算出交叉汇率，再比较交叉汇率与第三个汇率的差异，以确定套汇路线。在本例中，可依据法兰克福外汇市场和伦敦外汇市场的汇率计算出美元兑欧元的交叉汇率为：

＄1＝1.447 0/2.005 0－1.449 0/2.004 0＝0.721 7－0.723 1

通过比较发现，美元在纽约外汇市场上比在伦敦外汇市场上贵。因此，套利的切入点是在纽约外汇市场卖出美元，此后的路线就沿着货币的汇率走下去即可。具体操作是：在纽约外汇市场将美元卖出、换成欧元（相当于客户用美元买欧元，用外汇卖出价 0.804 0），再在法兰克福外汇市场将欧元卖出、换成英镑（相当于客户用欧元买英镑，用外汇卖出价 1.449 0），最后在伦敦外汇市场将英镑卖出、换成美元（相当于客户用

英镑买美元，用外汇卖出价 2.004 0)。

这样，1 单位美元套汇的毛利润为：

(0.804 0/1.449 0)×2.004 0－1＝0.112(美元)

如果动用 1 000 万美元套汇，则毛利润为：

1 000×0.112＝112(万美元)

同理，可以先在伦敦外汇市场用英镑买入美元，最后在纽约外汇市场卖出美元、买回英镑，其结果一样。这是遵循了“贱买贵卖”的原则，而上面的套汇是遵循了“贵卖贱买”的原则。

当然，套汇业务是要花费电传费用、佣金等套汇成本的，因而套汇利润必须大于套汇成本才会有利可图。事实上，在实务操作中，外汇银行单纯依靠两地的汇差进行套汇的机会越来越少了。因为电信技术日益发达，不同外汇市场的汇差会同时被各国银行发现，因而其差价会随着买卖的增加而逐渐消失。

二、远期外汇交易

（一）远期外汇交易的定义

远期外汇交易（forward exchange transaction）又称期汇交易，是指买卖外汇的双方事先签订合同，约定在未来某一特定时间按照协议汇率（远期汇率）进行外汇实际交割的外汇交易。远期外汇交易的本质是交易者期望锁定未来的交易价格（远期汇率一旦确定就不再变化），以便到期按照已经锁定的汇率进行交割，从而避免汇率波动的风险。远期外汇交易的期限通常为 1 个月、3 个月、6 个月、1 年。除此之外，还有不规则日期的交易（如 10 天、1 个月零 9 天、2 个月零 15 天等）。

（二）远期外汇交易交割日的确定

远期外汇交易的交割日是按即期交易的标准交割日后的整月或整月的倍数计算的。比如 4 月 23 日达成的 3 个月远期交易，因为即期交易的标准交割日是 4 月 25 日，所以 3 个月远期交易的交割日是 7 月 25 日。但是，我们要注意以下惯例：

1. “顺延”的惯例

例如，7 月 8 日达成交易，如果是即期交易，则是 7 月 10 日交割；若是 1 个月的远期交易，则是 8 月 10 日交割。如果 8 月 10 日恰好是节假日，则推迟到下一个营业日交割。

2. “回推”的惯例

回推是指不跨月：当远期外汇交割日遇上节假日顺延时，不能跨过交割日所在月份，而是回推到前一营业日。例如，3 个月远期交易的交割日是 9 月 30 日，如果这天是星期天，则回推到 9 月 28 日交割，不能推到下个月。

（三）远期外汇交易的分类

远期外汇交易可以分为四个基本的种类：一是固定交割日的远期外汇交易；二是择期外汇交易；三是无本金交割远期外汇交易；四是超远期外汇交易。

1. **固定交割日的远期外汇交易**

通常所说的远期外汇交易，如果没有特别说明，都是指这种远期外汇交易，即交易双方事先约定在未来某个确定的日期办理货币收付的远期外汇交易。利用这种交易方式的进出口商或其他远期外汇交易者，必须确切知道自己在什么时间会收到外汇或支付外汇。

2. **择期外汇交易**

择期外汇交易（optional forward exchange）是指交易的一方（通常是非银行客户）可在成交日的第三天起至约定期限内的任何一个营业日，要求交易的另一方（通常是外汇银行）按照双方约定的远期汇率进行交割的远期交易。因此，择期外汇交易其实是期权（选择权）与远期的结合，是对远期交易的一种创新，只是这里选择的是“何时交割”，但不能选择放弃交割，因为远期合约是必须交割的。择期外汇交易为客户进行资金调度提供了较大的灵活性。

例如，某进口商在签订进口产品合同后，一时不能确定将来支付货款的确切日期，只知大致在该年的 6 月中旬。为了防止将来汇率上升的风险，该进口商在 5 月 12 日与银行签订了购买 1 个月远期外汇的择期合同。合同签订后，该进口商可以根据进口货款的需要，在 5 月 15 日与 6 月 15 日之间的任何一天，通知银行按照合同规定的远期汇率办理交割。

择期外汇交易的特点是：①择期外汇交易在交割日上对顾客较为有利，能够保证顾客及时付款或收汇，从而避免了远期外汇交易交割日固定不变的缺点。②择期外汇交易的成本较高。因为在确定择期外汇交易的汇率时，银行必须考虑到客户可能在最坏的时机进行交割，所以银行要对报价进行调整。银行选择交割汇率的原则是将从择期开始到结束最不利于客户的汇率作为择期外汇交易的汇率。对客户最不利的汇率是选择期第一天或最后一天的汇率。具体说来，当远期外汇升水时，买入价选用择期第一天的外汇买入汇率，卖出价选用择期最后一天的外汇卖出汇率；当远期外汇贴水时，买入价选用择期最后一天的外汇买入汇率，卖出价选用择期第一天的外汇卖出汇率。

例如，英国某进口商在 6 月 28 日从美国进口价值 100 万美元的货物，他预计可在 3 个月内付款，但很难确定具体日期。因此，该进口商在签订贸易合同时，与银行签订了一份择期美元买入合约，择定期限为 3 个月。假定 6 月 28 日伦敦外汇市场的美元报价（间接标价法）如下：

	GBP/USD
即期汇率	1.555 0/90
1 个月远期	39/36
2 个月远期	81/77
3 个月远期	123/119

在上述汇价表中，英镑是单位货币，美元是计价货币，根据第二章远期汇率的报价方法可知，远期点数前大后小，用减法计算远期汇率。在间接标价法下，这表明外汇升水；在本例中，即表明美元外汇远期升水。银行卖出的是美元，即银行卖出的是升水货币，因此银行会选择最后一天的远期卖价，也就是 3 个月远期美元的卖价：

1.555 0−0.012 3=1.542 7

即

GBP 1=USD 1.542 7

银行与客户签订的择期交易合约将在£1=＄1.542 7 的汇率上交割，进口商的进口成本为：

100/1.542 7=64.821 4(万英镑)

择期交割的选择权在询价方，报价方为了补偿资金调度和价格变动风险，要报出对自己有利的汇率。

询价方得到选择交割日的权利是以放弃价格上的好处为代价的，所以询价方应根据业务需要确定合理的交割日期，应尽可能缩短择期的天数，以减少择期成本。

3. 无本金交割远期外汇交易

无本金交割远期外汇（non-deliverable forward，NDF）交易又称非交割远期合约(non-deliverable forward contract)，是新兴市场国家货币频繁使用的一种远期合约。它是指买卖双方在签订远期合约时，事先确定交易规模、交易日期和汇率（远期汇率），但在交割时并不进行协议货币的实际交割，而是根据远期汇率与即期汇率的差额，用可自由兑换货币（通常是美元）进行净额结算的一种远期交易。因此，NDF 交易并不是不交割，只是不进行本金交割，是对协议货币的远期差价用其他可自由兑换货币进行交割。这与普通的远期实物全额交割有很大的不同。

由于新兴市场经济体的外汇市场不够发达，或对远期外汇交易有限制，或货币本身不可兑换等，NDF 交易一般都发生在境外（即离岸交易），不在国内金融监管当局的管辖范围之内。它起源于巴西雷亚尔，20 世纪 90 年代中后期在南美、东欧及东南亚地区交易活跃，目前亚洲地区的人民币、韩元、新台币等货币的 NDF 交易也相当活跃。

NDF 交易具有以下几个特点：

第一，交易对象为自由兑换受限制货币。在普通的远期外汇交易中，合约中的两种货币都是可自由兑换货币，如美元兑日元、美元兑欧元等，而 NDF 交易通常以自由兑换受到限制的货币为本金，包括不可自由兑换货币（如人民币），或者是原先可自由兑换，但在金融危机的影响下重新限制资本流动的货币（如泰铢、菲律宾比索等）。也有部分货币虽可以自由兑换，但由于国内市场小、缺少有效规避汇率风险的工具，而使用离岸市场来规避风险。

第二，交易形式主要为离岸交易。由于交易货币的兑换受到限制，为减少限制，该交易一般在国外市场上采取非公开离岸交易形式。目前，NDF 交易主要发生在中国香港、新加坡、伦敦等金融发达、管制较少的国际金融中心，如人民币的无本金交割远期外汇交易主要分布于中国香港和新加坡。

第三，交易的实质是对汇率进行预测。与普通的远期外汇交易一样，NDF 交易也要对有关汇率进行预测。与普通远期外汇交易不同的是，由于涉及不可自由兑换货币，它的汇率预测更依赖于对政府政策的判断。因此，NDF 交易有一定的周期性，一般在一国货币汇率波动较大或政策不稳定时，通过 NDF 交易来规避风险的需求就大大增加，而在政策稳定、汇率波动平稳时，NDF 交易便趋于萎缩。

第四，交割形式为以自由兑换货币进行汇率差额交割。NDF 交易的本金兑换往往受到限制，只能用美元等自由兑换货币对远期汇率与即期汇率之间的差额进行交割，从而避免了本金货币存在的兑换风险。因此，从交割形式来看，它有点像期货交易，但在其他方面则类似于普通的远期合约。

4. 超远期外汇交易

超远期外汇交易是指交割日在一年以上的远期外汇交易，单笔最低交易金额为 100 万美元或等值其他货币。它能满足客户锁定期限在一年以上的负债汇率风险管理的需要，其他内容与远期外汇交易无差异。

（四）远期外汇交易的运用

1. 远期套期保值

远期套期保值（forward hedging）是指卖出（或买入）与所持有的（或所承担的）外币资产（或负债）金额相等、期限匹配的远期外汇，以避免汇率波动的风险，从而达到保值目的的外汇交易，又称抛补保值或套头交易。

一般来说，未来有外汇收入并预期外汇贬值，且预期未来即期汇率低于远期汇率时，通过远期交易出售外汇，便可锁定未来的收益。反之，未来有外汇支出并预期外汇升值，且预期未来即期汇率高于远期汇率时，通过远期交易买进外汇，便可锁定未来的支出。

此外，在进行外汇远期套期保值且双方签订合同后，无须立即支付外汇或本国货币，而是到远期合约到期时才进行交割。这一时期的履约信用靠客户来维持。对企业而言，该交易的成本较低，是最有效的一种避险工具，但对银行而言，企业的信用难以估计、交易风险较大，所以远期外汇交易的实质是进出口商把汇率波动的风险转嫁给银行。

例如，我国某外贸公司从美国进口一批价值为 250 万美元的机械设备，合同规定以美元计价支付，3 个月后结算。假设现在的美元汇率卖出价为 USD 1＝RMB 6.2。如果汇率不变，在合同到期后，外贸公司需要支付 1 550 万元人民币（＝250×6.2）。但是，3 个月后的美元汇率很可能发生变化，假如变为 USD 1＝RMB 6.4，则外贸公司要购买 250 万美元，就需要支付 1 600 万元人民币（＝250×6.4），即进口成本增加了 50 万元人民币。这就是汇率波动带来的风险。

如果该外贸公司在订立购货合同时就与银行签订远期合约，约定以 USD 1＝RMB 6.3 的 3 个月远期汇率购买 250 万美元，那么 3 个月后无论汇率发生什么变化都与该外贸公司无关，它可以根据远期合约，用1 575万元人民币（＝250×6.3）购买250万美元并支付给外方。这样既避免了外汇风险，又有利于其成本核算。

企业还可以通过灵活运用远期汇率进行进出口报价来达到保值目的。

例5－2

某日纽约外汇市场的汇率为：

	即期汇率	3个月远期
美元/瑞士法郎(间接标价法)	1.603 0/40	贴水　125－135

我国某公司向美国出口机床，原先约定即期付款，每台报价2 000美元。现在美国进口商要求以瑞士法郎（SF）报价，并于货物发运后3个月付款。在不考虑资金成本的情况下，我国公司应报多少瑞士法郎？

解：在远期汇率表中，升水货币就是增值货币，贴水货币就是贬值货币。在出口贸易中，国外进口商以延期付款方式支付时，要求我方以两种外币报价。若以升水货币报价，则可按原价报出；但若以贴水货币报价，应按该货币贴水后的汇率（远期汇率）来报价，以减少贴水损失。

第一步，计算瑞士法郎的3个月远期汇率：

(1.603 0＋0.012 5)－(1.604 0＋0.013 5)＝1.615 5－1.617 5

第二步，由于3个月后收款，瑞士法郎又贴水，故需要用远期汇率锁定兑美元的汇率，从而避免汇率风险，即应按贴水后的远期汇率折算。

第三步，按远期汇率的买入价进行折算。因为原报美元，现在改报SF，相当于将来要向银行卖瑞士法郎外汇换成美元，即用SF外汇买入价或美元卖出价进行折算：

2 000×1.617 5＝3 235(瑞士法郎)

即应报3 235瑞士法郎/台。

例5－3

我国某公司出口机床，原报价为每台1 150英镑、6个月收汇。某日，客户要求改报丹麦克朗，当日伦敦外汇市场的汇率为：

	即期汇率	贴水年率
英镑/丹麦克朗	9.454 5/75	3.17％

该公司的机床应报多少丹麦克朗？

解：远期贴水年率就是外国货币的贬值年率，出口商在根据即期汇率将升水货币换算成贴水货币的同时，应将一定时期内的贴水年率加在折算后的货价上，以抵补货币远期贴水造成的损失。

第一步，先将原英镑报价按即期汇率折算为丹麦克朗价（原报英镑，现在要报克朗，相当于要将克朗外汇卖出，兑换成英镑，故要用克朗买入价折算，也就是用英镑卖出价折算）：

1 150×9.457 5=10 876.125(丹麦克朗)

第二步，由于丹麦克朗在 6 个月后的贴水年率为 3.17%，因此应将贴水年率加在货价上，所以该公司的对外报价为：

10 876.125(1+3.17%×6/12)=11 048.512(丹麦克朗)

即应报价 11 048.512 丹麦克朗/台。

---

2. **远期投机**

远期外汇交易还为外汇投机者牟取投机利润提供了工具，即利用他对远期汇率的预测，通过对远期外汇的买卖来赚取相当于未来即期汇率与事先确定的远期汇率之差的利润。一般来说，若预期将来的外汇汇率低于远期汇率，则可与银行签订卖出远期外汇的合约，到期时从市场上低价买进外汇，再高价卖给银行，赚取未来即期汇率与远期汇率之间的差价。

由于投机者在签订远期合约时只需要缴纳一定比例的保证金，无须付现，因此利用远期外汇交易进行投机并不需要雄厚的资金，可以“以小博大”。投机交易主要有以下两种：

（1）买空交易（buy long）。如果投机者预期某种货币将升值，就在外汇市场上趁外币价格相对较低时，先行预约买进该种货币的远期，到期该货币汇率果真上升时，投机者就按上升的汇率卖出该货币现汇来交割远期，从中赚取投机利润。由于这种投机者只是在到期日收付汇价涨落的差额，一般不具有实际的交割资金，故称“买空”或称“多头”（bull）。

例如，在法兰克福外汇市场上，如果某德国外汇投机商预测英镑兑美元的汇率将会大幅上升，他就可以做买空交易，先以当时的£1=＄1.555 0 的 3 个月远期汇率买进 100 万 3 个月远期英镑；然后，在 3 个月后，当英镑兑美元的即期汇率猛涨到£1=＄1.755 0 时，他就按远期汇率买进英镑，然后在即期市场上卖出英镑。轧差后，他就会获得 20 万美元［=100×(1.755 0−1.555 0)］的投机利润。

当然，若交割日市场即期汇率的变动与投机者的预期相反，投机者将会遭受损失。若 3 个月后，市场即期汇率为£1=＄1.455 0，则该投机者将遭受 10 万美元的损失。

（2）卖空交易（sell short）。当投机者预测某种外币将贬值或汇率将大幅下跌时，就在外汇市场趁其汇率相对较高时，先行预约卖出远期外汇。到期后，如果该货币的汇率果真下跌，投机者就可按下跌的汇率买进外币现汇来交割外币远期，从中赚取差价利润。由于投机者在卖出远期外汇时自己手边实际上并没有外汇，故称“卖空”或称“空头”（bear）。

例如，在东京外汇市场上，某年 3 月 1 日，某日本投机者判断美元在 1 个月后将贬值。因此，他立即在远期外汇市场上以 1 美元兑 110.03 日元的价格卖出 1 个月期的 1 000 万美元，交割日是 4 月 1 日。到 4 月 1 日时，即期美元的汇率不跌反升，为 1 美元兑 115.03 日元。该日本投机者在即期外汇市场上购买 1 000 万美元现汇交割远期合约，结果遭受了 5 000 万日元[=1 000×(115.03−110.03)]的损失。

由此可见，远期外汇投机具有很大的风险，一旦投机者对汇率的预测发生错误，就会遭受巨大损失。

三、掉期交易

（一）掉期交易的定义

1. 什么是掉期交易

从广义上讲，掉期交易（swap transaction）应属于套汇的一种，又称“时间套汇”，是指交易者在买进或卖出一种货币的同时，卖出或买进同一币种、同一数量但不同交割日的外汇，以避免外汇风险或者套取汇率、利率差额的外汇交易。掉期交易与即期交易和远期交易有所不同。即期交易与远期交易是单一的，要么做即期交易，要么做远期交易，两者并不能同时进行。因此，通常也把它们叫作单一的外汇买卖，主要用于银行与客户的外汇交易之中。此外，为了将掉期交易与远期外汇交易相区别，习惯上将单纯做一笔远期而不同时做掉期的远期交易称为“单边远期”（outright forward）。掉期交易的操作涉及即期交易与远期交易的同时进行，故称为复合的外汇交易，主要用于银行同业之间的外汇交易。一些大公司也经常利用掉期交易进行套利活动。

掉期交易的特点是：

（1）买与卖是有意识地同时进行的。

（2）买与卖的货币种类相同、金额相同。

（3）买卖交割期限不相同。交易者所持货币的期限结构发生了变化，所以称为“时间套汇”。例如，某公司按 1 英镑兑 1.555 0 美元的即期汇率卖出 100 万美元；与此同时，按 1 英镑兑 1.557 5 美元的远期汇率买进 3 个月期的 100 万美元。

买卖方向相反，买卖数额相同，交割期不同。

它改变的不是交易者手中持有的外汇数额，而是货币期限，这就是“掉期”的含义所在。

2. 掉期交易与套期保值和互换的区别

（1）掉期交易与套期保值。从本质上说，套期保值与掉期交易并没有差异。因为在套期保值中，两笔交易的交割期限不同，而这正是掉期交易的确切含义所在。凡利用掉期交易的操作，同样可获得套期保值的利益。但在操作上，掉期交易与套期保值仍有区别：①在套期保值中，两笔交易的时间和金额可以不同，而掉期交易改变的只是时间，交易的金额不变。②套期保值的现货与期货交易并不是与同一对手进行的，而绝大部分掉期交易是针对同一对手进行的。

（2）掉期交易与互换。掉期交易与互换（详见第六章）的英文都是“swap”，容易混淆，实际上两者有很大的区别：①合约与交易的区别。掉期交易是外汇市场上的一种交易方法，是指对期限不同但金额相同的同种外汇做两笔反方向的交易，它没有实质的合约，更不是一种衍生工具，而互换有实质的合约，是一种重要的衍生工具。②有无专门市场的区别。掉期交易在外汇市场上进行，本身没有专门的市场，而互换在专门的互换市场上进行。③交易机构的区别。掉期交易是指一家机构同时买进和卖出金额相同但期限不同的外汇，而互换是指两家机构之间的交易。例如，你现在手里有 80 万英镑，但你需要用 100 万美元 3 个月；另一个机构手里有 100 万美元，但需要用 80 万英镑 3 个月。此时，两家机构可以进行互换（设 100 美元兑 80 英镑），期限为 3 个月，在 3 个月后再交换回来，两家机构的账面在互换期间没有变化。因此，互换都是表外进行的，对目前的资产结构没有影响，所以其应用比较广泛。

（二）掉期交易的种类

按交易对象划分为两类：纯粹掉期（pure swap）和制造掉期（engineered swap，manufactured swap）。前者是指交易者与同一交易对手同时进行两笔数额相同、方向相反、交易目的不同的外汇交易。纯粹掉期的成本较低，是最常用的掉期方式。后者又称分散掉期，它是由两笔分别单独进行的交易组成的，每笔交易分别与不同交易对手进行。例如，A 向 B 卖出即期美元的同时，向 C 买进远期美元。

按掉期的期限分为三类：即期对即期、即期对远期、远期对远期。

1. 即期对即期的掉期交易

即期对即期的掉期交易（spot-spot swaps，spot against spot swap）又称“一日掉期”（one-day swap），是指两笔数额相同、交割日相差一天、方向相反的外汇掉期交易。一日掉期主要用于银行同业的隔夜资金拆借，其目的在于避免进行短期资金拆借时因剩余头寸或短缺头寸的存在而遭受汇率变动的风险。

常见的即期对即期的掉期交易有两种形式：

（1）今日对次日掉期（today/tomorrow swap）又称“隔夜交易”（over-night，O/N），即在买进（或卖出）当日交割的即期外汇的同时，卖出（或买进）下一个营业日交割的即期外汇的交易。也就是说，第一个交割日是交易日当天，第二个交割日是次日的掉期交易。例如，星期三同时做两笔交易：买入 500 万美元，当天交割；卖出 500 万美元，星期四交割。这种掉期交易一般用于外汇银行间的资金调度。

（2）明日对后日掉期（tomorrow-next swap）又称“隔日交易”（tom-next，T/N），即在买入（或卖出）交易日后第一个工作日交割的即期外汇的同时，卖出（或买入）交易日后第二个工作日交割的即期外汇。也就是说，第一个交割日安排在明天，第二个交割日安排在后天。例如，星期一买入一笔以星期二为交割日的美元，同时卖出一笔以星期三为交割日的美元。这种情况通常是在星期二的头寸不足，需要借入，但担心美元汇率下跌，因而在星期三将多余的头寸卖出。

2. 即期对远期的掉期交易

即期对远期的掉期交易（spot-forward swaps）是指买进或卖出某种即期外汇的同时，卖出或买进同种货币的远期外汇。这是最常见的掉期交易形式，主要用于避免外汇风险、货币的转换及外汇资金头寸的调整。例如，买入即期外汇/卖出远期外汇，或者卖出即期外汇/买入远期外汇。

例如，美国一家银行某日向客户按 USD 1＝CHF 1.15 的汇率卖出 230 万瑞士法郎，收入 200 万美元。为防止将来瑞士法郎升值或美元贬值，该行就利用掉期交易，在卖出即期瑞士法郎的同时，又买进 3 个月的 230 万远期瑞士法郎，其汇率为 USD 1＝CHF 1.05［到时需要花费 219 万美元（＝230/1.05）］。这样，虽然卖出了即期瑞士法郎，但又补进了远期瑞士法郎，使该家银行的瑞士法郎、美元头寸结构不变。虽然在这一掉期交易中该行要损失 19 万美元（＝219－200）的贴水，但这笔损失可以从较高的美元利率（200 万美元的投资收益）和这笔现汇交易的买卖差价中得到补偿。

3. 远期对远期的掉期交易

远期对远期的掉期交易（forward-forward swaps）是指买进和卖出两笔同种货币但不同交割期的远期外汇。该交易有两种交易方式：一是买进较短交割期的远期外汇（如 30 天），卖出较长交割期的远期外汇（如 90 天）；二是买进较长交割期的远期外汇，而卖出较短交割期的远期外汇。假如一个交易者在卖出 100 万 30 天远期美元的同时，又买进 100 万 60 天远期美元，这笔交易就是远期对远期的掉期交易。由于这种交易方式可以使银行及时利用较为有利的汇率时机，并在汇率的变动中获利，因此越来越受到重视。

例如，美国某银行在 1 个月后将收到一笔 1 000 万英镑的收入，同时又要在 3 个月后向外支付 1 000 万英镑。如果市场上的汇率有利，它就可以进行一笔远期对远期的掉期交易。

设某天外汇市场的汇率为：

即期汇率：　　　　£1＝$1.547 0/80
1 个月远期汇率：　£1＝$1.537 8/90
3 个月远期汇率：　£1＝$1.523 9/52

此时，该银行可做如下掉期交易：卖出 1 个月的远期英镑（汇率为 1.537 8 美元），买入 3 个月的远期英镑（汇率为 1.525 2 美元），每英镑可获净收益 0.012 6 美元，1 000 万英镑共获利 12.6 万美元。由此可见，掉期交易使银行在汇率的变动中获利。

（三）掉期交易的报价——掉期率的计算

掉期差价又称掉期率（一般等于远期差价），它是掉期交易的价格。掉期交易的报价方式是同时报出即期汇率和掉期差价。但是，掉期汇率与远期汇率的计算方法不同，掉期汇率是交叉相加（减）。

1. 即期对远期掉期汇率的计算

规则：掉期差价的计算原理与远期差价类似，不同的是“交叉相加或相减”，即掉期差价点数前小后大，交叉相加；前大后小，交叉相减。此外，以掉期差价为主位，即掉期业务中的远期买入价是即期卖出价加或减第一个远期差价（买入价差价），远期卖出价是即期买入价加或减第二个远期差价（卖出价差价）。

例 5-4

纽约外汇市场的即期汇率GBP/USD　　1.553 0/40

3 个月　　30/50

试计算：

(1) 3 个月远期汇率和 3 个月掉期汇率。

(2) 投资者做 1 000 万英镑掉期的成本与收益。

解： 远期（掉期）差价前小后大，用加法计算。

3 个月远期 GBP/USD=（1.553 0+0.003 0)/(1.554 0+0.005 0)=1.556 0/90

3 个月掉期汇率 GBP/USD =(1.554 0+0.003 0)/(1.553 0+0.005 0)

=1.557 0/80

投资者做 1 000 万英镑掉期的成本和收益计算如下：

投资者买入即期/卖出远期 1 000 万英镑的汇率分别是：

1.554 0 美元/(1.554 0+0.003 0)美元

表明投资者获掉期收益 3 万美元（=1 000×0.003 0)，也就是银行的掉期成本。

投资者卖出即期/买入远期 1 000 万英镑的汇率分别是：

1.553 0 美元/(1.553 0+0.005 0)美元

表明投资者的掉期成本为 5 万美元（=1 000×0.005 0)，也就是银行的掉期收益。

例 5-5

纽约外汇市场的即期汇率 GBP/USD　　1.552 5/35

3 个月　　65/45

则 3 个月掉期汇率 GBP/USD 为 1.547 0/80。

请分析投资者做 1 000 万英镑掉期的成本和收益。

解： 投资者买入即期/卖出远期 1 000 万英镑的汇率分别为：

1.553 5 美元/(1.553 5−0.006 5)美元

投资者的成本为 6.5 万美元（=1 000×0.006 5)，也就是银行的收益。

投资者卖出即期/买入远期 1 000 万英镑的汇率分别为：

1.552 5 美元/(1.552 5−0.004 5)美元

投资者的收益为 4.5 万美元（=1 000×0.004 5)，也就是银行的成本。

综上可以看出，掉期的“成本”和“收益”都是以计价货币计算的，而且可以得出即期/远期掉期交易的以下规律性结论：

(1) 在即期/远期掉期业务中，银行报出的两个掉期差价的含义：一个是客户支付给银行的点数，另一个是银行支付给客户的点数。数值较大的是客户支付给银行的，较小的是银行支付给客户的。

(2) 客户在买入即期/卖出远期基准货币时，应选择左边的点数。如果基准货币升水，此时客户能通过低买高卖而获利，银行向客户支付；如果基准货币是贴水，则客户应向银行支付。

(3) 客户在卖出即期/买入远期基准货币时，应选择右边的点数。如果基准货币升水，客户应向银行支付；如果基准货币贴水，则银行应向客户支付。

2. 远期对远期掉期汇率的计算

规则：交叉相减，且以期限较远的点数为主位，即

掉期汇率的左边点数＝较远期掉期的左边汇价－较近期掉期的右边汇价

掉期汇率的右边点数＝较远期掉期的右边汇价－较近期掉期的左边汇价

与此同时，当客户“买短卖长”，即买入期限较近的基准货币、卖出期限较远的基准货币时，是期限较远的左边点数与期限较近的右边点数之间的差额。此外，当掉期差价升水时，相当于客户买入了升水的货币，客户有掉期收益，银行应向客户支付差价；反之，当掉期差价贴水时，客户有损失，他应向银行支付。

当客户“卖短买长”，即买入期限较远的基准货币、卖出期限较近的基准货币时，是期限较远的右边点数与期限较近的左边点数之间的差额。此外，当掉期差价升水时，则相当于客户卖出了升水的货币，客户有损失，他应向银行支付；反之，当掉期差价贴水时，客户有收益，此时银行应向客户进行支付。

例 5－6

瑞士苏黎世外汇市场的即期汇率USD/CHF		1.700 0/10
	2 个月	50/40
	6 个月	180/160

某公司准备卖出 2 个月远期美元，买入 6 个月远期美元，掉期率是多少？成本或收益呢？

解： 客户“卖短买长”，即买入期限较远的基准货币、卖出期限较近的基准货币，此时的掉期差价是期限较远的右边点数与期限较近的左边点数之间的差额，即

客户“卖短买长”的掉期差价分别是：

swap 2mths/6mths(180－40)/(160－50)＝ 140/110

在此例中，客户“卖短买长”（右边点数 110 小于左边点数），基准货币贴水，即客户卖出了贴水的货币，则银行应向客户支付 0.011 0 瑞士法郎/买卖 1 美元。

例 5－7

即期汇率USD/CHF	1.532 0/30
2 个月	60/50
3 个月	160/150

某公司准备买入 2 个月远期美元，卖出 3 个月远期美元，掉期率是多少？成本或收

益呢？

解：客户“买短卖长”，即买入期限较近的基准货币，卖出期限较远的基准货币，此时的掉期差价是期限较远的左边点数与期限较近的右边点数之间的差额，即

swap 2mths/3mths (160－50)/(150－60)＝110/90

由于客户“买短卖长”，且掉期的左边点数 110 大于右边点数，表明基准货币贴水，意味着客户买入了贴水的货币，则客户应向银行支付 0.011 0 瑞士法郎/买卖 1 美元。

上面两个例子表明，买入远期升水的一方将从另一方获得差价收入，买入远期贴水的一方将向另一方支付差价。

（四）掉期交易的应用

由于掉期交易是运用不同的交割期限来进行的，可以避免因时间不一致所造成的汇率变动风险，对国际贸易、国际投资与国际借贷发挥着积极的作用。掉期交易的应用或者作用具体表现在：

1. 利用掉期交易使远期外汇交易展期或提前到期

当进出口商收到外汇或使用外汇的时间不同时，为防止贬值损失，可利用远期对远期的掉期交易，以规避汇率风险。

例如，中国某出口商向美国出口产品，双方于 6 月 15 日签订贸易合同，定于 9 月 15 日收进美元货款。为了避免风险，我国出口商 6 月 15 日“卖出 3 个月远期美元”。但由于某种原因，我国出口商需要将交货日期推迟 1 个月，即 10 月 15 日才能收进美元货款。应如何操作呢？

在 9 月 15 日远期外汇交易到期时，我国出口商并未收到美元。此时，该出口商可在即期外汇市场以人民币买进美元（“买入即期美元”），结清原先的 3 个月远期美元合同；与此同时，该出口商再“卖出 1 个月远期美元”。这样，我国出口商通过掉期交易就达到了将原来的远期外汇合同展期的目的。

上例中，如果该公司提前 2 个月收到货款，应如何操作呢？该公司可以卖出即期美元（即期结汇），同时买入 2 个月远期美元（用于到期时结清 9 月 15 日到期的远期外汇）。

2. 利用掉期交易调整银行外汇资金头寸的不平衡

银行要调整外汇头寸的不平衡，可以采取单独的即期或远期外汇交易，但这样做的成本很高，而采用掉期交易的操作很简单，不仅成本低，而且可以保值，同时实现外汇头寸调整和外汇资金调整的目的。

例如，假定美国银行在某日收盘时发现，3 个月远期英镑空头 200 万英镑，6 个月远期英镑多头 200 万英镑，银行应如何调整？若该银行对空头和多头分别进行套期保值，需要安排两笔交易，因而成本很高。银行可通过掉期交易进行外汇头寸的调整：买入 3 个月期的 200 万英镑，同时卖出 6 个月期的 200 万英镑。这样，银行只用一笔掉期交易就可使英镑的多头与空头头寸达到平衡。

此外，银行还可以应用掉期交易调整外汇币种和期限。例如，某银行的某客户需要英镑贷款，但该行的英镑资金不足，于是该银行可用美元在外汇市场买入即期英镑，同时卖出远期英镑（买入远期美元）。这样，该银行既满足了客户的贷款需求，又避免了汇率风险。

3. 利用掉期交易防范汇率风险

无论是对于非银行客户还是银行机构，都可以利用掉期交易防范汇率风险。

当进出口商等外汇保值者有期限不同、数额相当的外汇应收款或应付款时，可利用掉期交易套期保值，达到规避风险的目的。

例如，某出口企业收到国外进口商支付的出口货款500万美元，该企业需要将货款结汇成人民币用于国内支出，但同时该企业需要进口原材料并将于3个月后支付500万美元的货款。此时，该企业就可以与银行办理一笔即期对3个月远期的人民币与外币掉期业务：即期卖出500万美元，取得相应的人民币，并买入3个月远期美元。通过上述交易，该企业可以轧平其中的资金缺口，达到规避风险的目的。

由于银行同业市场上很难单纯进行远期交易，但掉期交易十分活跃，因此银行为了避免与客户所进行的远期交易带来的汇率风险也经常应用掉期交易。例如，某银行在买入客户的5个月期美元后，将承担由客户转嫁而来的美元贬值风险。由于难以在同业市场上直接卖出5个月远期美元，银行可以通过掉期——买入即期美元、卖出远期美元来对冲美元贬值的风险。

专 栏

中国外汇交易中心试点开展外汇掉期冲销业务

2016年4月1日，中国外汇交易中心在其网站上公布《关于在银行间市场试点开展外汇掉期冲销业务的通知》，拟试点开展银行间外汇掉期冲销业务，试点对象暂定为银行间人民币外汇远（掉）期做市商。

这里所说的外汇衍生品交易，或称汇率衍生品交易，包括但不限于外汇远期交易、外汇掉期交易、外汇期权交易、货币掉期交易及其组合而成的交易。

冲销是指参与机构以收付相应款项为代价，多边或双边提前终止在冲销结果确认文件中列明的外汇衍生品交易合约的行为。冲销行为包括提交外汇衍生品交易合约、提交约束条件、确认冲销结果、收付相应终止支付额等对参与机构产生约束力的行为。

中国外汇交易中心成功组织了首轮外汇掉期冲销业务。中国外汇交易中心在2016年7月15日发布公告称，经国家外汇管理局批准，中国外汇交易中心在银行间外汇市场成功组织了首轮外汇掉期冲销业务，这也是全球外汇市场首次对外汇掉期等汇率衍生品开展交易压缩，对健全我国银行间市场交易后基础设施、提升金融市场效率和防范市场整体风险具有重要意义。中国农业银行、中国银行、中国建设银行、交通银行、中信银行、上海浦东发展银行、兴业银行、平安银行、汇丰银行（中国）、渣打银行（中国）、法国巴黎银行（中国）、摩根大通银行（中国）、美国银行上海分行、星展银行（中国）和蒙特利尔银行（中国）15家机构参与本轮冲销，共提前终止232笔（双边计算，下同）、34.8亿美元外汇掉期交易并释放相应授信额度。

中国外汇交易中心为我国银行间市场提供交易确认、交易核对和交易冲销等专业化的交易后处理服务，自 2011 年 6 月推出利率互换冲销业务以来，已经逐步建成银行间市场交易冲销基础设施。截至目前，逾 80 家市场成员参与了利率互换冲销业务，累计终止 4 万余笔、名义本金近 3.5 万亿元的利率互换交易，有效地缓解了银行间市场的信用风险和操作风险，释放了交易授信额度并显著活跃了市场交易。

第三节 外汇交易创新业务

外汇市场与其他金融市场一样，也存在着金融创新。金融衍生工具在外汇市场中得到了广泛的应用，如外汇期货交易及外汇期权交易等。

一、外汇期货交易

（一）外汇期货的概念

外汇期货（foreign exchange futures，FxFut）又称货币期货，是指在有组织的期货交易市场上以公开竞价方式，通过结算所的成员清算公司或经纪人，根据成交单位、交割时间标准化原则，按固定价格购买与出售远期外汇的一种交易。

外汇期货起源于商品期货交易。自 20 世纪 70 年代开始，国际汇率制度逐渐由固定汇率制度转向浮动汇率制度，从而汇率风险剧增。为了有效防范风险，在传统的远期外汇交易方式基础上产生了外汇期货交易。外汇期货最早产生于美国，1972 年 5 月 16 日美国芝加哥商品交易所（以下简称“CME”）的国际货币市场（以下简称“IMM”）成立，并首先经营外汇期货业务。其后，纽约期货交易所和美国证券交易所也开办了金融期货业务。1982 年 9 月，伦敦成立了伦敦国际金融期货交易所（London International Financial Future Exchange，LIFFE），也开始进行外汇期货交易。接着，新加坡、日本等十多个国家和地区相继建立了金融期货交易所。其中，IMM 和 LIFFE 的交易规模最大，IMM 的交易量占世界外汇期货交易的 50%。2006 年 9 月 8 日，中国金融期货交易所（China Financial Futures Exchange，CFFEX，以下简称“中金所”）在上海成立。截至目前，中金所已正式推出沪深 300 股指期货、上证 50 股指期货、中证 500 股指期货和 5 年期国债期货、10 年期国债期货。

（二）外汇期货的交易规则

外汇期货是“见钱不见物”的交易，即交易的对象是外汇期货合约本身。因此，外汇期货的交易规则不同于其他外汇交易规则。

1. 外汇期货交易合约是标准化的

因为外汇期货的交易对象是外汇期货合约本身，所以外汇期货合约必须是标准化的。

第一，交割日是固定的。交易所规定的期货合约，一般以 3 月、6 月、9 月、12 月作为交割月份。交割日是进行期货交割的具体日期（某一天）。比如 IMM 规定，交割日为交割月的第三个星期三。

第二，每份外汇期货合约的金额都是标准化的。每笔交易都必须是合约面额的整数倍。例如，IMM 对每份外汇期货合约的数额规定为：

英镑	6.25 万英镑	日元	1 250 万日元
加拿大元	10 万加拿大元	欧元	12.5 万欧元
澳大利亚元	10 万澳元		

第三，期货交易的价格波动是标准化的。在外汇期货交易中，每种货币期货合约都规定有日价格波动的最低限度和日价格波动的最高限度。日价格波动的最低限度是指在买卖外汇期货时，合约每次变动的最低数额，如 IMM 规定英镑的最小波动单位为 5 个基点，即 0.000 5 美元。这意味着每张英镑合约的每次报价都必须高于或不低于 31.25 美元（$=62\,500\times0.000\,5$）。日价格波动的最高限度是指一个营业日内期货合约价格波动的最高幅度，一旦期货合约的价格波动达到或超过这一限度，交易将自动停止。比如 IMM 规定英镑的最大波动单位为 500 个基点，即 0.050 0 美元。

2. 外汇期货交易实行保证金制度和每日结算制度

期货交易实行保证金制度，不同的期货交易规定了不同金额的保证金，一般由初始保证金（initial margin）和维持保证金（maintenance margin）构成。初始保证金是指外汇期货交易成交时，买卖双方按照规定比例交付的保证金。维持保证金是指在交易发生后需要保持的最低保证金，一般是初始保证金的 70%～80%。

与此相对应，期货交易实行每日结算制度，即逐日盯市制度。在每个交易日结束时，清算公司负责清算期货交易者每日的盈亏，凡未平仓的每笔期货交易均按当日市场的收盘价清算，计算账面盈亏，并调整保证金账户余额。若市场汇率变动有利于交易者，客户可把盈余部分提走；当投资者亏损时，则在保证金账户中扣除亏损的金额。当保证金余额低于维持保证金水平时，投资者会接到催交保证金通知，要求其将保证金补足到初始保证金水平，否则经纪人会将其期货合约在目前的市场价格下强行平仓，相应的价值损失部分将在客户的保证金中扣除，余额返还客户。

例 5-8

4 月 1 日（星期一），某外汇投资者买入 10 份当年 9 月到期的瑞士法郎期货合约，期货价格为 CHF 1=USD 1.022 3，初始保证金为 USD 25 000，维持保证金为初始保证金的 80%，即 USD 20 000。已知从 4 月 1 日至 4 月 5 日外汇期货市场的期货收盘价（结算价格），见表 5-2，试计算该投资者的当日损益、累计损益、保证金账户余额及要追加的保证金。

表 5-2　瑞士法郎期货收盘价　　单位：美元

日期	4 月 1 日	4 月 2 日	4 月 3 日	4 月 4 日	4 月 5 日
期货收盘价	1.022 1	1.020 3	1.018 0	1.021 0	1.021 9

解： 由于1份瑞士法郎的期货合约金额为CHF 125 000，所以10份瑞士法郎的期货合约金额为CHF 1 250 000。该投资者的当日损益、累计损益、保证金账户余额及要追加的保证金，见表5-3。

表5-3　瑞士法郎期货合约交易的保证金　　单位：美元

日期	收盘价	当日损益	累计损益	保证金余额	追加保证金
4月1日	1.022 3 1.022 1	−250	−250	25 000 24 750	
4月2日	1.020 3	−2 250	−2 500	22 500	
4月3日	1.018 0	−2 875	−5 375	19 625	5 375
4月4日	1.021 0	+375 0	−1 625	28 750	
4月5日	1.021 9	+1 125	−500	29 875	

在表5-3中，以4月1日当天为例，客户买入期货的价格为1.022 3，当日收盘价为1.022 1，即当天损失了250美元［=(1.022 3−1.022 1)×1 250 000］，也就是假定投资者当日平仓，按CHF 1=USD 1.022 1的价格卖出期货，要损失250美元。4月2日收盘时，当天账面亏损2 250美元［=(1.022 1−1.020 3)×1 250 000］。到4月3日时，账面继续亏损，使保证金余额仅为19 625美元，低于维持保证金20 000美元的水平。因此，期货经纪公司会通知客户追加保证金到初始保证金的水平，即追加5 375美元（=25 000−19 625）的保证金。但是，到了4月4日，客户的保证金账户余额已超过初始保证金要求，客户可以选择将盈余部分以现金方式提走。

3. 外汇期货均以美元为报价货币

在即期外汇交易中，交易货币大多以美元等值多少其他货币的方式来标价，而在外汇期货交易中，则恰恰相反，即除了澳大利亚元之外，其他交易货币均以单位货币等于多少美元来标价。此外，报价只有一个价格，没有双向报价，即买方只报买价、卖方只报卖价。

（三）外汇期货交易的应用

外汇期货有两大基本用途，即避险和投机。以避险为目的的外汇期货交易最常用的手段是套期保值（hedge），即在现汇市场上交易的同时，在期货市场上做方向相反、期限相同的买进或卖出，以避免汇率波动带来的风险。以投机为目的的外汇期货交易，一般不需要现汇交易作为基础，而是利用自己对期货价格的预测，通过承担汇率风险，以贱买贵卖的方式买卖期货，从中赚取买卖价差、获取投机利润。

1. 外汇期货交易的套期保值

外汇期货交易的套期保值有两种基本操作类型：买入套期保值和卖出套期保值。

（1）买入套期保值又称多头套期保值，是指在现汇市场上有货币空头的投资者，在期货市场上买入期限相近、金额相当的某种货币期货，以规避未来汇率上升风险的交易。进口商或债务人总是担心在付汇时因本国货币对外贬值而增加付汇成本，所以多采用买入套期保值的方法来固定成本。

例如，一名美国商人某年 3 月 1 日签订的从法国进口汽车合同，约定 3 个月后支付 150 万欧元。为了防止欧元升值带来的不利影响，他采用了买入套期保值，相应过程如表 5－4 所示。

表 5－4　买入套期保值分析

时间	现货市场	期货市场
3 月 1 日	EUR/USD＝1.333 5 购买 EUR 150 万需要支付 USD 200.025 万 （计划支付）	买入 12 份 6 月到期的欧元期货合约 （每份期货合约价值 125 000 欧元） 假定成交价为 1 欧元＝1.320 1 美元 支付 1 980 150 美元
6 月 1 日	EUR/USD＝1.415 5 购买 EUR 150 万实际支付 USD 212.325 万 （实际支付）	卖出 12 份同类欧元期货合约 成交价为 1 欧元＝1.430 8 美元 收入为 2 146 200 美元
结果	汇率上升带来的损失为 USD 123 000	期货市场盈利为 USD 166 050

在本例中，该商人通过套期保值交易，不仅弥补了现货市场欧元升值造成的损失，还赚取了 43 050 美元（＝166 050－123 000），达到了套期保值的目的。

（2）卖出套期保值又称空头套期保值，是指在现汇市场上有货币多头的投资者，在期货市场上卖出期限相近、金额相当的同种货币期货，以规避未来汇率下跌风险的交易。出口商及债权人为了避免外汇兑本币贬值造成的损失，可以采用卖出套期保值。

例如，一家美国公司于 5 月 1 日预计 1 个月后有一笔 5 000 000 英镑的外汇应收款，当时现汇市场上的英镑汇率为£1＝$1.162 0。该公司为避免 1 个月后英镑贬值所带来的损失，决定进入外汇期货市场卖出 80 份 1 个月后到期的英镑期货合约（每份期货合约价值 62 500 英镑），共价值£5 000 000（＝62 500×80），成交价为£1＝$1.154 5。卖出套期保值的过程如表 5－5 所示。

表 5－5　卖出套期保值分析

时间	现货市场	期货市场
5 月 1 日	£1＝$1.162 0 收到£500 万可换成 USD 581 万 （计划得到）	卖出 80 份 6 月到期的英镑期货合约 （每份期货合约价值 62 500 英镑） 假定成交价为£1＝$1.154 5 收入为 5 772 500 美元
6 月 1 日	£1＝$1.146 0 收到£500 万，实际兑换 USD 573 万 （实际得到）	买进 80 份同类英镑期货合约 成交价为£1＝$1.135 0 支付 5 675 000 美元
结果	汇率下跌的损失为 USD 80 000	期货市场盈利为 USD 97 500

在本例中，该商人通过套期保值交易，不仅弥补了现货市场英镑贬值造成的损失，还赚取了 17 500 美元（＝97 500－80 000）的投资收益，达到了套期保值的目的。

2. 外汇期货投机

与套期保值不同，外汇期货投机并不是因为债权与债务结算而进入期货市场，它是投机者根据自己对期货行情的预测及判断进行期货交易以赚取差价的投机交易。

外汇期货投机的操作可分为在一个期货市场上投机和在两个期货市场上投机。

在一个期货市场上投机，即当投机者预测某外汇期货价格将上涨时，就先买入外汇期货合约，然后待期货价格上涨时卖出平仓；反之，当投机者预测某外汇期货价格将下降时，就先卖出外汇期货合约，然后待期货价格下跌时买入平仓。投机的盈亏取决于投机者预测的正确与否。

如果发现两个期货市场的同种货币期货合约存在一定价差且超过交易成本，投机者就可以采取低买高卖的策略，从中赚取汇差利润（严格来说，也算套期保值交易）。

例如，美国某投机者发现 IMM 和 SIMEX（新加坡金融期货交易所）的 3 个月英镑期货价格分别为 GBP 1=USD 1.545 5 和 GBP 1=USD 1.545 1。因此，他可在新加坡市场大量买进英镑期货，同时在美国市场大量卖出英镑期货，如果不考虑成本，则每份期货合约可为投机者实现 25 美元［=(1.545 5−1.545 1)×62 500］的无风险利润。

二、外汇期权交易

（一）外汇期权交易的定义及构成要素

1. 外汇期权的概念

外汇期权（foreign currency option）是指期权的买方在支付给期权的卖方一笔期权费后，获得一种可以在合约到期日或期满前按事先确定的汇率（即执行价格）购买或出售某种货币的权利。当汇率变动对买方有利时，他就选择按执行价格买进或卖出该种外汇资产；当汇率变动对买方不利时，他就选择不行使期权，即放弃买卖该种外汇资产的权利。期权的卖方有义务在买方要求履约时，卖出或买进期权买方欲买进或卖出的外汇资产。

期权交易产生于 17 世纪的阿姆斯特丹，而期权交易的真正发展是在第二次世界大战后。1973 年布雷顿森林体系崩溃后，国际金融市场汇率变动频繁，给国际贸易和国际投资带来了很大不便，此时急需一种有效的、低成本的规避汇率风险的金融工具，因而外汇期权应运而生。1973 年 4 月 26 日，芝加哥期权交易所（Chicago Board of Option Exchange，CBOE）正式成立，从此开始了期权合约标准化、期权交易规范化的进程。但由于外汇期权的复杂性，直到 1982 年 12 月，费城证券交易所才开始外汇期权交易。1983 年，芝加哥商品交易所（Chicago Mercantile Exchange，CME）也把外汇期权作为交易品种在国际货币市场（IMM）挂牌上市。在随后的三十多年里，外汇期权市场的规模不断扩大，新的交易品种和交易策略不断涌现，外汇期权成为一类引人注目的金融衍生工具。

2. 外汇期权合约的构成要素

一份外汇期权至少要涉及以下要素：

(1) 买方与卖方。买方是权利方，可以选择执行合约或放弃合约。卖方是义务方，又称立权人，是他确定了买权或卖权，供期权的买方去投资。因此，当期权买方选择执行合约时，他必须接受对方的要求。

（2）期权费（premium）又称期权价格或保险费、权利金，是指期权合约成交时，由期权买方向期权卖方支付的购买权利的费用。

（3）执行价格（strike price，exercise price）又称协定价格或履约价格，是指期权交易双方约定的在期权到期日或到期日之前双方交割外汇时所采用的汇率。只有当期权买方要求执行期权或行使期权时，双方才会按此汇率进行实际的货币收付。

（二）外汇期权交易的特点

外汇期权交易的特点主要有以下几点：

1. 外汇期权交易是一种权利交易

与期货交易类似，期权交易也是“见钱不见物”。两者不同的是，外汇期权的交易对象是一种将来可以买卖某种货币的权利。外汇期权的买方有权利但不承担义务，外汇期权的卖方只有义务但不享有权利，所以外汇期权买卖双方的权利和义务是不对称的。

2. 期权费不能收回

期权费相当于保险费，期权的买方必须向卖方一次性地支付这笔费用，以弥补卖方在汇率上可能遭受的损失。无论期权的买方是否执行期权，期权费都概不退回。期权费的水平由现行汇率、执行价格、期权的有效期、利率的波动、期权的供求关系等决定。

3. 期权买方享有风险有限而收益无限的好处

对于期权的买方而言，他所承担的最大风险就是所支付的期权费。当他发现执行合约对自己不利时，他会选择放弃权利，仅损失期权费；相反，当他发现执行合约对自己有利时，他会选择行使权利，并且有可能赚取无限收益。当然，与此相对应，期权的卖方获得的最大收益是收取的期权费，而一旦期权买方在价格对其有利时执行了期权，卖方就要遭受较大的风险损失。

（三）外汇期权交易的种类

外汇期权交易按不同的标准，可以有不同的种类。

1. 根据期权执行时间的不同，外汇期权可分为欧式期权和美式期权

欧式期权（European option）是指期权的买方仅在到期日当天才可选择行权或放弃履约的一种期权。

美式期权（American option）是指期权的买方可以在成交日至期权到期日之间的合约规定的一定期限内选择行权或放弃履约的一种期权，即美式期权的交割日不超过合约到期日。

由于美式期权在履约时间上比较灵活，因此美式期权的期权费要比欧式期权高。

2. 根据期权合约赋予持有者权利的不同，外汇期权可分为买入期权和卖出期权

买入期权（call option）又称看涨期权，是指期权的买方可以在约定的未来时间、以执行价格向期权的卖方买进一定数量某种外汇的权利。

卖出期权（put option）又称看跌期权，是指期权的买方可以在约定的未来时间、以执行价格向期权的卖方出售一定数量某种外汇的权利。

（四）外汇期权交易的基本策略及应用

外汇期权交易的基本策略及应用主要有以下四种：

1. 买入看涨期权策略

买入看涨期权（buy call，long call）是指期权的买方在支付期权费后，获得了在到期日或到期日之前按执行价格购买期权合约规定的某种外汇资产的权利。当投资者预计某种货币的市场价格将要上涨时，他可以买进该货币的看涨期权。若该货币的未来市场价格果真上涨，而且涨至期权合约的执行价格以上，则该投资者可通过执行期权而获利，其获利大小视市场价格上涨的幅度而定；但当该货币的未来市场价格下跌，而且跌至执行价格或执行价格以下时，他可以放弃执行期权，其最大的损失就是购买期权时所支付的期权费。有外汇应付账款的投资者可选择买入看涨期权策略。

例如，某投资者预测欧元兑美元的汇率将上涨，因此他买入了一份 2 个月后到期的标准欧元看涨期权合约（每份标准欧元看涨期权合约的金额为 EUR 125 000），合约的执行价格为 EUR 1＝USD 1.330 0，期权费为每欧元 0.02 美元。该交易的盈亏情况具体可分为以下三种情形，如图 5－1 所示。

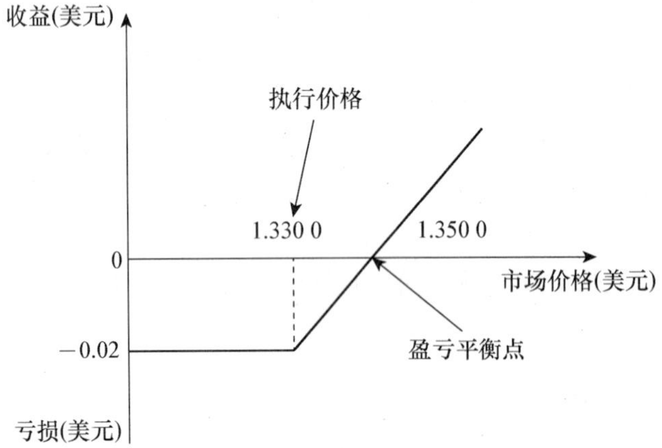

图 5－1 买入看涨期权的盈亏示意图

（1）当市场价格≤执行价格 1.330 0 美元时，投资者将损失期权费。因为投资者会选择放弃执行期权，他完全可以直接到现货市场上去买欧元，付出的美元少于 1.330 0 美元。此时，该投资者的损失就是其当初支付的期权费 2 500 美元（＝0.02×125 000）。

（2）当执行价格 1.330 0 美元＜市场价格≤执行价格与期权费之和 1.350 0 美元（＝1.330 0＋0.02）时，投资者的损失逐渐减少直至保本。该投资者会选择执行期权，但扣除已支付的期权费，他在总体上仍将遭受损失。例如，当市场价格为 EUR 1＝USD 1.340 0 时，行使期权可以获得每欧元 0.01 美元的利润，考虑到所支付的期权费后，投资者仍会遭受 1 250 美元（＝0.01×125 000）的损失。而当市场价格为 EUR 1＝USD 1.350 0（＝1.330 0＋0.020 0）时，投资者则不盈不亏。

（3）当市场价格＞执行价格与期权费之和 1.350 0 美元时，投资者将赚取较大的价差利润，因而投资者会选择行使期权。假如市场价格为 EUR 1＝USD 1.450 0 时，行使期权后每欧元可以获利 0.12 美元，在扣除期权费后，投资者每欧元期权净赚 0.1 美元的利润。

综上所述，对看涨期权的买方而言，有

盈亏平衡点＝执行价格＋期权费

2. **买入看跌期权策略**

买入看跌期权（buy put，long put）是指期权买方在支付期权费后，获得了在到期日或到期日之前按执行价格出售期权合约规定的某种外汇资产的权利，即期权买方购买了一个卖的权利。当投资者预测某货币汇率下跌或拥有外汇应收账款时，可购买该货币的看跌期权，以防汇率下跌的风险。在买入看跌期权后，若标的货币的市场价格果真下跌且跌至执行价格之下，该投资者可通过执行期权而获利；若标的货币的市场价格不跌反升，该投资者可以放弃行使权利，此时其最大的损失就是支付的期权费。

例如，某投资者预测英镑兑美元的汇率将下跌，因此买入一份 2 个月后到期的英镑看跌期权合约，每份标准英镑期权合约的金额为 25 000 英镑，执行价格为 GBP/USD＝1.555 0，期权费为每英镑 0.03 美元。该期权交易的盈亏情况具体可分为以下三种情形：

（1）当市场价格≥执行价格 1.555 0 美元时，该投资者不会行使期权，因为直接到现货市场出售英镑将会获得更多的美元。这样，该投资者仅损失所支付的期权费 750 美元（＝0.03×25 000）。

（2）当执行价格与期权费之差 1.525 0 美元≤市场价格＜执行价格 1.555 0 美元时，投资者的损失将逐渐减少直至保本。该投资者会选择行使期权，但要遭受部分损失，其损失将小于期权费支出。例如，当市场价格为 GBP 1＝USD 1.535 0 时，该投资者行使期权，每英镑可获利 0.02 美元，扣除期权费 0.03 美元，仍亏损 250 美元（＝0.01×25 000），只有当市场价格跌到 GBP 1＝USD 1.525 0 时，投资者才能盈亏平衡。

（3）当市场价格＜执行价格与期权费之差 1.525 0 美元（＝1.555 0－0.03）时，投资者将赚取较大的价差利润。该投资者会行使期权，出售 1 英镑期权将获得 1.555 0 美元，扣除期权费 0.03 美元，他能获得 1.525 0 美元。若投资者直接到现货市场上出售，他获得的美元将少于 1.525 0 美元。市场价格下降得越多，该投资者获得的利润就越大。

综上所述，对看跌期权的买方而言，有

盈亏平衡点＝执行价格－期权费

上述分析可以用图 5－2 表示。

3. **卖出看涨期权策略**

卖出看涨期权（sell call，short call）是指期权合约的卖方在收取一定的期权费后，赋予期权买方将来以执行价格买进某种货币的权利，即期权卖方卖出了一个买的权利，这可能是因为他预测该货币的市场价格将下降。当市场价格朝着他所预期的方向变化时，其最大收益就是收取的期权费；但当市场价格朝着与卖方预期相反的方向变动（即市场价格不跌反涨）且高于执行价格与期权费之和时，卖方就要遭受巨大的损失。因此，卖

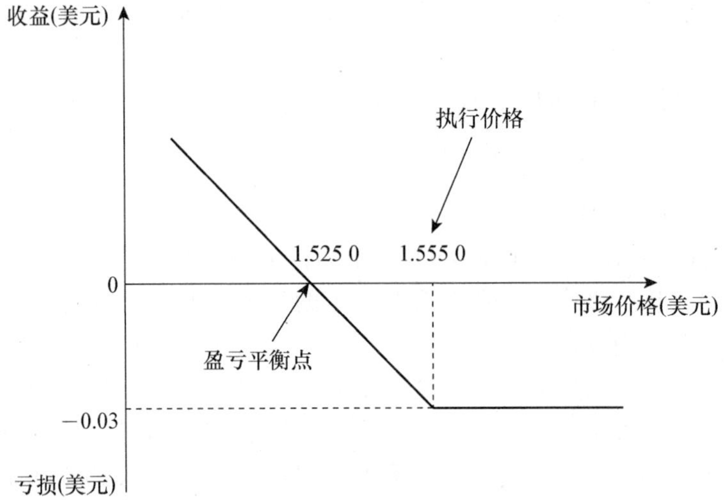

图 5-2 买入看跌期权的盈亏示意图

出期权的投机性比较大。

例如，某外汇投机商预测英镑的汇率将下跌，因而卖出了一份标准英镑看涨期权，执行价格为 GBP 1=USD 1.654 0，期权费为每英镑 0.03 美元，该投机商的盈亏情况具体可分为以下三种情形：

（1）当市场价格≤执行价格 1.654 0 美元时，该投机商的盈利金额为其收取的期权费。假设市场价格为 GBP 1=USD 1.653 0，看涨期权的买方考虑到在现货市场交易要比按期权合约的执行价格便宜，所以他会放弃执行期权。这样，该投机商不被要求履行其义务，此时他盈利 750 美元（=0.03×25 000），即期权费。

（2）当执行价格 1.654 0 美元≤市场价格≤执行价格与期权费之和 1.684 0 美元（=1.654 0+0.03）时，该投机商的盈利水平逐渐减少直至为零。假设市场价格为 GBP 1=USD 1.675 0，看涨期权的买方就会执行期权，该投机商被迫履行其义务，按照市场价格 GBP 1=USD 1.675 0 买入 25 000 英镑，然后再按期权执行价格 GBP 1=USD 1.654 0 卖给买方，损失 525 美元［=(1.675 0−1.654 0)×25 000)］；若加上已收取的期权费 750 美元，仍盈利 225 美元（=750−525）。当市场价格为 GBP 1=USD 1.684 0 时，该投机商盈亏平衡，其盈利为零。

（3）当市场价格≥执行价格与期权费之和 1.684 0 美元时，该投机商将承受较大的价差损失。假设市场价格为 GBP 1=USD 1.708 0，那么看涨期权的买方会选择执行期权，该投机商就要履行其义务，按照市场价格 GBP 1=USD 1.708 0 买入 25 000 英镑，然后再按期权执行价格 GBP 1=USD 1.654 0 卖给买方，损失 1 350 美元［=(1.708 0−1.654 0)×25 000］；扣除期权费后，其亏损为 600 美元（=1 350−750）。

综上所述，对看涨期权的卖方而言，有

盈亏平衡点=执行价格+期权费

以上分析如图 5-3 所示。

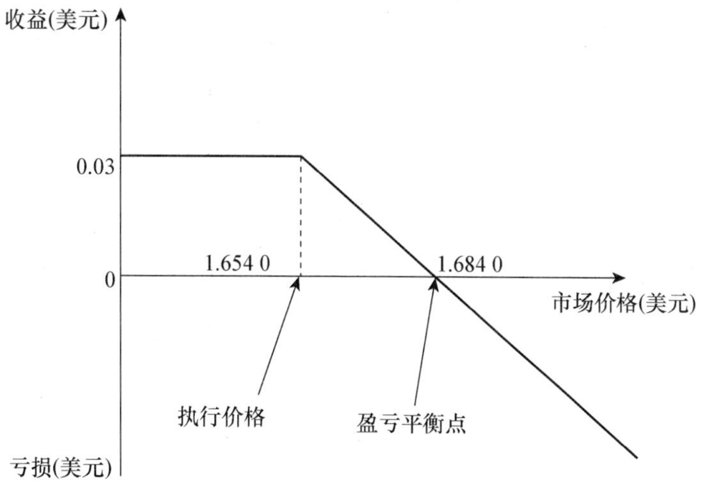

图 5-3　卖出看涨期权的盈亏示意图

4. **卖出看跌期权策略**

卖出看跌期权（sell put，short put）是指期权合约的卖方在收取一定的期权费后，赋予买方按执行价格出售某种货币的权利，即投资者卖出了一个卖的权利。在一般情况下，当投资者对市场行情看涨时，会卖出看跌期权。当市场价格果真上升时，卖方就赚取了期权费；当市场价格不涨反跌时，投资者就会面临很大的风险。

例如，某外汇投机商预测欧元的汇率会上涨，所以他在外汇期权市场上出售了一份标准欧元看跌期权合约（125 000 欧元），执行价格为每欧元 1.333 5 美元，期权费为每欧元 0.02 美元。该投机商的盈亏情况具体可分为以下三种情形：

（1）当市场价格＜执行价格与期权费之差 1.313 5 美元（＝1.333 5－0.02）时，该投机商将面临很大的风险。此时，期权买方要行使期权，该投机商将被要求履行其义务，并按合约规定的执行价格 1.333 5 美元买入欧元。假设当时的市场价格为 1.300 0 美元，投机商将损失 4 187.5 美元［＝(1.333 5－1.300 0)×125 000］，除去收取的期权费 2 500 美元（＝0.02×125 000），仍然亏损 1 687.5 美元。此外，市场价格的下降幅度越大，该投机商承担的风险越大。

（2）当执行价格与期权费之差 1.313 5 美元≤市场价格＜执行价格 1.333 5 美元时，该投机商将获得小于期权费的利润。当 EUR 1＝USD 1.313 5 时，该投机商每欧元将亏损 0.02 美元，加上收取的期权费 0.02 美元，正好盈亏平衡。如果市场价格继续上涨，该投机商将开始赚取利润。假设市场价格为 EUR 1＝USD 1.325 0，那么该投机商亏损 1 062.5 美元［＝(1.333 5－1.325 0)×125 000］，但加上收取的期权费 2 500 美元，该投机商仍可获利 1 437.5 美元。

（3）当市场价格≥执行价格 1.333 5 美元时，该投机商将赚取稳定的期权费收入。此时，期权买方会选择放弃权利，作为期权卖方的投机商就获取了期权费收入。

以上分析如图 5-4 所示。

总之，在期权交易中，期权卖方的风险大于期权买方的风险。因此，套期保值者大多是期权的买方，而外汇投机商大多是期权的卖方。

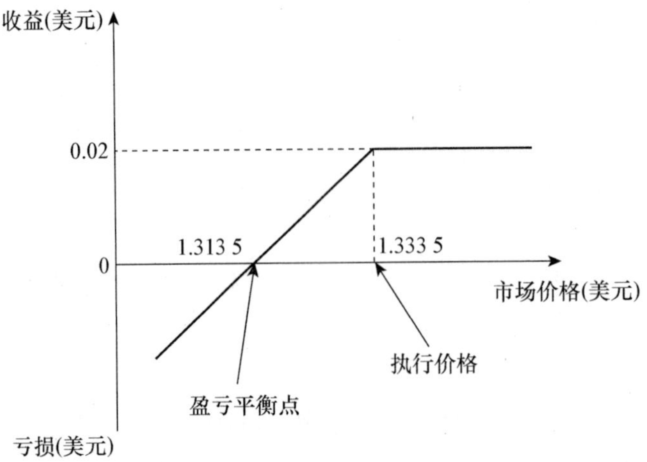

图 5-4　卖出看跌期权的盈亏示意图

专　栏

中国外汇市场的新品种——人民币对外汇期权交易

为了进一步丰富外汇市场的交易品种，给企业和银行提供更多的汇率避险保值工具，2011 年 2 月 14 日，国家外汇管理局发布《关于人民币对外汇期权交易有关问题的通知》（汇发［2011］8 号，以下简称《通知》），决定在银行间外汇市场组织开展人民币对外汇期权交易，并自 2011 年 4 月 1 日起施行。

《通知》的主要内容为：一是明确产品类型为普通欧式期权；二是期权费以人民币交纳；三是规定客户办理期权业务应符合实需原则；四是对银行开办期权业务实行备案管理，不设置非市场化的准入条件；五是将银行期权交易的 Delta 头寸纳入结售汇综合头寸统一管理。

自 2005 年 7 月人民币汇率形成机制改革以来，我国外汇市场加快发展，交易品种日趋丰富，银行对客户市场和银行间外汇市场相继推出远期、外汇掉期和货币掉期三类人民币外汇衍生品。2010 年，各类人民币外汇衍生品累计交易量超过 1.6 万亿美元，较 2009 年增长 64.8%。但与发达经济体和一些新兴市场经济体相比，我国外汇市场的交易品种仍显单一，产品功能不够多样化。随着人民币汇率弹性的增强，企业、银行等市场主体运用外汇衍生品进行避险保值的需求日益上升，因此我国适时推出了人民币对外汇期权业务，从而完善了我国外汇市场衍生品体系，进一步便利了企业、银行等市场主体规避汇率风险。

对于客户办理期权，《通知》规定，考虑到国内企业的风险识别和控制能力仍处于成长阶段，为避免过度承担交易风险，市场发展初期仅允许企业买入期权，禁止卖出期权。从国际经验来看，限制企业“裸卖”期权是新兴市场经济体的普遍做法。与此同时，我国期权交易坚持实需原则，并与现有的远期结售汇业务相一致。为防止大规模的纯粹投机交易，企业开展期权交易必须有贸易、投资等真实交易背景。

对于银行间的期权交易，《通知》规定，银行应向外汇管理局备案并取得期权交易资格。在人民币对外汇期权交易首日，中国工商银行、中国银行、德意志银行等多家中外资银行参与了交易。拥有交易权限的多个银行或多或少都有参与。当天上午共达成7笔人民币对美元期权交易，期限覆盖1个月到6个月，名义本金达到4 190万美元。

另外，中国外汇交易中心将于每个交易日的16:15公布市场平均水平隐含波动率曲线。这一曲线反映了市场对未来汇率波动程度的整体判断，便于银行进行风险管理、盯市以及Delta头寸计算，也有利于促进中国外汇市场基准指标体系的建立。

资料来源：中国人民银行网站。

本章小结

1. 外汇市场是指外汇供给者、外汇需求者及交易中介机构进行外汇交易的场所或网络。外汇市场的交易主体有外汇银行、外汇经纪人、非银行客户和中央银行或货币当局。

2. 按交易对象的不同，外汇市场可分为三个层次：一般客户与外汇银行间的零售市场、银行与银行间的批发市场以及中央银行与外汇银行间用于稳定汇率的市场。从区域上看，世界上最重要的外汇市场是伦敦、纽约、东京、新加坡等外汇市场。

3. 即期外汇交易又称现汇买卖，是指交易双方在成交后的两个营业日内办理有关货币收付交割的外汇交易，是最基本的外汇交易形式，包括电汇业务、信汇业务和票汇业务。套汇交易都是利用电汇进行的，也可归属于广义的即期外汇交易，它是指套汇者利用不同外汇市场之间的汇率差异，通过贱买贵卖从中牟利的外汇交易活动，包括两角套汇和三角套汇。

4. 远期外汇交易又称期汇交易，是指买卖外汇的双方事先签订合同，约定在未来某一特定时间按照协议汇率进行外汇实际交割的外汇交易。远期外汇交易可以让进出口商和外币资金借贷者避免外汇汇率变动的风险，平衡他们的外汇头寸。

5. 择期外汇交易又称择期交易，是指买卖双方在签订远期合约时，规定一个选择期限（一般是自成交后第3个营业日至远期到期日之间的期限），在此期限内的任何一天均可办理交割的远期外汇交易。它为客户进行资金调度提供了较大的灵活性。

6. 无本金交割远期外汇交易又称非交割远期合约，是指买卖双方并不进行协议货币的实际交割，而是根据远期汇率与即期汇率的差额，用可自由兑换货币（通常是美元）进行净额结算的一种远期交易。因此，无本金交割远期外汇交易并不是不交割，只是不进行本金交割。

7. 掉期交易是指交易者在买进或卖出一种货币的同时，卖出或买进同一币种、同一数量但不同交割日的外汇，以避免外汇风险或者套取汇率、利率差额的外汇交易。掉期交易主要有即期对远期、远期对远期和即期对即期掉期交易。掉期交易占外汇市场交易的半壁江山。利用掉期交易可以使远期外汇交易展期或提前到期、调整银行外汇资金头寸的不平衡以及防范汇率风险。

8. 外汇期货又称货币期货，是指在有组织的期货交易市场上以公开竞价方式，通过结算所的成员清算公司或经纪人，根据成交单位、交割时间标准化原则，按固定价格购买与出售远期外汇的一种交易。外汇期货有两大基本用途，即避险和投机。

9. 外汇期权是指期权的买方在支付给期权的卖方一笔期权费后，获得一种可以在合同到期日或期满前按事先确定的汇率（即执行价格）购买或出售某种货币的权利。外汇期权交易的参与者可能出于两个目的，即套期保值或投机营利。

本章启示

通过本章的学习可知，外汇掉期在外汇交易中占据了半壁江山，而现货交易相对萎缩。外汇掉期主要被市场参与者用于流动性管理和对冲货币风险。2019 年 12 月 5 日，中国外汇交易中心发布了《银行间人民币外汇市场交易规则》。该文件显示，我国银行间人民币外汇市场交易品种包括即期和衍生品。衍生品的交易品种包括远期、掉期、货币掉期（即互换交易）和期权等。当今汇率变化频繁，在此背景下，我国丰富的外汇交易产品为我国企业从事国际经济交易以及汇率风险管理提供了可选的工具，这表明我国的外汇交易品种正在不断丰富，因而我国金融机构和企业从事汇率风险管理的渠道越来越宽广。

本章复习题

一、本章重要概念

外汇市场	即期外汇交易	远期外汇交易	外汇掉期	套汇
外汇期货	外汇期权	看涨期权	看跌期权	

二、本章思考题

1. 外汇市场的主要参与者及其主要目的是什么？

2. 外汇掉期交易的作用有哪些？

3. 外汇期货的套期保值原理是什么？如何利用外汇期货对外汇多头和空头进行套期保值？

4. 什么是外汇期权？如何利用外汇期权对外汇多头和空头进行套期保值？

三、本章计算题

1. 某日，纽约外汇市场的行情为 USD 1=JPY 96.40－96.60；东京外汇市场的行情为 CHF 1= JPY 82.230－82.250；苏黎世外汇市场的行情为 USD 1=CHF 1.122 0－1.124 0。根据以上情况计算（以 100 万美元为例）并回答：

（1）是否可以进行套汇？

（2）如何进行套汇？

（3）套汇的收益率是多少？

2. 已知某日巴黎外汇市场上欧元兑美元的报价为：

即期外汇	1.322 0/50
3 个月	70/20
6 个月	120/50

客户要求：

（1）买入美元，择期从即期到6个月。

（2）买入美元，择期从3个月到6个月。

（3）卖出美元，择期从即期到3个月。

（4）卖出美元，择期从3个月到6个月。

试计算客户结算的汇率。

3. 美国某公司从英国进口机器，3个月后需要支付货款625万英镑。为防止外汇风险，该公司决定以欧式期权保值。执行价格为1英镑＝0.5500美元，买入50份英镑期货买权，期权费为每英镑0.02美元。如果3个月后英镑汇率发生下列变化，那么各种情况的损益如何？该公司应采取什么办法？

（1）1英镑＝0.5300美元。

（2）1英镑＝0.5700美元。

（3）1英镑＝0.5900美元。

4. 已知伦敦外汇市场上英镑兑美元的外汇牌价为：

即期汇率	1.5600/20
3个月远期	70/90

（1）3个月美元远期汇率是多少？

（2）若某商人卖出了3个月远期10000美元，届时可以换回多少英镑？（保留小数点后两位。）

（3）若按上述汇率，我国机械公司出口一批机床，原报价为每台机床18000英镑，现英国进口商要求改用美元报价，我国机械公司应报价多少美元？

5. 已知纽约外汇市场上英镑兑美元的外汇牌价为：

即期汇率	1.5630/50
3个月掉期率	20/45

试计算报价行即期买入/远期卖出英镑、即期卖出/远期买入英镑的掉期汇率。

6. 已知某外汇市场上英镑兑美元的外汇牌价为：

即期汇率	1.5630/50
3个月掉期率	40/20

试计算报价行即期买入/远期卖出英镑、即期卖出/远期买入英镑的掉期汇率。

7. 已知某日纽约外汇市场上美元兑瑞士法郎的外汇牌价为：

即期汇率	1.6130/40
3个月远期汇率	135/140

我国某公司向美国出口机床，每台机床的报价为3000美元、3个月后付款，现在美国进口商要求该公司以瑞士法郎报价，问该公司应报价多少瑞士法郎？

8. 已知某日伦敦外汇市场的英镑兑美元的外汇牌价为：

即期汇率	1.5790/1.5806
3个月远期汇率	260/240

我国某公司向欧洲出口某产品，即期付款的报价为 480 美元/箱。现在，进口商要求 3 个月后付款并改为英镑报价。美元的年利率为 4%。问该公司应报价多少英镑？

本章讨论题

1. 利用互联网收集相关数据，说明我国境内人民币外汇衍生品有哪些。
2. 企业运用外汇衍生品进行风险管理应注意什么？

第六章

国际金融市场

学习目标

- 了解国际金融市场形成的基本条件及构成
- 理解欧洲货币市场的由来及特点
- 掌握欧洲货币市场与欧洲债券市场的主要内容
- 掌握国际金融市场的融资创新技术

本章导读

国际金融市场是国际资金融通的重要场所，也是从事各种国际金融活动的场所。这种活动包括居民与非居民之间或非居民与非居民之间的活动，它们对于国际借贷和国际投资起着非常重要的作用。尤其是在20世纪60年代以后，随着欧洲货币市场的发展，离岸金融业务越来越受到投资者的青睐。中国作为全球第二大经济体、第二大贸易国、第二大对外投资国，建设一个与中国的经济实力和人民币国际地位相适应的国际金融中心，顺应了经济全球化发展的趋势和客观规律。通过本章的学习，学生可以理解人民币离岸市场的发展现状及意义。

本章词汇

离岸金融市场　欧洲债券　票据发行便利

第一节　国际金融市场概述

一、国际金融市场的界定

（一）国际金融市场的概念

国际金融市场（international financial market）的概念一般有广义的国际金融市场和狭义的国际金融市场之分。狭义的国际金融市场又称国际资金市场，是指不同经济主体进行国际资金借贷与资本交易的场所，包括短期资金市场（货币市场）和长期资金市场（资本市场）。广义的国际金融市场是指从事各种国际金融业务的场所，主要包括国际货币市场、国际资本市场、外汇市场、黄金市场以及金融衍生工具市场等。由于外汇市场在第五章已介绍，而黄金市场是一个特殊的金融市场，因此本章重点介绍国际货币市场和国际资本市场，它们属于狭义的国际金融市场。

（二）国际金融市场与国内金融市场的比较

国际金融市场与国内金融市场既有联系，又有区别。

国际金融市场与国内金融市场的联系主要表现在：①国内金融市场是国际金融市场得以发展的基础，没有国内金融市场的发展，就不可能形成国际金融市场。对于一国的国内金融市场来说，当条件具备时可以逐步发展或升级为国际金融市场，并以所在地城市名字命名，如伦敦国际金融市场、纽约国际金融市场、东京国际金融市场等。由于这些国际金融市场都是各种国际金融业务集中的场所，因此习惯上又把它们叫作国际金融中心。②国际金融市场与国内金融市场在本质上是一致的，国内金融市场的货币资金运动与国际金融市场的货币资金运动相互影响。国内金融市场的利率发生变动，将会通过各种方式影响到国际金融市场上利率和汇率的变化，国际金融市场上利率和汇率的变动也会影响资本的国际流动，从而影响国内金融市场上利率的变化。③在参与主体上存在部分重合。国内金融市场上的某些大型金融机构也是国际金融市场的主要参与者。

但是，国际金融市场与国内金融市场相比，具有更多的差异性，这种差异性主要表现在：①运作区域不同。国内金融市场的活动领域局限于一国领土内，市场参与者限于本国居民，而国际金融市场的活动领域超越了国界，其参与者涉及境外居民或多国居民。②业务内容不同。国内金融市场的业务活动一般不用外汇，也不需要通过外汇市场进行，而国际金融市场的业务活动必然涉及外汇交易，需要通过外汇市场进行，因此外汇市场是国际金融市场的载体。③管理制度不同。国内金融市场必然受到货币当局的直接干预（含暗地干预），其市场运行在很大程度上受到行政力量的左右，而国际金融市场所在国对其活动不会采取过多的干预，交易比较自由。

二、国际金融市场的形成与发展

（一）国际金融市场的形成条件

一般来说，国际金融市场的形成应具备以下条件：

1. 稳定的国内政治环境

稳定的国内政治环境是国际金融市场形成的最基本前提条件。如果一国政局动荡，经常发生政变或大的变革，就无法保证国内经济和金融的稳定，更谈不上建立一个国际金融市场了。

2. 自由开放的市场经济体制

自由开放的市场经济体制主要是指自由开放的经济政策与自由宽松的外汇管制。自由开放的经济政策容易加强市场所在国与世界各国的经济金融往来以及各种形式的经济金融合作，而自由宽松的外汇管制或取消外汇管制，充分保证了国际资金的自由出入，容易形成国际资金的集散地，进而形成国际金融市场。

3. 健全的金融制度和发达的金融体系

国际金融市场的形成需要市场所在国有健全的金融制度和法规建设，以保障金融活动的高效进行。与此同时，国际金融市场的形成还需要发达的金融体系，包括稳健经营的金融机构及高素质的金融人才，这样才能保证有足够的实力和能力从事复杂的国际金融业务。

4. 现代化的通信设施与交通方便的地理位置

一国或地区要成为国际金融中心，必须有完善的通信设施，并且具有不断吸收和应用高新科技的能力，这样才能迅速准确地保证国际信息的通畅。此外，良好的地理位置容易吸引各种参与者，方便其交易。中国香港之所以成为一个新兴的国际金融中心，无不与它的地理位置有关。

（二）国际金融市场的发展演变

国际金融市场是随着国际贸易和国际投资的发展与扩大而逐渐产生和发展起来的，从最早的国际清算中心到在岸金融市场的出现，直到 20 世纪 60 年代出现的离岸金融市场，以及新兴市场经济体国际金融市场的兴起，这个过程持续了几个世纪。

1. 在岸金融市场的形成与发展

传统的国际金融市场一般是在国内金融市场的基础上发展起来的，是国内金融市场的延伸，通常称为在岸金融市场（onshore finance market），是指居民与非居民之间进行资金融通及相关金融业务的市场。在岸金融市场的特点是：①经营的货币是市场所在国货币，它是市场所在国的资金输出窗口。②受市场所在国政府政策与法令的管辖，借贷成本较高。③交易活动是在市场所在国居民和非居民之间进行的，国际化程度不高。

就在岸金融市场的发展而言，首先是在 18 世纪中期到第一次世界大战前，英国伦敦形成了最初的国际金融市场。这是因为在第一次世界大战前，英国经济得到迅速发展，促使英国的金融机构和金融制度不断发展及完善，英镑成为当时世界上主要的国际结算货币和储备货币，从而使得伦敦成了最早的在岸国际金融市场。

在第二次世界大战后期，在岸国际金融市场得到了进一步发展，美国纽约成了最重要的在岸金融市场。这是因为在第一次世界大战结束后，英镑作为最主要的国际结算货币和储备货币的地位逐渐削弱。到第二次世界大战时，伦敦作为国际金融市场的地位进一步下降，在第二次世界大战爆发后，英国经济遭到严重破坏，致使伦敦的国际金融市场地位不如从前。而美国在第二次世界大战中积累了大量的财富，1944 年的《布雷顿森林协定》确立了以美元为中心的国际货币体系，导致美元成了各国的储备货币和国际结算货币。许多国家和地区的外汇储备大多是美元资产，均存放于美国，由纽约联邦储备银行代为保管，从而促使纽约成为最重要的国际金融中心。瑞士因保持“永久中立国”的特殊地位，避免了第二次世界大战的战火洗礼，并使瑞士法郎成了当时西欧国家中唯一实现自由兑换的货币，因而苏黎世也就成为欧洲比较活跃的国际金融中心了。

在 20 世纪 60 年代前，国际社会基本形成了美国纽约、瑞士苏黎世和英国伦敦“三足鼎立”的在岸国际金融市场格局。其中，纽约国际金融中心的地位居于首位。

2. 离岸金融市场的形成与发展

在 20 世纪 60 年代以后，由于种种原因（详见本章第三节欧洲货币市场），欧洲出现了“欧洲美元”市场，随后出现了欧洲英镑、欧洲德国马克、欧洲法国法郎，欧洲货币市场迅速发展起来。在 20 世纪 70 年代后，欧洲货币市场快速扩大到巴黎、法兰克福、阿姆斯特丹、卢森堡、新加坡、中国香港、东京、巴哈马、开曼群岛、中东巴林等国家和地区，使得国际金融市场不再局限于伦敦、纽约和苏黎世等国际金融中心。

欧洲货币市场又称离岸金融市场（offshore finance market）或境外市场，是指在货币发行国境外或在货币发行国境内，通过设立国际银行设施进行该国货币存贷的市场，是一种新型的国际金融市场。市场参与者逃避在岸金融市场严格监管的动机促成了离岸金融市场的形成。其特点是：①经营的货币是市场所在国之外的可自由兑换货币。②业务活动不受任何国家政府政策与法令的管辖和约束，借贷成本较低。③交易活动在市场所在国的非居民和非居民之间进行，国际化程度很高，是真正的国际金融市场。

综上所述，表 6－1 总结了在岸金融市场与离岸金融市场的区别。

表 6－1 在岸金融市场与离岸金融市场的区别

项目	在岸金融市场	离岸金融市场
产生时间	20 世纪 60 年代以前	20 世纪 60 年代以后
交易对象	市场所在国货币	市场所在国以外的可自由兑换货币
交易主体	居民与非居民之间	非居民与非居民之间
东道国政府是否管辖	是	否
性质	传统的国际金融市场，是国内金融市场的延伸	新型的国际金融市场，是真正的国际金融市场

3. 新兴市场经济体国际金融市场的出现与发展

在 20 世纪 70 年代中期后，随着以美元为中心的国际货币体系的崩溃，国际金融市场发生了深刻的变化，主要表现在发展中国家金融市场的逐渐兴起上。受 20 世纪 70 年代初美国经济学家罗纳德 · I. 麦金农和爱德华 · 肖的“金融抑制论”和“金融深化论”

的影响，一些发展中国家和地区相继进行了金融自由化改革，使国内金融市场逐渐形成，而后也发展了国际金融市场。新兴国际金融市场主要分布于拉丁美洲的墨西哥、阿根廷、巴西，亚洲的泰国、马来西亚、菲律宾、印度尼西亚等国家和地区，以及石油生产国（如科威特）。发展中国家和地区国际金融市场的建立，促进了国际金融市场的全球化发展。

第二节　国际金融市场的构成

本节主要按市场功能对国际金融市场进行介绍。按国际金融市场提供的功能划分，国际金融市场可以分为国际货币市场和国际资本市场两大类。

一、国际货币市场

国际货币市场是指提供期限在 1 年以内（包括 1 年）的金融工具的交易市场，又称短期资金市场。国际货币市场的交易工具具有流动性强、风险低的特点，受到投资者的普遍欢迎。按借贷关系的不同，国际货币市场主要分为银行短期信贷市场、短期证券市场和贴现市场三个子市场。

（一）银行短期信贷市场

银行短期信贷市场主要包括银行之间的同业拆借市场和银行对非银行客户的短期信贷市场。

1. 银行同业拆借市场

银行同业拆借市场是短期信贷市场的主体，是指金融同业之间相互借贷资金的市场。银行同业拆借市场源自银行之间为调剂准备金余缺而进行的买卖超额准备金所形成的市场。各国在确立中央银行制度后，都通过立法或其他形式要求各金融机构将一定比例的存款（称为法定存款准备金）存入中央银行。此外，各金融机构为了方便清算，也愿意将一部分资金存入中央银行，形成了超额存款准备金。各金融机构特别是商业银行的资产和负债的变动必然引起其在中央银行的法定存款准备金在短期内出现不足或盈余。大多数国家的中央银行对法定存款准备金不支付利息，但是，如果金融机构在中央银行的法定存款准备金未达到要求，则要接受惩罚。因此，就出现了这样的情形：有超额存款准备金的银行就把多余的部分短期拆借出去，以获取利息收入，而存款准备金不足的银行必须设法借入资金以弥补准备金不足。这样，银行之间短期拆借超额存款准备金的市场就应运而生了。

在国际货币市场上，伦敦银行同业拆借市场处于重要的地位。该市场形成的利率——伦敦银行同业拆借利率（London interbank offered rate，LIBOR）是英国货币市场乃至世界货币市场利率的基础，许多国家和地区的金融市场以及离岸金融中心的国际贷款或债券发行经常以此为基础，再根据借款人的信誉、借款期限和市场资金供求状况，酌情增加 0.5%～1%的附加利率。除 LIBOR 以外，新加坡同业拆借利率（SIBOR）、香港同业拆借利率（HIBOR）、美国联邦基金利率（federal funds rate）等，也常被作为国际信贷的基准利率。

除了拆借利率外，还有伦敦银行同业存款利率（London interbank bid rate，LIBBR），存贷利差一般为 0.25%～0.5%。

2. 银行对非银行客户的短期信贷市场

银行对非银行客户的短期信贷是指商业银行为外国政府和外国工商企业提供的短期信贷。这部分贷款在短期信贷市场上不占主要地位。银行在对非银行客户发放短期信贷时多采用浮动利率，通常使用的利率是伦敦银行同业拆借利率加上一个附加利率。

（二）短期证券市场

短期证券市场是指进行短期证券发行和买卖的场所。在短期证券市场上流通的短期证券主要有：

1. 国库券

国库券（treasury bill）是指各国财政部发行的短期政府债券。国库券具有信用等级高、风险低、流动性强、收益稳定的特点，因此被称为金边债券或有利息的钞票，并且是国际货币市场上最重要的投资品种。其中，美国的国库券是美国投资者、外国政府、跨国银行和公司以及个人投资者的重点投资对象。国库券的期限大多在 1 年以下，以贴现方式发行，贴现的多少取决于当时的市场利率水平。到期时，国库券的面值与购买时的价格之差就是国库券购买者的投资收益。

2. 大额可转让定期存单

大额可转让定期存单（certificate of deposit，CD）是由商业银行或储蓄机构发行的、可以在市场上流通转让的存款凭证。大额可转让定期存单具有以下特点：第一，不记名、不挂失、不能提前支取，但可以流通转让；第二，面额大，在美国的最小交易单位为 10 万美元，在二级市场上的交易单位为 100 万美元；第三，利率多样化，国债既有固定利率，也有浮动利率。

大额可转让定期存单最早产生于 20 世纪 60 年代的美国。在 20 世纪 50 年代末，美国金融市场的利率上升，而定期存款由于受到 Q 条例的限制［是指 1933 年颁布的银行法，即《格拉斯-斯蒂格尔法》（Glass-Steagall Act），对于存款利率设定最高限制的条款，该条款规定商业银行的活期存款无利息、定期存款有利率上限，因而银行利率低于一般市场利率水平］，导致银行客户大量流失，形成了存款"非中介化"，即"脱媒"现象。为了克服这种不利局面，美国花旗银行率先采取措施，于 1961 年 2 月开始对大公司和其他客户发行大额可转让定期存单。大额可转让定期存单一问世就受到市场的追捧，其他银行相继效仿。此后，英国、日本等国的银行也先后开办了此项业务。现在，大额可转让定期存单几乎成为发达国家商业银行的一种重要负债工具，特别是在国际货币市场上，大额可转让定期存单由于其良好的流动性而成为银行主动负债的最重要工具之一。

3. 商业票据

商业票据（commercial paper）是指信誉良好的大企业、非银行金融机构发行的短期无担保的期票，属于本票[1]范畴。它仅凭信用发行，没有抵押担保，期限一般为 30 天到 1 年不等，其中以 30 天到 60 天为多。商业票据多以贴现方式发行，到期时按面额偿还，持有者也可于到期前在二级市场上出售。由于商业票据可以在市场上自由买卖和流通，而且融资成本低，因此商业票据越来越多地通过循环机制被用来为长期工程项目提供资金融通。

4. 银行承兑汇票

银行承兑汇票（bank's acceptance bill）是指由出口商或出口方银行签发，并由进口方银行承兑，保证到期支付的汇票[2]。汇票经银行承兑后，出票人可以持有汇票，但通常情况下是将承兑汇票在市场上贴现以融通资金。银行承兑汇票的期限一般为 1～6 个月，多为 3 个月。由于银行承兑汇票实际上是银行将其信用出借给企业，具有银行的信用，因而违约风险很小，并成为进出口贸易中的一种重要贸易融资工具。

（三）贴现市场

贴现市场是指办理票据贴现、进行短期资金融通的市场。贴现是将未到期的票据按照贴现率扣除自贴现日到票据到期日的利息后，向银行或贴现公司换取现金的一种方式。西方国家贴现市场的参与者主要是商业票据持有人、商业银行、中央银行以及专门从事贴现业务的承兑公司和贴现公司。商业银行、承兑公司和贴现公司对企业及个人办理贴现业务，中央银行对商业银行、承兑公司和贴现公司办理贴现业务。贴现市场是商业银行运用资金的重要场所，商业银行办理贴现比直接放款更有利。因为相对于贷款到期收回利息而言，贴现是事先扣除利息的。

二、国际资本市场

国际资本市场是指提供期限在 1 年以上的中长期资金借贷和证券业务的国际金融市场，其主要功能是筹集和运用各国的国内外资金，以满足本国的生产建设和国民经济发展的需要。国际资本市场主要包括银行中长期信贷市场、国际债券市场和国际股票市场。

（一）银行中长期信贷市场

银行中长期信贷市场是指在国际金融市场上由一国的一家商业银行或者一国（或多国）的多家商业银行组成的贷款银团，向另一国的借款人提供 1 年以上的贷款。贷款期限为 1 年到 10 年不等，甚至在 10 年以上。其贷款形式有：

1. 双边贷款

双边贷款（bilateral loans）又称独家银行贷款（sole bank loan），是一国的一家银行

---

① 本票是指一个人向他人签发的、在指定时间支付款项给此人或其指定人的一种无条件支付承诺书。一般可由债务人向债权人签发，承诺将来履行支付款项的义务。

② 汇票是指债权人向债务人签发的付款命令书，经付款人在票面上标明承诺到期付款的"承兑"字样并签章后就成为承兑汇票。经购买方承兑的汇票是商业承兑汇票，经购买方银行承兑的汇票是银行承兑汇票。

向另一国的政府、银行、公司发放的贷款。这是一种最简单的国际信贷方式，涉及金额一般较小，最多不超过 1 亿美元，贷款期限一般不超过 10 年。

2. **银团贷款**

银团贷款（consortium loan，syndicated loan）是指由一国或多国的若干家银行组成的银团，按共同的条件向另一国借款人提供的长期贷款。银团贷款有两种操作方式：一是直接银团贷款，是由银团各成员行委托代理行向借款人发放、收回和统一管理贷款。国际银团贷款以直接银团贷款方式为主。二是间接银团贷款，是由牵头行直接向借款人发放贷款，然后再由牵头行将参加贷款权（即贷款份额）分别转售给其他银行，全部的贷款管理、放款及收款由牵头行负责。

银团贷款是欧洲货币中长期信贷市场上的典型方式，银团贷款的详细内容见本章第三节欧洲货币市场。

（二）国际债券市场

国际债券（international bond）是指一国政府、企业、金融机构等为筹措外币资金而在国外发行的以外币计价的债券。发行国际债券的主要目的是满足大型工程项目的资金需要或帮助政府筹措经济建设资金。

国际债券按发行市场的不同，可以分为外国债券、欧洲债券和全球债券。欧洲债券详见本章第三节欧洲货币市场的相关内容，这里仅介绍外国债券和全球债券。

1. **外国债券**

外国债券（foreign bonds）是指筹资者在国外债券市场发行的、以发行市场所在国货币为面值的债券。外国债券的发行必须经过发行市场所在国的批准，并接受该国金融法规、法令的管理。例如，在美国发行外国债券要在美国证券交易委员会（SEC）注册，在日本发行债券要经过日本财务省的批准。目前，重要的外国债券市场包括苏黎世、纽约、东京、伦敦及阿姆斯特丹等。

在国际债券市场上，外国债券一般以该国最具特征的标志物命名，比如外国筹资者在美国发行的美元债券称为扬基债券(Yankee bond)、在日本发行的日元债券称为武士债券（Samurai bond)、在英国发行的英镑债券称为猛犬债券（Bulldog bond)、在西班牙发行的欧元债券称为斗牛士债券。我国从 2005 年 9 月 28 日起批准外国金融机构在我国境内发行人民币债券，并命名为熊猫债券（Panda bond)。2005 年 10 月，国际金融公司和亚洲开发银行分别获准在我国银行间债券市场分别发行人民币债券 11.3 亿元和 10 亿元。

2. **全球债券**

全球债券（global bonds）是指在全世界的主要国际金融市场（主要是美、日、欧）的多个证券交易所上市，进行 24 小时交易的债券。全球债券在美国证券交易委员会登记，以记名形式发行。全球债券的特点有：①全球发行；②全球交易和高度流动性；③发行人的信用等级高，多为政府机构。

全球债券是由国际复兴开发银行［IBRD，以下简称“世界银行”(World Bank)］于 1989 年首先发起的。此前，世界银行的 10 年期以内的扬基债券以高于美国财政部债券

35 个基点的利差进行交易；与此同时，世界银行相应期限的欧洲债券（Eurobonds）仅以高于美国财政部债券 25 个基点的利差进行交易。这就促使世界银行的债务管理人员寻求降低筹资成本的方法。根据传统解释，这种利差是由两个市场的投资者构成不同造成的。美国国内的投资者主要是机构投资者，他们乐于接受记名债券（外国债券是记名债券）；而欧洲债券市场上的投资者多是零售投资者，他们购买欧洲债券主要是为了逃税，因而更倾向于不记名债券（欧洲债券是不记名债券）。

有关的研究表明，机构投资者实际上在欧洲债券市场上占了主导地位，而且这些机构投资者也乐于购买记名债券，因而世界银行的研究人员认为：通过适当的安排，可以将扬基债券和欧洲债券这两个平行市场统一起来。为此，他们提出了全球债券的概念，并于 1989 年 9 月由高盛公司和所罗门兄弟公司联合牵头发行了第一只全球债券。

进入 20 世纪 90 年代以后，全球债券的发行逐渐增加。到 1993 年，全球债券市场已初具规模。此前，人们普遍认为只有世界银行才能发行真正的全球债券，但从 1993 年以来，全球债券的发行人、发行规模、发行货币和期限等方面都出现了多样化趋势，使全球债券市场趋于活跃。1994 年 1 月 14 日，我国财政部代表中国政府正式向美国证券交易委员会注册登记发行了 10 亿美元的全球债券。此债券是中国政府发行的第一只全球债券，也是中国政府第一次进入美国资本市场。

（三）国际股票市场

国际股票市场是指在国际范围内发行并交易股票的场所或网络。股票是指股份公司发行的、证明投资者投资入股并领取股利的所有权凭证。股票市场包括一级市场和二级市场。一级市场是股票发行市场，是指在国际性的证券交易所或证券交易网络发行股票的市场。国际股票市场的核心是流通市场，称为二级市场，是指已发行的国际股票在投资者之间转让买卖的场所或交易网络。二级市场主要分为交易所市场和场外市场。前者是指在集中的建筑物内进行股票交易的市场，如纽约证券交易所；后者是指通过电话、电报、电传等方式进行股票交易而形成的网络，如美国的证券交易商协会自动报价系统（NASDAQ），它由相互连接的 6 000 多家证券投资机构组成。

股票市场国际化是各国股票市场不断发展的一种必然结果。股票的国际化交易始于 20 世纪 20 年代，并在 20 世纪 60 年代伴随着跨国公司的迅速发展而得到大规模发展。20 世纪 70 年代后期，西方主要国家开始放松对证券市场的种种限制，使各国股票市场上的国际筹资和投资日趋活跃。例如，美国在 1975 年通过了《美国证券法修正案》，鼓励金融业的竞争，这为外国投资者进入美国股票市场打开了大门。1986 年 10 月，英国发生了放松股票市场规则的“大爆炸”（big bang）改革，进一步推动了国际股票市场的发展。与此同时，一些发展中国家为了吸引外资，也纷纷开放本国的股票市场，使股票的国际交易发展更为迅速。2002 年 11 月 5 日，中国证监会颁布了《合格境外机构投资者境内证券投资管理暂行办法》，我国正式开始实施 QFII（qualified foreign institutional investors，合格境外机构投资者）制度，中国资本市场开始有条件地向合格境外机构投资者开放。

第三节　欧洲货币市场

一、欧洲货币市场的形成和发展

（一）欧洲货币市场的基本概念

1. 欧洲货币

欧洲货币（Eurocurrency）又称境外货币、离岸货币（offshore currency），是指在货币发行国境外被存入和借贷的各种货币的总称。

最早的境外货币是出现在欧洲地区的美元存款，所以将境外货币称为欧洲货币，欧洲美元（Eurodollar）也就是最早的欧洲货币了。由此可见，欧洲货币并不是欧洲某国中央银行发行的货币，欧洲美元也不是一种特殊的美元，它与美国本土的美元是同质的，具有相同的流动性和购买力。

2. 欧洲银行

欧洲银行（Eurobank）是指在欧洲货币市场上接受欧洲货币存款并发放贷款的银行，包括商业银行和投资银行。它们吸收欧洲货币存款、发行欧洲债券，并服务于欧洲债券的交易。欧洲银行通常是国内大银行的一个部门或者一个分支机构。

3. 欧洲货币市场或离岸金融市场

欧洲货币市场（Eurocurrency market）又称离岸金融市场，是指以非居民参与为主的、以欧洲银行为中介的、在某货币发行国国境之外从事该种货币借贷或交易的市场。这个市场最早发源于20世纪50年代末的伦敦，而后逐步扩散到世界其他地方。

> 由于欧洲货币市场的独特优势，美国于1981年在纽约设立了国际银行设施（International Banking Facilities，IBFs），使欧洲美元从境外转成境内了，但它仍从事欧洲货币市场业务，不受美国联邦储备体系的管辖。这就意味着欧洲货币的概念从此突破了特定地理区域的限制，由“境外货币”发展为“治外货币”。

理解欧洲货币市场的概念，应注意以下两点：

第一，欧洲货币市场不单是欧洲区域内的市场。也就是说，“欧洲”不是一个地理概念，欧洲货币市场产生于欧洲，但不限于欧洲。欧洲货币市场最早是指存在于伦敦及西欧其他地方的美元借贷市场，而后其地域范围逐渐突破“欧洲”界限，扩展至亚洲、北美洲、拉丁美洲等。目前，欧洲货币市场既包括欧洲各主要金融中心，又包括日本、新加坡、中国、加拿大、美国、巴林、巴拿马等国的全球或区域性金融中心。因此，欧洲货币市场主要是“治外货币市场”，即不受东道国政府政策和法令的管辖。通常说来，欧洲货币市场在亚洲的延伸称为亚洲美元市场（Asian dollar market）。

第二，欧洲货币市场中的“货币市场”并不说明该市场经营的业务范围。通常意义下的“货币市场”是短期资金借贷市场，欧洲货币市场不仅经营短期资金借贷业务，而且经营中长期资金借贷业务和债券业务，后者属于资本市场业务。当然，欧洲货币市场的范围仍有它的独特性，即它主要是一种借贷市场，发生关系的是存款人（通过银行）和借款人，这与买卖不同国家货币的外汇市场有所区别。尽管如此，欧洲货币市场与国际外汇市场具有密切的联系。

4. 离岸金融中心

实际上，欧洲货币市场和离岸金融中心（offshore financial center）都是经营境外货币借贷业务的市场。笼统地讲，两者可以相互替代。如果要对两者进行区分，那么欧洲货币市场是境外货币市场的总称，而离岸金融中心则是指具体经营境外货币业务的地理区域或城市。根据离岸金融业务经营和管理的不同，我们可以将其分为五大类型，即内外混合型离岸金融中心、内外分离型离岸金融中心、簿记型离岸金融中心、基金型离岸金融中心和收入型离岸金融中心。

（1）内外混合型离岸金融中心是指离岸金融业务和所在国的国内金融业务不分离的金融中心。这类离岸金融中心的资金流入和流出并不分开，资金可以从国外流入国内，也可以从国内流向国外。但是，对于从境外流入的资金所产生的利息不征收利息税，外汇资金也不受存款准备金制度的约束。这类离岸金融中心允许非居民在经营离岸金融业务的同时也经营在岸金融业务和国内金融业务，即经营“全面业务”。但是，非居民在经营国内金融业务时必须缴纳存款准备金和相关税款，而且金融管理机构严格控制“全面业务”的发放量。所以，非居民经营的在岸金融业务量远小于离岸金融业务量。这类离岸金融中心的典型地区是伦敦和香港。

（2）内外分离型离岸金融中心是指离岸金融业务和所在国的国内金融业务相分离的金融中心。一国管理当局对非居民的境外资金流入不实行国内的税收和存款准备金制度的限制，但非居民的交易账户与国内账户必须严格分离，禁止非居民经营在岸业务。这类离岸金融中心的典型地区是纽约、新加坡和东京。

比如在美国，1981 年 12 月 3 日经美国联邦储备委员会批准，美国境内的商业银行开设了专门经营欧洲货币业务的国际分部或账户——国际银行设施，它是商业银行在美国境内设立的一种类似内部自由贸易区的分部或账户，用来从事欧洲货币业务。其特点是：允许该商业银行吸收非居民或海外公司的存款，并免除存款准备金、利率上限和存款保险等相关要求，以及允许向非居民或海外公司提供贷款（限境外使用）。国际银行设施的出现表明，美国政府不仅把境内流动的外国货币视为欧洲货币，也将这种在美国境内流动但不受金融当局管理的美元存贷款定义为欧洲美元。欧洲货币的概念从此突破了特定地理区域的限制，由“境外货币”发展为“治外货币”。

（3）簿记型离岸金融中心是指在不征税的地区设立名义上的机构，进行离岸交易的账务处理，但不进行实际的资金交易所形成的离岸金融中心。也就是说，各银行只是在这些地方建立“空壳”分行，名为“分行”，实际上只是银行总行设立的一套独立的账簿或邮箱，它由银行总行直接下达指令进行操作，银行总行可以把利润转移给这里的“分行”，从而避免银行总行所在地征收的较高所得税。簿记型离岸金融中心大多为岛屿，它们与大陆分离、资源贫乏、制造业非常有限，对经济发展有许多制约因素。为了发展本地经济，这些国家或地区往往提供先进的交通设施和通信设施、富有经验的专业金融服务人才，并对离岸金融业务提供较为宽松的管理环境和优惠政策，对跨国投资者的避税活动、离岸金融活动提供不同程度的保密措施等。这类离岸金融中心的典型地区是加勒比海的开曼和巴哈马以及百慕大、巴拿马等。

（4）基金型离岸金融中心主要吸收国际游资，然后贷放给本地区的资金需求者。以新加坡为中心的亚洲美元市场就属于此类，它的资金来自世界各地，而贷款对象主要是东盟成员或邻近的亚太地区国家。

（5）收入型离岸金融中心主要是筹集本地区的境外货币，然后贷放给世界各地的资金需求者。比较典型的是亚洲的巴林，该离岸金融中心的重要功能就是将中东地区的富余石油美元吸收起来，然后贷给其他地区的资金需求者。

（二）欧洲货币市场产生及发展的原因

欧洲货币市场产生及发展的直接原因是东西方冷战和西方主要国家对资本流入的限制；外部原因是美国国际收支逆差导致美元外流和西欧国家限制资本流入；内部原因是欧洲货币市场自身的一些特点；石油美元的出现成为欧洲货币市场迅速发展的“催化剂”。

1. 东西方冷战与英镑危机直接导致了欧洲货币市场的出现

1950 年，朝鲜战争爆发，中国人民志愿军应朝鲜的请求赴朝，与朝鲜并肩作战，而后美国政府下令冻结中国在美国银行的所有美元资产。正值冷战时期的苏联和一些东欧国家为了避免本国在美国的美元资产遭到冻结甚至没收，纷纷将存放在美国的美元资产调往海外。

正当这些美元资产寻找出路时，英国伦敦的商业银行敞开了怀抱。1956 年，英、法为夺得苏伊士运河的控制权，发动了第二次中东战争。这次战争使英国的国际收支严重恶化，导致英镑危机发生。英国政府为了改善国际收支、稳固英镑的国际地位和恢复国民生产，加强了外汇管制，禁止英国商业银行向英镑区外的居民提供英镑贷款。英国各大商业银行为了逃避外汇管制和维护其在国际金融领域的地位，纷纷转向经营美元业务，开始吸收美元存款并向海外客户贷款，最终伦敦出现了一个在美国境外大规模经营美元存款和放贷业务的短期资金市场。

2. 美国和一些欧洲国家的金融政策成为欧洲货币市场发展的外部原因

在 1958 年后，美国的国际收支连年出现赤字，美元外流为欧洲货币市场提供了大量的资金。进入 20 世纪 60 年代，美国政府被迫采取强制措施来限制资金外流，这些措施反而促使美国企业与金融机构加强了海外的借贷活动以规避政府管制，从而推进了境外美元存贷业务的发展与扩大。这些措施包括：1963 年 7 月开征利息平衡税（interest equalization tax），规定美国居民购买外国政府在美发行债券的利息所得一律要纳税，以限制资金外流；1965 年制定“自愿限制对外贷款指导方针”，要求银行与其他金融机构控制对非居民的贷款数额；1968 年颁布《对外直接投资规则》，限制美国公司的对外直接投资活动。然而，这些限制措施却适得其反，它们促使美国商业银行积极拓展海外分行的欧洲货币业务，以规避政府的金融法令管制。

那么，最早的境外货币为什么出现在欧洲的伦敦而不是其他地方？这要归因于西欧一些国家实行的限制资本流入的政策。在 20 世纪 60 年代后，随着美元在国际货币体系中的地位不断下降，联邦德国马克、瑞士法郎、日元等货币日益坚挺，大量国际游资流向这些国家。为了减缓通货膨胀的压力、维持本国货币汇率的稳定，瑞士、联邦德国和日本的货币当局采取了一些措施，对外国居民存入本国的货币进行限制，比如对非居民的存款不付利息甚至倒收利息。这些措施导致流出美国的美元纷纷流向了英国的伦敦。

3. 欧洲货币市场的内在优势成为其迅速发展的内在原因

欧洲货币市场具有不同于传统国际金融市场的特点和优势，比如不受任何国家国内金融法规的制约、不需要缴纳法定存款准备金，因而存款利率高、贷款成本低，进而吸引了大量的借款者和贷款者。此外，在 1985 年后，西欧国家先后放松了外汇管制，实行了货币的自由兑换，从而使借款者和贷款者可以更加自由地选择币种，更加方便地调拨资金，为欧洲货币市场的营运提供了宽松的市场环境。

4. 石油美元回流为欧洲货币市场提供了大量的资金供给

20 世纪 70 年代的石油价格大幅上涨，1973—1979 年发生了两次石油危机，石油输出国获得了大量以美元表示的出口盈余，俗称石油美元（oil-dollar），而石油进口国出现了巨额的国际收支逆差。无论是对石油输入国还是对石油输出国来说，甚至是对整个世界经济来说，这种巨额的石油美元都有很大的影响。对于石油输出国而言，由于石油美元收入庞大，而其国内投资市场狭小，不能完全吸纳这么多美元，因而必须以资本输出方式在国外运用。对于石油进口国而言，由于石油进口支出大幅增加，导致国内经济衰退，并影响了世界贸易的发展。因此，以工业国家为代表的石油进口国大多希望石油美元回流——由石油输出国回流到石油输入国，因而石油美元回流便产生了。

石油美元最初主要是流向了欧洲货币市场，因此石油美元回流为欧洲货币市场提供了大量的资金供给。

（三）欧洲货币市场的特点

如前所述，欧洲货币市场产生并得到长足发展的内部原因源自欧洲货币市场自身的特点。这些特点也是其优势，具体表现为：

1. 不受任何国家法规和政策的约束

对于货币发行国而言，欧洲货币对其本国经济的影响甚微，因而缺乏干预的动机；对于欧洲货币所在地政府而言，欧洲货币的存贷款方多为非居民，对本国经济的直接影响不大，同时欧洲货币市场的发展给当地带来了大量的就业和其他收入，因而当地政府不仅不干预，反而加以鼓励。所以，欧洲货币市场的交易活动很少受到有关国家法规和法令的管辖，而且经营自由、税费负担少。

2. 借贷业务中使用的货币种类多

在传统的国际金融市场上，在交易过程中使用的货币是市场所在国的货币。欧洲货币市场上的货币种类繁多，可以满足各国政府、银行和企业对各种不同期限和不同用途的资金的需求。

3. 独特的利率结构

虽然欧洲货币的利率与各货币发行国的国内利率有着密切联系，但它不受法定存款准备金限制和国内利率管制限制，因此形成了其独特的利率结构，即欧洲货币市场的存款利率更高、贷款利率更低，也就是欧洲货币市场的存贷款利差小于国内市场的存贷款利差（如图 6-1 所示），这种利率结构使境外货币的存贷款业务具有较强的竞争力。

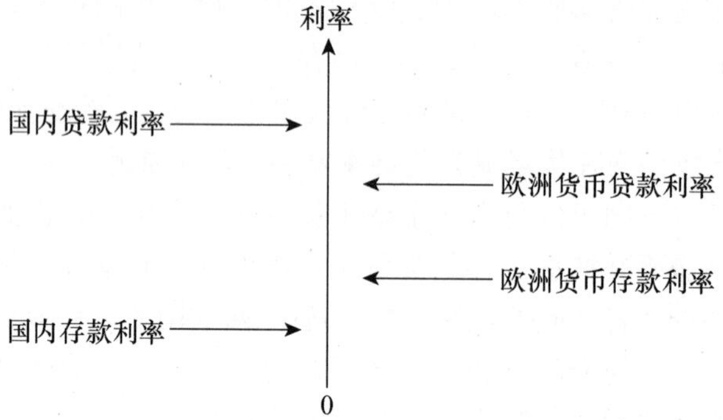

图 6-1 国内市场和欧洲货币市场的利差

4. 调拨方便、选择自由

在欧洲货币市场上存在大量的跨国银行，它们可以方便地在全球调度资金，而且境外货币的调拨不受市场所在国外汇管制的约束，因而调拨灵活。

从业务上看，欧洲货币市场由欧洲货币信贷市场和欧洲债券市场构成，下面分别加以介绍。

二、欧洲货币信贷市场

（一）欧洲货币信贷市场的构成

欧洲货币信贷市场分为欧洲货币短期信贷市场和欧洲货币中长期信贷市场。

1. 欧洲货币短期信贷市场

欧洲货币短期信贷市场是指期限在 1 年及以下的短期欧洲货币信贷业务所构成的市场，它是国际货币市场的主体部分。这一市场的主要参与者有政府机构、国际商业银行、欧洲银行、证券交易商、跨国公司等。欧洲货币短期信贷市场的特点是：

（1）期限短，一般多在 3 个月以内。

（2）起点高，一般在大金融机构之间进行，因此借贷业务凭信用、无须担保，而且借贷金额大，属于批发市场，交易金额高达 1 亿美元甚至更大。

（3）利率由双方具体商定，一般低于各国商业银行对国内大客户的优惠放款利率，但比伦敦银行同业拆借利率要高，由经营欧洲货币业务的大银行于每个营业日按伦敦银行同业拆借利率商定公布。

（4）灵活方便，即在借款期限、借款货币种类和借款地点等方面都有较大的选择余地，这也是欧洲货币市场对借款人的最大吸引力之一。

欧洲货币短期信贷市场由以下三个市场构成：一是欧洲银行同业拆借市场；二是欧洲货币存款市场，主要经营通知存款、通知贷款、欧洲定期存单、欧洲可转让定期存单等业务；三是欧洲票据（Euronotes）市场，欧洲票据是在欧洲货币市场上发行的商业票据，也是借款人发行的短期无担保本票。

2. **欧洲货币中长期信贷市场**

欧洲货币中长期信贷市场是指借款期限为 1～10 年甚至更久的信贷市场。与欧洲货币短期信贷市场相比，其特点是：

（1）期限长，一般为 1～3 年，最长可达 10 年以上。

（2）数额大，该市场的贷款额多在 1 亿美元以上。

（3）必须签订贷款协议。该协议的主要内容包括确定贷款货币、贷款数量、利率、费用增加补偿、货币选择条款、违约条款、交款地点、资金用途的条款和税收条款等。

（4）利率以伦敦银行同业拆借利率为基础，再加上一个附加利率。

（5）一般以银团贷款为主，即贷款资金由两家或者多家欧洲银行组成的银团提供。

（二）银团贷款

银团贷款是欧洲货币中长期信贷市场上贷款的典型方式，因此，这里重点加以介绍。

1. **银团贷款的特点**

在欧洲货币市场上，金额较大、期限较长的贷款（如国家基础设施建设和大型工业项目的贷款）通常都是由多家银行组成的银行集团共同承担，这就是银团贷款，又称辛迪加贷款（syndicated loan）。银团贷款的特点是：①由一家或几家银行牵头，联合组织一批银行对一个客户进行放贷；②贷款数额较大，一般可达数亿甚至数十亿美元；③贷款期限较长，一般为 7～10 年，有的甚至达到 20 年；④贷款成本高，银团贷款的债务人除了支付利息（一般是 LIBOR 加上一定的附加利率）外，还需要承担一定数额的借款费用。银团贷款既可以帮助银行分散贷款风险、减少同业之间的竞争，也能使借款人筹集到独家银行无法提供的大数额、长期限的资金。

2. **银团的组成**

（1）牵头银行（lead bank）。牵头银行是一笔银团贷款的发起人和领导者，由它出面组织经理银行团，代表其他贷款参与人与借款人谈判、磋商和起草贷款协议草案。不过，牵头银行和借款人之间只存在契约关系，即牵头银行受借款人委托组织银团，并不能代表借款人与其他贷款银行签订协议。

（2）经理银行。经理银行也参与银团的组织和管理，其地位次于牵头银行，起辅助作用。它和牵头银行一起组织经理银行团，对借款人包销贷款。

（3）副经理行。副经理行一般不参与银团的组织、管理及贷款包销，但这些银行由于各种原因而在银团中处于较高的地位，如提供了较大份额的资金，与借款人有特别密切的关系，或只是由于该银行在国际金融市场上享有良好的声誉，有助于贷款的推销等。

（4）代理行。代理行在贷款协议签订至贷款本息全部偿清的整个贷款期间，代表银团的全体参与人与借款人保持联系，并负责处理在贷款期间发生的与贷款有关的事宜。

（5）安排行。安排行主要是协助代理行的工作。

（6）参与行。参与行是银团贷款的一般参与者，它们在银团贷款中只提供资金，并不参与银团的经营和包销。

3. **银团贷款的成本**

银团贷款的成本主要由两部分组成：利息和贷款费用。银团贷款的利率一般在 LI-

BOR 的基础上附加一定的利率，附加利率根据借款人的资信状况、贷款的风险程度、贷款的期限、市场资金供求、金额的大小等情况来决定。

除利息外，银团贷款还需要支付各种费用，主要有：

（1）牵头费（arrangement fee）由借款人支付给牵头银行或经理银行，作为它们组织、安排贷款的酬金。牵头费可以是固定数额，也可以是总贷款额的一部分。牵头费的支付时间有三种：一是在贷款协议签订时支付；二是在第一次提用贷款时支付；三是在每次提用贷款时根据每次提用贷款的金额按比例支付。

（2）代理费（agent fee）由借款人支付给代理行或牵头银行，作为它们提供服务的酬金。因为这些银行要与借款人及成员行进行日常的联系交往，从而发生电传费、电报费及办公费等支出，这些费用均包含在代理费中。代理费按事务的繁简和贷款金额的大小而定，代理费的费率一般为 0.25%～0.5%，并按贷款的总额在整个贷款期间分期支付。

（3）杂费（out of pocket expenses）是指在贷款协议签订前所发生的一切费用，如贷款银行与借款人联系的车马费、宴请费、文件复印费以及律师费等。这些费用一般实报实销，由牵头银行向借款人提供账单并一次付清。

（4）承担费（commitment fee）是指在贷款协议签订后借款人对未提用的贷款余额所支付的费用。承担费根据未提用贷款余额，按一定的费率（一般为 0.25%～0.75%）支付，其目的是鼓励借款人尽快提取贷款。

承担费的支付办法大致有三种情况：一是在整个贷款期内规定一个承担期，借款人应在承担期内用完贷款额，已支用的贷款开始支付利息。在承担期过后，对于未用完的贷款，一方面需要缴纳承担费，另一方面这部分贷款额将自行注销。二是从贷款协议签订之日起就开始收取承担费。这种情况要求借款人在签订贷款协议的当天就将全部贷款提取完毕，只有这样才能避免支付承担费，而这在实际贷款活动中显然是难以做到的。三是从贷款协议签订之日起一定期限（如一个月或两个月）后才开始收取承担费。在这种情况下，借款人获得了一定的缓冲时间，如果借款人能在这段时间内支用全部贷款，就无须支付承担费，只有那些在规定期限后仍未支用的贷款才需要支付承担费。到底采取哪种方式，还要由借款人与贷款银行谈判决定。承担费的计算公式为：

$$\text{承担费}=\frac{\text{未用贷款额}\times\text{未使用实际天数}\times\text{承担费年率}}{360(\text{或 }365)}$$

例 6-1

有一笔 5 年期、8 000 万美元的贷款，于某年 4 月 10 日签订贷款协议，确定承担期为半年（截至当年 10 月 10 日），并规定从签订贷款协议之日起一个月后（自当年 5 月 10 日起）开始支付承担费，承担费的费率为贷款金额的 0.25%。该借款人实际支用贷款的情况如下：4 月 15 日支用了 2 000 万美元，5 月 1 日支用了 1 000 万美元，6 月 12 日支用了 1 700 万美元，7 月 9 日支用了 1 500 万美元，8 月 13 日支用了 1 000 万美元。由于到 10 月 10 日仍有 800 万美元未动用，因而这些贷款自动注销。

解：该借款人应支付的承担费分析如下（一年按 360 天计算）：

4 月 15 日支用的 2 000 万美元和 5 月 1 日支用的 1 000 万美元，因在银行收取承担费期限之前提取，故无须支付承担费，但要从实际支用日起支付利息。

5 月 10 日至 6 月 11 日共计 33 天，在此期间有 5 000 万美元贷款未动用，借款人应支付的承担费为：

$$\frac{50\,000\,000\times33\times0.25\%}{360}=11\,458.33(\text{美元})$$

6 月 12 日至 7 月 8 日共计 27 天，还有 3 300 万美元贷款未动用，借款人应支付的承担费为：

$$\frac{33\,000\,000\times27\times0.25\%}{360}=6\,187.5(\text{美元})$$

7 月 9 日至 8 月 12 日共计 35 天，还有 1 800 万美元贷款未动用，借款人应支付的承担费为：

$$\frac{18\,000\,000\times35\times0.25\%}{360}=4\,375(\text{美元})$$

8 月 13 日至 10 月 9 日共计 58 天，还有 800 万美元贷款未动用，借款人应支付的承担费为：

$$\frac{8\,000\,000\times58\times0.25\%}{360}=3\,222.22(\text{美元})$$

因此，从 10 月 10 日起，贷款未动用部分（即 800 万美元）将自动注销，该借款人不得再行支取。与此同时，该借款人还要累计支付 25 243.05 美元（＝11 458.33＋6 187.5＋4 375＋3 222.22）的承担费。

（三）中长期贷款协议的主要贷款条件

在欧洲中长期信贷市场上，借贷双方必须签订严格的借贷协议。该协议规定了借贷双方必须遵守的权利与义务，即信贷条件。借贷协议通常包括三方面内容：一是贷款的利息及费用；二是贷款期限与偿还；三是贷款货币的选择。

1. 贷款的利息及费用

贷款的利息及费用主要涉及贷款利率、附加利率、管理费、代理费、承担费等内容。

贷款的利息及费用的内容与银团贷款基本相同，此处不再赘述。

2. 贷款期限与偿还

贷款期限是指偿还本金的期限，一般由宽限期（grace period）与偿还期（repayment period）组成。宽限期是指借款人只提取贷款，不用偿还贷款本金的期限。但是，在宽限期内借款人仍要偿还利息。宽限期一过就到了偿还期。在偿还期内，借款人就要开始偿还贷款了。例如，一笔贷款的期限为 7 年，宽限期为 3 年，偿还期为 4 年，说明从第 4 年开始，借款人就要偿还贷款本金了。一般来说，宽限期越长，对借款人越有利。

这是因为在贷款到期一次偿还贷款本金的情况下，名义贷款期限与实际贷款期限是一致的。但是，在贷款分次等额偿还本金的情况下，两者就出现不一致了。例如，前述7年期贷款的宽限期为3年，此时，该贷款的实际贷款期限就是5年：

$$3+\frac{7-3}{2}=5(\text{年})$$

中长期信贷的利息通常是每三个月或半年偿还一次，而本金的偿还方式大致有三种：一是到期一次支付本金。这对贷款额不大的中期贷款较为适用。二是有宽限期的分次等额偿还。在宽限期后，借款人分次等额偿还本金。这对贷款金额大、期限长的贷款较为适用。三是无宽限期的分次等额偿还。

因此，借款人要与贷款银行进行谈判，以争取一个比较有利的贷款偿还方式。

一般来说，在其他条件不变的情况下，贷款期限越长对借款人越有利，甚至在贷款到期时能得到展期，对借款人就更为有利。但是，在下列情况下，借款人应尽量选择提前偿还贷款：

（1）贷款所采用货币的汇率开始上涨，并有进一步上涨的趋势。此时，如果借款人仍按原定期限归还贷款，则将蒙受由于汇率上涨造成贷款成本上升的巨大损失。在借款人自有外汇较多或另有其他筹资渠道时，则借款人提前偿还贷款可以减少汇率波动造成的损失。

（2）在贷款采用浮动利率的条件下，利率开始上涨，并有进一步上涨的趋势。此时，如果借款人仍按原定期限归还贷款，则将蒙受由于利率上涨造成贷款成本上升的巨大损失。在借款人自有外汇较多或另有其他筹资渠道时，则借款人提前偿还贷款可以减少利率波动造成的损失。

（3）在贷款采用固定利率的条件下，利率开始下降，并有进一步下降的趋势。此时，如果借款人仍按原定期限归还贷款，将失去由利率下降所带来的好处。在借款人自有外汇较多或另有其他筹资渠道时，则借款人通过提前偿还贷款后再贷款，可以借到利率更低的贷款。

3. 贷款货币的选择

在中长期信贷业务中，贷款货币均为国际可兑换货币，借款人可选择的币种包括贷款国货币、借款国货币、第三国货币及混合货币（包括一篮子货币、特别提款权等）。一个借款人要从国际信贷市场上借款，在决策应选取哪种货币时，可参考以下两点进行考虑：

（1）借取的货币应与实际用途或收入货币相匹配。例如，若借款人是为了从美国进口成套设备，则应借取美元贷款。又如，若借款人进口成套设备生产的产品主要出口到欧洲，将收取欧元出口收入，借款人也可以借取欧元贷款。

（2）综合考虑利率和汇率。一般来说，借款的货币应尽量选择软币，即具有贬值趋势的货币。但是，一方面，借款人在选择币种时，借贷双方的利益正好相反：对借方而言，应尽量选择到期时贬值的货币；对贷方而言，应尽量选择到期时升值的货币。另一方面，软币的利率高、利息负担重，而硬币的利率低、利息负担轻。因此，在选择币种时，借款人不能只考虑币种的软硬问题（即汇率高低问题），还要考虑利率成本问题。一般来说，当借款期内硬币上浮的幅度小于硬币与软币的利差时，那么借取硬币也是有利的；反之，借取软币有利。

三、欧洲债券市场

（一）欧洲债券的概念及特点

1. 欧洲债券的概念

欧洲债券是指借款人在国际金融市场上发行的以发行国以外的货币为面值的债券，或者说是一国筹资者在某国际债券市场上发行的、以第三国货币为面值的债券。欧洲债券的期限均为1年以上。因此，欧洲债券市场和欧洲货币中长期信贷市场构成了欧洲货币市场的资本市场。

欧洲债券市场产生于20世纪60年代初。1961年2月1日，卢森堡发行了第一笔欧洲债券。1963年，一个国家辛迪加为意大利政府机构发行的美元债券在伦敦证券交易所上市，正式形成了欧洲债券的一级市场。20世纪60年代末形成了欧洲债券的二级市场。20世纪70年代后，美国的国际收支逆差和国际油价的大幅上涨使大量资金流入了欧洲货币市场，为欧洲债券市场的发展提供了丰富的资金来源。1982年拉丁美洲国家债务危机以后，各国对中长期资金的需求日益增加，以债券形式出现的借贷活动迅速发展。

2. 欧洲债券的特点

（1）债券的发行者、债券面值和债券发行地点分属于不同的国家。例如，A国的机构在B国的债券市场上发行以C国货币为面值的债券，即为欧洲债券。欧洲债券的主要发行人是各国政府、大型跨国公司或大型商业银行。

（2）债券的发行方式以银团为主。欧洲债券一般由一家大型专业银行、大型商业银行或投资银行牵头，联合十几家或数十家不同国家的大银行代为发行，大部分债券是由这些银行买进，然后转到销售证券的二级市场或本国市场卖出。

（3）债券发行自由灵活。欧洲债券市场是一个完全自由的市场，债券较为自由灵活，既不需要向任何监管机关登记注册，又无利率管制和发行数额限制，还可以选择多种货币计值，所以比较自由灵活。

（4）免缴税款和不记名。欧洲债券以不记名方式发行，并可以保存在国外，适合一些希望保密的投资者购买。欧洲债券的利息通常免除所得税或不预先扣除借款国的税款。

（5）安全性和收益率高。欧洲债券的发行者多为各国政府、大公司和跨国组织，它们一般都有很高的信誉。与此同时，欧洲债券市场还有一个有效的和极富活力的二级市场，世界各地的交易者都可据此快速进行交易，从而极大地降低了交易成本，并且欧洲债券的收益率较高。

（二）欧洲债券的种类

欧洲债券的种类繁多，下面仅介绍主要的债券种类。

1. 固定利率债券

固定利率债券（fixed rate bond）是欧洲债券中最普通也是比重最大的一种债券。顾名思义，这种债券的票面利率是固定不变的。从债券发行之日起，每年支付一次利息，直到债券期满为止。由于这种债券能够预先确定投资收益，因此广受投资者的欢迎。

2. 浮动利率债券

浮动利率债券（floating rate bond）是指利率根据市场利率调整的债券，其调整周期一般为3个月或者半年，通常以LIBOR或其他基准利率为基础进行调整。由于这种债券能够及时根据市场资金状况调整利率，使投资者能够免受利率波动带来的损失，因此它在利率频繁波动时特别畅销。目前，浮动利率债券已成为欧洲债券市场上的第二大类债券。

3. 可转换债券

可转换债券（convertible bond）是可转换成公司股票的债券的简称，又称可转债。它是一种可以在特定时间、按特定条件转换为发行公司或其关联公司的普通股票的特殊企业债券。可转换债券兼具债权和期权的特征，因而其票面利率一般较低。

4. 附认股权证债券

附认股权证债券（bond with warrants）是指公司债券附有认股权证，持有人依法享有在一定期间内按约定价格认购债券发行公司股票的权利，是债券加上认股权证的产品组合，也是可转换债券的一种发展形式。这种债券不同于可转换债券的是，它不能直接转换成发行公司的股票，而只能凭认股权证单独购买公司股票。

5. 零息债券

零息债券（zero coupon bond）是指没有票面利率、不派发利息、折价出售、到期一次性偿还票面本金的债券。零息债券的本质是将显性的利息收入转换为隐性的资本增值。正是由于在零息债券持有期内不会有利息收入，这种债券在一些对利息收入征税而对资本增值不征税的国家很受欢迎。例如，2000年6月百事可乐公司发行了3年期零息欧洲债券，发行价是面值的67.25%，3年后按面值偿还，则其年收益率为16.23%，即

$$\frac{(100-67.25)\div 3}{67.25}=16.23\%$$

6. 双货币债券

双货币债券（dual currency bond）是指以不同的货币计价发行、支付利息和偿还本金的债券，即用一种货币支付利息，用另一种货币偿还本金的债券。通常说来，前者是债券投资人所在国的货币，后者是美元或发行人所在国的货币。双货币债券能在一定程度上规避汇率风险。例如，美国的机构可以在日本发行这种债券，投资人以日元买进、以日元收息，但债券到期时以美元（按约定的汇率计算）收回本金。通过两种货币的组合，能比一种货币更有效地筹措资金。此外，债券发行人通过利率掉期等还可达到进一步降低成本的目的。

专　栏

香港人民币离岸市场的发展

在人民币完全可兑换之前，流出境外的人民币必须有一个交易的市场，这样才能促进、保证人民币贸易结算的发展，这个市场就是人民币离岸市场。

香港人民币离岸市场是在中国政府主导下逐步形成的，属于政策推动型本币离岸金融市场。香港人民币离岸市场的发展大致经历了三个阶段：

第一个阶段从2003年11月至2007年7月，主要开展个人人民币业务。2003年，香港推出了个人人民币业务，包括存款、兑换、汇款及信用卡服务等，降低了使用人民币的交易成本，有效地提高了人民币在香港的普及程度。2003年11月，中国人民银行同意为在香港办理4类个人人民币业务（即存款、兑换、汇款及人民币银行卡）的香港银行提供清算安排。一个月后，中国银行（香港）被委任为香港人民币业务清算行。2004年2月，香港银行正式开办人民币业务。2005年12月，香港银行的人民币业务范围扩大，香港的购物、餐饮、住宿、交通、通信、医疗、教育7个行业的“指定商户”获准开设人民币存款账户。香港居民可开设人民币支票账户，并可用支票在每个账户每天8万元人民币的限额内，在广东省支付消费性支出。香港居民个人人民币现钞兑换最高限额由6 000元提高至2万元，香港居民个人人民币汇款最高限额提升至8万元。2005年，香港人民币存款达到261亿元，香港金融管理局认可经营人民币业务的银行也达到了38个。

第二个阶段从2007年7月至2010年6月，主要特征是内地金融机构发行香港人民币债券，开展跨境贸易和投资的人民币结算试点。2007年7月，内地银行业金融机构开始在香港发行人民币债券，国家开发银行发行了第一笔债券。2009年10月，财政部开始在香港发行人民币债券。2009年7月启动跨境贸易人民币结算试点，香港是境外唯一试点地区。2010年，我国允许境外机构在香港发行人民币债券以及香港机构发行人民币大额存单。香港的人民币业务逐步从个人拓展到机构，从存款拓展到投资，从服务拓展到贸易结算。

第三个阶段从2010年6月至今，主要特征是扩大跨境贸易和投资的人民币结算。在此期间，各项重要规定相继公布。2010年6月，内地跨境人民币结算试点范围扩大，从4个省市扩大到全国20个省市。2011年8月，该试点范围又扩大到全国。2010年8月，中国人民银行发布通知，允许国外央行和货币当局、港澳人民币业务清算行、人民币业务参加行投资内地银行间债券市场。2011年1月，中国人民银行公布管理办法，允许内地企业和金融机构利用人民币开展境外直接投资。到目前为止，人民币业务在香港无处不在，从业机构类型从银行扩展到证券、保险和基金，业务类型从存款扩展到存单、保单、债券、基金、黄金ETF、贷款等多种形式，各项人民币业务均得到迅速发展。

第四节 国际金融市场创新

一、金融创新的含义及发展

（一）金融创新的含义及种类

1. 金融创新的含义

创新（innovation）的概念最初由著名经济学家熊彼特（Schumpeter）提出，其定义是将新的产品、工艺、方法或制度引入经济的第一次尝试，而将其用于金融领域就是金融创新。具体说来，金融创新是金融机构或者金融管理机构为了适应新的经济形势而对金融产品、金融技术、金融机构、金融制度等方面做出的创造、修改和重新组合的过程。

2. 金融创新的种类

每一种金融产品都有收益、风险、流动性、期限和数额等方面的特性，创新是先把这些特性予以分解，然后重新组合成一种新的金融产品，使之能满足市场上规避汇率、利率波动风险和套期保值的需要。根据这些特性，我们将金融创新分为五类：

（1）价格风险转移型金融创新是指能够帮助各经济主体转移价格风险的新金融产品或技术，主要有期货、期权、远期利率协议、互换等。

（2）信用风险转移型金融创新是指能够帮助各经济主体转移信用风险的新金融产品或技术，主要有票据发行便利、贷款互换、信用互换等。

（3）流动性增强型金融创新是指能够帮助原有金融工具提高流动性或变现性的新金融产品或技术，主要有股权化资产、资产证券化和大额可转让定期存单（CD）。

（4）信用创造型金融创新是指能够使借款人的信贷资金来源更广泛或者改变其信贷资金来源的新金融产品或技术，主要有票据发行便利、零息债券、垃圾债券等。

（5）股权创造型金融创新是指能够使各经济主体的股权资金来源更广泛的新金融产品或技术，主要有可转换债券、附认股权证债券等。

（二）金融创新的成因

造成金融创新层出不穷的原因有很多，解释金融创新诱因的理论也有很多，大致可以概括为以下三点：

（1）规避风险。自 20 世纪 70 年代以来，国际金融市场的规模增大，各国金融市场之间的联系越来越紧密，国际游资的全球性投机导致国际金融市场上的汇率、利率起伏波动，这加剧了金融产品的市场风险。为了适应新的经济环境，能够为持有者规避、降低或者分散风险的金融创新产品应运而生，如浮动利率债券的出现。

（2）技术进步。计算机的出现和它在商业领域的大规模普及，极大地改善了各国金融机构的信息交流，也大幅提高了金融产品的交易效率，为新金融产品的出现提供了必要的物质基础和技术条件，如 ATM 的出现。

（3）开放的金融市场。在国际金融市场日趋一体化和金融管制放松的背景下，一方面，金融机构有更大的空间开展金融业务，它们积极拓展新的业务领域；另一方面，金融机构之间的竞争程度不断加剧，促使这些金融机构研发新的交易技术、设计新的金融产品、发展新的交易方式等，进而推动了金融创新的出现。

由于金融创新的许多技术（如期权、期货等）在前面已经涉及，这里重点介绍金融市场融资工具的创新。自 20 世纪 80 年代以来，金融创新技术日新月异，金融产品层出不穷，其中最主要的融资工具创新有票据发行便利、互换交易以及开始于 20 世纪 90 年代的信用违约互换类衍生工具。

二、票据发行便利

（一）票据发行便利的定义

票据发行便利（note issuance facilities，NIF）又称票据发行融资安排，是银行与客户签订的一种具有法律约束力的中期周期性票据发行安排的承诺。票据发行便利是1981年在欧洲货币市场上基于传统的欧洲银行信贷风险分散的要求而产生的一种创新融资方式。因为在这一融资过程中，银行只提供循环担保服务，只有当商业票据无法循环发行时，银行才提供融资。借款人通过循环发行短期票据，可以达到中期融资的效果。

具体说来，根据该协议，客户在未来一段时间内以自己的名义发行短期票据，并通过循环机制达到中长期使用的效果，银行则负责包销或提供没有售出部分的等额贷款；也就是说，如果客户发行的票据未能在二级市场上全部售出，则由银行负责购买或提供等额贷款。为此，银行每年将收取一定的承担费。银行的承诺期限一般为5～7年，票据期限则是短期的，有7天至1年不等，最常见的为3个月或6个月，票据使用的货币主要是美元。

作为一种金融创新，票据发行便利对发行者、投资者和银行而言都具有一定的吸引力，这种吸引力表现在：

第一，为发行公司提供了通过发行短期票据获得中长期资金的好处。此举既降低了筹资成本，又提高了使用资金的灵活性。与其他融资创新相比，由于其发行的是短期票据，比直接的中期信贷的筹资成本要低；与此同时，借款人可以较自由地选取提款方式、取用时间、期限和额度等，因而票据发行便利比中期信贷具有更大的灵活性。

第二，为投资者提供了流动性高的投资产品。短期票据都有发达的二级市场，变现能力强。对投资者而言，短期票据是一个低风险的投资品种。该市场的投资者主要是货币市场的资金管理人、公司、保险公司、中央银行等。对于这些投资者来说，票据发行便利提供了一种银行存款或大额可转让定期存单的替代品。

第三，为承诺银行提供了取得稳定收益的表外业务。对承诺银行而言，无须使用资金就增收了佣金报酬。这种佣金报酬包括：向借款人收取的协助筹资报酬，一般占发行总额的5～10个基点；承担费，一般占未发行额度的5～10个基点；包销费，即承购包销票据的费用，一般占包销额的5～15个基点。

第四，具有风险分担的好处。票据发行便利的优越性是把传统的欧洲银行信贷风险由一家机构承担转变为由多家机构分担。由于安排票据发行便利的机构或承诺银行在正常情况下并不贷出足额货币，只是在借款人需要资金时把借款人发行的短期票据转售给其他投资者或自己购买部分票据，以保证借款人在规定时期内连续获得短期资金，这样就分散了风险：投资人或票据持有人只承担短期风险，承诺银行则承担中长期风险。这样就把原由一家机构承担的风险转变为由多家机构共同分担，对借款人、承诺银行、票据持有人都有好处。

因此，票据发行便利自1981年问世以来发展得很快，特别是在1982年发生国际债务危机后，由于其具有职能分工、风险分散的特点，更受到贷款人的青睐，目前已成为欧洲货币市场上中期信贷的主要形式。

（二）票据发行便利的种类

为满足借款人对特定筹资的需要，或使其能够在最适合的情况下选择成本最低的方式提用资金，出现了多种票据发行便利，主要有以下几种：

1. 循环包销便利

循环包销便利（revolving underwriting facility，RUF）是票据发行便利的早期形式，在这种形式下，包销的商业银行有责任摊销当期发行的短期票据。如果借款人的某期短期票据未推销出去，包销银行就有责任自行提供资金给借款人（其金额等于未如期售出部分的金额）。

2. 可转让循环包销便利

可转让循环包销便利（transferable revolving underwriting facility）是指包销银行在协议有效期内，随时可以将其承诺包销的所有权利和义务转让给另一家机构。对于这种转让，有的需要经借款人同意，有的无须经借款人同意。可转让循环包销便利的出现增加了商业银行在经营上的灵活性和流动性，便于商业银行的相机抉择，更加符合商业银行的经营原则。

3. 多元票据发行便利

多元票据发行便利（multiple component facility）允许借款人以更多的、更灵活的方式提取资金，使借款人无论是在选择提取资金的期限方面还是在选择提取何种货币方面都获得了更大的灵活性。

4. 无包销票据发行便利

顾名思义，无包销票据发行便利就是没有“包销未售出票据”承诺的票据发行便利。无包销票据发行便利一般采用总承诺的形式，通常安排银行为借款人出售票据。1985年，由于一些金融监管机构在测定银行资本充足率时采取了把包销承诺也包括在内（即包销承诺也转为表内业务的一部分）的做法，从而刺激了无包销票据发行便利的发展，近年来所安排的票据发行便利中，更多的是部分或全部没有包销承诺的。

（三）票据发行便利的发行条件

（1）面额。以美元计值，一般为50万美元或是50万美元以上。

（2）期限。3个月或6个月，有的长达1年，但承诺期限可达5～7年。

（3）形式。一般来说，票据发行便利的主要借款人是欧洲大型商业银行和经合组织成员政府，还有一些亚洲、拉丁美洲国家的借款人。如果借款人是银行，它们发行的票据通常是可转让定期存单；如果借款人是工商企业，则主要采用本票性质的欧洲票据。欧洲票据就是在国际金融市场上以欧洲货币发行的、短期可转让的不记名本票。

（4）发行方式。以贴现方式发行，收益率相当于LIBOR＋0.25％。

三、互换交易

（一）互换交易的种类

互换交易（swap）是指两个（或两个以上）当事人按照商定的条件，在约定的时期内交换不同金融工具的一系列现金流（支付款项或收入款项）的合约。互换交易曾被国际金融界誉为20世纪80年代最重要的金融创新。其中，利率互换与货币互换是国际金融市场上最活跃的互换交易。

利率互换（interest rate swaps）是互换交易中发展最早也是最普遍的互换，是指同种货币的固定利率和浮动利率的互换。利率互换的基本做法是：持有同种货币资产或负债的交易双方，以一定的本金作为计息基础，其中一方以固定利率交换对方的浮动利率，另一方以浮动利率交换对方的固定利率。在实际操作中，互换双方只需由一方向另一方支付利差即可。利率互换可以达到降低筹资成本和规避利率风险的双重目的。

货币互换（currency swaps）是指交易双方按照协议汇率交换等值的两种货币，并约定在未来一定期限内按照该协议汇率换回原先货币的互换交易。与利率互换不同的是，货币互换是本金和利息一起交换。由于交换的是本金，因此与该本金相关的利息也一并互换。为了不与其他课程重复，作为国际金融学的内容，这里重点介绍货币互换。

（二）货币互换的产生

货币互换业务的起源是20世纪70年代发展起来的平行贷款和“背对背”贷款。

1. 平行贷款

平行贷款（parallel loans）于20世纪70年代首先在英国出现，它的诞生是基于逃避外汇管制的目的。平行贷款是指不同国家的两个母公司分别在国内向对方公司在本国境内的子公司提供金额相当的本币贷款，并承诺在指定到期日各自归还所借货币的一种金融交易，如图6-2所示。

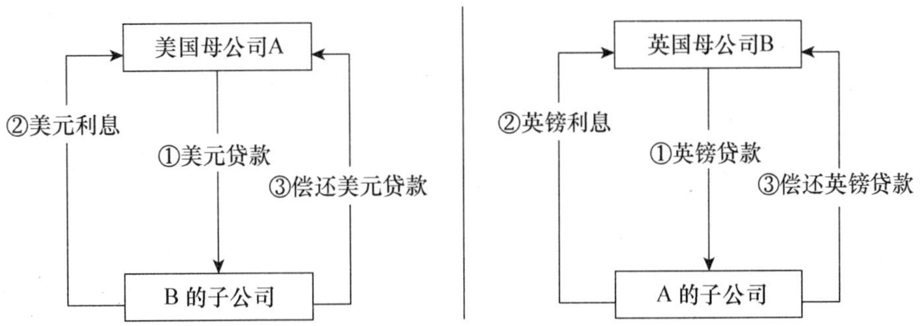

图6-2 平行贷款示意图

在图6-2中，美国母公司A为英国母公司B在美国的子公司提供美元贷款；与此同时，英国母公司B为美国母公司A在英国的子公司提供英镑贷款。双方互为对方的贷款予以担保。这样就不需要资金的跨国流动，从而规避了外汇管制。

平行贷款既能规避国内资本管制，又能满足双方子公司的融资需求，因此该产品问世后就深受欢迎。但是，平行贷款存在一定的信用风险。这是因为平行贷款包含了两个独立的没有附属关系的贷款协议，这两个协议都是具有法律效力的，一旦一方出现违约，另一方并不能解除履约义务。

2. **“背对背”贷款**

“背对背”贷款（back-to-back loans）是为了解决平行贷款中的信用风险而诞生的一种产品，是指两国的母公司相互直接提供等额贷款，再由母公司转贷给各自的子公司并相互偿还本息的金融交易，如图 6－3 所示。

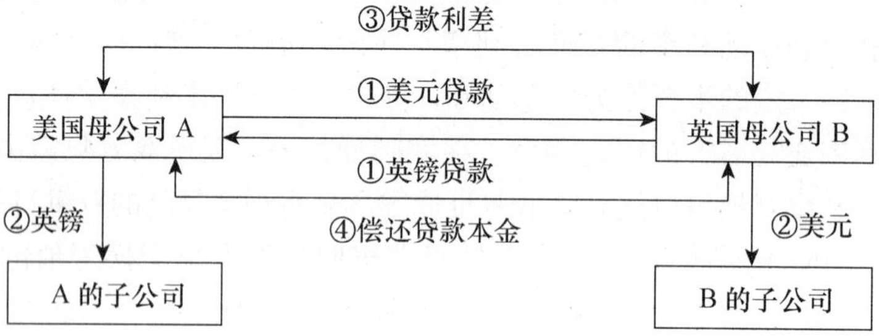

图 6－3　“背对背”贷款示意图

在图 6－3 中，尽管“背对背”贷款有两笔贷款，但只签订一个贷款协议，协议中明确规定“若一方违约，另一方有权撤销应尽的义务”，这就大大降低了在平行贷款中可能产生的信用风险。

同样，“背对背”贷款也存在局限性，即外汇管制的问题。此外，平行贷款与“背对背”贷款属于一种贷款行为，需要反映在双方的资产负债表上，这样会影响到借款者的资产负债结构。此外，双方的搜寻成本很高。互换交易由此产生。

3. **货币互换弥补了平行贷款与“背对背”贷款的不足**

货币互换是为了解决平行贷款与“背对背”贷款中存在的问题而产生和发展的，它的优势在于：

（1）货币互换不存在直接的违约风险问题。货币互换是将两个贷款行为打包成一个互换协议，当一方违约时，另一方的履约义务也不存在。

（2）货币互换不引起资产负债表的业务发生变化。互换交易被看作负债或资产的交换（即买卖行为），货币互换的利率就是货币互换的价格，因此互换交易把在平行贷款或“背对背”贷款中视为债务的业务做成了负债买卖业务，这样就把资产负债表外化了，由此可以改善借款人的资产负债表状态。

（三）互换交易的规则

互换交易必须按照一定的市场规则来进行。这些规则主要涉及标准化的互换文本、报价方式、利息的计算方法及其标准等。

1. **报价方式**

由于货币互换涉及利率互换，因此互换报价是指互换利率的报价。一般来说，在互换市场上，银行向客户的报价通常采取双向报价的方式，既报出银行愿意支付的固定利率，也报出银行愿意收取的固定利率。这是因为一般的利率互换都是浮动利率与固定利率之间的相互支付，即一方支付浮动利率（同时收取固定利率，相当于用浮动利率买固定利率），另一方支付固定利率（同时收取浮动利率，相当于用固定利率买浮动利率）。因此，人们习惯上将固定利率作为互换合同的价格，也就是将互换合同视为浮动利率交换固定利率的合同。其中，收取固定利率的一方可视为合同的卖方，支付固定利率的一方可视为合同的买方。在国际金融市场上，习惯用英国伦敦银行同业拆借利率作为互换合同交易的对象（即交易目标浮动利率）。

在标准的互换市场上，美元互换的固定利率往往以一定期限的美国国库券收益率加上一个利差作为报价。例如，如果银行报出10年期互换差价为63－68，意味着银行愿意以高出10年期美国国库券利率63个基点的利率水平支付固定利率利息（买价），同时愿意以高出10年期美国国库券利率68个基点的利率水平收取固定利率利息（卖价）。如果10年期美国国库券的收益率为6.2%，则银行愿意支付或收取的固定利率分别为6.83%和6.88%。

在英镑互换市场上，如果没有明确说明，固定利率总是以6个月的LIBOR为互换对象。例如，如果银行报出的3年期英镑兑美元的互换利率为6.41%－6.51%，意味着银行愿意支付6.41%的固定利率并收取6个月LIBOR，同时银行愿意收取6.51%的固定利率并支付6个月LIBOR。银行作为中介人赚取0.1%的固定利率利差，而在浮动利率上则平价报出，不赚取差价。

例6－2

表6－2是某银行报出的互换价格表。

表6－2　美元与英镑的货币互换报价行情

期限	买价（$）	卖价（$）
2年	6.07%	6.17%
3年	6.41%	6.51%
4年	6.54%	6.64%
5年	6.59%	6.69%

表中的所有报价均基于半年的实际天数/365天的6个月LIBOR（£）平价的价格。

2. 利息计算的天数标准

在互换交易中，无论是固定利率还是浮动利率，其利息计算公式都是：

$$利息=本金\times利率\times\frac{实际天数}{天数标准}$$

但是，在不同的金融市场上，一年中的天数标准不一样。互换报价与所使用的天数标准惯例密切相关。在互换市场上，有两种天数惯例：一种是实际天数/365，即在计算期内的实际天数除以365天。债券市场使用这种方法，所以又称债券等值收益率（bond equivalent yields，BEY）或债券市场利率，通常是固定利率的计息惯例。另一种是实际天数/360，即在计算期内的实际天数除以 360 天。货币市场使用这种方法，所以又称货币市场收益率（money market yields，MMY）或货币市场利率，通常是浮动利率的计息惯例。

不过，英镑的互换都是以实际天数/365 为基础报价的。

以上两种计息方式之间是可以相互转换的，即

债券市场利率×360/365=货币市场利率

货币市场利率×365/360=债券市场利率

（四）货币互换案例

货币互换交易一般有三个基本步骤：

（1）期初本金互换，即互换交易达成后，双方按议定的汇率相互交换各自的本金。互换汇率既可以以即期汇率为准，也可以采用当时的远期汇率进行折算。

（2）期间利息互换，即交易双方按协定的利率，以未偿还本金额为基础，定期相互支付利息。

（3）期末再换回本金，即在合约到期日，双方换回互换交易开始时的本金。至此，该项互换交易宣告结束。

例 6-3

美国通用公司现有 2 年期、5 000 万美元、按固定利率 6.62%半年支付的美元债务。通用公司想要将其固定利率美元债务换成浮动利率英镑债务。英国壳牌石油公司有 2 年期、4 000 万英镑、按 6 个月 LIBOR 加 40 个基点支付的英镑债务。壳牌石油公司想要将其浮动利率英镑债务换成固定利率美元债务。假定即期汇率为 GBP 1= USD 1.25。假定这笔互换交易通过花旗银行安排，花旗银行报出了与表 6-2 一样的英镑与美元互换的报价。那么，这笔互换交易的现金流量如何？

解：对于美国通用公司而言：

期初，双方的本金互换为：在即期汇率为 GBP 1=USD 1.25 的情况下，互换本金正好相等，即 5 000 万美元正好等于 4 000 万英镑。因此，双方通过花旗银行进行本金的交换，即通用公司用 5 000 万美元交换花旗银行的 4 000 万英镑，如图 6-4 所示。

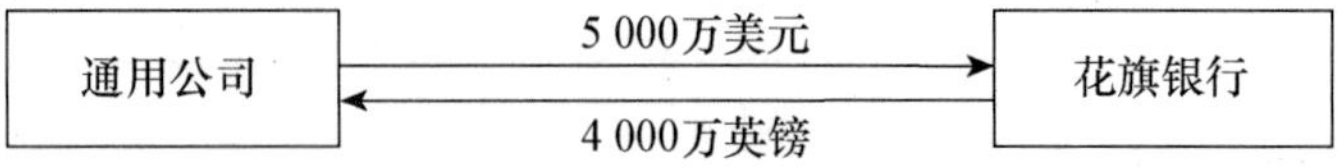

图 6-4 期初本金的互换

对于利息的互换，我们可以这样理解：通用公司要卖出美元固定利率、买进英镑浮动利率，相当于花旗银行向通用公司出售浮动利率、买进固定利率。根据表 6-2 可知，花旗银行报出的固定利率买价为 6.07%，而浮动利率为 6 个月 LIBOR 平价。因此，通用公司需要向花旗银行支付 6 个月 LIBOR，同时收到花旗银行支付的固定利率 6.07%，如图 6-5 所示。

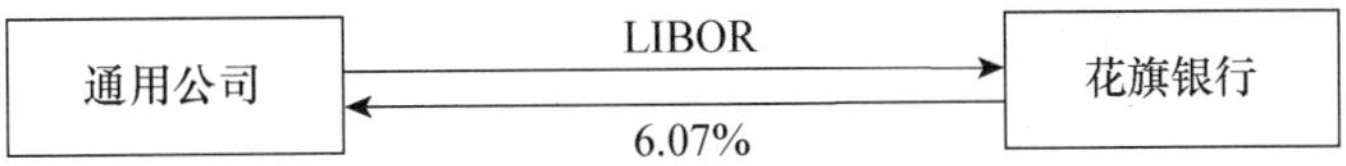

图 6-5　互换期间通用公司的现金流量

当互换到期时，通用公司需要与花旗银行进行本金的互换，即通用公司向花旗银行支付 4 000 万英镑，花旗银行向通用公司支付 5 000 万美元的本金，如图 6-6 所示。

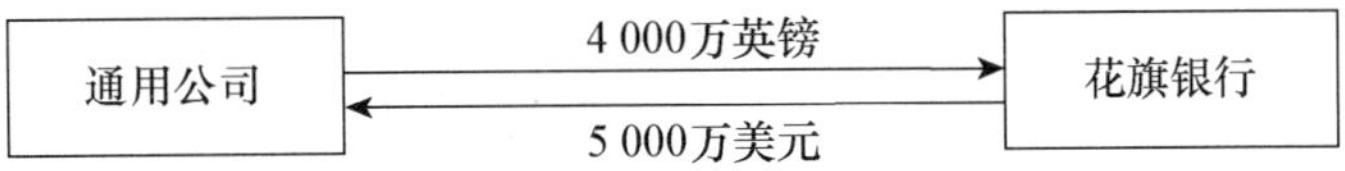

图 6-6　互换到期时本金的再互换

这样，通用公司的净成本为：一方面，通用公司要支付贷款银行 6.62%的固定利率，并从互换银行花旗银行手中收取 6.07%的固定利率，即还要支付 55 个基点的固定利率利差。另一方面，通用公司要向互换银行支付 6 个月英镑浮动利率 LIBOR，即通用公司的净债务成本为浮动利率 LIBOR 加固定利率 55 个基点。如果用浮动利率表示法计算，固定利率 55 个基点折算成浮动利率为：

$$0.55\%\times\frac{360}{365}=0.542\ 5\%$$

即 54.25 个基点。因此，通用公司的净债务成本为 LIBOR+54.25 个基点。

对英国壳牌石油公司而言：

期初本金的互换正好与通用公司相反，即用 4 000 万英镑换 5 000 万美元。

对于利息的互换，我们可以这样理解：壳牌石油公司要卖出英镑浮动利率、买进美元固定利率，相当于花旗银行向壳牌石油公司出售固定利率、买进浮动利率。根据表 6-2 可知，花旗银行报出的固定利率卖价为 6.17%，而浮动利率为 6 个月 LIBOR 平价。因此，壳牌石油公司需要向花旗银行支付固定利率 6.17%，同时收到花旗银行支付的浮动利率为 6 个月 LIBOR，如图 6-7 所示。

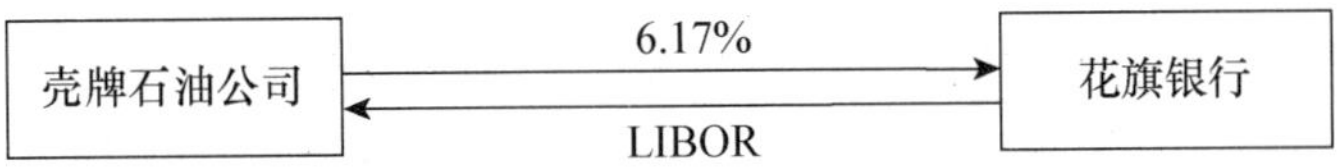

图 6-7　互换期间壳牌石油公司的现金流量

当互换到期时，壳牌石油公司需要与花旗银行进行本金的互换，即壳牌石油公司向花旗银行支付 5 000 万美元，花旗银行向壳牌石油公司支付 4 000 万英镑的本金。

壳牌石油公司的净成本为：一方面，壳牌石油公司要支付贷款银行 6 个月 LIBOR 加 40 个基点的浮动利率，并从互换银行花旗银行手中收取 6 个月 LIBOR 的浮动利率，即还要支付 40 个基点的浮动利率利差。如果折算成固定利率计息标准，则为

$$0.40\%\times\frac{365}{360}=0.405\ 6\%$$

即40.56个基点的固定利率利差。另一方面，壳牌石油公司要向互换银行支付6.17%的固定利率。因此，壳牌石油公司的净债务成本为固定利率6.575 6%（=6.17%+0.405 6%），半年支付，或者为货币市场利率6.485 5%（$=6.575\,6\%\times\frac{360}{365}$），半年支付。

对于花旗银行而言，它在浮动利率市场上平价报出，不亏不赚，但它在固定利率市场上赚取了0.1%的差价，这就是其提供互换交易的佣金。

互换交易曾被西方金融界誉为20世纪80年代最重要的金融创新。目前，许多大型跨国银行或投资银行都提供互换交易服务。互换交易之所以受到如此青睐，主要是因为通过货币互换，交易双方可以利用各自的筹资优势，达到降低双方筹资成本的目的。通过货币互换，交易双方还可以规避外汇管制。最后，互换交易额不增加负债总额，而且不计入资产负债表，被称为表外业务，因此互换交易也被看成一种资产负债表的管理工具。

四、信用违约互换类衍生工具

信用衍生品在国际金融衍生工具市场上属于新生事物，只是由于其在美国的过度发展导致美国次贷危机及金融危机的发生，才引起人们的高度重视。这里只简要介绍三种主要的信用衍生工具。

（一）信用违约互换

信用违约互换（credit default swap，CDS）是一种双边金融合同。其中，希望规避信用风险的一方称为信用保护购买方，愿意承担风险、向风险规避方提供信用保护的一方称为信用保护出售方。因此，信用违约互换就是将基础资产的信用风险从信用保护购买方转移给信用保护出售方的交易。

信用保护购买方在合同期限内，向愿意承担风险的信用保护出售方支付一笔固定的预付费用。信用保护出售方在接受费用的同时，就必须承担以下责任：当信用风险事件（如违约）发生后，信用保护出售方必须全额补偿信用保护购买方因该信用风险造成的损失；如果在合同有效期内信用风险事件没有发生，则信用保护出售方就可以获得这笔费用，即获得收益。通过支付一笔预付费用，信用保护购买方可以保护自己免遭信用风险发生所带来的损失，达到规避信用风险的目的。

对应参照资产的信用可以是某一信用，也可以是一篮子信用。如果一篮子信用中出现任何一笔违约，信用保护出售方都必须向对方赔偿损失。当对应信用是银行贷款时，赔付金额等于贷款未收回部分及相关费用；当对应信用是债券时，赔付金额是违约后在某预定日期对应债券价格低于票面金额的差价。

信用违约互换是国外债券市场中最常见的信用衍生品。例如，债券持有者可以购买CDS，并定期向CDS的出售者支付一定的费用（称为信用违约互换点差）。一旦出现信用类事件（主要是指债券发行主体无法偿付），CDS的购买者有权将债券以面值递送给违约互换出售者而获得赔付，从而有效规避债券投资的信用风险。由于信用违约互换产品的定义简单，容易实现标准化且交易简洁，因而自 20 世纪 90 年代以来，该金融衍生品在国外发达金融市场上得到了迅速发展。

CDS 既类似于看跌期权，也类似于针对债券违约的保险，它可以在保留资产所有权的前提下向交易对手出售资产所包含的信用风险，进而对冲信用风险。其实，CDS 可以看作 CDS 买方买入的一份看跌期权，CDS 卖方赚取的是参考资产按时还款时的期权费（即 CDS 合约金）。

因此，对于投资者来说，一种规避信用风险的方法是根据信用评级直接要求信用利差，另一种方法就是购买信用违约互换等信用衍生品。如果投资组合中的企业债券较多，行业分布集中度低，则直接要求每只债券的一定信用利差，即可有效降低投资组合的整体信用风险损失。但是，如果投资组合中的企业债券数目不多、行业集中度高、不能有效分散信用风险，那么购买信用违约互换就成为更现实的做法，这样可以产生类似于分散资产来降低投资组合风险的作用。

（二）信用违约期权

信用违约期权（credit default options，CDO）是指以违约事件的发生与否作为标的物的期权合约。其中，期权的买方（即风险规避者）通过向卖方支付一笔期权费，从而获得在规定的日期内将信用风险转移给期权卖方的权利。信用违约期权的买方就是信用保护购买方，卖方是市场投资者。例如，银行可在发放贷款时购买一个违约期权：当贷款违约事件发生时，期权出售者向银行支付违约贷款的面值；假如贷款按时得到清偿，那么违约期权就自动终止。因此，银行的最大损失就是从期权出售者那里购买违约期权所支付的期权费。

CDO 与前述的 CDS 区别不大，因为在违约事件发生后，期权的购买方总会执行期权以获得补偿。两者不同的是，在信用违约互换中存在相当于名义贷款本金转移的问题，即信用保护买方可以以贷款本金为基数按双方商定的基点支付费用，而信用违约期权不存在这个问题。另外，在支付方式上，信用违约互换是在合约有效期内定期地多次支付，而信用违约期权为一次性地支付期权费。

（三）信用联结票据

信用联结票据（credit linked note，CLN）是为特定目的发行的一种有价证券。其特征体现为，该证券在发行时往往注明本金的偿还和利息的支付取决于约定的基础资产的信用状况。信用联结票据的投资者承担的风险不是票据发行人的风险，而是与该票据所联系的参照主体（资产或债券）的风险，即信用保护买方向投资者发行与信用风险相联系的票据，投资者为获得高额收益而承诺承担信用风险的责任。假如在到期时对应的信用违约事件没有发生，信用保护买方需要支付票据的票面价值及高额利息；假如发生了信用违约事件，则只偿还部分金额。

例如，某银行向 A 公司发放了一笔价值为 1 000 万元的贷款，同时向投资者发行了与这笔贷款的信用风险相联系的 1 000 万元票据。如果 A 公司在有效期内按时还贷，则银行到期向投资者支付票据上规定的高额收益率（一般高于同类债券利率）；如果 A 公司违约，则银行向投资者支付的本息将大幅下降，甚至会低于投资者最初支付的1 000万元本金。这样，通过信用联结票据，银行不仅将自己面对的A公司信用风险转移给了投资者，而且可以收回贷款本金并用于其他项目的投资。当然，这一好处的代价就是银行要支付高额的票据利率。

因此，信用联结票据实际上相当于固定收益债券（或贷款）和信用违约互换相结合的信用衍生品，即在发行固定收益债券（或贷款）的同时买入信用违约互换，两者绑定作为一个信用联结票据来发行。信用联结票据在发行的债券（贷款）里绑定了相关的信用风险，所以这种票据的收益率会高过一般的固定收益债券。但高收益对应着高风险，所以信用联结票据的发行者通过高收益的方式把相应的信用风险转嫁给了信用联结票据的购买者。这样一来，在未发生标的资产信用违约的情况下，信用联结票据的购买者将会获得高额收益率，但如果发生标的资产信用违约，信用联结票据的购买者只能获得标的资产中的违约回收率（即违约后本金的补偿率）那一部分。

专栏

伦敦成为全球第一大人民币离岸交易中心

人民币离岸交易中心是指在中国境外经营人民币存贷款业务的市场，是一种自由交易、不受管制的国际金融市场。这一市场以批发性银行业务为主，存贷款金额大，交易对象通常是银行及跨国公司。人民币离岸交易中心起到了推行人民币国际化的桥头堡作用，是人民币内外体系循环的节点。目前，在亚洲和欧洲都已设立了多个人民币离岸交易中心。

全球第一大人民币离岸交易中心：伦敦

2019年11月11日，伦敦金融城及中国人民银行欧洲办事处共同发布了第五期《伦敦人民币业务季报》。该报告显示：2019年第二季度伦敦的离岸人民币外汇日均交易额突破了850亿英镑（约7 650亿元人民币），较上一季度增长8.8%，比2018年同期增长22.9%，创下历史新高。根据报告，伦敦继续登顶全球第一大人民币离岸交易中心宝座。

最新数据显示，伦敦已经占到全球人民币离岸交易总额的43.9%，接近一半，香港排名第二，但只占24.37%。数据显示，香港曾拥有全球最大的离岸人民币资金池，在2014年底高峰期时曾有超过万亿元的人民币停泊香港，但随着交易额逐年萎缩，香港离岸人民币的数量腰斩，一度在2017年3月跌到了最低点，仅有5 000亿元。除此之外，截至2019年第一季度末，香港离岸人民币债券的价值为530亿美元，相比2015年的峰值，其价值也下降了一半以上。

与此同时，伦敦已成为全球第二大人民币离岸清算中心。根据官方发布的最新数据，2019年6—8月英国指定的人民币清算银行——中国建设银行伦敦分行日均清算规模达439.7亿元，相比上期报告增长18.4%。这一数据再次创下历史新高。自2014年6月开始，中国建设银行伦敦分行开始承担此项任务。

为什么是伦敦？

伦敦的金融服务市场高度国际化，特别是它的外汇市场拥有独特的地位，这是发展伦敦人民币离岸市场的重要优势。

伦敦是全球最重要的外汇交易中心之一：首先，伦敦是全球国际化程度最高的金融中心。在伦敦，企业可享受到全方位的国际金融服务。伦敦在以下领域位居世界前列：跨境银行贷款占全球总量的18%；场外利率衍生品占全球总量的46%；日均外汇交易量2万亿美元，占全球总量的40%。其次，作为外汇交易中心，伦敦的时区优势得天独厚，伦敦链接了亚洲和美洲市场，处于24小时时段的中央，伦敦时段正好是全球各大市场同时交易的时段，也是最激烈的时段，时区上的优势使得伦敦有别于香港及纽约等其他国际市场。最后，英国完善的法律制度及严谨的法律监管促进了伦敦金融中心的发展。英国的法律是西方普通法的发源地，为世界投资者熟悉和公认，伦敦也拥有世界上顶级的国际金融服务律师群体。英国的金融监管体制既严谨又科学。

经过半个多世纪的发展，伦敦已成为全球最大的离岸美元（欧洲美元）交易市场。从长远的角度看，让接近欧盟、有丰富的货币交易和证券化经验的金融中心伦敦成为人民币离岸交易中心，符合人民币成为全球结算货币和全球投资货币的战略。

资料来源：王峰. 伦敦作为人民币离岸交易中心的优劣势分析. 中国货币市场，2017（2）：33-36.

本章小结

1. 狭义的国际金融市场又称国际资金市场，是指不同经济主体进行国际资金借贷与资本交易的场所，包括短期资金市场（货币市场）和长期资金市场（资本市场）。广义的国际金融市场是指从事各种国际金融业务的场所，主要包括国际货币市场、国际资本市场、外汇市场、黄金市场以及金融衍生工具市场等。

2. 国际金融市场的形成条件是具备稳定的国内政治环境、自由开放的经济体制、健全的金融制度和发达的金融体系、现代化的通信设施与交通方便的地理位置。

3. 传统的国际金融市场通常称为在岸金融市场，是指居民与非居民之间进行资金融通及相关金融业务的场所。新型的国际金融市场又称离岸金融市场，是指在货币发行国境外或在货币发行国境内，通过设立国际银行设施进行该国货币存贷的市场。

4. 国际货币市场是指提供期限在1年以内（包括1年）的金融工具的交易市场，又称短期资金市场。国际货币市场主要分为银行短期信贷市场、短期证券市场和贴现市场三个子市场。国际资本市场是指提供期限在1年以上的中长期资金借贷和证券业务的国际金融市场，包括银行中长期信贷市场、国际债券市场和国际股票市场。

5. 欧洲货币市场是境外货币市场的总称，而离岸金融中心则是指具体经营境外货币业务的地理区域或城市。根据离岸金融业务经营和管理的不同，我们可以将其分为五大类型，即内外混合型离岸金融中心、内外分离型离岸金融中心、簿记型离岸金融中心、基金型离岸金融中心和收入型离岸金融中心。

6. 欧洲货币市场产生及发展的原因是多方面的，包括东西方冷战与英镑危机、美国和一些欧洲国家的金融政策、欧洲货币市场的内在优势以及石油美元回流。欧洲货币市场的特点是：不受任何国家法规和政策的约束、借贷业务中使用的货币种类多、独特的利率结构以及调拨方便、选择自由等。

7. 欧洲货币市场由欧洲货币信贷市场和欧洲债券市场构成，欧洲货币信贷市场分为欧洲货币短期信贷市场和欧洲货币中长期信贷市场。银团贷款是欧洲货币中长期信贷市场上贷款的典型方式。

8. 欧洲债券是指借款人在国际金融市场上发行的以发行国以外的货币为面值的债券。欧洲债券市场和欧洲货币中长期信贷市场构成了欧洲货币市场的资本市场。

9. 票据发行便利又称票据发行融资安排，是银行与客户签订的一种具有法律约束力的中期周期性票据发行安排的承诺。它是1981年在欧洲货币市场上基于传统的欧洲银行信贷风险分散的要求而产生的一种创新融资方式。借款人通过循环发行短期票据，可以达到中期融资的效果。

10. 互换交易是指两个（或两个以上）当事人按照商定的条件，在约定的时期内交换不同金融工具的一系列现金流（支付款项或收入款项）的合约。利率互换是互换交易中发展最早也是最普遍的互换，是指同种货币的固定利率和浮动利率的互换。货币互换是指交易双方按照协议汇率交换等值的两种货币，并约定在未来一定期限内按照该协议汇率换回原先货币的互换交易。与利率互换不同的是，货币互换是本金和利息一起交换。

11. 信用衍生品是用来分离和转移信用风险的各种工具及技术的统称。其功能是将一方的信用风险转移给另一方，使金融机构能够通过增加或减少信用风险敞口头寸达到管理信用风险的目的。信用衍生品可以归纳为三种形式：信用违约互换、信用违约期权和信用联结票据。

本章启示

货币国际化反映了一个国家主权信用在全球的政治经济地位。以2009年我国发布的《跨境贸易人民币结算试点管理办法》为起点，人民币国际化取得了长足发展。2016年10月1日，人民币正式纳入国际货币基金组织的SDR货币篮子，开创了人民币国际化的新局面。但是，人民币国际化进程中亦出现了诸多的问题。例如，投资货币功能仍处于初级阶段，人民币在国际资本市场中的地位有待提升。因此，打造好人民币离岸市场，将有助于推动人民币国际化。

2015年10月18日，在对英国进行国事访问前夕，国家主席习近平接受了路透社采访并指出：只要条件具备，中国愿意积极考虑加强两国金融市场互联互通。中国将通过发展伦敦人民币离岸市场，推动人民币国际化，而伦敦作为人民币交易和离岸中心，将会从人民币海外金融业务需求增加的过程中不断获益。因此，通过本章的学习，读者能够认识到发展人民币离岸市场对人民币国际化的重要性。

本章复习题

一、本章重要概念

国际金融市场　在岸金融市场　离岸金融市场　欧洲货币　欧洲货币市场

银团贷款　外国债券　欧洲债券　全球债券　票据发行便利
货币互换　信用违约互换　信用违约期权　信用联结票据

二、本章思考题

1. 在岸金融市场与离岸金融市场有何区别？
2. 离岸金融中心有哪些？
3. 国际货币市场与国际资本市场由哪些构成？
4. 欧洲货币市场产生和发展的原因是什么？
5. 欧洲短期信贷市场的特点是什么？
6. 银团贷款的成员有哪些？

三、本章计算题

1. A公司希望以固定利率借入美元，B公司希望以固定利率借入日元，而且本金用即期汇率计算很接近。国际金融市场对这两家公司的报价如下：

公司	日元	美元
A	5.0%	9.6%
B	6.5%	10.0%

请设计一个货币互换，银行作为中介获得的报酬是50个基点，而且要求互换对双方具有同样的吸引力，汇率风险由银行承担。

2. 一笔1亿美元贷款的期限为5年，2020年3月1日签订了贷款协议，承担期为半年（2020年9月1日止），自签订贷款协议1个月后开始支付承担费，承担费率为0.25%。借款人3月4日提用3 000万美元，3月31日提用3 000万美元，4月20日提用1 000万美元，5月11日提用1 000万美元，6月8日提用800万美元，7月5日提用500万美元，8月5日提用300万美元，9月1日尚有400万美元未动用，请计算承担费。

本章讨论题

1. 阅读相关文献，讨论LIBOR是如何报价的。
2. 收集相关数据，讨论离岸人民币市场的发展现状及存在的问题。
3. 根据国际金融的相关理论，讨论我国上海是否具备成为国际金融中心的条件。

第七章

国际信贷业务

学习目标

- 了解国际信贷的内涵及基本特征
- 理解传统国际贸易融资的主要产品
- 掌握国际保理、出口信贷和福费廷业务的主要内容及特点
- 熟悉政府贷款的特点及种类

本章导读

通俗地讲，国际信贷又称国际贸易融资，是伴随着国际贸易的发展而出现的，国际贸易融资的起源可以追溯到13世纪甚至最初的商品交换时期。它最初的业务仅是货币兑换商为各国贸易商的贸易活动提供汇兑和支付，而后逐步扩展到银行金融机构提供与贸易相关的资金融通、现金流管理等。自20世纪80年代以来，在信息技术革命的推动下，世界的分工模式发生了深刻变革，贸易融资从提供贸易结算与融资等基础金融服务阶段进入了综合金融服务阶段，银行在贸易双方债权与债务关系的基础上，为跨国的产品或服务贸易或者国际投资提供了贯穿于贸易活动整个价值链的全面金融服务。

银行对贸易的融资促进了国际贸易和国际投资的发展，缓解了一些国家和地区在经济发展中的资金短缺问题，并推动了生产国际化和经济全球化。《中国贸易融资行业发展报告（2017）》显示，据中国银行业协会贸易融资专业委员会的不完全统计，2013—2017年中国商业银行的整体国际结算量分别约为65 853亿美元、74 432亿美元、74 907亿美元、68 988亿美元和71 509亿美元，波动相对稳定。本章重点介绍国际信贷融资业务，包

括传统贸易融资、综合贸易融资业务，如出口押汇、进口押汇、国际保理、福费廷等业务。

本章词汇

贸易融资　出口押汇　进口押汇　打包放款　国际保付代理
出口信贷　卖方信贷　买方信贷　福费廷

第一节 贸易融资概述

一、贸易融资的内涵与特征

（一）贸易融资的内涵

最初的贸易融资业务是为各国贸易商的贸易活动提供汇兑和支付等结算服务，而后逐步发展到与贸易相关的资金融通。此后，国际贸易和国际投资的快速发展不断对金融服务提出更高要求，从最初的简单结算服务延伸到资金融通、财务管理、信用增强、风险管理等综合需求。

因此，虽然从严格的学术定义角度，贸易融资还没有统一的概念界定，但从功能上说，贸易融资是指银行服务于产品和服务交易、贯穿贸易链全程的综合金融服务，其服务范围涵盖贸易结算、贸易融资、信用担保、避险保值、财务管理等各个领域，对于便利企业开展贸易、降低交易成本、创造更多贸易机会发挥了重要作用。

（二）贸易融资的特征

从功能上看，贸易融资的特征大致有以下几个：

(1) 服务于实体经济。贸易融资服务于实体经济，是商业银行的基础性业务，其本质是为产品和服务交易提供支付、结算、信贷、信用担保等服务。这些服务紧紧围绕“贸易”这一实体经济活动。正是基于这一特点，贸易融资的发展和创新不会像金融衍生品一样成为纯粹的虚拟金融业务，也不会因为过度的杠杆效应形成泡沫和危机。

(2) 债务自偿性，风险相对可控。自偿性是指银行根据企业真实的贸易背景和上下游客户的资信实力，以单笔或额度授信方式，提供银行的短期金融产品和封闭贷款，以企业的销售收入或贸易产生的确定的未来现金流作为直接还款来源，而不是完全依赖授信到期时企业的综合现金流。贸易融资自偿性的关键在于，银行依托对物流、资金流的控制，或者对有实力关联方的责任和信誉捆绑，在有效控制授信资金风险的前提下进行授信，从而从本质上改变了银行的审贷理念和信贷方式。此外，贸易融资业务的周期短、流动性强，银行的放款与回收时间通常少于 180 天，如果客户不能偿还，银行可以很快察觉并采取补救措施。

（3）综合性强，收入来源多样化。对于商业银行而言，贸易融资兼具中间业务与资产业务的特点，既涉及表外业务又涉及表内业务。商业银行的贸易融资收益主要来自三方面：一是贸易融资的直接收益，即利息净收入。二是中间业务收益，包括手续费收入、汇兑收入等。三是资金交易的佣金收入，进出口商为了避免汇率和利率波动的风险，可能要通过银行做一些保值性的外汇交易，如掉期、远期和期权等，银行可以从中获得资金交易的佣金收入等。

（4）贸易融资业务适合中小企业。贸易融资以特定交易为服务对象，可凭特定交易过程产生的应收账款或物权作为质押对企业授信，从而可以大大降低对客户的授信准入门槛，对于解决中小企业的融资瓶颈问题十分有效。此外，信用证、保理等贸易融资产品因有银行信用介入，对中小企业有较强的信用增强作用，有助于中小企业提高谈判地位，充分利用赊销等方式扩大销售规模。

二、贸易融资业务分类

我们通常将贸易融资方式下的信贷融资业务称为“贸易融资业务”。贸易融资业务是指商业银行对贸易双方提供的，与贸易结算相关的，基于产品交易中的存货、预付款、应收账款等资产的短期融资或信用便利。① 贸易融资业务是企业在贸易过程中运用各种贸易手段和金融工具增加现金流量的融资方式。

从不同角度来看，可以将贸易融资业务进行以下分类：

1. 国内贸易融资与国际贸易融资

根据贸易活动中买方和卖方所处的地域不同，可以将贸易融资分为国内贸易融资和国际贸易融资。

国内贸易融资是指商业银行为国内买卖双方之间的贸易提供的资金融通业务；国际贸易融资是指银行为进出口贸易提供的资金融通业务。

2. 商业性贸易融资和政策性贸易融资

按照贸易融资的不同原则，可以将贸易融资分为商业性贸易融资和政策性贸易融资。

商业性贸易融资是指商业银行运用其自有资金，按照市场化的规则，为买卖双方之间的贸易提供的资金融通业务。商业银行办理此类业务的基本原则是实现其盈利性目标。政策性贸易融资是指由各个官方或半官方出口信贷机构利用政府财政预算资金向另一国银行、进口商、政府相关机构提供的贸易融资业务；或是由各国官方或半官方出口信贷机构提供出口融资担保，由商业银行利用其自有资金向另一国银行、进口商、政府提供的贸易融资业务，如出口信贷、出口信用保险等。

在中国，从事政策性贸易融资业务的主要机构是中国进出口银行和中国出口信用保险公司。政策性贸易融资出现的理由至少有两个：一是由于商业银行不愿意，也无力承担一些金额巨大且风险较高的贸易融资；二是作为一国对外贸易政策的重要组成部分和具体实施措施，通过政策性贸易融资带动本国产品的出口，早已被各国政府视为积极的、

---

① 陈四清．贸易融资．北京：中信出版社，2014：90.

可普遍接受或更隐蔽的政策工具。

3. 短期贸易融资与中长期贸易融资

根据期限的不同，可以将贸易融资分为短期贸易融资与中长期贸易融资。

短期贸易融资是指期限在1年以内（含1年）的短期进出口贸易融资，主要用于解决外贸企业进出口贸易中的资金周转问题。出口商、进口商、银行等金融机构都可以通过各种形式提供贸易融资，如打包放款等。

中长期贸易融资是指期限在1年以上的贸易融资方式，主要用于解决外贸企业进出口贸易中的中长期资金周转问题，如出口信贷产品。

作为国际金融学的重要内容之一，本章集中介绍国际贸易产品，包括短期贸易融资产品（如出口押汇、进口押汇、打包放款）、综合性贸易融资产品（如国际保理等）以及中长期贸易融资产品（如出口信贷和福费廷等）。

第二节　短期贸易融资

短期贸易融资主要是指期限在1年（含）以下的贸易融资方式。例如，信用证打包放款、出口贴现、票据贴现、银行承兑、信用证授信额度、进口押汇、买方远期信用证、信托收据、短期出口信用保险等。为了不与国际结算课程重复，下面重点介绍承兑信用、授信开证、进口押汇、打包放款、出口贴现及出口押汇等业务。

一、买方贸易融资

在国际贸易中，进口商（买方）有时会处于相对不利或被动的弱势地位，需要银行的介入来保证交易的顺利完成。因此，银行也针对买方的不同需求开发了不同的贸易融资产品。下面主要介绍承兑信用、授信开证和进口押汇三种业务。

（一）承兑信用

承兑是指付款人在汇票上签字，表示承担汇票到期时付款责任的票据行为。在进出口贸易中，若出口商怀疑进口商的支付能力，便会要求进口商开展承兑信用业务。

承兑信用（acceptance credit）是指银行应进口商的申请，对出口商开出的远期汇票进行承兑，也就是向进口商提供信用。在这里，承兑行并不负责垫付资金，它所贷出的是自己的信誉，以换取承兑手续费。

在承兑汇票后，承兑行应履行该汇票到期时付款的责任。当然，进口商必须在汇票到期日之前将货款送交承兑行，以便后者在汇票到期时向出口商支付票款。这表明承兑行以“承兑”的方式提高了出口商对进口商偿还能力的信任度，从而确认与进口商的贸易合同。这相当于承兑行将自己的“信用”借给了进口商，从而构成了承兑行对进口商的信贷。

银行为进口商提供承兑信用，无须银行为进口商垫付资金。在国际金融市场上，银行承兑汇票易于流通和转让，持票人可通过背书或贴现方式进行。这对于加速企业资金周转具有重要的促进作用。

（二）授信开证

授信开证（issuing of L/C with credit limits）是指进口地银行在未向客户收取全额保证金的情况下，为其开立进口信用证的贸易融资业务。该业务用于满足进口商在进口信用证项下的短期资金融通需求。

授信开证的优点是有助于进口商减少资金占压、加快资金周转，从而提高资金使用效率、增加资金使用效益。当然，进口商要支付开证手续费。

具体说来，授信开证的业务流程为：

（1）银行（开证行）应进口商的申请，根据其偿债能力、履约记录和担保条件等情况为其核定授信额度。该授信额度实行余额控制，可以循环使用，进口商在该授信额度之内可全部或部分免交开证保证金。

（2）银行受理进口商开证申请，占用授信额度（或单笔授信）对外开出信用证。

（3）银行收到出口商提交的信用证单据，经审核无误后扣划进口商款项并对外付款，同时归还额度。

（三）进口押汇

进口押汇是指进口商以其进口货物为抵押品向银行取得的贷款，它是出口押汇的对称。

一般来说，银行不用直接贷款给进口商，而是根据进口商的请求，在进口信用证或进口代收项下，凭有效凭证和商业单据代进口商对外垫付进口款项，然后向进口商提示付款。由于进口方银行有汇票及单据作为抵押，若进口商拒付，则银行可不予交单，并有权处理货物以抵偿垫款。因此，进口押汇是一种专项融资，仅可用于履行特定贸易项下的对外付款责任，押汇期限一般与进口货物转卖的期限相匹配，并以销售回笼款项作为押汇的主要还款来源。此外，通常进口商被要求支付一定的开证押金和手续费，但不必支付全部金额，因而相当于银行为进口商提供了融资。银行通过收取押金和手续费，占用了客户的无息存款，同时在垫款后又取得了全套单据，借此向进口商索汇，因而风险较低。

进口押汇的业务流程如图 7-1 所示：

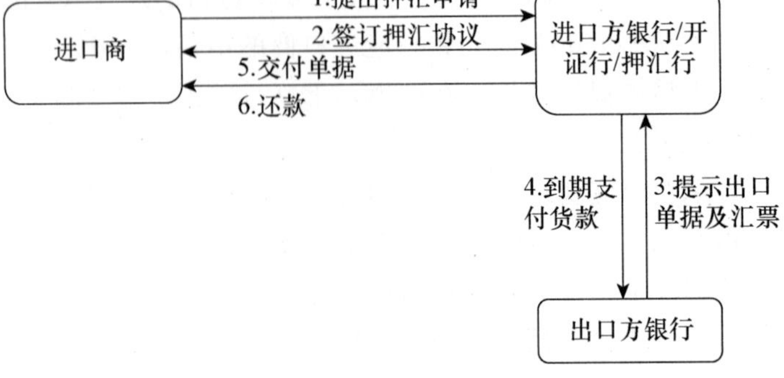

图 7-1　进口押汇的流程图

具体说来，进口押汇的业务流程为：

（1）进口商向开证行或指定代收行提出书面的进口押汇申请，申请额度应在银行为进口商核定的授信额度内。

（2）银行审核并签订进口押汇协议。

（3）银行代进口商对外垫付押汇款项，并将单据交付给进口商。

（4）进口商到期向银行付款，用以归还押汇款项。进口商用其销售回笼款项作为押汇的主要还款来源。

二、卖方贸易融资

随着全球贸易逐渐从卖方市场转变为买方市场，出口产品的销售方式也被迫从预付货款逐步向商业信用销售方式转变，从而导致卖方融资需求的规模逐步扩大，国际贸易中卖方的资金需求也就逐渐增大，同时卖方的融资方式日益多样化。其中，打包放款、出口贴现、出口押汇是主要的贸易融资产品。

（一）打包放款

打包放款（packing loans）是信用证①项下的贸易融资方式，又称信用证打包放款，是指银行应信用证受益人（出口商）的申请向其发放的用于信用证项下货物采购、生产和装运的专项贷款，即出口商以供货合同或从国外银行收到的、以自己为受益人的信用证为抵押，向当地银行申请贷款，从而取得生产或采购出口货物所需资金的融资方式。该业务适合出口商流动资金紧缺，而国外进口商不同意预付货款，但同意开立信用证的情况。

打包放款作为一种贸易短期融资产品，其主要特点是：第一，属于装船前融资。打包放款用于满足出口商在信用证项下备货装运的短期资金融通需求。第二，属于部分融资。通常说来，打包放款的融资金额为信用证金额的70%～80%，一般不超过90%。第三，属于短期融资。打包放款的期限从抵押之日至出口合同有效期后一个月，但不超过一年。第四，安全性高。打包放款的还款来源为信用证项下的出口收汇，有开证行有条件的信用保障，贸易背景清晰，适合封闭管理。

打包放款对于出口商的作用在于：第一，扩大出口商的贸易机会。在出口商自身资金紧缺而又无法争取到预付货款的支付条件时，帮助出口商顺利开展业务、把握贸易机会。第二，减少出口商的资金占压。在生产、采购等备货阶段均不占用出口商的自有资金，可以缓解其流动资金压力。

打包放款的业务流程如图7-2所示：

（1）出口商与进口商签订贸易合同，并约定以信用证方式结算。

出口商与银行签订融资协议，向银行提交打包贷款申请书、贸易合同、正本信用证及相关材料。

---

① 信用证（letter of credit，L/C）是指开证行应申请人的要求并按其指示向第三方开立的载有一定金额的、在一定的期限内凭符合规定的单据付款的书面保证文件。信用证是国际贸易中最主要、最常用的支付方式。

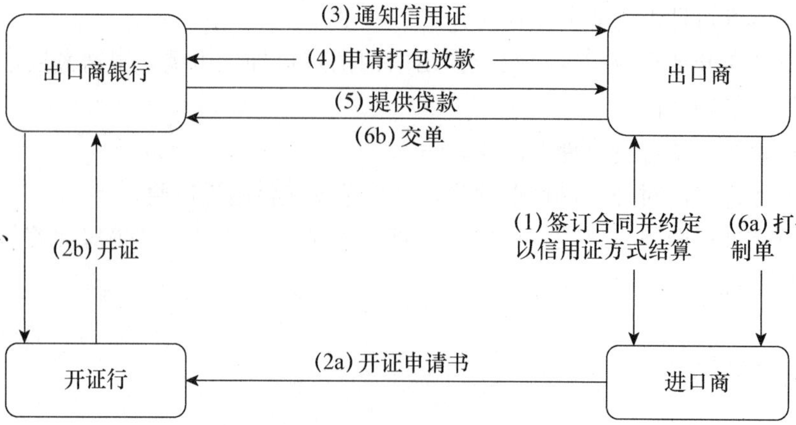

图 7-2 打包放款的流程图

（2）进口商申请开证，开证行开证并寄给出口商银行。

（3）出口商银行向出口商通知信用证。

（4）出口商申请打包放款。

（5）出口商银行经审核后将打包贷款的款项转入出口商账户。

（6）出口商使用打包贷款的款项完成采购、生产和装运后，向出口商银行提交信用证项下的单据。

（7）出口商银行将单据寄往国外银行（开证行或指定行）进行索汇，国外银行到期向打包放款银行付款，银行用以归还打包贷款款项。

（二）出口贴现

出口贴现（export bill discount）是指银行在出口信用证项下从出口商购入已经银行承兑的未到期远期汇票、已经银行承付的未到期远期债权或在跟单托收项下购入已经银行保付的未到期远期债权。如果承兑/承付/保付①银行到期不付款，则贴现银行对出口商有追索权。

出口贴现主要用于满足出口商在远期信用证项下的短期资金融通需求，主要适用于以下几种情况：第一，出口商的流动资金有限，依靠快速的资金周转开展业务；第二，出口商在获得国外银行承兑/承付/保付后、收款前遇到临时资金周转困难；第三，出口商在国外银行承兑/承付/保付后、收款前遇到新的投资机会，且预期收益率高于贴现利率。

出口贴现的业务流程如图 7-3 所示。

---

① 承兑是指由信用卓著的当事人承诺在远期汇票到期时保证付款的法律行为，承兑人一般是银行，称为承兑行。

承付是采用托收承付结算方式的承认付款过程。当付款单位的开户银行收到托收承付结算凭证及有关交易单证后，转交给付款单位并通知付款，付款单位在经过审查后承认付款，银行才能从其账户中付出款项，划给收款单位的开户银行，收入收款单位账户内。

保付或保付加签是指担保银行在已承兑的汇票或本票上加注“Per Aval”字样，同时签上担保银行的名字并加签，从而构成担保银行不可撤销的保付责任，以避免债务风险。在票据法的意义上，保付加签是一种票据行为。

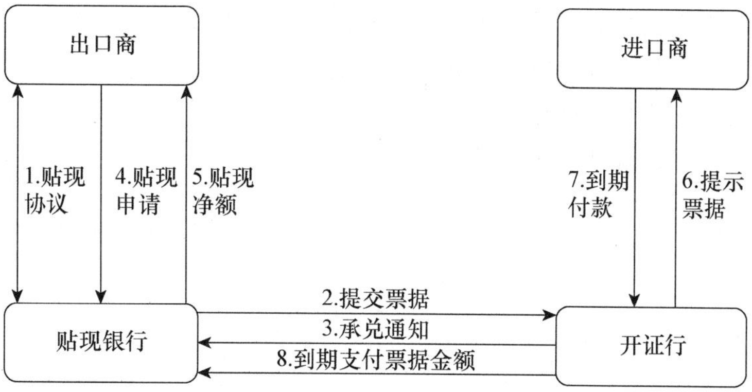

图 7-3 出口贴现的流程图

需要注意以下几点：

第一，出口商与贴现银行签订贴现协议，向出口商银行提交出口单据。

第二，出口商银行经审核单据后，将单据寄往国外银行（开证行或指定行）进行索汇。

第三，国外银行收到单据后向贴现银行承兑/承付/保付。

第四，贴现银行在收到承兑/承付/保付后，客户应向贴现银行提交贴现申请书，贴现银行再将贴现款项划入出口商账户。

第五，国外银行到期向贴现银行付款，贴现银行用以归还贴现款项。

第六，如果承兑/承付/保付银行到期不付款，则贴现银行对出口商有追索权。

（三）出口押汇

与出口贴现近似的一种贸易融资业务是出口押汇（export bill purchase）。通常说来，对客户来说，即期收汇可申请出口押汇，远期收汇可申请出口贴现。

出口押汇是指出口商发出货物并提交了信用证或合同要求的单据后，出口商银行即可凭借其所交单据给予出口商短期资金融通的融资方式，主要用于满足出口商在信用证或托收项下的短期资金融通需求。如果到期开证行/代收行不付款，则出口商银行对出口商有追索权。

出口押汇可以实现以下目的：①出口商的流动资金有限，依靠快速的资金周转开展业务；②出口商在发货后、收款前遇到临时资金周转困难；③出口商在发货后、收款前遇到新的投资机会，而且预期收益率高于押汇利率。

出口押汇包括出口信用证押汇和托收押汇两大类。

根据合同单据和信用证条款是否相符，信用证项下的出口押汇可分为单证相符押汇和单证不符押汇。

单证相符押汇是指出口商发运货物并提交信用证要求的单据后，银行凭借信用证规定的单据在单证相符情况下向出口商提供的短期资金融通。此时，开证行承担第一性付款责任。单证不符押汇是指受益人（出口商）发出货品并提交信用证要求的单据后，银行凭借不符单据向出口商提供的短期资金融通。此时，开证行不再承担信用证项下第一性付款责任。

如果出口商在提交单据、委托银行向进口商收取款项的同时，要求托收行先预支部分或全部货款，待托收行收妥款项后再归还银行垫款，这种在托收业务过程中为出口商提供融资的方式就称为托收押汇。

出口押汇的业务流程如图 7-4 所示。

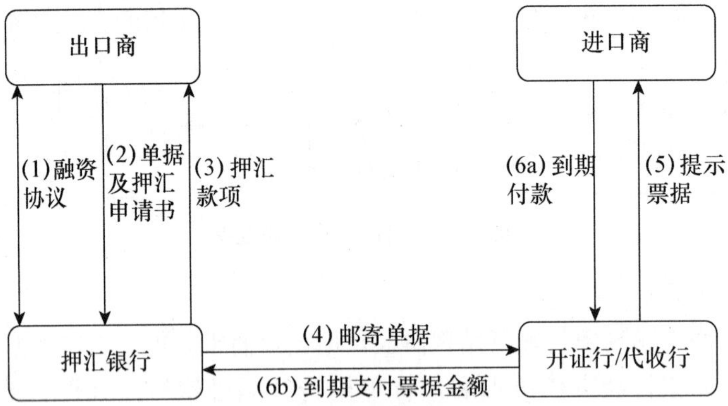

图 7-4　出口押汇的流程图

（1）出口商向押汇银行（通常为信用证通知行或议付行）提出正式的出口押汇申请，签订融资协议。

（2）出口商向押汇银行提交单据及押汇申请书。

（3）押汇银行经审核单据后，将押汇款项划入出口商账户。

（4）押汇银行将单据寄往国外银行（信用证项下的开证行或指定行，或托收项下的代收行）进行索汇。

（5）国外银行收到单据后提示给信用证项下的开证申请人或托收项下的付款人。

（6）进口商到期向押汇银行付款，押汇银行用以归还押汇款项。

需要注意的是，信用证项下的押汇申请人应为信用证的受益人；限制其他银行议付的信用证无法办理出口押汇；在申请信用证项下的出口押汇时，应尽量提交单证相符的出口单据。

第三节　国际保付代理业务

在全球化和金融创新发展的推动下，企业需求日益多样化，融资的内涵和外延都已发生深刻变化，贸易融资的创新更是渗透到贸易链全过程，使贸易融资的产品与服务方式走向多样化、定制化。贸易融资的服务范围逐步扩大，从提供资金结算和融资服务逐步扩大到覆盖客户采购、生产、销售整个产业链条的信用担保、保值避险、财务管理、顾问咨询等多元化服务。本节介绍的国际保理业务就是典型的综合型贸易融资业务。

一、国际保付代理概述

与前述短期贸易融资相同，国际保付代理也属于短期贸易融资业务，但前述短期贸易融资业务只是单纯的融资业务，而国际保付代理业务属于综合性贸易融资业务。

（一）什么是国际保付代理

国际保付代理（international factoring），简称保理，又称承购应收账款、托收保付，是指出口商以商业信用的形式出卖产品，在货物装船后立即将发票、汇票、提单等有关单据卖断给承购应收账款的财务公司或专门组织（通常称为保理商），由后者向其提供资金融通、进口商资信评估、销售账户管理、信用风险担保、账款催收等一系列服务的综合金融服务业务。因此，保理业务是一种通过收购企业应收账款为企业融资并提供其他相关服务的金融业务或产品。

1992 年，中国银行在国内率先推出国际保理业务。1999 年，中国银行根据客户需求，已开始试办国内保理业务。中国银行于 1993 年加入国际保理商联合会（Factors Chain International，FCI）。

在保理业务中存在三个基本当事人：一是出口方，即卖断应收账款给保理商的当事人；二是保理商，即买入应收账款债权的当事人，通常是与银行有密切联系的非银行金融机构；三是进口方，即对出口商提供产品或服务产生的应收账款承担还款责任的当事人。《中国商业保理行业发展报告（2015）》显示，截至 2015 年 12 月底，全国共有注册的商业保理企业 2 514 家。其中，2015 年新设立的商业保理公司有 1 294 家，新增企业数量是 2014 年的 1.44 倍。2015 年，我国商业保理融资业务量超过 2 000 亿元，较 2014 年增长了 1.5 倍。按照总体开业比例 20%计算，500 余家已经开业的商业保理公司在 2015 年大约服务了 31 500 家中小企业，平均每家中小企业客户获得的保理融资额为 635 万元，商业保理正在成为中小企业融资的重要渠道之一。

（二）国际保付代理的种类

国际保付代理从不同的角度可以进行以下分类：

1. 有追索权保理与无追索权保理

根据保理商是否对出口商享有追索权，保理可分为有追索权保理（recourse factoring）与无追索权保理（non-recourse factoring，old-line factoring）。

有追索权保理是指保理商在购买应收账款后，如果买方拒绝付款或无力付款，此时保理商有权向卖方要求偿还预付款（advance payment），保理商具有全部追索权。严格说来，这种保理因缺少信用担保功能，并非严格意义上的保理业务，而是类似于贴现业务。在这种情况下，保理商不负责审核买方的资信，不确定赊销额度，也不提供坏账担保，仅提供贸易融资、账户管理及债款催收等服务。

无追索权保理是指保理商以买断方式购买应收账款后，即放弃对卖方的追索权，保理商独自承担买方拒绝付款或无力付款的风险。然而，保理商只是在其核准的信用额度内承担买方的信用风险，对于超过信用额度的预付款，保理商仍享有追索权。这类保理是国际保理业务的主流，体现了保理业务坏账担保的功能。

2. 单保理和双保理

根据保理商的数量，保理可分为单保理（single factoring）和双保理（dual factoring）。

单保理是指只涉及一方保理商的国际保理业务。在单保理条件下，往往出口商所在地的银行并不充当出口保理商角色，它与出口商之间没有订立保理合同，所以不是保理业务的当事人，而是中间媒介。因此，单保理模式有三个当事人：出口商、进口保理商和进口商。这样，单保理减少了双保理中的重复工作和资金周转环节；进口保理商不再对出口保理商承担付款等责任，而是直接对卖方负责，并提供坏账担保，这就意味着进口保理商要为一个不熟悉的销售商办理收取货款的业务，可能在业务习惯和语言方面比双保理更为困难。因此，单保理是在国际贸易中运用保理业务的早期产物，现在主要用于国内保理业务。随着国际保理业务的发展和保理商业务水平的提高，单保理已逐渐被双保理取代。单保理通常用于出口商所在国家（或地区）没有保理商的情况。

双保理是由出口商与出口保理商签署协议，同时出口保理商与进口保理商也要签署协议，相互委托-代理业务，并由出口保理商根据出口商的需要提供融资服务的保理形式。双保理模式有四个当事人：出口商、出口保理商、进口保理商和进口商。现在的国际保理就是指双保理模式，它的主要优点为：

（1）出口商收款方便、安全。出口商与出口保理商签订协议后，一切有关问题均可与出口保理商进行交涉，并可由此获得全部的保理服务，从而消除在语言、法律、贸易习惯等方面存在的障碍。

（2）出口保理商的收款效果良好。出口保理商不必深入、细致地研究债务人所在国的有关法律、贸易习惯等就可提供各项专门服务，因为债务人所在地的进口保理商将负责这方面的工作，并为债务人核定相应的信用额度供出口保理商和出口商参考。尽管进口保理商对贸易纠纷不承担责任，但出口保理商可以要求进口保理商予以协助，特别是在进口商发生破产倒闭的情况下，进口保理商的这种协助对收回债款、减少损失将发挥重要作用。

（3）对于进口商而言，它只需与本国的进口保理商打交道，免除了在语言、法律、商业习惯等方面可能存在的困难。

双保理也存在一些不足之处：由于两个保理商均要提供销售账务管理服务，所以双保理的管理费用一般比单保理要高；对于资金的划拨来说，由于增加了进口保理商这一中间环节，因而速度较慢；当业务量较小时，出于费用方面的考虑，进口保理商往往采用定期划拨而不是逐笔划拨的做法，这将使资金的划拨速度更慢。

双保理在操作中可细分为出口双保理和进口双保理。

出口双保理（two-factor export factoring）是指出口商将其与进口商（债务人）订立的货物销售、服务或工程合同项下产生的应收账款转让给出口商银行，再由出口商银行转让给进口保理商，由出口商银行和进口保理商配合，为出口商提供融资、销售分户账户管理、应收账款催收及信用风险控制与坏账担保等服务。

进口双保理（two-factor import factoring）是指进口商银行应国外出口保理商的申请，为某一特定的本国进口商核定信用额度，并向国外出口商提供应收账款催收、资信调查、坏账担保等服务。

二、国际保付代理的主要内容

作为一种综合性的金融服务业务，保理商主要提供以下五个方面的服务：

（一）信用销售控制

信用销售控制（credit control）是指保理商利用自身的网络优势对进口商的资信状况进行全面调查，并为出口商提供核定的信用销售额度以及将坏账风险降到最低的服务。具体说来，信用销售控制体现在两个方面：一方面，保理商为出口商拟定向进口商提供的信用销售额度；另一方面，根据进口商履约付款的表现，随时或定期地调整信用销售额度。为了履行这一功能，保理商需要及时、准确、全面地掌握进口商的资信状况、业务表现、清偿能力以及经营情况，确保对其的赊销能够得到顺利支付。与此同时，保理商还需了解进口国的外汇（外贸）政策、经济形势、政治稳定性等宏观环境因素。简言之，保理商必须进行广泛深入的调查才能有效地提供信用销售控制的服务。

（二）债款回收

债款回收（collection from debtor）是指保理商负责应收账款的催收工作。与出口商相比，保理商具有催收账款方面的丰富经验。保理商一般有专业人员和专职律师进行账款追收，保理商会根据应收账款逾期的时间采取信函通知、打电话、上门催款手段直至采取法律手段，即采取有理、有力、有节的手段协助出口商安全回收账款，解除供货商对收款的后顾之忧。

（三）销售账户管理

销售账户管理（maintenance for the sales ledger）是指保理商负责有关销售账务的管理工作。保理商可以根据出口商的要求，定期向出口商提供应收账款的回收情况、逾期账款情况、账龄分析等，发送各类对账单，协助出口商进行销售管理，及时为企业提供经营管理所需的有关应收账款信息，并对进口商的付款情况进行分析。由于保理商一般是商业银行的附属机构，可以分享银行在账务管理方面的专业技术及丰富经验，因此能将销售账户管理得井井有条。

（四）贸易融资

贸易融资（trade financing）是指大多数保理商在收购应收账款时，会立即支付不超过应收账款 80%的现款，为供货商提供融资服务。一方面，出口商可以将这种融资款项作为正常的销售收入对待，不用像对待银行的贷款那样，必须显示在资产负债表的负债方，这样有助于改善公司的资产负债状况。另一方面，出售应收账款取得保理商的融资，相当于盘活了存量资产，而且保理商划拨资金迅速，能保证供货商及时回收大部分资金，减轻资金占用的压力。

（五）坏账担保

坏账担保（full protection against bad debts）是指保理商为出口商提供坏账担保。这是因为大多数保理是无追索权保理，保理商一般是无追索权地买入供货商的应收账款，如果因为进口商无理拒付或破产等因素造成坏账，将与供货商无关，此类事项所带来的损失和风险将由保理商自己承担——已经垫付的货款不能要求供货商退还，尚未结清的余款也必须按约定时间支付。因此，供货商对于保理商给予的80%的预付款可以视为正常的销售收入并放心地投入使用，无须考虑偿还问题。这一点不同于一般的票据贴现业务，因为企业在贴现方式下取得的融资是有可能被贴现行追索的。

当然，要想获得保理商提供坏账担保的应收账款，必须满足一定的条件。第一，必须是经保理商核准的应收账款。核准的应收账款是指在保理商规定的出口商向进口商赊销的额度内产生的应收账款。只有出口商在额度内的应收账款才有资格享受坏账担保，超过额度的应收账款成为未核准应收账款，保理商仅提供代收服务，不提供坏账担保服务。第二，必须是无争议的应收账款，即没有合同纠纷的应收账款。如果由于合同纠纷造成坏账，那么在合同纠纷得到公平解决并确认非供货商责任之前，保理商对这笔坏账不做担保；若已有垫款发生，保理商仍可向供货商追索。因此，只有毫无争议的、已经核准的应收账款才能得到保理商的坏账担保。

三、国际保付代理业务的流程

目前，双保理模式已随现代信息技术的发展而逐渐推向市场。下面将介绍国际双保理模式的运作流程，如图7-5所示。

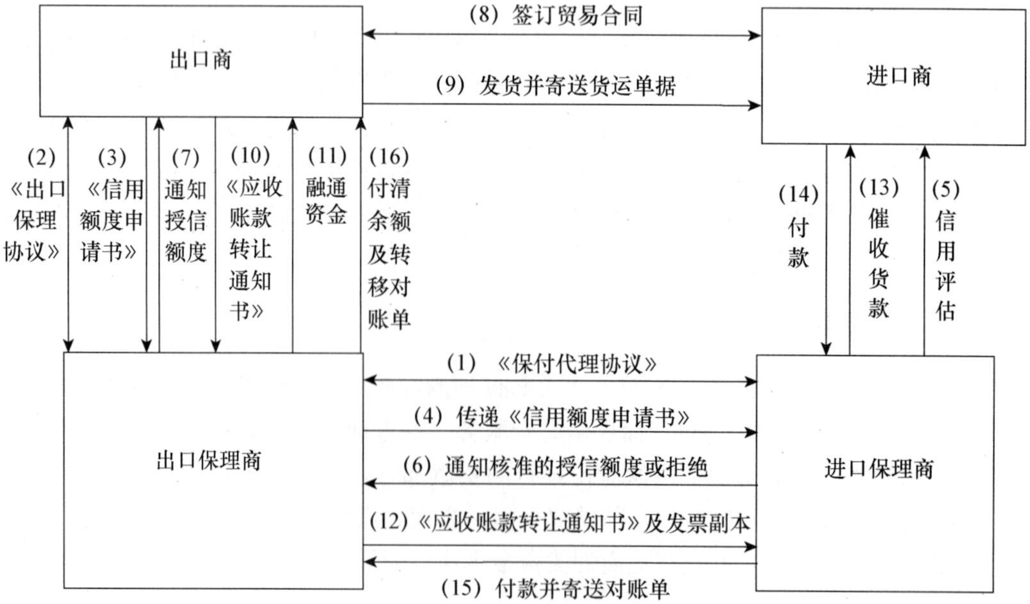

图7-5　国际保付代理的业务流程示意图

国际保付代理业务的具体流程如下：

（1）出口保理商与进口保理商签订《保付代理协议》。

（2）出口商与出口保理商签订《出口保理协议》。也就是说，进出口双方在交易磋商过程中，出口商首先向出口保理商提出申请，填写《信用额度申请书》，出口保理商对出口商的经营状况进行审查。在审查合格后，出口商向出口保理商提供一份所有客户的清单，列明每个进口商的名称、地址及出口商所掌握的客户资信和经营状况，并据此为每个进口商申请一个信用额度，作为进口保理商为进口商核定限额的参考。

（3）出口商向出口保理商申请进口商的信用额度。出口商填写《信用额度申请书》，用于为进口商申请信用额度。《信用额度申请书》一般包括出口商的业务情况、交易背景资料、申请的额度情况等内容。

（4）出口保理商向进口保理商传递《信用额度申请书》。在具体操作时，一般是由出口保理商选择进口保理商，并通过由国际保理商联合会（FCI）开发的保理电子数据交换系统（EDI factoring）将《信用额度申请书》的情况通知进口保理商，请其对进口商进行信用评估。出口保理商一般选择已与其签订过《保付代理协议》且在进口商所在地的保理商作为进口保理商。

（5）进口保理商对进口商进行信用评估。进口保理商对进口商的商业资信进行调查和评估，并确定进口商的信用额度。进口保理商还需要根据出口保理商提供的情况，考虑并确定自己的服务条件和报价。

（6）进口保理商向出口保理商通知核准的授信额度或拒绝。进口保理商将其对进口商核准的授信额度或拒绝核准授信额度的通知书传递给出口保理商。

（7）出口保理商将进口保理商对进口商核准的授信额度或拒绝核准授信额度的通知书传递给出口商。

（8）出口商与进口商签订贸易合同。

（9）出口商根据进口保理商通知的授信额度发运货物，在货物出运后，出口商将正本发票、提单、原产地证书、质检证书等单据直接寄送进口商。

（10）出口商提交《应收账款转让通知书》，将出口应收账款转让给出口保理商。

（11）出口保理商按《出口保理协议》向出口商提供融资（一般不超过发票金额的 80%）。

（12）出口保理商签署《应收账款转让通知书》，并附发票副本寄送进口保理商。

（13）进口保理商在规定的时间内按商业惯例向进口商催收货款，即由出口保理商在收到发票副本及票据的当天，将发票及单据的详细内容通过保理电子数据交换系统通知进口保理商，进口保理商于发票到期日前若干天开始向进口商催账。

（14）在货款到期日，进口商向进口保理商付款。

（15）进口保理商通过银行将货款转付给出口保理商，并及时向出口保理商寄送对账单或付款报告书。

（16）出口保理商在扣除预付货款、佣金、银行转账及其他费用后，将余款支付给出口商，并及时向出口商提供对账单。

由此可见，单纯的融资业务不能称为保理业务。

四、国际保付代理业务的优势

综合起来，对进出口商而言，保理业务具有的好处是：增加营业额、提供风险保障、节约成本、简化手续及扩大利润等，如表 7-1 所示。

表 7-1　国际保付代理业务对进出口商的好处

优势	对出口商	对进口商
增加营业额	为新的或现有的客户提供更有竞争力的赊销、承兑交单等优惠付款条件，以拓展海外市场、增加营业额	利用赊销、承兑交单等优惠付款条件，以有限的资本购进更多货物，从而加快资金流动、扩大营业额
提供风险保障	进口商的信用风险转由保理商承担，出口商可以得到100%的收汇保障	仅因公司的信誉和良好的财务表现而获得保理商的信贷，无须抵押
节约成本	资信调查、账务管理和账款追收都由保理商负责，可以减轻业务负担、节约管理成本	节省了开立信用证和处理繁杂文件的费用
简化手续	免除了一般信用证交易的烦琐手续	在核准信用额度后，可以使购买手续简化、进货快捷
扩大利润	由于扩大了出口额、降低了管理成本、排除了信用风险和坏账损失，利润随之增加	由于加快了资金和货物的流动，使生意扩大，从而增加了利润

第四节　出口信贷

出口信贷（export credit）是一种重要的国际信贷方式，也是一种政策性金融业务。出口信贷是指出口国为扩大本国出口，在政府支持下由该国政策性银行或商业银行向本国出口商或国外进口商提供的一种低利率优惠贷款活动，一般由出口国政府补贴贷款利差或提供信贷担保，是各国争夺销售市场、扩大本国出口的一种融资手段。出口信贷主要是为一些不能通过短期贸易信贷来解决资金困难、成交额较大、周转期较长的大型机械设备或成套设备的出口进行融资，属于中长期贷款。

一、出口信贷的特点

出口信贷是一种针对国际贸易的中长期贷款，其特点如下：

（一）出口信贷是一种官方资助的政策性贷款

出口信贷的发放以提高本国产品出口竞争力、扩大本国出口为目的，属于政策性贷款。因此，出口信贷业务离不开政府的支持。通常说来，一国政府有两种方式参与或支持出口信贷业务：一种是政府成立出口信贷机构，直接向出口商或者进口商（或进口方银行）提供信贷，如美国进出口银行、中国进出口银行。另一种是私人银行向出口商或者进口商（或进口方银行）提供信贷，政府给予某种支持，比如当商业银行无法满足出口信贷的资金需求时，政府专设的出口信贷机构会予以支持。例如，英国政府规定：如果商业银行提供的出口信贷金额超过其存款比例的18%，超出部分由出口信贷担保局予以支持。美国进出口银行一方面直接向购买大型资本性设备、偿还期在5年及以上的进口商提供买方信贷，另一方面向美国商业银行的中期卖方信贷提供担保、出口信用保险和再贴现支持。

（二）出口信贷是一种相对优惠的贷款

出口信贷属于中长期贷款，而且贷款利率较低。这是因为大型机械设备与成套设备的价值高、成交额大，其出口对于一国的生产和就业，尤其是制造业的发展有着重要作用。出口国政府为了增强国际竞争力、削弱竞争对手，往往以低于市场水平的利率为本国的出口商或外国进口商提供中长期贷款，利差由国家财政予以补贴。

（三）出口信贷是一种与资本品出口密切相关的贷款

由于出口信贷的目的是扩大本国出口，因此只有签订了大型成套设备等资本品的出口贸易合同才有可能取得出口信贷融资。例如，我国规定：凡出口成套设备、船舶及其他机电产品，合同金额在50万美元以上，并采用一年以上延期付款方式的资金需求，均可申请使用出口信贷。出口信贷资金的使用有严格的限制，比如买方信贷明确规定：买方信贷资金仅限于进口贷款国的资本货物，且限于贷款国制造的资本货物。

（四）出口信贷与信贷保险相结合

由于出口信贷的周期较长，一般为1年以上（甚至5年以上），因而贷款风险较大。为了保证资金安全，政府一般都会要求国家信贷保险机构给予担保。这样能够保证在贷款无法正常回收时，信贷保险机构能够利用国家资金给予补偿。例如，2001年12月18日我国成立了中国出口信用保险公司，它由国家出资设立，用于支持我国对外经济贸易的发展。中国出口信用保险公司的业务范围包括中长期出口信用保险业务、海外投资保险业务等，重点支持货物、技术和服务等出口，特别是高科技、附加值大的机电产品等资本货物的出口。

出口信贷在各国得到了普遍使用，其类型较多。通常说来，出口信贷的主要形式有卖方信贷、买方信贷、福费廷、混合信贷等。

二、出口信贷的主要形式

（一）卖方信贷

1. 什么是卖方信贷

卖方信贷（supplier's credit）是指在大型机械设备或成套设备的贸易中，为便于出口商以延期付款方式或赊销方式出售产品，由出口商所在地银行对出口商提供的信贷。

在大型机械设备及成套设备等项目的对外贸易中，当出口商与进口商签订贸易合同时，通常由进口商分期付款。由于后续款项的分期时间较长，出口商往往在设备制造或交货期间向出口商所在地银行申请中长期贷款（即卖方信贷），以便资金周转。

2. 卖方信贷的特点

归纳起来，卖方信贷的特点大致为：

（1）卖方信贷不是全额融资，进口商必须支付贸易合同 15%～20%的现汇。

（2）贸易合同的结算方式是延期付款。由进口国银行签发或承兑若干张不同到期日的本票或汇票分期支付，以便出口商用此资金偿还银行贷款。由于出口商要承担贷款的利息成本，因此卖方信贷的出口货价一般高于以现汇支付的货价。

（3）出口商提款有两种方式：一是在出口商发货交单时，出口商按货款的比例向贷款银行提款；二是出口商在收妥定金（down payment）、采购原材料并组织生产时，根据其现金缺口向贷款银行提款。

（4）出口商需要投保出口中长期信用保险。此外，贷款银行一般要求将该保险的权益转让给贷款银行。当然，保险权益的转让必须得到保险公司的同意。

3. 卖方信贷的流程

卖方信贷的业务流程示意图如图 7-6 所示。

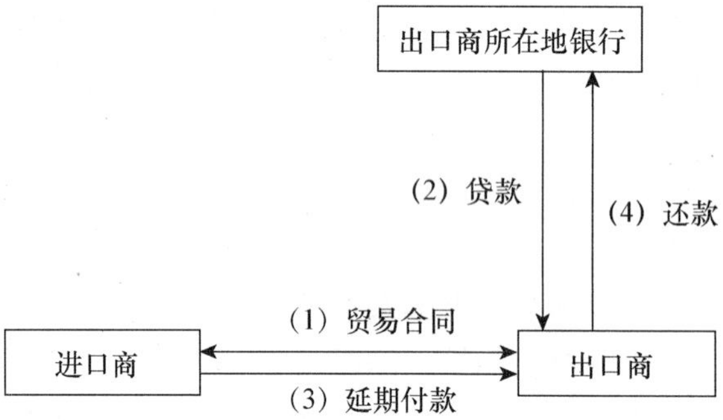

图 7-6 卖方信贷的业务流程示意图

（1）出口商与进口商签订延期付款的贸易合同。当出口商需要以延期付款或者赊销方式向进口商销售货物时，应在与进口商洽谈贸易合同时，首先向出口商所在地的信用保险机构询保并投保中长期延期付款收汇险，落实费用负担，并将这笔费用计入贸易成本，为取得出口商所在地银行的出口信贷提供前提条件。出口贸易合同应明确规定款项支付的定金比例，分期付款的次数、金额与时间，以及最长的延付期限。一般的做法是，进口方首先支付 5%～10%的定金，当进口商收到出口商发出的货物并验收之后，再陆续支付 10%～15%的货款，剩余款项则在合同约定的期限内分期支付。此外，出口贸易合同一般规定进口商在偿付货款时应采用本票或汇票的形式，并由进口商所在地银行对其进行担保或承兑。

（2）出口商为了便于资金周转而向出口商所在地银行提出中长期贷款申请，并与银行签订信贷协议，然后将投保的保单权益转让给贷款银行。在出口商与银行签订的信贷协议中，其资金偿付的时间、次数、期限等细节应与出口贸易赊销合同保持一致。有时，出口商所在地银行在发放卖方信贷之前，也会要求出口商的关联企业等对出口商按期还款进行担保，并与银行签订担保合同。

(3) 进口商按照贸易合同的约定，以本票或汇票的形式向出口商分期支付货款以及利息，出口商再以此偿还对出口商所在地银行的贷款。

在卖方信贷这种关系中，出口商除了向银行支付信贷利息之外，还需要支付信贷保险费、承担费和管理费等相关费用。此类费用会附加在出口货物的价款之中，再转嫁给进口商，一般为货款的3%～4%，甚至高达8%～10%。

（二）买方信贷

1. 什么是买方信贷

相对于卖方信贷，买方信贷（buyer's credit）也是较为普遍的一种出口信贷方式，它是在大型机械设备或成套设备的贸易中，由出口商所在地银行向国外进口商或进口商所在地银行提供的贷款。买方信贷与卖方信贷的区别在于，后者贷款给出口商，而前者贷款给进口商或进口商所在地银行。

2. 买方信贷的贷款原则

买方信贷必须遵循一定的贷款原则，才能达到促进本国出口增长的目的。

(1) 买方信贷的使用原则。进口商利用买方信贷仅限于向买方信贷发放国的出口商或在该国注册的外国出口公司进行支付，资金使用仅限于进口资本货物，且限于贷款国制造的资本货物。比如我国规定，买方信贷的贷款仅限于购买中国的成套设备、船舶或其他机电产品。

(2) 使用买方信贷的贸易合同应符合一定的条件。比如我国曾规定，买方信贷的贸易合同应具备以下条件：设备贸易合同的金额不低于100万美元；成套设备的中国制造部分不低于70%，船舶不低于50%，否则应适当降低贷款金额。

(3) 贷款金额的确定原则。与卖方信贷一样，买方信贷也不是全额融资，一般只提供贸易合同金额的85%，其余15%由进口商支付现汇。

(4) 贸易合同以现汇付款方式结算。在取得买方信贷资金后，进口商就对出口商进行现汇支付，然后再分期偿还银行贷款。

3. 买方信贷的种类及流程

按照买方信贷借款人的不同，可以将买方信贷分为贷款给进口商的买方信贷和贷款给进口商所在地银行的买方信贷。

对于直接贷款给进口商的买方信贷，具体流程如图7-7所示。

(1) 进口商与出口商签订贸易合同。一般需要进口商首先支付相当于货款15%左右的定金，定金既可以在贸易合同生效时支付，也可以在贸易合同签署后的60天或90天内支付，需要视贸易合同的内容而定。

(2) 进口商与出口商所在地银行签订贷款协议。出口商所在地银行要对进出口双方的贸易合同进行审核，在审核通过后，由进口商向出口商所在地银行提出中长期贷款申请，双方签订买方信贷协议。

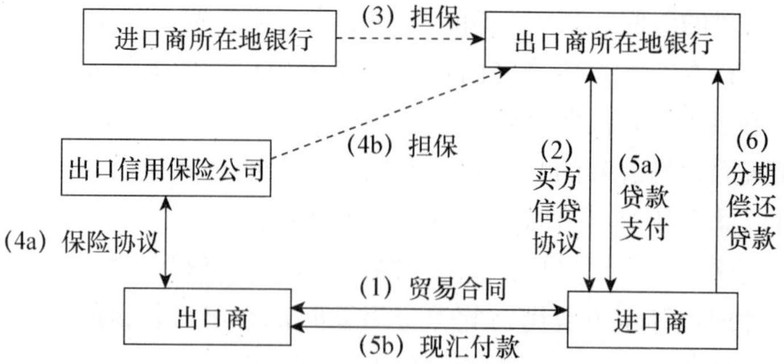

图 7-7　直接贷款给进口商的买方信贷的流程示意图

(3) 进口商所在地银行对进口商的贷款协议进行担保。出口商所在地银行在向进口商提供贷款前，通常要求进口商所在地银行对进口商提供还款担保。

(4) 出口商与出口信用保险公司签订保险协议，并将保险权益转让给出口商所在地银行。由于出口商所在地银行在对进口商提供的买方信贷中承担了发放贷款的政治风险和商业风险，根据国际惯例，要求出口商为贷款投保出口信用保险。因此，出口商应与出口信用保险公司签订保险协议，并缴纳保费；与此同时，出口信用保险公司与出口商所在地银行签订担保协议，由贷款银行作为保险赔付的受益人。

(5) 进口商向出口商支付货款。在进口商收到出口商所在地银行的中长期贷款之后，按照贸易合同的约定，以现汇向出口商支付货款。

(6) 进口商向出口商所在地银行分期偿付贷款及利息。对于进口商对出口商所在地银行的欠款，进口商将按照签署的信贷协议分期偿还。

对于贷款给进口商所在地银行的买方信贷，其操作步骤与向进口商提供的买方信贷类似，具体流程如图 7-8 所示。

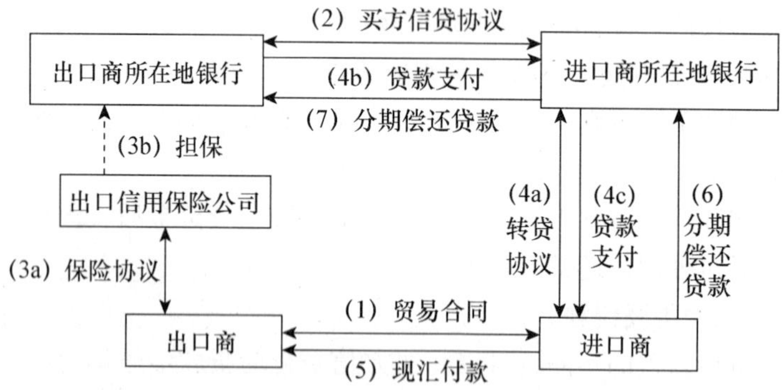

图 7-8　贷款给进口商所在地银行的买方信贷的流程示意图

(1) 进口商与出口商签订贸易合同。一般需要进口商首先支付相当于货款 15%左右的定金，定金既可以在贸易合同生效时支付，也可以在合同签署后的 60 天或 90 天内支付，需要视贸易合同的内容而定。

(2) 进口商所在地银行与出口商所在地银行签订买方信贷协议。出口商所在地银行首先要对进出口双方的贸易合同进行审核，在审核通过后，由进口商所在地银行向出口商所在地银行提出中长期贷款申请，双方签订买方信贷协议。

（3）出口商与出口信用保险公司签订保险协议。由于出口商所在地银行在对进口商所在地银行提供的买方信贷中承担了发放贷款的政治风险和商业风险，根据国际惯例，要求出口商为买方信贷投保出口信用保险。因此，出口商应与出口信用保险公司签订保险协议并缴纳保费；与此同时，出口信用保险公司与出口商所在地银行签订担保协议，由贷款银行作为保险赔付的受益人。

（4）进口商所在地银行与进口商签订转贷协议，将贷款转贷给进口商。进口商所在地银行在获得出口商所在地银行的贷款后，根据转贷协议，将借得的款项转贷给进口商。

（5）进口商支付货款给出口商。进口商获得进口商所在地银行转贷的贷款后，以现汇方式，通过账户将资金划转给出口商以支付货款。

（6）进口商向进口商所在地银行偿还贷款。依据进口商与进口商所在地银行签订的转贷协议，进口商分期偿还贷款。

（7）进口商所在地银行向出口商所在地银行分期偿还贷款。根据买方信贷协议，进口商所在地银行向出口商所在地银行偿还贷款。

在上述两种买方信贷中，都规定进口商或进口商所在地银行需要支付管理费与承担费等。而对于卖方信贷来说，出口商将这些费用全部纳入了货价。因此，买方信贷更有利于进口商了解真实货价并且核算设备成本。

（三）福费廷

福费廷（forfeiting）一词来源于法语“a forfait”，含有放弃权利的意思，又称包买票据，是指在大型成套设备的国际贸易中，出口商把经过进口商承兑的远期汇票无追索权地卖断给出口商所在地银行或大金融公司，从而提前取得现款的一种贸易融资方式。福费廷是出口信贷的一种特殊类型。

1. 福费廷业务的特点

福费廷业务具有以下特点：

（1）包买行对出口商无追索权。叙做福费廷业务后，出口商放弃对所出售债权凭证的一切权益，将收取货款的权利、风险和责任转嫁给包买商，而银行作为包买商也必须放弃对出口商的追索权；出口商在背书转让票据时，均加注“无追索权”（without recourse）字样。

（2）它是一种对资本品贸易的融资。福费廷业务主要提供中长期贸易融资，利用这一融资方式的出口商应同意向进口商提供期限为6个月至5年甚至更长期限的商业信用。

（3）一般由进口商所在地银行担保。除非包买行同意，否则代表应收账款的债权凭证必须由包买行接受的银行或其他机构无条件、不可撤销地进行承兑或提供独立的担保。

（4）一般以分期付款方式支付货款。由于在福费廷业务中出口商可申请向包买行融资，因而贸易合同一般采取分期付款方式结算，主要是用信用证（LC）、经银行承兑或担保的票据进行结算。

2. 福费廷业务的流程

福费廷业务的具体流程如图7-9所示。

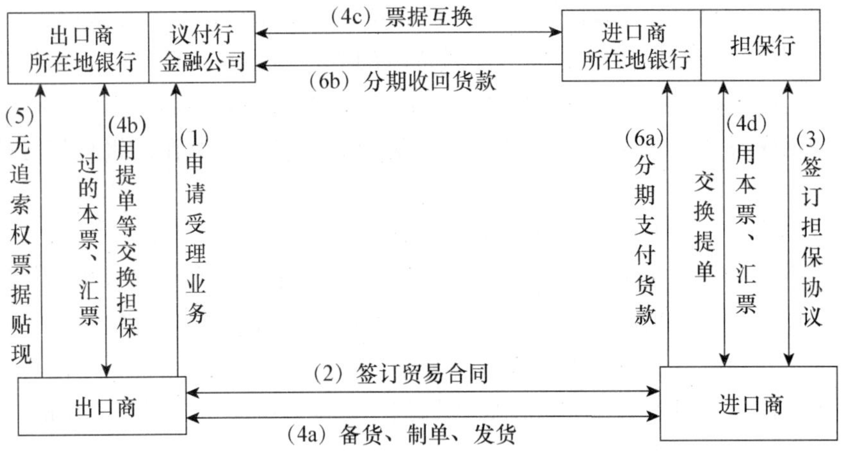

图 7-9　福费廷业务的流程示意图

（1）出口商向出口商所在地银行或金融公司提出福费廷业务申请，约定使用福费廷方式贷款，银行则提供贴现率等报价，出口商确认报价，双方签订福费廷协议。

（2）出口商与进口商签订贸易合同，并在贸易合同中明确规定使用福费廷方式融资。

（3）进口商与进口商所在地银行签订担保协议。出口商向进口商签发远期汇票，并取得进口商所在地银行的担保。当进口商不能如期履行支付款项的义务时，进口商所在地银行将成为最终付款人，替进口商偿付货款。然而，进口商所在地银行的担保资质需要经过出口商所在地银行的同意。

通常说来，进口商所在地银行有两种担保方式：第一，出具保函（guarantee letter），保证对进口商出具的汇票付款；第二，承兑汇票，即在汇票正面写上“承兑”字样，并签名、盖章，以保证到期付款。相应地，进口商延期支付货款的票据一般也有两种，进口商可以任选一种：第一，出口商向进口商签发远期汇票，在经进口商所在地银行承兑之后，退还出口商以便其进行贴现；第二，进口商向出口商开具本票，以便其进行贴现。这两种票据都需要进口商所在地银行进行担保。

（4）出口商备货发运后，将全套货运单据（主要是提单）通过银行寄送进口商，用以换取经进口商承兑的并由进口商所在地银行担保的承兑汇票或者本票。

（5）出口商在获得经进口商承兑及进口商所在地银行担保的远期汇票或者本票后，便可根据约定，以无追索权的方式，向议付行或金融公司进行贴现、取得现款。

（6）出口商所在地银行经进口商所在地银行向进口商分期收回货款。

3. **福费廷业务的成本**

出口商在通过福费廷业务进行贸易融资时至少要花费以下成本：

（1）贴现利息。由于在福费廷业务中银行议付了出口商的汇票，即以贴现的方式买入了汇票，故银行将在扣除贴现利息后支付剩余的款项给出口商，因此银行扣除的贴现利息就是出口商要支付的必要成本之一。贴现利息通常按照事先确定的固定利率收取。贴现率的高低是由进口国的综合风险指数、融资期限长短、融资金额、担保行的信用评级和融资货币的筹资成本等决定的。贴现率由两部分组成：一是基本利率，一般为报价（或签约）时相关货币的伦敦银行同业拆借利率，反映包买行的筹资成本；二是附加利率，反映包买行承担的风险及期望的收益。

（2）选择费又称选期费，是针对选择期收取的费用。选择期是指从包买行提出报价到最终与出口商签订包买协议之间的天数。在这段时间内，包买行有可能要承担利率或汇率变动的风险，因此要收取一定的费用作为风险补偿，该费用就是选择费。选择期最长不超过 1 个月，一般只有几天，通常在两天之内免收。

（3）承担费又称承诺费，是包买行针对承担期所收取的补偿费用。承担期又称承诺期，是指从包买协议签订日到实际贴现日的一段时间，通常是 1～6 个月，最长可达 18 个月。计算承担费的公式为：

$$\text{承担费}=\text{票面金额}\times\text{年承担费率}\times\frac{\text{承担期天数}}{360}$$

（4）罚金。如果出口商未能按期向包买行交出汇票，按规定需要向包买行支付一定金额的罚金，以弥补包买行为准备包买而发生的各项费用。

4. 福费廷业务的优势

福费廷业务对进出口双方都有一定的好处。

对于出口商而言，福费廷业务能够使出口商通过卖断票据获得资金融通，及时取得现金。具体说来，福费廷业务对出口商的好处是：

首先，有利于改善出口商的资产负债表。一般贸易中的赊销将记入出口商资产负债表中的应收账款，属于“或有债权”。在使用福费廷业务后，出口商通过出售应收账款直接获取资金，这属于资产负债表中的确定性资产，可以改善资产负债表的状况，从而提高出口商的资信，有利于厂商开展其他业务。

其次，有利于转嫁风险。在对外贸易中，出口商不可避免地要承受汇率波动的风险以及进口商的信用风险，而福费廷业务中出口商所在地银行买断出口商的票据后，它对出口商无追索权，因而福费廷业务是将风险都转嫁给了银行。

最后，有利于加速资金周转。出口商在将票据无追索权地卖断给银行后，可以立刻获得资金，有利于资金融通，从而促进其出口业务的发展。

对于进口商而言，福费廷业务也具有独特的吸引力。虽然利息与所有的费用负担都被记入货价，致使货价较高，然而进口商在福费廷业务中的操作较为简单。特别是与买方信贷相比，进口商不需要与出口商所在地银行、担保行等同时进行沟通洽谈，只需要寻找优质的担保行对出口商开出的远期汇票进行担保即可。

5. 福费廷业务和保理业务的区别

福费廷业务和保理业务都是重要的贸易融资服务方式，它们都是由出口商向银行卖断汇票或期票取得融资的一种方式，但两者还是存在一些区别，主要的区别如下：

（1）交易金额与贸易背景不同。保理业务一般多在中小企业之间进行，大多是用于以非资本性产品为主的贸易，保理业务的金额不大、付款期限在 1 年以下，而使用福费廷业务的产品为大型设备等资本性产品，它们的交易金额大、付款期限长，通常在较大的企业间进行。

（2）资信评估对象不同。保理业务需要对进口商的资信进行评估，主要由进口保理商对进口商的资信进行评估，得出一个风险担保额度，并将初步评估额度及相关保理费用通过出口保理商通知出口商，如果出口商认为可行并正式确认后，即可在出货后办理保理；如果进口保理商认为进口商的资信情况不佳，对其评估的风险担保额度太低或根本不愿进行保理，则保理无法进行。在福费廷业务中，除非包买行同意，否则代表应收账款的债权凭证必须由包买行接受的银行或其他机构无条件、不可撤销地进行承兑或提供独立的担保，即办理福费廷业务的银行通常只是无追索权地买入已由金融机构承兑/承付/保付的票据。因此，办理福费廷业务的银行一般应对承兑行进行评估，对其风险情况形成代理行额度，在承兑行有额度且额度足够的情况下，才接受出口商办理福费廷业务的申请。

（3）交易意愿的达成顺序不同。在福费廷业务中，出口商必须事先与进口商协调，在双方取得一致意见后才可以进行福费廷交易。这是因为在操作过程中需要由办理福费廷业务的银行所接受的进口地银行或其他机构无条件、不可撤销地进行承兑或提供独立的担保。而在保理业务中，出口商无须事先与进口商协商。这是因为保付金额是由进口保理商对进口商的资信进行评估后确认的，只要出口商认可保理商对进口商的资信评估金额，就可与进口商签订贸易合同，并将贸易应收账款出售给保理商。

（4）业务范围不同。如前所述，保理业务的内容比较综合，包括信用销售控制、贸易融资、销售账户管理、债款回收及坏账担保等服务内容，而福费廷业务的内容比较单一，它只提供远期汇票兑现的资金融通业务。

除上述主要的出口信贷形式外，还有其他一些形式，如混合信贷等。

混合信贷（mixed credit）是指为提高本国设备出口的竞争力、扩大本国设备的出口，出口国政府从预算中拿出一笔资金作为政府贷款（government loan），连同卖方信贷或买方信贷一起发放，以满足出口商（在卖方信贷的情况下）或进口商（在买方信贷的情况下）支付当地费用与设备价款需要的一种出口信贷形式。混合信贷的作用是：一方面，可以更大幅度地降低贷款利率、提高出口产品的竞争力；另一方面，混合信贷中含有政府赠款成分，因此这类贷款项目带有援助性质，可以扩大与借款国在政治、经济、技术和金融各个领域的合作，加强双边的友好合作关系。

专　栏

中国银行荣获“2015年最佳出口信贷案例奖”

2016年6月21日，中国银行纽约分行牵头叙做的美国油轮经营公司Gener 8 Maritime，Inc.（以下简称“GNRT”）船舶融资银团贷款项目，荣获权威杂志《海事金融》（*Marine Money*）颁发的“2015年最佳出口信贷案例奖”（2015 Deal of the Year ECA-WEST）。

在获奖项目中，中国银行纽约分行以牵头行身份参与GNRT银团贷款，用以支持GNRT购置由上海外高桥造船有限公司制造的4艘超大型油轮（VLCC），合同价值3.83亿美元。这是中国银行纽约分行成功叙做的首笔由中国出口信用保险公司承保的贷款项目。

GNRT成立于1997年，总部位于美国纽约，是一家专业从事国际海运的公司，也是美国领先的原油海运服务商。截至2015年3月31日，GNRT拥有一支包含46艘油轮的超级舰队，其中25艘油轮已经下水，总运载能力达到450万载重吨；另外21艘油轮为节能环保型新船，配备了先进的节油技术。GNRT的股票于2015年在纽约证券交易所挂牌上市。

美国的《海事金融》杂志是船舶和海工融资领域的全球性权威媒体，也是国际航运、海工行业的咨询机构之一，在业界具有较大影响力。

资料来源：中国银行网站。

本章小结

1. 贸易融资最初始的业务是为各国贸易商的贸易活动提供汇总和支付等结算服务，而后逐步发展到与贸易相关的资金融通。此后，国际贸易和国际投资的快速发展不断对金融服务提出更高要求，从最初的简单结算服务延伸到包括资金融通、财务管理、信用增强、风险管理等综合需求。

2. 短期国际贸易融资是指期限在1年以内（含1年）的短期进出口贸易融资，主要用于解决外贸企业进出口贸易中的资金周转问题，如承兑信用、授信开证、进口押汇、打包放款、出口贴现及出口押汇等业务。其主要目的是资金融通。

3. 国际保理是指出口商以商业信用的形式出售产品，在货物装船后立即将发票、汇票、提单等有关单据卖断给承购应收账款的财务公司或专门组织（通常称为保理商），由后者向其提供资金融通、进口商资信评估、销售账户管理、信用风险担保、账款催收等一系列服务的综合金融服务业务。国际保理是典型的综合型贸易融资业务。

4. 出口信贷是一种国际信贷方式，也是一种政策性金融工具。它是指一国政府为增强本国产品的国际竞争力，支持并扩大国内产品的出口，通过银行或非银行性金融机构对本国的出口商或者国外的进口商提供利率较低的贷款。出口信贷包括买方信贷、卖方信贷和福费廷业务等。

5. 福费廷又称包买票据，是指在大型成套设备的国际贸易中，出口商把经进口商承兑的远期汇票无追索权地卖断给出口商所在地银行或大金融公司，从而提前取得现款的一种贸易融资方式。福费廷是出口信贷的一种特殊类型。

本章启示

2019年2月22日下午，中共中央政治局就完善金融服务、防范金融风险举行第十三次集体学习。中共中央总书记习近平在主持学习时强调，要深化对国际国内金融形势的认识，正确把握金融本质，增强金融服务实体经济能力，推动我国金融业健康发展。习近平总书记指出："金融是国家重要的核心竞争力。"金融应当具备什么能力才能成为一国的核心竞争力呢？显然，就是金融与实体经济能够实现融合发展并进一步推动实体经济持续稳定发展的能力。

通过本章对贸易融资业务的学习，可以帮助读者了解金融是如何服务国际贸易这一实体交易领域的，这也是金融服务于实体经济、促进中国企业“走出去”的有效措施之一，从而加深了读者对贸易融资重要性的感性认识。

本章复习题

一、本章重要概念

承兑信用　　授信开证　　进口押汇　　打包放款　　出口贴现
出口押汇　　出口信贷　　卖方信贷　　买方信贷　　福费廷
国际保付代理

二、本章思考题

1. 简述国际贸易短期融资的主要种类、信贷类型和概念。
2. 简述国际保理业务的运行机制与特点。
3. 简述出口信贷的概念、特点和类型。
4. 简述买方信贷和卖方信贷的区别。
5. 简述福费廷业务的流程。
6. 比较福费廷业务与保理业务的区别。

本章讨论题

近年来，中国民营企业积极拓展海外市场，不断寻求技术突破，努力塑造国际品牌形象。随着中小企业逐渐成为“走出去”的主力军，融资难、融资成本高等问题逐渐成为阻碍中小企业“走出去”的发展瓶颈。收集相关数据并根据国际金融知识，你认为中国企业在“走出去”时应如何破解融资瓶颈？

第八章

汇率制度与国际储备管理

学习目标

- 了解汇率制度的基本概念及分类
- 应用蒙代尔-弗莱明模型分析资本完全流动情况下财政政策和货币政策在不同汇率制度下的有效性
- 理解和掌握汇率制度选择的理论
- 理解人民币汇率制度和中国外汇管制的相关内容
- 掌握国际储备的构成及其特点
- 掌握适度的国际储备规模的判断依据及方法
- 掌握国际储备结构管理所涉及的主要内容和要求

本章导读

汇率制度不仅制约着政府在实现内外均衡过程中可以利用的工具和手段，也表明政府在参与国际事务及国际经济交易过程中需要遵守某些规则。自1994年汇率并轨以来，我国确立了以市场供求为基础的、有管理的浮动汇率制度。2015年“8·11”汇改优化了人民币汇率中间价报价机制，这是人民币汇率市场化改革的关键一步。尽管任何汇率选择（包括汇率制度和汇率政策）都有利有弊，没有一种汇率选择适合所有国家或者一个国家的任何时期，但选择适合本国国情的汇率制度有助于构建良好的汇率环境，推动国际经济交易的有序发展，因此汇率制度选择理论就成为国际金融宏观调控理论的重要组成部分。外汇管制是在一定的汇率制度下对汇率的形成及外汇的收支进行管理的具体表现。不同的汇率制度与外汇管制必然会影响一国的外汇储备状况。因此，本章将考察汇率制度、外汇管制及国际储备管理等宏观问题。

本章词汇

固定汇率制度　　浮动汇率制度　　三元悖论　　第八条款国
国际储备　　特别提款权

第一节　汇率制度及其选择

汇率制度（exchange rate regime，exchange rate system）又称汇率安排，是指一国货币当局对本国货币的汇率水平确定、汇率变动方式等问题所做的一系列安排或规定。具体说来，汇率制度所涉及的内容应该包括以下四个方面：第一，规定汇率确定的依据；第二，规定汇率波动的界限；第三，规定维持汇率的措施；第四，规定汇率应如何调整。

一、汇率制度的种类

按照汇率变动的幅度，汇率制度可分为固定汇率制度和浮动汇率制度两大类。

（一）固定汇率制度

固定汇率制度（fixed exchange rate system）是指政府用行政或法律手段确定、公布及维持本国货币与某种参考物（如黄金、某国货币、一篮子货币）之间固定比价的一种汇率制度。

固定汇率制度的发展经历了两个时期：一是从 1816 年到第二次世界大战前的国际金本位制度时期的固定汇率制度；二是从 1944 年到 1973 年的布雷顿森林体系下的固定汇率制度。货币局制度是固定汇率制度的特例。

1. 金本位制度和布雷顿森林体系下的固定汇率制度

从国际货币体系的演变来看，在世界范围内实行固定汇率制度比较典型的国际货币体系有两种：国际金本位制度和布雷顿森林体系。在这两种货币制度下，汇率取决于铸币平价或法定平价，各国货币之间的汇率依靠自发的调节机制或货币当局运用各种手段进行干预与控制，汇率在基本固定的或很小的幅度内波动。在国际金本位制度下，各国货币之间的固定汇率由各国货币的铸币平价决定，而在布雷顿森林体系下的固定汇率制度由《国际货币基金组织协定》规定，形成了美元与黄金挂钩、其他货币与美元挂钩的“双挂钩”固定汇率制度。

与金本位制度下的固定汇率制度相比，布雷顿森林体系下的固定汇率制度的特点为：第一，布雷顿森林体系下的固定汇率制度是通过国际协定人为建立起来的；第二，在布雷顿森林体系下，各国货币的法定金平价是可以调整的。国际货币基金组织曾规定，当一国国际收支出现根本性不平衡时，金平价可以经核准后变更。从这一意义上说，金本位制度下的固定汇率制度是真正的固定汇率制度，而布雷顿森林体系下的固定汇率制度只可称为“可调整的钉住汇率制度”（adjustable pegging system）。

在黄金非货币的牙买加体系下，仍有部分国家采用固定汇率制度，但这个时期的固定汇率制度与布雷顿森林体系下的固定汇率制度是存在根本区别的。第一，不再规定本国货币的含金量，而是规定本国货币与某外币或一篮子货币的固定比价。第二，从世界范围来看，在布雷顿森林体系下，所有国家货币之间的汇率都是两两固定的，而在现行货币体系下，一国实行固定汇率制度主要是将本国货币与某一关键货币（如美元）保持固定比例，该国货币与其他货币之间以及关键货币与其他货币之间的汇率是可以浮动的。

2. 固定汇率制度的特例——货币局制度

(1) 货币局制度的定义及特点。货币局制度是指在法律中明确规定本国（或地区）货币与某外国可兑换货币之间保持固定的兑换比率，且本国（或地区）货币的发行受制于该国（或地区）外汇储备的一种汇率制度。由于这一制度中的货币当局被称作货币局，而不是中央银行，因此这一汇率制度也就相应地被称为货币局制度。

实行货币局制度的国家（或地区），其具体实施情况各不相同，但一般来说，货币局制度具有以下特点：第一，货币发行必须以一定的（通常是100%）外汇储备作为基础。货币发行量的多少不再完全听任货币当局的主观愿望或经济运行的实际状况，而是取决于可用作准备的外汇数量。第二，货币当局必须无条件地按照固定汇率接受市场对本国（或地区）货币所钉住的外汇的买卖要求。因此，货币局制度是一个高度规则化的金融制度，货币局无须承担许多央行职能。

货币局制度的这种高度规则化既是它的优点，也是其主要缺陷，比如容易导致名义汇率僵硬。当名义汇率不能随着本国（或地区）价格水平上升而相应提升本国（或地区）实际汇率时，将会严重损害该国（或地区）的国际竞争力。

(2) 货币局制度的表现——香港的联系汇率制度。我国香港特别行政区实行的就是货币局制度，称为联系汇率制度。香港的货币当局为金融管理局，于1993年由外汇基金管理局和银行业监理处合并而成，是香港的金融监管机构，但它不拥有发钞权。港元的发钞权掌握在汇丰银行、渣打银行和中国银行手中，这些机构的发钞运行机制由联系汇率制度来安排。香港的联系汇率制度产生于1983年10月17日，当时的港英政府在取消港元利息税的同时，对港元的发行和汇率制度做了新的安排：要求发钞银行在发行港元现钞时，必须按1美元兑7.8港元的固定汇率向外汇基金缴纳100%的美元，以换取港元的负债证明书，并以此作为发钞的法定准备金。发钞银行也可以以同样的汇率用港元向外汇基金换回美元及负债证明书。其他银行向发钞银行取得港元时，也要以100%的美元向发钞银行进行兑换，但兑换比价用的是市场汇率。这一安排标志着香港联系汇率制度的诞生。因此，香港的联系汇率制度实质上是美元汇兑本位制度。

这样，在香港就形成了两个平行的外汇市场：在外汇基金与发钞银行之间形成的公开外汇市场，以及在发钞银行与其他挂牌银行之间形成的同业外汇市场。相应地，存在两种汇率：联系汇率（官方汇率）和市场汇率。当联系汇率与市场汇率不一致时，会通过银行的套汇和套利活动使市场汇率围绕官方汇率上下波动并趋于后者。例如，当市场汇率低于联系汇率（即港元贬值，如 USD 1＝HKD 7.9）时，公众会抛售港元购买美元，此时发钞银行按 USD 1＝HKD 7.8 向外汇基金以港元换取美元，再到市场上以 USD 1＝HKD 7.9 抛售美元，导致市场上美元供给增加、美元汇率下跌、港元汇率上升，直至回到 USD 1＝HKD 7.8 的汇率水平（在这一过程中，发钞银行赚取了 0.1 港元的套利收入）。

因此，香港的联系汇率制度通过套利机制形成了内在的自我调节机制，有利于香港金融的稳定，而市场汇率围绕联系汇率窄幅波动的运行也有助于香港国际金融中心、国际贸易中心和国际航运中心地位的巩固及加强。当然，联系汇率制度也存在一些弊端，比如使香港的经济行为以及利率、货币供应量等指标过分依赖和受制于美国，从而严重削弱了运用利率和货币供应量杠杆调节本地区经济的能力。与此同时，联系汇率制度也使金融管理局通过汇率调节对外收支的功能无从发挥。

（二）浮动汇率制度

自 1973 年 2 月以来，西方主要工业国家纷纷实行浮动汇率制度。浮动汇率制度（floating exchange rate system）是指政府对本币与外币之间的汇率不加以固定，也不规定上下波动的界限，听任外汇市场根据外汇的供求情况，自行决定本币兑外币汇率的一种汇率制度。在浮动汇率制度下，当外汇市场的外汇供过于求时，外汇汇率下跌；当外汇供不应求时，外汇汇率上涨。各国政府表面上对汇率不加干涉，听任其自由涨落，但正如第一章所述，当汇率变动对一国经济会产生重要影响时，各国政府大多会从本国国情出发，或多或少地对汇率水平进行干预或指导，并极力避免汇率的剧烈波动。因此，浮动汇率制度可分为如下几种类型：

1. 按货币管理当局是否干预外汇市场，可分为自由浮动和管理浮动

自由浮动（free floating）又称清洁浮动（clean floating），是指货币管理当局对汇率的浮动不加干预，不采取任何干预措施，听任外汇供求决定汇率的一种汇率制度。

管理浮动（managed floating）又称肮脏浮动（dirty floating），是指一国货币当局为使本国货币汇率的变动幅度不致过大，或者朝着有利于本国的方向变动，就通过各种方式，不时地对外汇市场进行干预，使汇率稳定在一定水平上的汇率制度。

2. 按浮动方式，可分为单独浮动、联合浮动、钉住浮动

单独浮动（single floating）是指一国货币没有与其他国家货币保持固定联系，其汇率根据外汇市场的供求变化而单独浮动。例如，美元、日元等货币均属于单独浮动。

联合浮动（joint floating）又称共同浮动，是指参与联合浮动的国家组成集团，集团内的成员国之间实行固定汇率，各成员国有义务共同维持汇率稳定，同时对非成员国货币实行联合浮动。例如，从 1999 年 1 月 1 日到 2002 年 2 月 28 日，欧元区国家原有货币之间的汇率实行固定汇率，而对非欧元区国家的货币采取浮动汇率。

钉住浮动（pegging floating）是指一国货币钉住其他国家货币，该国货币随被钉住国家货币的汇率变动而变动。具体又分为两种：一种是钉住某种货币，通常是钉住一些经济发达并与本国经济联系紧密的国家的货币，比如一些美洲国家的货币钉住美元，一些英联邦国家的货币钉住英镑；另一种是钉住一篮子货币，即选择若干种与本国经贸关系紧密的国家的货币作为参考，并按照一定比例组成一个货币篮子来制定本国货币的汇率。目前，绝大多数发展中国家都实行钉住汇率制度，而且钉住美元的居多，也有的国家是钉住一篮子货币。自 2005 年 7 月 21 日开始，人民币汇率制度就是以市场供求为基础、参考一篮子货币进行调节的、有管理的浮动汇率制度。

二、汇率制度的选择

合理的汇率安排对于一国的经济稳定和社会发展至关重要，哪种汇率制度最适合本国（或地区）的经济发展？这就涉及汇率选择问题。下面先比较固定汇率制度与浮动汇率制度的优缺点，然后介绍影响一国汇率制度选择的主要因素。

（一）固定汇率制度与浮动汇率制度的比较

1. 固定汇率制度的优缺点

固定汇率制度的优点主要表现在：第一，汇率稳定，可减少风险。汇率相对固定，有助于国际经济交易主体避免汇率波动的风险，从而使各国经济构成一个稳定的经济体系，有利于世界经济的协调发展。第二，固定汇率制度具有名义“锚”的作用，可约束各国过度扩张的财政与货币行为。在固定汇率制度下，如果一国政府推行扩张性政策并使财政出现赤字，必然使货币面临贬值压力。为了维持固定汇率，央行不得不借助公开市场抛出外汇、购回本币，这实际上是一个自我纠错机制。第三，汇率稳定可以抑制金融市场的投机行为。

固定汇率制度的缺点主要表现在：第一，固定汇率制度容易使国内经济目标服从于国际收支目标。当一国国际收支失衡时，就需要采取紧缩性（或扩张性）财政政策和货币政策，从而给国内经济带来失业增加或物价上涨的后果。第二，固定汇率制度易带来通货膨胀，而物价上涨会使出口产品的成本增加，导致出口减少、国际收支出现逆差、本币币值更加不稳定。为了稳定汇率，该国货币当局只能动用黄金与外汇储备，将其投放到外汇市场，结果可能使黄金与外汇储备大量流失。第三，在固定汇率制度下，各国有维持汇率稳定的义务，因而削弱了国内货币政策的自主性。

2. 浮动汇率制度的优缺点

浮动汇率制度的优点主要表现在：第一，浮动汇率制度可以发挥汇率的杠杆作用，自动调节国际收支失衡，从而避免国际收支的累积性失衡，有利于国际经济交易的正常发展。第二，浮动汇率制度有助于避免内部平衡和外部平衡之间的矛盾。在浮动汇率制度下，各国通常可以自由推行本国的经济政策，不必单纯为应对外部平衡而采用扩张性（或紧缩性）财政政策和货币政策。第三，浮动汇率制度能消除因汇率长期固定而引起的国际收支长期失衡的后果，因而可减少国际储备的流失，避免巨大的国际金融恐慌。第四，浮动汇率制度有利于保持宏观调控政策的独立性。由于各国不承担维护汇率稳定的义务，因而可根据本国的情况，自主采取有利于本国的货币政策，而不致受到他国宏观经济政策的牵连。

浮动汇率制度的缺点主要表现在：第一，汇率的频繁波动增加了国际贸易和国际投资的风险，加大了成本计算及国际结算的困难，从而阻碍了国际经济交往的正常发展。第二，汇率自由波动未必能隔绝国外经济对本国经济的干扰。第三，汇率频繁波动助长了外汇市场上的投机活动。第四，容易导致“以邻为壑”的政策盛行，即各国均以货币贬值为手段输出本国失业，或以牺牲他国经济利益为代价来扩大本国就业和产出。

（二）影响一国汇率制度选择的主要因素

从上述分析中可以看出，不同的汇率制度具有不同的优缺点。因此，对于一个国家来说，选择什么样的汇率制度，显然与一系列具体的经济和政治因素有关。

从理论上讲，目前对汇率制度选择影响较大的理论有两种：一是经济论；二是依附论。经济论主要是由美国前总统肯尼迪的国际经济顾问罗伯特·赫勒（Robert Heller）提出的，他认为：一国选择什么样的汇率制度，主要由其经济方面的因素决定，通常包括经济规模、经济开放程度、进出口贸易结构、市场发育程度、通货膨胀率等。依附论主要是由一些发展中国家的经济学家提出的，他们认为：一国选择什么样的汇率制度，应该由其对外经济、政治、军事等诸多方面的特征来确定。

综合上述两种理论可以看出，汇率制度的选择应考虑以下因素：

1. 经济规模的大小

一般来说，一国经济规模越大，越倾向于使用浮动汇率制度；反之，越倾向于使用固定汇率制度。这是因为大国的对外贸易多元化，很难选择一种基准货币实施固定汇率制度，而且大国经济的内部调整成本较高，因此倾向于追求独立的经济政策。而小国一般只与少数几个大国的贸易依存度较高，因此汇率的浮动会给它的国际贸易带来不便。

2. 经济开放程度

经济开放程度反映了一国与外部经济的联系程度，可以用多种指标来反映，比如用进出口贸易额占 GDP 的比例、资本流动规模占 GDP 的比例等。一般来说，一国的经济开放程度越高，可贸易产品的价格在整体物价水平中的比例就越大，汇率变动对国家整体经济的影响就越显著。为了最大限度地稳定国内价格水平，越开放的经济体越有可能选择固定汇率制度或钉住汇率制度。比如中国香港特别行政区，其经济开放度仅次于新加坡，居全球第二位，就是采取钉住美元的联系汇率制度。

3. 本国货币的国际化程度

对于本国货币的国际化程度，简单来说，可用在国际贸易、国际结算、国际投资、国际借贷等国际经济活动中使用本国货币的比率来衡量。本国货币的国际化程度越高，越是可自由兑换货币，则越有可能采用浮动汇率制度；否则，就越有可能采用固定汇率制度。

4. 通货膨胀率差异

与他国的通货膨胀率差异较大的国家，由于在经济政策上很难与他国取得协调，因此在汇率上很难与他国保持稳定，所以多采取浮动汇率制度或爬行钉住汇率制度，以便对通货膨胀率的差异做出调整；相反，与他国通货膨胀率差异较小或相同的国家，更有可能采用固定汇率制度。

5. 进出口贸易的地区结构

进出口贸易的地区结构集中于少数几个国家或地区的国家，通常选择使本国货币与其贸易国货币钉住的汇率制度，而进出口贸易的地区结构表现出多元化的国家通常采用其他汇率制度。

6. 与大国的经济、政治依附程度

如果一国的经济、政治甚至军事对于某大国的依附程度较大，则出于维护本国经济稳定发展的考虑，该国会采取本国货币与该大国货币相挂钩的钉住汇率制度；如果一国的经济、政治、军事同时依附于几个工业发达的大国，则该国往往采取让本国货币钉住由这几个国家货币组成的一篮子货币的汇率制度。

7. 政策搭配需要

著名的"不可能三角定律"（the principle of impossible trinity）认为，汇率制度的选择应与宏观经济政策以及资本管制制度进行合理搭配。"不可能三角定律"又称三元悖论①，是指该三角形的三条边分别代表货币政策的独立性、固定汇率制度以及资本自由流动，如图 8-1 所示。

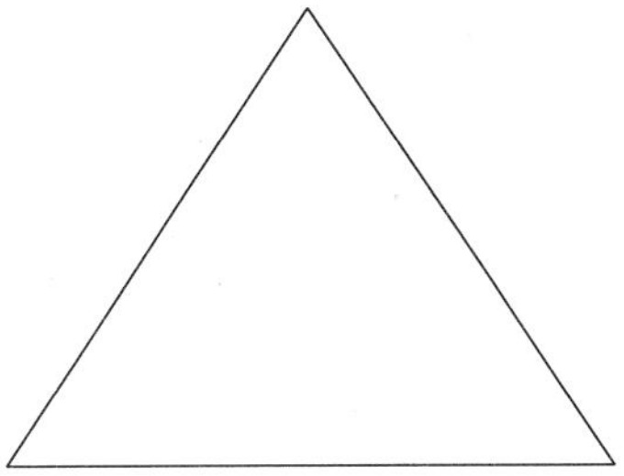

图 8-1 三元悖论

"不可能三角定律"意味着，在一个经济体中，货币政策的独立性、固定汇率制度、资本自由流动三个目标是不能同时实现的。在实现其中两个目标的情况下，另一个目标不可能实现。这一定律能较好地解释经济规模的大小与汇率制度的选择有关。例如，在欧美等经济规模较大的发达国家，它们选择了货币政策的独立性和资本自由流动这两个在国际化中必需的因素，而放弃了固定汇率制度，采取了浮动汇率制度。但是，经济规模较小的国家往往因为自身抵抗汇率浮动风险的能力较低，因而实行浮动汇率制度的成本就较高。相反，固定汇率制度可以为经济规模较小的国家提供一个良好的名义"锚"，指导其货币政策的制定和实施，并提供一个较为稳定的经济发展环境。但是，伴随着国际经济合作的不断深入，资本流动也开始出现了多种路径，因此，一国政府通常是选择

① 当然，三元悖论是否真的成立是一个有争议的问题。例如，当资本不能自由流动时，货币政策的独立性与固定汇率制度之间也会存在冲突。

汇率稳定而放弃货币主权，即选择硬的钉住汇率制度或固定汇率制度；或者是放弃汇率稳定而坚持货币政策的独立性，即选择浮动汇率制度。

当然，一国汇率制度的选择还必须考虑到本国的其他一些条件，比如经济的市场化程度、金融市场的发达程度、法律体系的完备程度及经济信息的披露程度等。

三元悖论：货币政策的独立性、固定汇率制度、资本自由流动不可能同时实现。

（三）我国的汇率制度

1. 1994年以前的人民币汇率制度

自中华人民共和国成立以来至改革开放前，在传统的计划经济体制下，人民币汇率由国家实行严格的管理和控制，经历了中华人民共和国成立初期的单一浮动汇率制度（1949—1952年）、20世纪50—70年代的单一固定汇率制度（1953—1972年）和布雷顿森林体系后以一篮子货币计算的单一浮动汇率制度（1973—1980年）。1949年至1950年3月，受中华人民共和国成立前遗留下来的通货膨胀因素的影响，人民币币值大幅下跌，从1949年1月制定的1美元=80元人民币跌到1950年3月的1美元=42 000元人民币，美元兑人民币升值500多倍。1950年3月全国财经会议后，人民币汇率不断调高。在1953年初到1972年底期间，人民币汇率基本保持稳定。在1973年3月后，我国通过钉住一篮子货币的方法来制定人民币汇率。

（1）实现双重汇率制度。在党的十一届三中全会以后，我国进入向社会主义市场经济过渡的改革开放新时期。由于人民币汇率长期低于出口创汇成本，我国的对外贸易受到严重阻碍。为了扩大出口，中央政府决定，自1981年1月1日起，在官方汇率之外实行内部贸易结算汇率。人民币内部贸易结算汇率以全国出口平均换汇成本加一定幅度的利润计算而得，定为1美元兑2.8元人民币，该汇率适用于进出口贸易结算，同时官方汇率为1美元兑1.5元人民币。我国的汇率制度就此从单一汇率制度转为双重汇率制度。

双重汇率制度明显调动了出口企业的积极性，我国的外汇储备也有所增加，但这种汇率安排存在明显的问题：第一，从对外关系来看，国际货币基金组织将双重汇率看作政府对出口的补贴，发达国家因此屡屡威胁要对我国出口产品征收补贴税；第二，从国内角度来看，双重汇率制度造成外汇管理工作的混乱，不能有效抑制进口。因此，从1985年1月1日起，内部贸易结算汇率被取消，人民币又恢复到单一汇率制度。

（2）实行外汇留成。为了改革统收统支的外汇分配制度、调动创汇单位的积极性，我国从1979年开始实行外汇留成办法。在外汇由国家集中管理的同时，实行贸易和非贸易外汇使用权留成，即区别不同情况，适当给创汇单位和企业保留一定比例的外汇额度（外汇使用权），以解决其发展生产、扩大业务所需的物资进口。外汇留成的对象和比例由国家规定，而后外汇留成的范围和比例逐步扩大。

（3）建立和发展外汇调剂市场。在外汇留成制度的运行中，逐渐出现了外汇留成额度供求之间的矛盾，即有的企业外汇留成额度较多但当年没有进口计划，而有的企业有大量的进口需求却没有外汇留成额度。由于“外汇留成额度”等于“外汇使用权”，这就意味着额度的持有者可以直接到中国银行购汇而无须国家外汇管理局的审批。因此，自1980年10月起，中国银行就开办了外汇调剂业务，允许持有外汇留成的单位把多余的外汇额度转让给缺汇的单位。这样，外汇调剂市场就发展起来了。外汇调剂市场所使用的汇率，开始是在国家规定的官方汇率基础上加一定的幅度，但在1988年3月后放开，由买卖双方根据外汇供求状况商定，这样就形成了外汇调剂价。从1980年10月到1993年12月31日，我国出现了外汇调剂汇率与官方汇率并存的再次“复汇率”的局面。然而，随着我国改革开放的不断深入，官方汇率与外汇调剂汇率并存的人民币汇率双轨制的弊端逐渐显现出来：一方面，多种汇率的并存造成了外汇市场秩序混乱，助长了投机；另一方面，外汇黑市的长期存在不利于人民币汇率的稳定和人民币的信誉。因此，外汇体制改革的迫切性日益突出，最终推动了1994年的汇率制度改革。

2. 1994年的人民币汇率制度改革

1993年12月，国务院正式颁布了《关于进一步改革外汇管理体制的通知》，明确国家外汇体制改革的总体目标是改革外汇管理体制，实行以市场供求为基础的、单一的、有管理的浮动汇率制度和统一规范的外汇市场，逐步使人民币成为可兑换的货币。具体措施包括：

第一，实行以市场供求为基础的、单一的、有管理的浮动汇率制度。1994年1月1日，人民币官方汇率与外汇调剂市场汇率并轨，定为1美元兑8.70元人民币。人民币汇率由市场供求形成，中国人民银行公布每日汇率，并规定人民币汇率每日±0.1%的波幅，外汇买卖允许在这一幅度内浮动。

第二，实行银行结售汇制度，取消外汇留成和上缴。取消用汇的指令性计划和审批，对境内机构经常账户下的外汇收支实行银行结汇和售汇制度。除实行进口配额管理、特定产品进口管理的货物和实行自动登记制度的货物外，其他符合国家进口管理规定的用汇，可凭合同、协议、发票等直接到外汇指定银行办理兑付。与此同时，对于经常账户下的外汇收入，除国家规定准许保留的外汇可以在外汇指定银行开立外汇账户外，都须及时调回国内，按照市场汇率卖给外汇指定银行。

第三，建立全国统一的、规范的银行间外汇交易市场，中资企业退出外汇调剂中心，外汇指定银行成为外汇交易的主体。1994年1月1日，银行间外汇市场——中国外汇交易中心在上海成立。当年4月4日，中国外汇交易中心系统正式运营，它采取会员制，实行撮合成交、集中清算制度，并体现价格优先、时间优先的原则。中国人民银行根据宏观经济政策目标，对外汇市场进行必要的干预，以调节市场供求、保持人民币汇率稳定。

自1994年实施以市场供求为基础的管理浮动汇率制度后，虽然人民币汇率稳中有升，但总体保持稳定态势，海内外对人民币的信心也不断增强。1996年，我国取消了经常账户下尚存的其他汇兑限制，当年12月1日宣布实现人民币在经常账户下完全可兑换，成为国际货币基金组织的“第八条款国”（Article Ⅷ Member）。根据《国际货币基金组织协定》，若成员接受第八条款规定的义务，则该成员成为国际货币基金组织第八条款国，其货币将被视为可兑换货币。该条款的主要内容包括：①不得对经常性的国际交易的付款和资金转移施加限制；②不得实施歧视性的货币措施或复汇率措施；③对其他国家在经常性交易中所得的本国货币应予购回。

1997 年亚洲金融危机爆发，为了防止亚洲周边国家和地区的货币轮番贬值使危机深化，中国作为一个负责任的大国，主动收窄了人民币汇率的浮动区间，由此前的±0.3%缩小为±0.1%。对此，1999 年国际货币基金组织对中国汇率制度的划分也从“管理浮动汇率制度”转为“钉住单一货币的固定汇率制度”。

3. 自 2005 年以来的人民币汇率制度

2005 年 7 月 21 日，我国对人民币汇率形成机制进行了进一步改革。人民币汇率不再钉住单一美元，而是选择若干种主要货币组成一个货币篮子，实行以市场供求为基础、参考一篮子货币进行调节的、有管理的浮动汇率制度。人民币汇率波幅由±0.1%恢复到±0.3%。当天，美元兑人民币的官方汇率由 8.27 调整为 8.11，人民币升值 1.9%。

在人民币汇率形成机制改革后，中国人民银行在每个工作日闭市后公布当日银行间外汇市场美元等交易货币兑人民币的收盘价，作为下一个工作日该货币兑人民币交易的中间价。自 2006 年 1 月 4 日起，中国人民银行授权中国外汇交易中心于每个工作日上午 9:15 对外公布当日人民币兑美元、欧元、日元和港元汇率的中间价，作为当日银行间即期外汇市场（含 OTC 方式和撮合方式）以及银行柜台交易汇率的中间价。2007 年 5 月 21 日，中国人民银行决定，银行间即期外汇市场人民币兑美元交易价浮动幅度由±0.3%扩大至±0.5%。2012 年 4 月 14 日，中国人民银行决定，自 2012 年 4 月 16 日起，银行间即期外汇人民币兑美元交易价浮动幅度由±0.5%扩大至±1%。自 2014 年 3 月 15 日起，人民币兑美元汇率单日波幅由±1%再扩至±2%，交易空间就此扩大一倍。

2015 年 8 月 11 日，中国人民银行公告完善人民币汇率中间价报价，由做市商在银行间市场开盘前参考上日收盘价，综合考虑外汇供求情况以及国际主要货币汇率报价变化形成，即“8·11”汇改。这次汇改被认为是人民币汇率市场化改革的重要一步。

4. 当前人民币汇率制度的特点

（1）人民币汇率的形成以市场供求为基础。目前的人民币汇率制度以市场汇率作为人民币兑其他国家货币的唯一价值标准，这使外汇市场上的供求状况成为决定人民币汇率的主要依据。根据这一基础确定的汇率水平与当前的进出口贸易、通货膨胀水平、国内货币政策、资本的输出等经济状况密切相关。

（2）有管理的汇率制度。我国的市场机制尚不健全，政府仍需用宏观调控措施来对市场缺陷加以弥补，因而仍需对人民币进行必要的管理，主要体现为国家对外汇市场进行监管、对人民币汇率实施宏观调控。

（3）可浮动的汇率制度。可浮动的汇率制度是一种具有适度弹性的汇率制度。在现阶段，人民币汇率实现窄幅浮动，每日银行间外汇市场美元兑人民币的交易价仍在中国人民银行公布的美元交易中间价±1%的幅度内浮动，非美元货币兑人民币的交易价在中国人民银行公布的该货币交易中间价±3%的幅度内浮动。

（4）汇率的形成参考一篮子货币。一篮子货币是指按照我国对外经济贸易发展的实际情况，选择若干种主要货币，通过赋予相应的权重，组成一个货币篮子。与此同时，我国根据国内外经济金融形势，以市场供求为基础，参考一篮子货币计算人民币多边汇率指数的变化，对人民币汇率进行管理和调节，维护人民币汇率在合理均衡水平上的基本稳定。

三、不同汇率制度下宏观经济政策的相对有效性分析

与固定汇率制度和浮动汇率制度优劣争论相关的一个问题是：在这两种汇率制度下财政政策和货币政策的相对有效性如何？蒙代尔和弗莱明（1962）曾对小国资本流动所产生的影响进行了研究。他们的研究表明：在对外开放经济条件下，小国的汇率制度对财政政策和货币政策调控经济活动的能力将产生重大的影响。这里的小国是指没有能力影响世界利率的国家，它是国际利率的接受者，其经济政策不会影响国际利率水平。

一国对于资本流动的政策可分为完全流动、完全不流动和不完全流动三种情形。在此，我们利用蒙代尔-弗莱明模型着重考察资本完全流动的情形。对于其他两种情形，读者可以自行根据下面的分析框架进行总结。

此外，我们假定：①无抛补利率平价成立；②汇率预期静态；③马歇尔-勒纳条件成立。

（一）固定汇率制度和资本完全流动条件下的财政政策及货币政策效应

假定小国面临资本的完全流动。资本完全流动意味着资产所有者认为国内证券与国外证券之间可以完全替代。因此，只要国内利率超过国外利率就会吸引资本大量流入；或者说，只要国内利率低于国外利率，就会使资产所有者抛售国内资产，引起大量资本外流。资本的完全流动意味着小国开放经济的BP曲线平行于收入轴，它与利率轴的交点所代表的数值就是国内利率值（等于国际利率值）。

1. 货币政策的效应分析

如图8-2所示，假设经济在初始点A_0达到均衡，国内利率等于国际利率i^*。现在，假定货币当局采取扩张性货币政策，体现为LM曲线右移至LM′曲线。在政府支出不扩大的情况下，LM′曲线与IS曲线相交于A′点，产出增加到Y′，利率下降到i'，低于国际利率水平。

在国内利率低于国际利率水平的情况下，由于资本完全流动，本国资本就会流出，导致资本账户逆差，因而在外汇市场上对外国货币的需求上升，本国货币存在贬值压力。为了维持固定汇率，货币当局会在外汇市场上进行干预，即用外汇储备购入本币，导致本国货币紧缩，使LM′曲线左移、利率上升，直到LM′曲线重新回到原来的LM曲线的位置、国内利率重新等于国际利率水平时，货币当局才会停止对本币的购买。此时，经济仍然在A_0点达到内外均衡。在此过程中，货币供给的主动扩张被维持固定汇率所实行的货币紧缩抵消了。因此，当一国采用固定汇率制度并面临资本完全流动时，货币政策对实现经济扩张的目标是无效的。

扩张性货币政策导致 LM 曲线移至 LM′曲线→i 下降→资本立即外流→增加的货币供给量迅速被资本外流冲销→LM′曲线立即返回到 LM 曲线。

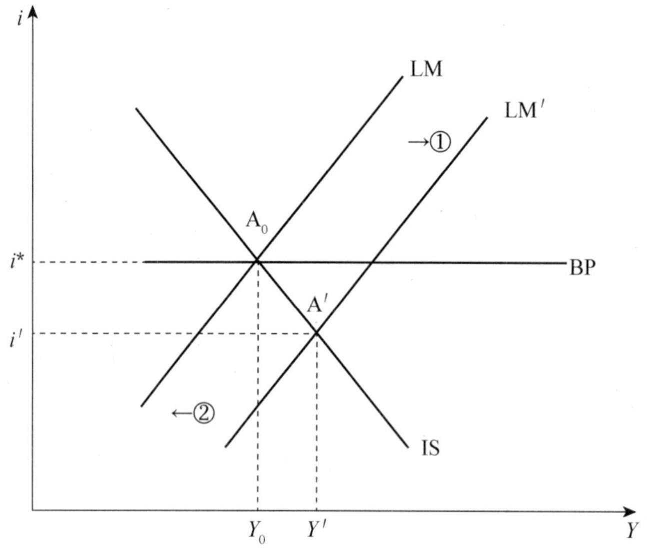

图 8－2　固定汇率制度下资本完全流动时的货币政策效应

结论：在固定汇率制度下，当资本完全流动时，扩张性货币政策无效（短期内也不会增加 Y）。

2. 财政政策的效应分析

同样，如图 8－3 所示，如果政府采用扩张性财政政策，使 IS 曲线右移至 IS′曲线，此时利率上升到 i'，高于国际利率水平。

在国内利率高于国际利率水平的情况下，外国资本会大量流入本国，导致本国货币存在升值压力。为了维持固定汇率，货币当局必须进行外汇市场干预，用本币买进外币，导致本国货币扩张，使 LM 曲线不断右移、利率下降，直到 LM 曲线右移到 LM′曲线时，国内利率才重新等于国际利率水平，经济在 A_1 点达到内外均衡，此时的产出水平为 Y_1。在此过程中，货币供给被动扩大了。所以，此时的产出水平比封闭经济下使用财政政策所能达到的产出水平更高。因此，当一国采用固定汇率制度并面临资本完全流动时，单独使用财政政策对实现经济扩张的目标是有效的，即同时实现内部均衡和外部均衡的目标。(这是前述丁伯根法则的例外情况。当然，为了维持固定汇率，货币政策必须进行被动调整。)

扩张性财政政策导致 IS 曲线右移至 IS′曲线→i 上升，在资本完全流动的情况下，利率上升导致大量资本流入，对本币构成升值压力。为了维持固定汇率，本国货币供给量会增加，即 LM 曲线右移，直至 i 恢复到与国际利率一致的水平，此时 LM 曲线移至 LM′曲线。

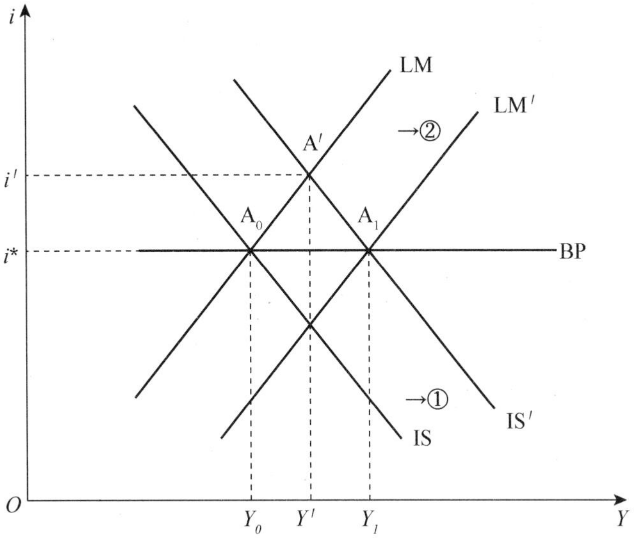

图 8－3　固定汇率制度下资本完全流动时的财政政策效应

> 结论：在固定汇率制度下，当资本完全流动时，扩张性财政政策不会引起利率上升，只会带来收入的大幅提高，因而此时的财政政策非常有效。

（二）浮动汇率制度和资本完全流动条件下的财政政策及货币政策效应

1. 货币政策的效应分析

如图 8－4 所示，假设经济在初始点 A_0 达到均衡，国内利率等于国际利率 i^*。现在，货币当局实行扩张性货币政策，使 LM 曲线右移至 LM′曲线，与 IS 曲线相交于 A′点。此时，本国利率水平下降，这将导致资本流出，使本币存在贬值压力。在浮动汇率制度下，货币当局不会为维持汇率而干预外汇市场。一方面，这导致货币供给不变，LM′曲线不会再移动；另一方面，本币贬值会带来净出口和产出增加，使 IS 曲线不断右移、利率上升，直至 IS 曲线达到 IS′曲线的位置时，国内利率水平才重新等于国际利率水平，经济在 A_1 点达到内外均衡，此时的产出水平为 Y_1。在此过程中，货币供给增加引发的本币贬值促进了本国净出口的增加和产出的增加，此时的产出水平比封闭经济条件下使用货币政策所能达到的产出水平更高。因此，当一国采用浮动汇率制度并面临资本完全流动时，货币当局只需采取适当的货币政策，就可以同时实现内部均衡和外部均衡目标。

> 扩张性货币政策导致 LM 曲线右移至 LM′曲线→i 下降→资本外流→资本账户逆差→本币贬值→出口增加，进口减少→IS 曲线右移。

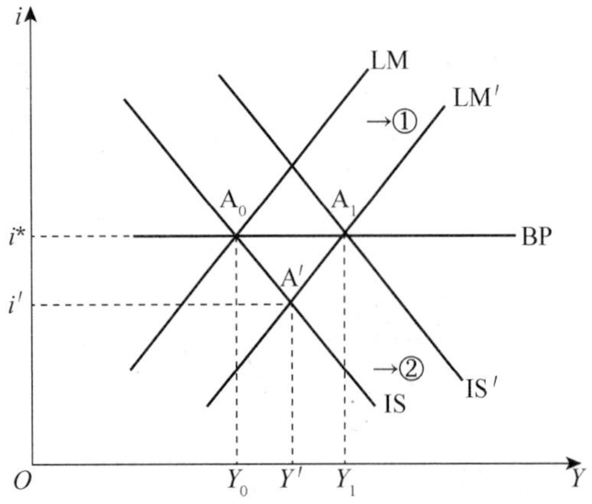

图 8-4　浮动汇率制度下资本完全流动时的货币政策效应

> 结论：在浮动汇率制度下，当资本完全流动时，扩张性货币政策引起的货币贬值对提高一国国民收入水平是非常有效的。

2. **财政政策的效应分析**

如图 8-5 所示，假定政府采取扩张性财政政策来增大产出。政府开支增加将造成 IS 曲线右移至 IS′曲线，此时政府必须卖出债券来为支出融资，导致国内利率有升高的压力，因而资本大量流入本国，使本币存在升值压力。但是，在浮动汇率制度下，货币当局不会为维持汇率而干预外汇市场。一方面，这导致货币供给不变，因而 LM 曲线不会移动；另一方面，本币升值会带来净出口和产出下降，使 IS′曲线不断左移、利率下降，直至 IS′曲线重新回到 IS 曲线的位置时，由 IS 曲线与 LM 曲线决定的国内利率水平才重新等于国际利率水平，经济仍在 A_0 点达到内外均衡。在此过程中，财政支出的主动扩张被本币升值带来的本国净出口的下降所抵消。因此，当一国采用浮动汇率制度并面临资本完全流动时，财政政策对实现经济扩张的目标是无效的。

> 扩张性财政政策导致 IS 曲线右移至 IS′曲线→ i 上升→资本立即流入→资本账户顺差→本币升值→ 出口减少，进口增加→IS 曲线恢复到原来的位置。

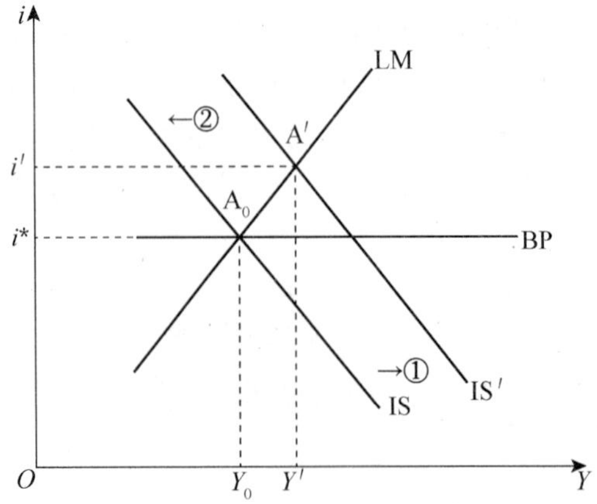

图 8-5　浮动汇率制度下资本完全流动时的财政政策效应

> 结论：在浮动汇率制度下，当资本完全流动时，扩张性财政政策引起的本币升值对提高一国国民收入水平是无效的。

综上所述，当资本完全流动时，在不同汇率制度下财政政策和货币政策的有效性不同，这是国际经济学的一个重要结论。在固定汇率制度下，货币政策不能影响产出，而在浮动汇率制度下，单独使用货币政策就能影响产出；与货币政策相反，财政政策在固定汇率制度下可以影响产出，但在浮动汇率制度下却是无效的。以上结论如表 8－1 所示。

表 8－1　资本完全流动时蒙代尔－弗莱明模型对不同汇率制度下宏观政策有效性的分析

	固定汇率制度	浮动汇率制度
财政政策	有效	无效
货币政策	无效	有效

与此同时，蒙代尔－弗莱明模型的分析再次证明了三元悖论的存在，即在固定汇率制度、资本自由流动和货币政策的独立性之间，只能同时实现两个目标。

（三）对蒙代尔－弗莱明模型的简单评价

蒙代尔－弗莱明模型的基本结论是：货币政策在固定汇率制度下对刺激经济毫无效果，在浮动汇率制度下则效果显著；财政政策在固定汇率制度下对刺激经济效果显著，在浮动汇率制度下则效果甚微或毫无效果。但是，这一结论并不适用于所有国家。蒙代尔自己也认为，要对蒙代尔－弗莱明模型的应用有所限定，该模型的结论并非不可避免，它们并不适用于所有国家。例如，很少有发展中国家（如果有的话）适合上述结论。其原因是：发展中国家在实施扩张性财政政策时，通常都伴随银根放松和外部投机资本对该国货币的冲击。

蒙代尔－弗莱明模型关于不同汇率制度下宏观政策有效性的分析，在以下两个方面存在重要缺陷：首先，它遗漏了关于国际资本市场中存量均衡的讨论，因为在该模型中，蒙代尔认为国际资本流动是利率差别的唯一函数，因而只要存在利差，资本就会流动，从而弥补任何水平的经常项目不平衡，但在现实中，各国间的利率差别普遍存在。其次，在外部均衡的标准上，蒙代尔非常强调资本账户，而国际资本流动是利率差别的唯一函数，因此，如果一国出现国际收支逆差，它只有通过提高国内利率以吸引资本流入，但此举既是一个挤出私人投资的政策，又是依靠对外债台高筑来取得外部均衡的政策。

第二节　外汇管制

一、外汇管理机构及外汇管制的对象与方式

根据国际货币基金组织的定义，外汇管制（foreign exchange control）有广义和狭义

之分。狭义的外汇管制又称外汇限制（foreign exchange restriction），是指一国政府对本国居民从国外购买产品和服务所需的外汇进行限制。广义的外汇管制又称外汇管理（foreign exchange management），是指一国政府授权本国的货币管理当局或其他机构对外汇收支、买卖、借贷、转移、国际结算以及外汇汇率和外汇市场等实行的管制措施。通常所说的外汇管制是指广义的外汇管制。外汇管制的目的是维持本国国际收支的平衡、稳定汇率及保障经济的顺利发展。

（一）外汇管理机构与外汇管制的对象

外汇管理机构的设立一般有三种情况：一是由国家设立专门的外汇管理机构，如意大利设立的外汇管制局、我国政府设立的国家外汇管理局。二是由国家授权中央银行作为外汇管理机关。例如，1939 年英国实施外汇管制后，指定财政部为制定外汇政策的权力机构，英格兰银行为执行机构。三是由国家行政部门直接负责外汇管理，如日本是由财务省（原大藏省）负责外汇管理工作。

外汇管制的对象分为人和物两种。对人的管理分为居民和非居民，而且对居民和非居民的外汇管制待遇不同。由于居民的外汇支出涉及居住国的国际收支问题，故管制较严；对非居民的管制则较松。对物的管制主要涉及国际支付手段，如货币、黄金、有价证券和票据等。

（二）外汇管制的方式

外汇管制的方式主要有外汇行政管制、外汇数量管制和外汇价格管制三种。

1. 外汇行政管制

外汇行政管制是指政府以行政手段对外汇买卖、外汇资金的来源和运用所实施的监督及控制。一般来说，政府采取如下做法：

（1）垄断外汇买卖。政府通过外汇管理机构控制一切外汇交易，汇率由官方确定，严格限制外汇买卖。

（2）监管私有外汇资产。政府强制国内居民申报其拥有的一切国外资产，以便尽可能多地掌握外汇资产，并在急需时加以运用。

（3）管制出口收汇和进口用汇。规定出口商所获外汇必须按官价卖给外汇指定银行，而进口商所需外汇必须向管理部门申请核准，不能以收抵支调剂使用。

（4）控制资本输出入。不论资本输出入的金额是多少，都必须逐笔向外汇管理机构申报。未经批准，任何居民或非居民都不得向外借债，更不得将外汇、黄金输出境外。

2. 外汇数量管制

外汇数量管制是指政府对外汇收支的总额进行限制。具体的措施为：

（1）进口限额制。由外汇管理机构按照本国在某一时期内所需进口的物资数量和种类，对不同进口商所需外汇分别实行限额分配。

（2）外汇分成制。由外汇管理机构根据本国需要制定出口所获外汇的分成比例。外汇分成制的具体形式有现汇留成、额度留成或结汇证留成。

（3）进出口连锁制。这是一种以出限进的制度，即需要进口货物者，必须先行出口货物，只有能够出口货物者，才能取得相应的进口权。

3. **外汇价格管制**

外汇价格管制是指通过实行差别汇率等复汇率制度对外汇价格进行直接调节和控制。其控制方式有实行双重汇率制度、多重汇率制度、差别汇率制度等，从而直接确定外汇价格。

> 外汇管制的目的在于维持本国国际收支平衡、维持汇率的有序安排、维持物价和金融的稳定，用以提升本国的竞争力、促进经济发展。

二、外汇管制的利弊

（一）外汇管制的好处

1. **有利于实现国际收支平衡**

外汇管制往往是在外汇稀缺的情况下发生的，而外汇稀缺是一国对外贸易和资本流动状况的综合反映。通过外汇管制，一国可以达到遏制国际贸易赤字和阻止资本外流的短期效果，从而实现国际收支平衡。

2. **防止资本外逃或大规模的投机性资本流动，维护金融市场的稳定**

经济基础薄弱的国家往往存在较多的可供投机资本利用的缺陷。例如，当经济基础薄弱国家的经济高速发展时，其商品价格、股票价格、房地产价格往往表现出强烈的上升态势，对国际投机资本产生了强大的吸引力。外汇管制从经济运行上切断了国内经济与国际市场的有机联系，可以在一定程度上避免国际投机资本对国内市场的冲击，实现经济金融的安全。

3. **增加国际储备**

国际储备不足的国家固然可以通过多种途径来增加储备资产（reserve assets），但其中的大多数措施需要长期施行才能取得明显成效，而外汇管制通过控制外汇收支可以在短期内帮助政府实现增加国际储备的目的。

4. **有效利用外汇资金，推动重点产业优先发展**

外汇管制使政府主宰了外汇资金的支配权。据此，政府可以限制某些产品的进口，以保护本国相应的幼稚产业；或者向某些产业优先供应外汇，以扶植重点产业优先发展。

（二）外汇管制的弊端

1. **汇率扭曲，不利于资源合理配置**

无论是政府规定官方汇率还是政府限制外汇买卖，都会不同程度地使汇率偏离市场均衡汇率。如果汇率高估，则不利于出口，政府往往要进行财政补贴，进而影响经济的内部均衡，致使市场价格扭曲、市场机制的作用得不到充分发挥。如果汇率低估，则不利于进口，同样迫使政府以财政补贴的方式来抵消进口成本的上升。在现实经济中，本币的高估较为普遍，高估本币将打击该国的出口产业和进口替代产业，因为它抬高了该国出口产品的外币价格并压低了进口产品的本币价格，损害了本国产品的国际竞争力。因此，外汇管制导致的汇率扭曲使人们难以做出正确的投资决策，在长期中将会破坏资源的有效配置，损害经济发展，不利于技术进步和国际竞争力的提高。

2. 阻碍国际经济交往

从国际贸易的角度看，外汇管制的代价是排斥了自由贸易，使该国不能从国际贸易中获得比较利益。从国际资本流动的角度看，外汇管制必然成为资金短缺国家和资金盈余国家间资金流动的瓶颈之一。总的来看，外汇管制将阻碍国际经济交往的发展。

3. 导致高昂的管理费用及腐败问题

外汇管制的实施需要投入大量的人力、物力和财力，外汇管制越复杂、越广泛，管理成本越高昂。与此同时，政府对外汇收支和外汇交易的管制使某些官员拥有了巨大的外汇资源分配权，在机制不健全、制度不完善的背景下，权钱交易难以避免。长此以往，一国将滋生严重的腐败现象，从根本上动摇社会公平与正义，威胁经济稳定与发展。

总之，外汇管制是一把“双刃剑”，它既能产生积极作用，又能带来消极影响。虽然从世界经济的长远发展来说，各国逐步放松和最终取消外汇管制是一种历史趋势，但这将是一个十分漫长的过程。特别是发展中国家往往需要实施一定程度的外汇管制，因为它们的经济发展水平较低，经济结构中存在不少内在缺陷，政府缺乏足够的能力运用经济手段调节经济运行。然而，发展中国家面临的问题是在何种情况下实施何种外汇管制，在何种条件下取消某种外汇管制，以及如何尽可能地利用外汇管制的积极作用，避免或减少其可能带来的消极影响。

三、我国的外汇管理

（一）对经常账户下外汇收支的管理

1994 年，我国取消了经常账户对外付汇的大部分汇兑限制，实现了人民币经常账户有条件可兑换；1996 年 12 月 1 日，实行了人民币经常账户下的完全可兑换。按照 2008 年修订的《中华人民共和国外汇管理条例》，目前对经常账户下的外汇收支管理主要有：经常项目外汇收入，可以按照国家有关规定保留或者卖给经营结汇、售汇业务的金融机构；经常账户外汇支出，应当按照规定，凭有效单证以自有外汇支付或者向经营结汇、售汇业务的金融机构购汇支付；经营结汇、售汇业务的金融机构应当按照国务院外汇管理部门的规定，对交易单证的真实性及其与外汇收支的一致性进行合理审查。

另外，2003 年国家外汇管理局、海关总署发布的《携带外币现钞出入境管理暂行办法》规定：①出境人员携出金额在等值 5 000 美元以内（含 5 000 美元）的，无须申领《携带外汇出境许可证》（以下简称《携带证》），海关予以放行，当天多次往返及短期内多次往返者除外。②出境人员携出金额在等值 5 000 美元以上至 10 000 美元（含 10 000 美元）的，应当向银行申领《携带证》。出境时，海关凭加盖银行印章的《携带证》验放。对使用多张《携带证》的，若加盖银行印章的《携带证》累计总额超过等值 10 000 美元，海关不予放行。③出境人员携出金额在等值 10 000 美元以上的，应当向存款或购汇银行所在地国家外汇管理局各分支局（以下简称“外汇局”）申领《携带证》，海关凭加盖外汇局印章的《携带证》验放。④入境人员携带外币现钞入境，超过等值5 000美元的，应当向海关书面申报。

（二）对资本账户的外汇管理

资本账户可兑换是指在国际经济交往中，允许居民与非居民持有跨境资产及从事跨境资产交易，实现货币自由兑换。经过近年来的不断努力，我国资本账户可兑换取得了较大进展，人民币已实现了资本账户下的部分可兑换。

> 按照国际货币基金组织发布的《2016年汇兑安排与汇兑限制年报》，在国际货币基金组织确定的资本账户下的40个交易项目中，我国的可兑换项目为27个，占67.5%，主要是债券类项目、股票类项目、集体投资类证券项目、对外债权与债务项目等；基本可兑换项目为10个，占25%，主要集中在直接投资与不动产交易项目等；不可兑换项目为3个，占7.5%，主要集中在境内资本市场一级发行交易环节，如非居民在境内发行股票、货币市场基金和衍生品业务等。总体看来，我国基本实现了资本账户可兑换。

（1）对资本流入的管理。如果是直接投资，经有关主管部门批准后，应当到外汇管理机关办理登记；如果是从事有价证券或者衍生品的发行、交易，应当遵守我国关于市场准入的规定，并按照国务院外汇管理部门的规定办理登记。

（2）对资本流出的管理。向境外直接投资或者从事境外有价证券、衍生品的发行和交易，应当按照国务院外汇管理部门的规定办理登记。国家规定需要事先经有关主管部门批准或者备案的，应当在外汇登记前办理批准或者备案手续。

（3）对资本账户下外汇收入的管理。资本账户下外汇收入保留或者卖给经营结汇、售汇业务的金融机构，应当经外汇管理机关批准，但国家规定无须批准的除外。

（4）对资本账户外汇支出的管理。应当按照规定，凭有效单证以自有外汇支付或者向经营结汇、售汇业务的金融机构购汇支付。国家规定应当经外汇管理机关批准的，应当在外汇支付前办理批准手续。

专　栏

外汇局：不走资本管制老路　审慎有序地推动资本账户开放

1996年，中国实现了经常账户完全可兑换；自21世纪初以来，我国的资本账户可兑换程度已逐步提高。我国正在审慎有序地推动资本账户开放。

一、跨境资本流动向均衡收敛

21世纪初至2013年，国际资本大量流入包括中国在内的新兴经济体。在2014年后，由于美联储退出量化宽松（QE），国际资本开始从新兴市场流出。在2014年上半年之前，中国的经常账户和资本与金融账户是双顺差，但从下半年开始，我国的经常账户仍是顺差，资本与金融账户却出现了逆差。由于后者的逆差大于前者的顺差，因此我国的外汇储备一路下降，从最高时的3.99万亿美元到2017年1月跌破3万亿美元。但是，此后我国的外汇储备波动迅速收敛，2017 年 2 月外汇储备余额恢复正增长，银行代客涉外收支也在连续 17 个月的逆差后变为顺差。

国家外汇管理局局长潘功胜指出，观察中国的跨境资本流动，有两个因素值得注意：第一，中国的对外资产以往主要由官方外汇储备持有，最高时的占比达 71%，近年来市场主体持有的对外资产快速上升，到 2018 年底时的占比已达 50%。第二，前些年受到 QE 影响，美元很便宜，但随着美联储退出 QE 以及加息，美元利率逐渐上升，国内企业通过借人民币买美元来归还外债。随着中国企业外债去杠杆进程的结束，中国的跨境资本收支会趋于稳定。

二、审慎有序地推动资本账户开放

2016 年，中国资本账户开放改革取得的成效是：企业可以按照全口径的跨境融资宏观审慎管理，决定自己的跨境融资额度、形式和时间。通过进一步开放和便利境外机构投资银行间债券市场和外汇市场，弱化了 QFII 制度的额度限制、开放式基金赎回的时间限制和 QFII 锁定期的约束，同时优化了沪港通，启动了深港通试点等。

三、支持真实合规的对外投资

近年来，中国企业“走出去”的热情高涨。2016 年，中国对外直接投资快速增长，同比上升 40%。外汇管理应以支持真实合规的对外投资为基本原则，支持国内有能力、有条件的企业开展真实合规的对外投资活动。但是，近年来出现了很多非理性和异常的投资行为。例如，国内的钢铁厂去海外收购了影视公司；中国的餐馆去海外收购了网游公司。一些中国企业还在海外收购了很多足球俱乐部。有的企业在中国的负债率已经很高了，再借一大笔钱去海外收购。有些企业纯粹作假，以对外直接投资之名，行转移资产之实。所以，中国仍要加强资本账户监督。

资料来源：潘功胜．外汇管理不走管制老路 有序推动资本账户开放．上海证券报，2017-03-21.

第三节　国际储备管理

一、国际储备概述

（一）国际储备的概念与特征

1. 国际储备的概念

十国集团（Group of Ten）将国际储备（international reserve）定义为：“一国货币当局持有的、当国际收支出现逆差时能够直接或通过有保障地与其他资产的兑换，用来支撑其汇率水平的所有资产。”世界银行将国际储备定义为：“一国货币当局占有的、在国际收支出现逆差时可以直接或通过有保障的机制兑换其他资产来稳定该国汇率的资产。”由此可见，国际储备既是一种支付手段，又可以作为对外支付的准备金，还是一种干预资产，货币当局可以将其作为外汇干预的手段，以维持本国货币汇率的稳定。

一般来说，国际储备是指一国货币当局持有的、能随时用来弥补国际收支差额、维持本币汇率稳定和作为对外偿债保证的、国际普遍接受的各种流动性资产的总和，又称官方储备或自有储备。

需要注意的是，国际储备与国际清偿力是有区别的。国际清偿力（international liquidity）是指一国平衡国际收支逆差和干预外汇市场的总体能力。由于当一国需要进行国际支付时，该国政府既可动用该国的国际储备，又可临时向外借款，而借入的资金称为借入储备，因此国际清偿力包括国际储备和借入储备。国际储备的范畴不大于国际清偿力的范畴。

一方面，国际储备是一国国际清偿力的重要组成部分。一国拥有充足的国际储备，说明该国的国际清偿力较强，能够从容应付对外支付和按时清偿到期债务，因此具有较高的国家信誉。另一方面，国际储备只是国际清偿力的组成部分之一。一国全部的国际清偿力包括一国政府可能直接和间接得到的一切对外支付手段。因此，国际清偿力的概念要比国际储备的概念广泛得多。

国际清偿力＝现有储备(国际储备)＋借入储备

或者说，国际储备只是一国具有的现实对外清偿能力，而国际清偿力是该国具有的现实对外清偿力和潜在对外清偿力的总和。国际储备反映了一国短期的对外支付能力，而国际清偿力反映了一国的国际经济地位、金融资信和长期的对外支付能力。一般来说，发达国家的国际清偿力要比发展中国家强，但其国际储备不一定比发展中国家多，因为其在需要时可以筹集到较多的借入储备。

2. 国际储备的主要特征

（1）官方性，即记入国际储备的资产应该是一国货币当局直接掌握并可以使用的，这种直接“掌握”与“使用”可以看成一国货币当局的一种“特权”。非官方金融机构、企业和私人持有的黄金、外汇等资产，不能算作国际储备。这也是国际储备被称为官方储备的原因。

（2）自由兑换性，即作为国际储备的资产必须可以自由地与其他金融资产相交换，具有充分的可兑换性。若缺乏自由兑换性，那么该资产的价值就难以实现，其在国际上就不能被普遍接受，也就无法用于弥补国际收支逆差及发挥其他作用。

（3）充分流动性，即作为国际储备的资产必须是随时能变现的资产，如存放在银行里的活期存款、有价证券等。当一国国际收支失衡或汇率波动过大时，可以迅速动用或变现这些资产来平衡国际收支或干预外汇市场，以维持本国货币汇率的稳定。

（4）普遍接受性，即作为国际储备的资产，必须能够被世界各国普遍认同、接受与使用，也就是能在世界范围内发挥货币功能。如果一种金融资产仅在小范围或区域内被接受、使用，尽管它也具备可兑换性和充分流动性，但仍难在国际储备中占据一席之地。因此，充当各国储备资产的外汇只限于少数几种货币和以其表示的支付手段，如美元、欧元、英镑、瑞士法郎等。

（二）国际储备的构成

根据国际货币基金组织对国际储备构成的规定，一国（或地区）的国际储备应包括黄金储备、外汇储备、在国际货币基金组织的储备头寸和特别提款权。

1. 黄金储备

黄金储备（gold reserve）是指一国（或地区）政府所持有的货币性黄金（monetary gold），但不包括非货币用途的黄金。

黄金作为储备资产的优势是很明显的。第一，黄金是最可靠的保值手段，其本身具有内在价值，购买力相对稳定。在通货膨胀的环境下，金价同步上涨，而在通货紧缩时，黄金的价值仍然比较稳定。因此，历史上每逢政治和金融局势动荡，就会出现抢购黄金的浪潮。第二，黄金储备完全属于国家主权范围，一国拥有的黄金可以自主控制，不受其他国家的干预，而纸币受发行国或金融机构的信用和偿付能力的影响，因此债权国往往处于被动地位，不如黄金可靠。

尽管黄金储备具有上述优势，但也有内在缺陷：第一，黄金储备无直接的盈利性，反而会产生不菲的保管费用。第二，虽然黄金是最可靠的保值手段，但由于国际市场上的黄金价格受多种因素影响而经常发生波动，因此价格风险较大。如果购买黄金的时机不当，或者增持黄金后，金价出现大幅下跌，投资国可能会遭受巨大损失。第三，黄金不具有直接的支付能力。尽管黄金仍是各国储备资产的一种重要形式，但在当今世界各国的国际支付中，黄金只起最后保证的作用，而非现实的国际支付手段。当需要动用黄金储备时，通常的做法是将黄金储备在国际黄金市场上出售，用以换取外汇，然后用外汇进行国际贸易和非贸易的支付。也就是说，外汇才是实际运用的国际支付工具，因此黄金储备的作用最终仍要通过外汇来实现。

从历史发展上看，黄金储备是国际储备的最初形式，在国际金本位制度和布雷顿森林体系下，黄金一直是最重要的储备资产，直到1976年的《牙买加协议》确定了黄金非货币化（即黄金不再作为货币的定值标准）之后，黄金作为国际储备的作用和地位大为削弱。黄金不再作为货币制度的基础，也不再用于政府间的国际收支差额清算，但国际货币基金组织在统计和公布各成员的国际储备时依然把黄金储备列入其中，主要原因是：黄金长期以来一直被人们认为是一种最后的支付手段，其贵金属特性使它易于被人们接受，而且世界上存在发达的黄金市场，各国货币当局可以很方便地通过向市场出售黄金来获得所需的外汇，调节国际收支差额。

根据世界黄金协会（WGC）以及国际货币基金组织下属国际金融统计局（IFS）公布的全球官方黄金储备排行（截至2019年12月，如表8-2所示），美国央行的黄金储备共计8 133.5吨，占其官方储备总额的77.0%，在所有国家（或地区）中位居第一。德国持有黄金储备3 366.5吨，为世界第二大黄金储备国。我国的黄金储备位居第六位，达1 948.3吨，但只占官方储备的2.9%。

表8-2 2019年12月黄金储备排名前20位的国家、地区或组织

排名	国家、地区或组织	黄金储备（吨）	在官方储备中的占比（%）	排名	国家（或地区）或组织	黄金储备（吨）	在官方储备中的占比（%）
1	美国	8 133.5	77.0	11	荷兰	612.5	68.3
2	德国	3 366.5	73.2	12	欧洲央行	504.8	29.5
3	IMF	2 814.0	—	13	中国台湾	423.6	4.2
4	意大利	2 451.8	68.4	14	土耳其	398.2	19.9

续表

排名	国家、地区或组织	黄金储备（吨）	在官方储备中的占比（%）	排名	国家（或地区）或组织	黄金储备（吨）	在官方储备中的占比（%）
5	法国	2 436.0	62.8	15	葡萄牙	382.5	74.8
6	俄罗斯	2 252.1	20.2	16	哈萨克斯坦	377.4	62.0
7	中国	1 948.3	2.9	17	乌兹别克斯坦	338.7	58.0
8	瑞士	1 040.0	6.0	18	沙特阿拉伯	323.1	3.1
9	日本	765.2	2.8	19	英国	310.3	8.6
10	印度	618.2	7.0	20	黎巴嫩	286.8	26.1

资料来源：国际货币基金组织网站。

黄金储备主要来源于收购，包括从国内收购并集中到中央银行，以及该国中央银行在国际黄金市场上购买黄金。

2. 外汇储备

外汇储备（foreign exchange reserves）是指一国货币当局持有的可兑换货币和用它们表示的短期金融资产。具体是指：货币当局（包括中央银行、货币机构、外汇平准基金和财政部）以银行存款、国库券、长短期政府证券等形式保有的、在出现国际收支逆差时可以使用的债权，包括外币存款、外币有价证券（如政府公债、国库券、公司债券、股票等）、外币支付凭证（如票据、银行存款凭证、邮政储蓄凭证等）。

充当外汇储备资产的货币，称为“储备货币”。储备货币的出现可以追溯上千年。伴随着国际贸易的发展，一些国家的货币受到广泛认可，并频繁用于跨国交易。18 世纪，英镑、法国法郎和荷兰盾曾在储备资产中占据重要地位。在国际金本位制度时期（1880—1914 年），英镑在各国外汇储备中占据了绝对地位，也由此构成了“黄金-英镑”的国际储备系统。到 19 世纪晚期，美元、俄罗斯卢布、德国马克也加入了上述行列。在第一次世界大战后，伴随着美国的迅速崛起，美元和英镑共同充当了主要的储备货币。1994 年布雷顿森林体系建立，美元成为最主要的国际储备货币。1973 年布雷顿森林体系崩溃后，储备货币开始走向多元化，但美元仍是多元化储备系统的中心，只是其比重有所下降。相应地，其他货币（如德国马克、英镑、日元等）的地位则有所上升。1999 年欧元诞生后，迅速成为储备货币的主要成员，各国外汇储备的币种结构呈现出更加多元化的特征。

目前有 149 个国家和地区自愿向国际货币基金组织报告官方外汇储备货币构成。国际货币基金组织将成员持有的美元、欧元、英镑、日元、瑞士法郎、澳元、加元和人民币 8 种货币的外汇储备总量单独列出。国际货币基金组织自 2016 年 10 月开始在官方外汇储备货币构成季度调查中单独列出人民币资产，以反映全球人民币外汇储备的持有情况。表 8-3 显示了国际货币基金组织成员外汇储备的币种构成变化趋势。

表 8-3　国际货币基金组织成员外汇储备的币种构成（2015—2019 年）

货币	2015 年	2016 年	2017 年	2018 年	2019 年
美元	65.75%	65.36%	62.73%	61.74%	60.89%
欧元	19.14%	19.14%	20.17%	20.67%	20.54%

续表

货币	2015年	2016年	2017年	2018年	2019年
人民币	—	1.07%	1.23%	1.89%	1.96%
日元	3.75%	3.96%	4.90%	5.20%	5.70%
英镑	4.72%	4.34%	4.54%	4.42%	4.62%
澳元	1.77%	1.69%	1.80%	1.62%	1.69%
加元	1.78%	1.94%	2.03%	1.84%	1.88%
瑞士法郎	0.27%	0.17%	0.18%	0.14%	0.15%
其他	2.83%	2.34%	2.43%	2.47%	2.56%

资料来源：国际货币基金组织网站。

表8-3显示，人民币在国际货币基金组织成员外汇储备构成中的占比呈现上升趋势。这也是人民币国际化进程的重要阶段性成果。

作为储备资产，与黄金储备相比，外汇储备的优势是很明显的。首先，无论外汇储备是以银行存款还是其他投资性金融资产的形式存在，均可获得一定的利息收益。其次，外汇储备便于政府随时动用，能够及时保证国际收支调节和满足外汇市场干预的需要。但是，以外汇储备作为储备资产也有缺陷，主要表现为：一是可能存在因汇率波动导致的外汇资产贬值损失；二是受制于储备货币发行国，如美国经常冻结其敌对国家存放在美国的美元资产。但总体看来，外汇储备的优点远超其缺点，因而外汇储备已成为当今世界各国储备资产中最主要的形式。

外汇储备主要来源于两个渠道：一是国际收支顺差；二是中央银行干预外汇市场所取得的外汇。

3. 在国际货币基金组织的储备头寸

在国际货币基金组织的储备头寸（reserve position in the IMF）又称普通提款权（general drawing right），是指国际货币基金组织成员在国际货币基金组织的普通资金账户中可自由提取和使用的资产，包括储备档头寸和债权头寸。国际货币基金组织成员可以无条件地提取其储备头寸用于弥补国际收支逆差，因而该储备头寸也构成了一国国际储备的组成部分之一。

国际货币基金组织是以成员入股方式组成的国际组织，每个成员必须缴纳的股金就是份额（quota）。份额的缴纳办法是：25%以可兑换货币缴纳，75%以本国（或地区）货币缴纳。当成员遭遇国际收支困难时，有权以本国（或地区）货币为抵押向国际货币基金组织申请提用（即借款）可兑换货币，贷款的最高限额为份额的125%，分为五档，每档25%。第一档由于是成员认缴的可兑换货币，属于储备档头寸，因此条件宽松，成员只要提出申请便可使用，称为储备部分提款权。其余四档的使用条件逐渐严格，分属债权头寸或信用提款权，是成员在国际货币基金组织可能借入的储备。

普通提款权在国际货币基金组织成员国际储备资产总额中所占的比重较小，平均约为3%。

4. 特别提款权

特别提款权（special drawing right，SDR）是国际货币基金组织为解决成员储备资产不足的问题而在1969年创设并分配给成员的一种账面资产。因为它是国际货币基金组织成员普通提款权以外的一种补充，所以称为“特别提款权”。各成员可以用它向国际货币基金组织指定的其他成员换取外汇，用以干预外汇市场或弥补国际收支逆差，或者直接用于偿付对国际货币基金组织或其他成员的官方债务，因而它也构成了一国（或地区）的国际储备资产。

在最初发行时，每一单位特别提款权等于0.888 671克黄金，与当时的美元等值。自1974年7月开始，特别提款权改用一篮子货币定价。货币篮子每五年复审一次，其选择标准是该国（地区或货币联盟）对外的产品和服务出口额以及该种货币在国际贸易中被广泛使用的程度，目的是确保该货币篮子中的货币是国际交易中具有代表性的货币。各货币所占的权重反映了其在国际贸易和全球金融体系中的重要程度。特别提款权的汇率用美元表示，由国际货币基金组织每日依据伦敦外汇市场中午的外汇牌价将四种货币各自换算成美元后加权而成，并公布在国际货币基金组织的网站上。

特别提款权是国际货币基金组织根据成员认缴的份额分配的，可用于偿还国际货币基金组织债务、弥补成员政府之间国际收支逆差的一种账面资产。目前，其价值由美元、欧元、人民币、日元和英镑组成的一篮子储备货币决定。

特别提款权与其他储备资产相比，有着鲜明的特点：

（1）特别提款权是一种凭信用发行的无形资产，也是一种没有任何物质基础的记账单位。在创设时，虽然特别提款权也规定了含金量，被称为“纸黄金”，但它本身并不具有内在价值。与普通提款权相比，特别提款权是以国际货币基金组织成员所缴份额为基础的账面资产，属于记账外汇，而且无须偿还，但普通提款权是以国际货币基金组织成员所缴份额为基础的实际外汇资产，属于自有外汇。

（2）特别提款权是由国际货币基金组织按份额比例无偿分配给各成员的，而黄金、外汇、普通提款权等储备资产都是国际货币基金组织成员通过贸易、投资、借贷等活动取得的。

（3）特别提款权的使用受到严格限制。特别提款权只能在各成员货币当局之间及其与国际货币基金组织和国际清算银行之间使用，任何非官方金融机构和个人、企业不得持有和运用，不能直接用于贸易或非贸易的支付。具体说来，特别提款权主要用在三个方面：一是向国际货币基金组织指定的其他成员（国际收支和储备地位相对较强的国家）换取外汇，以弥补国际收支赤字；二是各成员之间通过协议用特别提款权换回对方持有的本国（或地区）货币；三是归还国际货币基金组织的贷款，支付国际货币基金组织的利息。

国际货币基金组织规定，每五年为一个向其成员分配特别提款权的周期。截至2017年7月31日，国际货币基金组织成员中持有特别提款权最多的10个国家（或地区）及其所获得的分配数额如表8-4所示。

表 8-4 截至 2017 年 7 月 31 日国际货币基金组织成员特别提款权最多的 10 个国家（或地区）

国家（地区）	持有数（百万 SDR）	累计分配数（百万 SDR）	持有数占累计分配数的比例（%）	持有数与累计分配数的差额（百万 SDR）
美国	36 380.8	35 315.7	103.0	1 065.1
日本	13 500.2	12 285.0	109.9	1 215.2
德国	11 765.9	12 059.2	97.6	−293.2
英国	7 945.8	10 134.2	78.4	−2 188.4
法国	7 757.8	10 134.2	76.6	−2 376.4
中国	7 209.6	6 989.7	103.1	220.0
加拿大	5 588.6	5 988.1	93.3	−399.5
沙特阿拉伯	5 475.2	6 682.5	81.9	−1 207.3
意大利	5 307.6	6 576.1	80.7	−1 268.5
俄罗斯	4 824.4	5 671.8	85.1	−847.4

资料来源：IMF Financial Statements for the Quarters ended July 31，2017.

由上述资产构成的国际储备，对于一国（或地区）来讲，可能会在总量上存在过多或不足的问题，在结构上也可能有失偏颇。因此，这就需要一国（或地区）政府进行国际储备的科学管理，包括规模管理和结构管理。

二、国际储备的规模管理

著名国际经济学家弗里兹·马克卢普（Fritz Machlup）在研究国际储备需求时曾提出“衣柜效应”（wardrobe effect）。按照他的说法，一国货币当局对国际储备的需求犹如其夫人对衣柜中时装的需求——多多益善。他认为，任何货币当局都本能地希望其持有的国际储备年复一年地增长。按照马克卢普的观点，一国的国际储备需求似乎是一个递增的独立变量。其实不然，因为国际储备的获得并不是无偿的，国际储备的持有需要支付相应的代价或成本，也就是持有的国际储备越多，这种成本越大。实际上，一国的国际储备规模既不应太大，也不应太小。国际储备规模过大，不仅会牺牲投资利益，导致国际储备的机会成本上升，而且会增加本国的外汇占款（即基础货币投放量），引发通货膨胀。如果汇率波动频繁且剧烈，那么外汇储备资产还可能蒙受汇率损失风险。一国国际储备的规模不足，将缺乏对突发事件的应变能力，可能遭遇国际支付危机，进而损害经济稳定、影响经济增长。因此，确定并持有适度的国际储备对于一国的经济发展具有深远、重大的意义。

适度的国际储备规模是指一国在一定时期内既能有效地平衡其国际收支、维持汇率稳定及应对突发事件所需，又能有效地控制其持有成本。

（一）影响国际储备需求的因素

国际储备需求是指一国在一定时期和一定条件下，为满足弥补国际收支逆差、对外支付及干预外汇市场的需要而愿意持有的国际储备。影响国际储备需求大小的因素主要有以下几个：

1. 进口规模

由于国际储备最基本的作用是弥补国际收支逆差，一国进口规模大、占用的外汇资金多，发生国际收支逆差的可能性及数额往往也大，因而需要有较多的外汇储备作为后盾。

2. 贸易差额的波动幅度

贸易差额在每个国家都是存在的，但各国贸易差额的变动方向和大小往往是不相同的，即有一个波动幅度的问题。波动幅度越大，外汇储备需求就越大；反之，外汇储备需求就越小。一般来说，可用经济统计方法求得或预测一段时期的贸易差额的平均波动幅度，并以此作为确定外汇储备需求的参考。

3. 外债规模与期限结构

一国外债规模越大、短期外债越多，其还本付息的压力就越大，为维持清偿力，一国需要的国际储备就越多；反之，一国需要的国际储备就越少。

4. 汇率制度

国际储备的主要作用是干预汇率。如果一国采用的是固定汇率制度，则该国政府有维持本国货币汇率相对稳定的义务。相应地，该国就需要较多的国际储备以干预外汇市场、维护本币汇率稳定（尤其是应付突发性的巨额逆差或大规模的投机）。相反，如果一国采用浮动汇率制度，其国际储备的保有量就可相对较低。

5. 持有国际储备的机会成本

一国在持有国际储备的同时就放弃了利用实际资源的权利。一国持有的国际储备越多，被闲置的实际资源也越多，这就是持有国际储备的机会成本。机会成本越高，则国际储备的需求量越低。目前，各国国际储备主要用于两个方面：一是进口资本设备，以促进国内经济的增长；二是购买国外的有息资产，以期得到保值增值。因此，国际储备的机会成本可用国内资本的边际产出率与所购买的有息资产收益率的差额来衡量。由于国内资本的边际产出率难以测算，许多学者用国内投资收益率来替代；与此同时，通常是用美国短期国债利率或欧洲短期债券利率来表示有息资产的收益率。就发展中国家而言，由于其经济尚处于起步阶段，而且资源丰富、劳动力价格低廉，因而资本的边际产出率通常高于发达国家，这意味着持有国际储备的静态成本较高。发展中国家进口的主要是投资产品，持有国际储备也就等于减少投资，而发达国家主要进口消费品，因而它们持有国际储备主要是放弃了消费。所以，在持有等量国际储备的情况下，发展中国家损失的最终产出量要大于发达国家，也就是动态机会成本较高。显然，较高的机会成本会抑制发展中国家对国际储备的需求。

6. 金融市场的发育程度

发达的金融市场能够提供较多的借入性储备，这些储备对利率、汇率等调节政策的反应比较灵敏。因此，金融市场越发达，政府保有的国际储备越少；反之，金融市场越落后，政府要调节国际收支对政府自有储备的依赖性越强，从而对国际储备的需求越大。

7. 一国货币的地位

这是指一国货币是不是储备货币。如果一国货币是储备货币，它就可以通过增加本国货币的对外负债来弥补储备货币的不足，而不需持有较多的国际储备。美国的国际储备相对其经济规模和进出口规模并不充裕，而且常常出现巨额贸易逆差，却从来没有出现支付困难的一个重要原因，就在于美元是最主要的储备货币。

8. 国际货币合作状况

如果一国政府与外国货币当局和国际货币金融机构有良好的合作关系，签订有较多的互惠信贷、备用信贷协议，或在其国际收支发生逆差时，其他货币当局能协同干预外汇市场，则该国政府对国际储备的需求较少；反之，该国政府对国际储备的需求较大。

9. 国际资金流动的情况

传统的衡量国际储备数量的主要分析角度是针对经常账户而言的，这是将国际储备视为弥补进出口差额的主要手段，而在国际资金流动日益频繁的今天，国际储备对国际收支平衡的维持主要体现在抵消国际资金流动的冲击上。国际资金流动的规模越大，一国在不能及时、有效地利用国际金融市场借入储备的情况下，其对国际储备的需求越大。

在以上列举的影响一国最佳国际储备的种种因素中，有政治的、社会的因素，也有经济的因素，它们交互作用，使最佳国际储备的确定更为复杂。

（二）确定适度外汇储备规模的方法

自 20 世纪 60 年代以来，西方学者对外汇储备规模进行了深入研究，形成了一些具有代表性的确定适度外汇储备规模的方法，主要包括卡伯提出的描述法、特里芬等提出的比例分析法、海勒和阿格沃尔提出的成本-收益法、货币主义者提出的货币需求决定法以及弗伦克尔等提出的外汇储备需求函数法等。由于外汇储备在各国国际储备中的重要性，下面重点介绍易于操作的确定适度外汇储备规模的比例分析法。

比例分析法主要是根据外汇储备与某些经济变量的比例关系来确定适度外汇储备规模。常用的比例包括以下几种：

1. 外汇储备/进口额（R/M）比率

它由美国经济学家特里芬教授于 1947 年在《黄金与美元危机》一书中提出。特里芬认为，一国的外汇储备应与它的贸易进口额保持一定的比例关系。具体说来，一国应把满足进口需求作为衡量适度外汇储备规模的标准，适宜的比率为 25%～30%。从时间来看，外汇储备应能支持至少 3 个月的进口需求。它是衡量适度外汇储备规模的最常用经济指标，国际货币基金组织一直将它作为测算外汇储备水平的一个重要指标。其经济含义是单独依靠外汇储备能够支持一国进口的年数。1990—2019 年我国外汇储备与进口额的比率如表 8-5 所示。

表 8-5　1990—2019 年中国外汇储备与进口额的比率

年份	1990	1991	1992	1993	1994	1995	1996	1997	1998
R/M	0.21	0.34	0.24	0.20	0.45	0.56	0.76	0.98	1.03
年份	1999	2000	2001	2002	2003	2004	2005	2006	2007
R/M	0.93	0.74	0.87	0.97	0.98	1.20	1.24	1.35	1.60
年份	2008	2009	2010	2011	2012	2013	2014	2015	2016
R/M	1.72	2.39	2.04	1.82	1.82	1.96	1.96	1.98	1.90
年份	2017	2018	2019						
R/M	1.70	1.44	1.50						

资料来源：根据《中国统计年鉴》和国家外汇管理局网站数据整理。

总的来看，我国的这一比率呈间歇性的渐进上升过程。在 2004 年以前，我国的 R/M 比率大多保持在 100%以下。在 2004 年以后，随着我国外汇体制和人民币汇率形成机制改革的逐步推进，R/M 比率出现了持续的快速增长，并在 2009 年达到峰值——外汇储备与进口额的比率高达 239%。随着我国经济进入新常态，自 2010 年以来，该指标逐渐进入常态，在 200%上下波动，2019 年下降到 150%，表明我国外汇储备规模过大、增长速度过快的现状得到缓解。

外汇储备/进口额比率分析法在一定程度上揭示了国际储备与进口之间的相互关系，具有一定的参考价值。该方法简单易行，具有很强的操作性，可以较方便地对适度外汇储备规模进行估算。但是，这种方法只是一个经验法则，缺乏理论依据，而且具有诸多缺点，比如它所反映的只是进口支出而不是对外总支出，也没有考虑出口额对国际储备供给的影响。因此，它不是全面的、严谨的估算方法。

2. 外汇储备/外债余额（R/D）比率

外汇储备/外债余额比率分析法是 20 世纪 80 年代中期兴起的一种理论观点。该比率反映了一国支付外债的能力，是一国增加国际清偿力和国际信誉的重要保证。根据国际惯例，这一比率应该保持在 30%～50%。该比率低于 30%说明一国存在对外清偿力不足的风险，并向外传递该国可能出现债务危机的信号。该比率高于 50%则说明一国外汇储备充足，而且其外汇储备具有进行投资和进口的空间。表 8－6 给出了 1990—2019 年我国外汇储备与外债余额的比率。

表 8－6　1990—2019 年中国外汇储备与外债余额的比率

年份	1990	1991	1992	1993	1994	1995	1996	1997	1998
R/D	0.21	0.36	0.28	0.25	0.56	0.69	0.90	1.07	0.99
年份	1999	2000	2001	2002	2003	2004	2005	2006	2007
R/D	1.02	1.14	1.25	1.67	2.08	2.67	3.08	3.15	3.93
年份	2008	2009	2010	2011	2012	2013	2014	2015	2016
R/D	4.99	5.60	5.20	4.60	4.50	4.40	2.20	2.40	2.10
年份	2017	2018	2019						
R/D	1.79	1.55	1.51						

资料来源：根据《中国统计年鉴》和国家外汇管理局网站数据整理。

从表 8－6 可知，在 1993 年以前，我国的 R/D 比率除 1991 年以外全部小于 30%。这主要是因为这一时期国内经济发展对资金的需求较大，我国的外债余额一直以相对较高的速度增长。在 1994 年以后，我国的 R/D 比率始终保持在 50%以上，超过国际通行标准。特别是自 1999 年以来，我国的 R/D 比率一直在 100%以上，并在 2009 年达到最高值 560%。在 2009 年以后，R/D 比率随着美国金融危机的影响而逐渐下降，2019 年降到 150%左右，这表明近年来我国外汇储备的增长速度有所减缓。

3. 外汇储备/短期外债（R/SD）比率

该指标用于衡量一国迅速处理对外债务的能力，是保证国际清偿力的标志，它反映了一国的快速偿债能力。该指标的国际警戒线是 100%，如果低于这一标准，就会打击投资者的信心，引发资本外逃，甚至引发金融危机。当外汇储备超过短期外债的 5 倍时，该国将会因大量的资源闲置而蒙受经济损失。表 8－7 是 1990—2019 年我国外汇储备与短期外债的比率。

表 8－7　1990—2019 年中国外汇储备与短期外债的比率

年份	1990	1991	1992	1993	1994	1995	1996	1997	1998
R/SD	1.64	2.11	1.79	1.56	4.96	6.18	7.44	7.11	8.36
年份	1999	2000	2001	2002	2003	2004	2005	2006	2007
R/SD	10.19	12.66	4.19	5.13	5.23	5.85	5.79	8.94	6.48
年份	2008	2009	2010	2011	2012	2013	2014	2015	2016
R/SD	8.60	9.25	7.58	6.35	6.12	5.65	2.96	3.75	3.46
年份	2017	2018	2019						
R/SD	2.74	2.38	2.58						

资料来源：根据《中国统计年鉴》和国家外汇管理局网站数据整理。

由表 8－7 可知，自 1990 年以来，我国的外汇储备与短期外债的比率呈现先上升、后逐渐下降的特点，但该比率一直大于 100%，远高于国际警戒线，尤其是 2000 年竟高达 12.66。需要注意的是，从 2001 年开始，该比率有所下降，这是因为短期外债统计口径的变化①导致短期外债有所增加。从这一比率来看，我国外汇储备的规模相对短期外债来说增长速度过快，而且规模过大。

4. 外汇储备/广义货币（R/M2）比率

该指标由约翰逊等（1958）提出，他们认为：国际收支是一种货币现象，国际收支逆差相当于国内货币供给过多，国际收支顺差相当于国内货币需求过多，国际收支的差额意味着官方储备的增减，等于本国货币需求减本国货币供给。因此，外汇储备与货币供应量应保持一个合适的比例，但该指标并没有一个合理的界限，应当结合各国国情进行具体分析，一般以 25%为适度。表 8－8 给出了 1990—2019 年我国外汇储备与广义货币的比率。

表 8－8　1990—2019 年中国外汇储备与广义货币的比率

年份	1990	1991	1992	1993	1994	1995	1996	1997	1998
R/M2	0.03	0.06	0.04	0.04	0.09	0.10	0.11	0.13	0.11
年份	1999	2000	2001	2002	2003	2004	2005	2006	2007
R/M2	0.11	0.10	0.11	0.13	0.15	0.20	0.22	0.24	0.28

① 我国原外债口径是 1987 年在世界银行专家的帮助下，按当时的国际标准口径确定的，其含义是指居民欠非居民的具有契约偿还义务的外汇负债，但不包括境内外资金融机构的对外借款，而且把境内机构向境内外资金融机构的借款记入了外债。但是，在亚洲金融危机后，国际货币基金组织等国际组织吸取了东南亚国家金融危机的经验教训，越来越重视各成员外债的风险管理，在外债口径和期限结构上都做了调整。2001 年 7 月 13 日，国家外汇管理局发布了《关于调整我国外债口径及相关问题的通知》（汇发［2001］174 号），对我国的外债口径进行了调整：①将境内外资金融机构对外负债纳入我国外债统计范围，同时扣除境内机构对境内外资金融机构的负债；②将 3 个月以内贸易项下对外融资纳入我国外债统计；③将经营离岸业务的中资银行吸收的离岸存款纳入我国外债统计；④在期限结构方面，将未来一年内到期的中长期债务纳入短期债务。

年份	2008	2009	2010	2011	2012	2013	2014	2015	2016
R/M2	0.28	0.27	0.26	0.24	0.21	0.21	0.19	0.16	0.13
年份	2017	2018	2019						
R/M2	0.12	0.12	0.11						

注：(1) 为统一计量单位，广义货币以每年 12 月 31 日人民币兑美元收盘汇率折算。
(2) 1990—2018 年广义货币的数据来源于《2019 年中国统计年鉴》。
(3) 2019 年广义货币的数据为网站查询结果。

在改革开放初期，我国的货币供应量增速较快，而外汇储备规模相对不足，因此我国的 R/M2 比率较低。在 1994—2001 年，我国的 R/M2 比率基本保持在一个稳定的水平，但自 2002 年以后，R/M2 比率迅速提高；2007 年和 2008 年的 R/M2 比率达到 0.28，是历年来的最高水平；2014 年后进入新常态，这一比率开始下降。这种现象说明：由外汇储备产生的外汇占款在 M2 中的比重开始下降，因此外汇储备对我国国内货币投放的冲击作用开始减缓。

综上所述，根据以上四项指标的分析可见，自 2014 年后，我国的外汇储备规模回到平稳区间，此前外汇储备的快速增长势头开始减缓。

三、国际储备的结构管理

国际储备的结构管理是指各国货币当局对储备资产进行有效配置，使黄金储备、外汇储备、普通提款权和特别提款权四种形式的国际储备资产的持有量及其构成之间保持合理比例，以便分散风险、获取收益，充分发挥国际储备资产应有的作用。国际储备的结构管理主要包括两方面内容：一是各种国际储备资产之间的数量构成比例管理；二是各种国际储备资产内部的比例管理。由于各国持有的普通提款权和特别提款权数量取决于它们所缴份额的多少，不能随便改变，而且其内在构成也相对简单——黄金在国际储备资产中的作用日渐削弱，因此国际储备结构管理的重点与规模管理类似，也是外汇储备结构管理。

（一）外汇储备结构管理的基本原则

各国货币当局在进行外汇储备结构管理时应贯彻安全性、流动性和盈利性三项原则。

1. 安全性

安全性是指要保持储备资产的安全、有效和价值稳定。如果因为种种原因（如通货膨胀、汇率变动、债务违约等）导致储备资产蒙受损失，则不仅产生国家财富的直接损失，而且直接影响国际储备的作用发挥。

2. 流动性

流动性是指国际储备资产能及时转化为各种国际支付手段，以满足实际支付需求。例如，满足国际贸易所引起的国际支付，对外债务的本息支付，外商直接投资企业合法利润的汇出，对外汇市场的必要干预，以及战争、自然灾害等突发事件的应急需要等。

3. 盈利性

盈利性是指在外汇储备资产保值的基础上能够实现一定程度的增值。

由于安全性与流动性高的资产盈利性较低，而盈利性高的资产往往安全性与流动性又较差，因此货币当局在进行外汇储备结构管理时应统筹兼顾、互相补充，在安全性、流动性有保证的前提下，争取最大盈利。

（二）外汇储备结构管理的内涵

外汇储备的结构管理主要涉及两方面内容：一是币种结构管理；二是资产结构管理。

1. 外汇储备的币种结构管理

外汇储备的币种结构管理是指在一国的外汇储备中，由何种货币充当储备资产以及各储备货币之间的结构比例问题。

（1）一国在选择储备货币的币种时应主要考虑以下因素：①对外贸易和其他金融性支付所使用的币种；②外债的币种；③国际货币体系中各主要储备货币的地位；④各种储备货币的汇率走势；⑤储备货币汇率与利率的比较、汇率与收益率的比较以及有关国家的货币政策；⑥经济发展目标和经济政策的要求等。

（2）在确定了储备货币的币种后，还要面临确定储备货币币种结构的问题。一国在确定币种结构时，应考虑：

第一，储备货币的币种结构应与该国特定时期的对外支付币种结构保持一致，因为这可以使该国在相当程度上避免外汇风险并节约交易成本，提高储备货币的使用效率。

第二，应尽可能增持有升值趋势的“硬”货币，减持有贬值趋势的“软”货币。一般来说，汇率的短期变动趋势易受投机因素和随机因素的影响而难以预测，但汇率变动的长期趋势是相对稳定的，一国对中长期汇率的变动趋势有可能做出准确的预测，在这种情况下选择“硬”货币作为储备货币可以避免汇率风险。但在“软”“硬”货币的选择过程中，还必须考虑利息因素。根据利息平价理论，趋“硬”的货币往往利率较低，趋“软”的货币往往利率较高，这增加了选择的难度。

第三，在外汇市场动荡不安、汇率难以预测的情况下，可以通过储备货币的分散化来减小汇率风险。

第四，储备货币要与干预外汇市场所需的货币保持一致。各国在选择储备货币的结构时，还要考虑外汇市场上为支持本国货币汇率所需的不同储备货币的数量。对于选择钉住汇率制度的国家，如果选择钉住单一货币，则其外汇储备中该“锚”币（被钉住的货币）应占较大份额；如果选择钉住一篮子货币，需要按照篮子货币的权数来分配其外汇储备中不同币种的持有额。对于实行浮动汇率制度的国家，则需按照某种有效汇率指数对其外汇储备币种进行资产组合，以降低汇率风险。

2. 外汇储备的资产结构管理

外汇储备的资产结构是指外币现金、外币存款、外币短期证券和外币长期证券等资产形式在外汇储备中的比重及地位。

在对外汇储备的资产组合进行划分时，也应该遵循“三性”原则，即在安全性、流动性和盈利性三者之间做好协调及安排。

储备资产可以划分为金融资产和非金融资产。外汇储备的资产结构管理主要涉及金融资产如何进行组合、优化的问题。根据流动性的大小，可以将外汇储备资产划分为三个档次：第一个档次是一级储备，即流动性储备资产，它是指流动性非常高的金融资产，即活期存款和短期票据（如 90 天期国库券），平均期限为 3 个月。第二个档次是二级储备，是指流动性低于一级储备但仍较高的储备资产（如中期国库券），其收益率一般也高于一级储备，平均期限为 2～5 年。第三个档次是三级储备，是指收益率高但流动性较低的储备资产（如长期公债），平均期限为 5～10 年。一级储备侧重于安全性和流动性，盈利性次之；二、三级储备侧重于盈利性，流动性和安全性次之。非金融资产是指金融资产以外的一切资产，如战略物资、公共基础设施、能源储备和先进生产技术等。这些储备资产的结构调整往往受资产所在国的政治、经济条件制约，在进行选择时主动性较弱。

专栏

外汇储备与外汇占款缘何背离？

一、外汇占款如何形成？

外汇占款是指受资国中央银行收购外汇资产而相应投放的本国货币。由于人民币是非自由兑换货币，引入外资后需要兑换成人民币才能进入流通使用，国家为外资换汇需要投入大量的资金，从而增加了货币的供给量，形成了外汇占款。下面举例说明外汇占款的形成过程。

A 公司向美国出口了货物 100 万美元，在 A 公司收到美元货款后，由于在国内没法流通（美元不是我国的本位币），就将其出售给某商业银行。假定汇率为 1 美元兑 6.3 元，则 A 公司换回了 630 万元人民币。该商业银行拿到 100 万美元后，由于各种原因，它也不需要美元，于是将美元出售给中央银行。这样一来，商业银行的收支相抵。此时，中央银行付给商业银行的 630 万元人民币就是外汇占款了。中央银行拿到美元后，也没法在国内直接花出去，于是把美元交给外汇管理局管理；此时，外汇储备就形成了。外汇管理局将美元进行国际投资，如购买美国国债等国外资产。

二、外汇占款：曾经的印钞机？

从上述外汇占款的形成机制可以看出，商业银行向中央银行结汇，中央银行以外汇占款作为资产，被动地向市场投放人民币形成基础货币（央行负债）。只要我国对外贸易一直保持高额顺差，外汇占款就会不断增加。这样的情形在 2001 年中国加入 WTO 后的相当长一个时期内十分明显，持续高额的国际收支顺差导致外汇占款替代国内信贷投放成为基础货币投放的主渠道。我国外汇占款增量占中央银行基础货币增量的比例越来越高，2005 年突破 100%，2009 年达到 134%，那时的外汇占款可以说成了中央银行的印钞机。为了对冲过量的基础货币，中央银行不断发行央票和提高存款准备金率。

但是，在 2008 年美国金融危机后，伴随着发达国家制造业的回流，全球需求疲软，国内资源、劳动力优势下降，中国制造业的竞争力下滑并使进出口低迷、国际收支顺差减少，外汇占款回落具有趋势性。在这种背景下，外汇占款已不再是基础货币的主要投放渠道，央行开始创新投放基础货币的工具。

外汇占款——那台曾经的“核动力印钞机”已经辉煌不再了。

三、外汇占款与外汇储备的差异

通过外汇占款的形成机制不难看出，外汇占款与外汇储备的相关性很高，两者应呈强正相关关系。但是，资料显示，截至2017年7月末，我国外汇储备的规模为30 807亿美元，较6月末上升239亿美元，升幅为0.8%，为连续第六个月出现回升。同期，外汇占款数据却出现背离走势，截至6月末，外汇占款已连续20个月负增长。中国人民银行公布的数据显示，6月央行口径外汇占款余额为21.5万亿元，减少343.15亿元，为连续第20个月下降，降幅较5月的293.34亿元也有所扩大。

外汇占款与外汇储备出现“背离”的主要原因是：第一，计价方式不同。外汇占款反映了取得外汇资产时的人民币成本，是历史成本，以人民币计价，这个成本一经取得就不会发生变化，而官方外汇储备是统计时以美元计价的外汇资产，是估值计价。如果人民币贬值，以前花100亿元人民币换来的美元，现在可能就要花130亿元人民币，这30亿元人民币就是外汇占款与外汇储备差额的来源之一。因此，美元汇率的变动以及资产收益率的变动都会影响两者差额的大小。第二，汇率折算因素的影响。我国的外汇储备并不是只有美元，还有欧元、英镑及日元等，这些国际货币的汇率发生变动也会影响到外汇储备的估值。自2017年初以来，由于美元持续走弱、非美货币升值，外汇储备折算成美元资产的估值上升，推动了以美元作为计量货币的外汇储备规模出现上升。例如，2017年7月美元指数大跌，由月初的95.62下跌至月底的92.86。专家分析，汇率折算因素是央行官方外汇储备显著增长的主因。我国外汇管理局公布的2017年上半年国际收支平衡表初步数据也显示，上半年不含汇率、价格等非交易因素的影响，外汇储备仅增加了294亿美元，而央行公布的上半年外汇储备增加了702亿美元（此统计口径含汇率等因素的影响）。第三，外汇储备资产增值。我国外汇管理局将储备资产进行投资，即使只是购买美国国债，也会有收益，虽然也可能有亏损。这些数据并不会反映在外汇占款中，而是反映在外汇储备中。

本章小结

1. 汇率制度又称汇率安排，是指一国货币当局对本国货币汇率变动的基本方式所做的一系列安排或规定。汇率制度可分为固定汇率制度和浮动汇率制度两大类。

2. 固定汇率制度是指政府用行政或法律手段确定、公布及维持本国货币与某种参考物（黄金、某国货币、一篮子货币）之间固定比价的汇率制度。固定汇率制度经历了两个时期，即金本位制度时期和1944—1973年的布雷顿森林体系时期。货币局制度是固定汇率制度的特例。

3. 浮动汇率制度是指政府对本币与外币之间的汇率不加以固定，也不规定上下波动的界限，听任外汇市场根据外汇的供求情况，自行决定本币兑外币汇率的一种汇率制度。按管理当局是否干预外汇市场，浮动汇率制度可分为自由浮动和管理浮动；按浮动方式，浮动汇率制度可分为单独浮动、联合浮动、钉住浮动。

4. 固定汇率制度与浮动汇率制度孰优孰劣在理论界和实务界长期存在不同的观点。

汇率制度选择的目标是实现内外均衡，为此，一国应该遵循一定的原则并考虑多方面的因素。

5. 蒙代尔-弗莱明模型分析了在资本完全流动的情况下，财政政策和货币政策在不同汇率制度下的有效性。其基本结论是：在固定汇率制度下，财政政策有效、货币政策无效；在浮动汇率制度下，财政政策无效、货币政策有效。由此可以证明三元悖论的存在，即在开放经济条件下，固定汇率制度、资本自由流动和货币政策的独立性不可能同时实现，只能实现其中的两者。

6. 外汇管制是一国为防止资金的无序流动、缓解国际收支失衡、稳定汇率，而对外汇交易及支付所采取的各种直接或间接的政策与举措。这对于外汇短缺、国际竞争力相对薄弱的广大发展中国家具有重要的意义，但外汇管制的弊端同样不可忽略。就各国的实际情况看，外汇管制的趋势是不断放松的。

7. 国际储备是指一国货币当局持有的、能随时用来弥补国际收支差额、维持本币汇率稳定和作为对外偿债保证的国际普遍接受的各种流动性资产的总和，又称官方储备或自有储备。国际储备资产应具有官方性、自由兑换性、充分流动性和普遍接受性等特征。

8. 一国的国际储备应包括黄金储备、外汇储备、在国际货币基金组织的储备头寸和特别提款权。其中，外汇储备占绝对比重。

9. 国际储备的规模管理是指一国从需求出发，确定在某一时点上持有的国际储备额与某些经济指标的对比关系，用以确定最适国际储备的过程。一般认为，国际储备应能满足至少 3 个月的进口需求，这个比例按外汇储备与进口额的比率计算为 25%。

10. 一国货币当局调整其国际储备结构的基本原则是，统筹兼顾各种资产的安全性、流动性和盈利性。国际储备结构管理的重点是外汇储备的结构管理，主要包括币种结构管理和资产结构管理。

本章启示

通过本章对汇率制度和国际储备知识点的介绍，可以帮助读者了解到我国汇率形成机制的市场化改革进程，以及外汇储备规模从高速增长到适度稳定增长的演变过程，这些有助于读者进一步理解我国确立“加快转变金融发展方式，保障国家金融安全，促进经济和金融良性循环、健康发展”的金融对外改革开放框架的适用性和有效性。

本章复习题

一、本章重要概念

汇率制度	固定汇率制度	浮动汇率制度	货币局制度	三元悖论
外汇管制	第八条款国	国际储备	特别提款权	普通提款权

二、本章思考题

1. 汇率制度选择的主要依据是什么？
2. 以香港联系汇率制度为例，分析货币局制度的特点。

3. 比较固定汇率制度与浮动汇率制度的优缺点。
4. 试应用蒙代尔-弗莱明模型分析不同汇率制度下宏观政策的有效性。
5. 外汇管制主要有哪些做法?
6. 什么是国际储备？简述国际储备与国际清偿力的联系与区别。
7. 影响一国适度国际储备规模的因素有哪些?
8. 简述一国国际储备结构管理应遵循的原则。

本章讨论题

1. 分析目前人民币汇率制度的内容及特点。

2. 目前，我国的汇率制度和资本流动状况接近于蒙代尔-弗莱明模型中的哪一类情况？蒙代尔-弗莱明模型的结论适用于中国吗？为什么?

3. 我国是否具备人民币资本账户可兑换的条件？如果不具备，你认为我国经济发展到什么程度才能实现人民币资本账户下的可兑换?

4. 外汇储备作为一国经济金融实力的标志，是弥补该国国际收支逆差、抵御金融风暴、稳定该国汇率以及维持该国国际信誉的物质基础。对于发展中国家来说，往往要持有高于常规水平的外汇储备。但是，外汇储备并非多多益善，你认为我国的外汇储备适度吗？过多的外汇储备暗藏哪些风险?

第九章

国际资本流动与国际金融危机

学习目标

- 了解国际资本流动的主要类型
- 了解国际资本流动的主要原因及当代国际资本流动的发展特征
- 掌握国际债务危机的特点及主要原因
- 掌握货币危机的表现及三代货币危机理论的主要内容

本章导读

国际资本流动是伴随着各国经济贸易联系日益密切而出现的一种现象。随着全球经济一体化及通信技术的发展，资金的国际流动规模逐渐超过了国际贸易额，形成了庞大的国际资金流，这在给相关国家及全球经济带来积极作用的同时，也带来了一定的冲击，比如20世纪80年代的拉美债务危机、1997年的亚洲金融危机和2008年的美国次贷危机引起的全球金融危机等。因此，了解开放背景下国际资本流动的形式和特点，掌握国际资本流动的规律，引导国际资本合理、有序流动，对参与国际市场竞争、发展本国经济具有重要的意义。理解国际债务危机和货币危机发生的原因及影响，可以帮助各国政府防患于未然。因此，本章将介绍国际资本流动及相关的国际债务危机和货币危机等宏观问题。

本章词汇

国际资本流动	贸易性资本流动	金融性资本流动	偿债率
债务率	负债率	货币危机	

第一节　国际资本流动

一、国际资本流动的内涵

（一）国际资本流动的概念

国际资本流动（international capital flows）是指资本的国际转移，或者说是资本在不同国家或地区之间做单向、双向或多向流动。这里所说的资本包括货币资本或借贷资本，以及与国外投资相联系的商品资本和生产资本。

国际资本流动包括资本流出与资本流入两个方面：资本流出是指资本从国内流向国外，又称本国的资本输出；资本流入是指资本从国外流入国内，又称本国的资本输入。

（二）国际资本流动与国际收支的关系

首先，国际资本流动的流量数据和存量数据分别反映在国际收支平衡表和国际投资头寸表中。其中，国际资本流动的流量数据在国际收支平衡表的资本与金融账户中反映。资本流入在国际收支平衡表中表现为外国在本国的资产增加、外国对本国的债务减少、本国对外国的债务增加和本国在外国的资产减少等。资本流出在国际收支平衡表中表现为外国在本国的资产减少、外国对本国的债务增加、本国对外国的债务减少、本国在外国的资产增加等。

其次，国际资本流动与国际收支相互影响、相互制约。一方面，国际资本流动可以使一国国际收支出现顺差或逆差，也可以使国际收支从不平衡达到平衡。例如，短期资本的大量流入可以改善一国的资本与金融账户，从而改善国际收支。另一方面，国际收支状况不同也可能导致国际资本的不同流向。例如，国际收支顺差会导致一国资本流入增加，国际收支逆差会导致一国资本流出增加。

（三）国际资本流动的类型

国际资本流动按照不同的角度可以划分为不同的类型。按资本的使用期限可以将其划分为长期资本流动和短期资本流动两大类，具体构成如图 9-1 所示。

1. 短期资本流动

短期资本流动（short-term capital flows）是指使用期限在一年或一年以内的资本流动，主要包括贸易性资金流动和金融性资金流动两大类。

贸易性资金流动是与实体经济、贸易有密切关系的资金流动，它可以形成国际商品资本和生产资本，参与了国际生产过程。从这个意义上讲，这种国际资金流动才是真正意义上的国际资本流动（international capital flows）。这种资金流动一般是从产品进口国流向产品出口国，带有明显的不可逆转性。早期的国际资本流动多以这种方式出现。随着经济开放程度的提高和国际经济活动的多样化，贸易性资金流动在国际资本流动中的

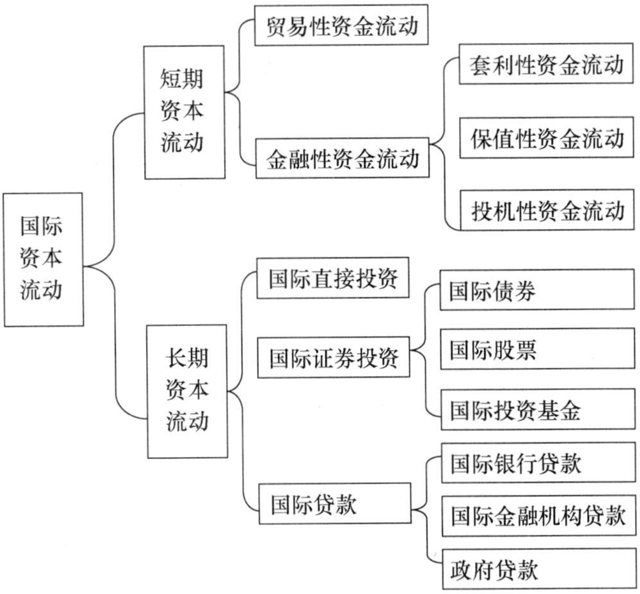

图 9-1　国际资本流动的类型

比重已大为降低。贸易性资金流动的特点是：①资金流动受国际分工的影响明显；②由于世界贸易格局的多元化趋势，贸易性资金流动呈现多元化格局。

金融性资金流动是指由各国经营外汇的银行、其他金融机构和外汇投资者之间的资金融通引起的国际资金转移。它与实际生产、贸易无直接关系，主要是以获取资产差价和金融收益为目的而在各国间进行的纯“金融”性质的流动。在严格意义上，这种资金的国际流动被称为国际资金流动（international financial flows），它对利率、汇率的短期变动有一定的影响。金融性资金流动的形式有套利性资金流动、保值性资金流动、投机性资金流动等。套利性资金流动是利用各国金融市场上的利率差异与汇率差异进行套利活动而引起的短期资金流动。保值性资金流动又称避险性资金流动或资金外逃，是指金融资产的持有者为了资金安全而进行资金调拨所形成的短期资金流动。投机性资金流动是指投资者利用国际市场上金融资产或产品的价格波动，进行高抛低吸而形成的资金流动。

2. **长期资本流动**

长期资本流动（long-term capital flows）是指使用期限在一年以上或未规定使用期限的资本流动，包括国际直接投资、国际证券投资和国际贷款三种主要方式。

国际直接投资（international direct investment）又称对外直接投资（foreign direct investment，FDI），是指一个国家的企业或个人对另一国的企业部门进行的投资。投资主体以对外投资为媒介，以取得企业经营控制权为手段，以最终获取利润为目标。国际直接投资属于国际投资学的研究范畴。

国际证券投资（international portfolio investment）是指投资者通过在国际证券市场上购买中长期债券或购买外国企业发行的股票所进行的投资。国际证券投资的主要特征有：①是一种金融投资活动；②相对于国际直接投资而言，流动性大，风险性小；③投资收益主要来自利息、股利及交易差价等；④投资者对投资企业无实际控制权和管理权；

⑤在国际证券市场上发行债券，构成发行国的对外债务。

国际贷款（international loan）主要是指一年以上的国际银行贷款、国际金融机构贷款和政府贷款。国际贷款的基本特征有：①不涉及在外国建立生产经营实体或收购企业的股权；②不涉及国际证券的发行和买卖；③贷款的收益是利息，其风险主要由借款者承担；④构成借款国的对外债务。

二、国际资金流动的原因

对于与实体经济和贸易有直接关系的国际资本流动的成因在跨国公司或国际投资中有相关研究，作为国际金融学的教学重点，此处重点介绍与实体经济和贸易无直接关系、主要以获取资产价差和金融收益为目的而在国际上进行的纯“金融”性质的国际资金流动的成因，主要是因为这种国际资金流动已逐渐成为国际金融领域的研究重点。与此同时，它也能部分解释国际证券投资和国际贷款的原因。

（一）国际资金供求差异引起的利率差异

从国际资金的供给方面看，发达国家的经济发展水平高、资本积累的规模越来越大，但其国内经济增长缓慢、国内投资渠道日益萎缩、投资收益逐渐下降，因而出现了大量相对过剩的资本。发达国家的过剩资本会流向海外，选择投资环境较好的国家，特别是劳动力充裕、自然资源丰富的发展中国家，以牟取高额利润。

从国际资金的需求方面看，大多数发展中国家的经济落后、储蓄率低、金融市场不成熟，国内资金远不能满足经济发展的需要。为了解决这一问题，它们选择以积极的姿态和优惠的待遇引进外国资本，从而形成了对国际资本的巨大需求。对资本的大量超额需求是影响国际资本流动的重要因素。

这一观点的代表人物是新古典经济学派美国经济学家麦克杜加尔（G. D. A. Macdougall）提出的国际资金流动理论。该理论认为，由于世界各国的资本稀缺程度不同，反映资金价格的利率水平在各国也就存在着差异，正是这种利率差异引起了国际资金流动。在完全竞争的条件下，为了获取更高的资金投资收益，投资者总是不断地将其资金从低利率国家移往高利率国家，直至各国的利率完全趋于一致为止。

这一因素较好地解释了套利性资金国际流动的原因。

专　栏

“卢卡斯之谜”或“卢卡斯悖论”

新古典经济学家麦克杜加尔提出的国际资金流动理论较好地解释了套利性资金流动的原因。该理论把国际资金流动当作一个简单的国际套利过程，因而获取利差收益也就成为国际资金流动的唯一动机。

但是，对于新古典资金流动理论的最大质疑是著名的“卢卡斯之谜”（Lucas's paradox）。根据该理论，资金应该总是从富国流向穷国，但这与现实情况并不相符。

芝加哥大学卢卡斯教授在1990年发表的一篇题为《资本为什么不从富国流向穷国》

的经典论文中指出："我们当然可以看到一些富国向穷国投资的现象，但这种资本流动远远没有达到新古典理论预测的水平。"按照新古典理论，他计算出印度的资本边际产出大约是美国的58倍，并指出：如果事实上面对如此大的回报差距，我们将预期不再有资本投入富裕国家……资本流动的这一标准的新古典预测毫无精确性可言，产生这种结果的技术和贸易假设也是完全错误的。

在解释"卢卡斯悖论"时，卢卡斯提出了三种可能的原因：一是劳动质量或人力资本的异质性，即新古典理论将不同国家工人的人均有效劳动投入视为相等的，忽略了劳动或人力资本的差异；二是人力资本的溢出效应；三是发展中国家的政治风险或资本市场不完全。卢卡斯尤其强调前两种原因，通过在新古典模型中引入人力资本及其外部性，卢卡斯计算出印度和美国之间的预期资本收益率之比减少到1.04，即按照他的方法完全消除了两国资本流动的预期收益差距。因此，他指出发达国家和发展中国家人力资本的差距将阻碍资本从富国流向穷国，也基本上否认了发展中国家与发达国家之间的资本收益存在差距。

特别是进入21世纪以后，世界范围内积累的巨额金融资产更是推动了国际资金流动的飞速发展。国际货币发行国（特别是美国）通过巨额的国际收支逆差，使大量美元资金流向其他国家，产油国大幅提高油价而形成巨额石油美元，金融市场中的金融衍生工具日新月异等，使越来越多的社会资金与实际生产相脱离而成为金融资产，从而成为国际资金流动的主力军。

（二）各国经济和金融政策的吸引

一国政府为引导和协调国民经济发展所制定的经济及金融政策会引起国际资金流动增加。无论是发达国家还是发展中国家，都会不同程度地通过不同的政策和方式来吸引外资，以促进就业、拉动经济增长，从而引发了国际资金的全球流动。

例如，为了克服国内资金短缺的困难，政府会制定一系列优惠政策来吸引外国资本；为了推动本国金融市场的发展，放松外汇管制、逐步放开本国的银行信贷市场和证券市场、允许外国金融机构进入本国金融市场、允许非居民到国内金融市场筹资等，都刺激了国际资金的跨国流动。

在第二次世界大战后的相当长一段时间内，各国对国际资金流动进行了严厉的管制。但是，自20世纪70年代以来，各国纷纷放松了外汇管制、资本管制以及金融管制，将本国的银行信贷市场与证券市场逐步放开。例如，允许外国金融机构或机构投资者进入本国金融市场（如我国的合格境外机构投资者政策），允许非居民到国内金融市场筹资，放松对金融机构的管制。到1992年，绝大多数发达国家都放开了对国际资金流动的管制，同时新兴市场的资金管制也逐步放松，从而促进了国际资金流动的增加。

这一因素解释了国际证券投资和国际贷款市场发展的缘由。

（三）各国风险的差异

在现实经济生活中，由于市场缺陷和各种不利因素的存在，投资者遭受经济损失的风险随时可能出现。这种风险既可能表现为利率和汇率变化导致的资本损失，又可能表现为政局不稳、法律不健全、民族主义情绪高涨、战争爆发、通货膨胀加剧和经济状况恶化等。这些不确定性会在一定程度上影响资本的安全性。为了规避风险，在金融市场一体化的背景下，资金将从高风险的国家和地区转向低风险的国家和地区，从而加速了国际资金流动。目前，发达国家之间的资金流入规模扩大，就是出于这方面的考虑。

与此同时，从投资策略上看，降低风险的方法之一是分散化投资，即同时持有多种形式的、具有不同风险与收益率的资产，由此也导致了国际资金流动。

证券投资国际分散理论认为，投资风险的不同特性，决定了国际范围内的证券选择分散化可以更好地减少风险。投资风险有系统性（systematic）风险与非系统性（unsystematic）风险之分。系统性风险是指由一国的商业循环周期引起的投资风险。由于这种风险是该国所有企业共同面临的，因此投资者难以通过证券投资的分散化加以规避。而非系统性风险是指与商业循环周期无关的、由每个不同企业的自身特点引起的经营性风险，投资者完全可以通过证券选择的多样化或分散化来规避。这就是说，如果投资者仅仅在一国范围内分散投资，那么他所能减少的只是非系统性风险，而对系统性风险是无能为力的。实证表明，证券投资的国际分散化将进一步减少各种投资风险，如图 9-2 所示。

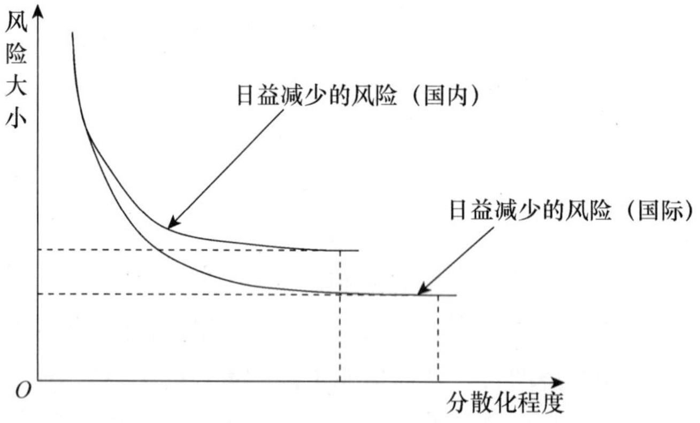

图 9-2　分散化程度与风险大小示意图

该因素解释了国际资金流动是双向的，既有从低收益率市场向高收益率市场的资金流动，又有与此方向相反的资金流动。

（四）国际资金流动具有的自身膨胀机制

国际资金作为一种货币形态，具有与国内资金一样的信用货币创造机制。在分析国内金融市场的存款货币创造过程中，我们常用下述存款乘数公式：

$$k=\frac{1}{r+e+c} \tag{9-1}$$

式中，k 为存款乘数；r 为法定存款准备金率；e 为超额存款准备金率；c 为现金漏损率。

以国际资金流动活跃的欧洲货币市场为例，在一笔存款进入欧洲货币市场后，如果这笔存款在欧洲货币市场上贷放，则会创造出一系列派生存款。此外，在欧洲货币市场上不存在法定存款准备金限制，所以从理论上讲，欧洲货币市场上的存款货币创造大于国内金融市场。因此，在货币乘数的作用下，国际资金流动的规模得以“自我生长”。

因此，由于国际金融市场上资金的供给充足，尤其是与实际生产相脱离的金融资产随着可兑换货币发行国的长期通货膨胀和收支逆差而不断积累，国际金融市场（尤其是欧洲货币市场）派生出更多资产，也间接促进了国际资金流动规模的迅速壮大。

三、国际资金流动的特点

国际资金流动的特点可简单归纳如下：

1. 国际资金流动的规模急剧增长，而且日益脱离实体经济

首先，国际资金流动规模的增长速度远高于世界经济和世界贸易的增长速度。2016年，全球外汇市场日均成交量达到5.067万亿美元，相比之下，2016年全球商品贸易总额为32.21万亿美元，全球服务贸易总额为9.677万亿美元①，两者相加尚不到外汇市场8天半的成交量。其次，一大批在国际资金流动中居于突出地位的离岸金融中心都出现在经济和贸易不太发达的国家和地区，如巴哈马、巴林、开曼群岛、阿拉伯联合酋长国等。国际资金流动的这些特征说明它已经摆脱了对实体经济的依赖，越来越具有虚拟性。

2. 金融衍生工具的交易比重不断上升

自20世纪90年代以来，随着金融衍生工具的迅速发展，因金融衍生工具交易产生的国际资金流动数量已居于绝对优势地位。自2010年至2019年，全球场外（OTC）衍生品市场的名义余额一直在高位运行，如表9-1所示。

表9-1　全球场外衍生品市场的名义余额　　单位：万亿美元

年份	2010	2011	2012	2013	2014	2015	2016	2017	2018	2019
场外衍生品市场的名义余额	601.04	647.81	635.68	710.09	627.79	492.54	482.42	531.91	544.38	558.51

资料来源：国际清算银行网站数据。

以2019年为例，全球场外衍生品市场的名义余额为558.51万亿美元，而同期全球债务工具和全球股票的总市值为85.555万亿美元，仅为衍生品市场余额的15.32%，如表9-2所示。

表9-2　全球债务工具和股票总市值　　单位：万亿美元

	2016年	2017年	2018年	2019年
全球债务工具	21.175	23.708	24.052	25.196
全球股票总市值	77.494	77.573	68.213	60.359
总计	98.669	101.281	92.265	85.555

注：全球债务工具数据来源于BIS网站；全球股票总市值数据来源于世界银行网站。

① 全球商品贸易总额、全球服务贸易总额的数据源于WTO数据库，全球外汇市场日均成交量的数据源于国际清算银行（BIS）官网。

3. **机构投资者迅速增长**

由场外衍生工具交易带动的国际资金流动，使得机构投资者（包括共同基金、对冲基金、养老基金、保险公司、信托公司、基金会、捐赠基金以及投资银行、商业银行等）成为国际资金流动的主要载体（因为场外市场是以机构投资者为主的市场）。

第二节 国际债务危机

国际资本流动在促进全球经济与贸易发展的同时，也隐藏着一定程度的风险。特别是中长期资本流动管理不当可能加大违约风险，导致国际债权与债务关系不能如期了结。当债务负担超过借款国自身的清偿能力，导致无力还债或必须延期还债时，就会引发债务危机。在第二次世界大战后，伴随着国际资本的大规模流动，债务危机屡屡发生，其中影响最广泛且具有典型意义的有两次：一次是20世纪80年代初爆发的拉美债务危机，另一次是爆发于2009年底的欧洲主权债务危机。

一、国际债务与国际债务风险的衡量指标

（一）国际债务的概念及类型

1. **国际债务的概念**

国际债务又称外债（external debt），是指在任何给定的时刻，一国居民欠非居民的已使用但尚未清偿的具有契约性偿还义务的全部债务。

理解国际债务的概念应该掌握以下四点：①它是居民与非居民之间的债务，债权方必须是非居民，债务方是本国居民；②它是具有契约性偿还义务的债务，按此定义，国际债务不包括外国直接投资，因为它不是“具有契约性偿还义务”的债务；③它是某时点的外债余额，即外债是一个存量概念而非流量概念；④它包括以外币表示的外债和以本币表示的外债。

2003年，我国公布的《外债管理暂行办法》明确规定，我国的外债是指我国境内的机关、团体、企业、事业单位、金融机构或者其他机构对我国境外的国际金融组织、外国政府、金融机构、企业或者其他机构用外国货币承担的具有契约性偿还义务的全部债务。

> 中国政府的外债定义：中国境内的机关、团体、企业、事业单位、金融机构或者其他机构对中国境外的国际金融组织、外国政府、金融机构、企业或者其他机构用外国货币承担的具有契约性偿还义务的全部债务。

2. **国际债务的类型**

（1）按照债务类型划分，外债可分为外国政府贷款、国际金融组织贷款和国际商业贷款。外国政府贷款是指一国政府向外国政府举借的官方信贷。国际金融组织贷款是指

一国政府向世界银行、亚洲开发银行、联合国国际农业发展基金（IFAD）和其他国际性、地区性金融机构举借的非商业性信贷。国际商业贷款是指一国境内机构向非居民举借的商业性债务，包括：①向境外银行和其他金融机构借款；②向境外企业、其他机构和自然人借款；③在境外发行中长期债券（含可转换债券）和短期债券（含商业票据、大额可转让存单等）；④买方信贷、延期付款和其他形式的贸易融资；⑤国际融资租赁；⑥非居民外币存款；⑦补偿贸易中用现汇偿还的债务；⑧其他国际商业贷款。

（2）按照偿还责任划分，外债可分为主权外债和非主权外债。主权外债是指由一国政府举借的、以国家信用为担保的外债。非主权外债是指除主权外债以外的其他外债。

（二）国际债务风险的衡量指标

国际债务风险常用的衡量指标有以下几种：

1. 偿债率

偿债率是指一国当年应偿还外债本息之和占当年产品和服务出口收入的比率，它是衡量一国还款能力的主要参考指标，用公式可表示为：

$$\text{偿债率}=\frac{\text{当年应偿还外债本息之和}}{\text{当年产品和服务出口收入}}\times 100\%$$

国际上通常认为偿债率保持在20%以下是安全的，25%为警戒线。

2. 债务率

债务率是指一国当年末的外债余额占当年产品和服务出口收入的比率，它是衡量一国负债能力和风险的主要参考指标，用公式可表示为：

$$\text{债务率}=\frac{\text{当年末的外债余额}}{\text{当年产品和服务出口收入}}\times 100\%$$

国际上公认的债务率参考数值为100%，即假定当年末的外债余额全部到期，该国也能用当年产品与服务的出口收入偿还。

3. 负债率

负债率是指一国当年末的外债余额与当年国民生产总值（GNP）的比率，它是衡量一国经济增长对外债的依赖程度或外债对一国经济增长贡献度的参考指标，用公式可表示为：

$$\text{负债率}=\frac{\text{当年末的外债余额}}{\text{当年国民生产总值}}\times 100\%$$

负债率的高低反映该国国民生产总值对外债负担的能力。国际上通常认为该比率不应高于10%，超过这个数值，一国就有可能过分依赖外债，当金融市场或国内经济发生动荡时，容易出现偿债困难。

4. 短期外债比率

短期外债比率是指在一国当年末的外债余额中，一年和一年以下期限的短期债务所占的比重，用公式可表示为：

$$短期外债比率=\frac{当年末的短期外债余额}{当年末的外债余额}\times 100\%$$

短期外债比率是衡量一国外债期限结构是否安全合理的重要参考指标。国际上公认的参考安全线为 25%。

5. **其他外债衡量指标**

除以上常用的衡量一国偿债能力和债务负担的指标以外，还有一些指标可以作为参考：

（1）外汇储备与短期外债之比。该指标衡量的是一国偿还短期外债的能力，是国际清偿力的重要标志。该指标应大于 100%。

（2）外汇储备与外债余额之比。该指标反映一国偿付全部外债的能力，是一国国际清偿力和国际信誉的重要保证。根据国际惯例，该指标的合理水平应该保持在 30%～50%。

（3）当年外债付息额与当年国民生产总值之比。根据经验数据，这个比率控制在 5%以下是安全的。

（4）外债总额与本国黄金、外汇储备之比。该指标一般控制在 3 倍以下是安全的。

总之，应将衡量外债风险的各项指标综合起来考虑，才能较客观地判断一国外债水平的安全值，如表 9－3 所示。

表 9－3　国际债务风险的衡量指标

指标	偿债率	债务率	负债率	短期外债比率
合理水平	＜20%	＜100%	＜10%	＜25%
指标	外汇储备与短期外债之比	外汇储备与外债余额之比	当年外债付息额与当年国民生产总值之比	外债总额与本国黄金、外汇储备之比
合理水平	＞100%	30%～50%	＜5%	3 倍以下

二、国际债务危机爆发的原因

国际债务危机（debt crisis）是指一国不能按时偿付其国外债务（包括主权债务和私人债务）所导致的主权信用水平下降的危机，表现为大量的公共或私人部门无法清偿到期外债，一国被迫要求债务重组和国际援助。国际债务危机的爆发是国内外因素共同作用的结果，但外因往往具有不可控的性质，并且外因总是通过内因起作用。

（一）国际债务危机爆发的内在原因

1. **不切实际地追求高速经济增长目标**

盲目借取大量外债、追求不切实际的经济发展速度是拉美债务危机的基础性原因。在第二次世界大战后，许多拉丁美洲国家急于实现国民经济的现代化，制订了远超本国财力限制的经济发展规划，同时实行高目标、高投资、高速度的方针。按 1980 年美元计算，1960—1980 年拉丁美洲地区国内生产总值和国民储蓄仅增加了 2 倍，而总投资却提高了 2.9 倍。这种不切实际、急于求成的增长目标，最终使拉丁美洲国家陷入了债务泥潭而不能自拔。

2. 国内经济政策失误导致不合理的经济发展结构

国内经济政策失误导致不合理的经济发展结构，从而引起外汇收入不稳定，造成偿还外债困难。例如，拉丁美洲国家长期经受殖民统治，因而经济畸形，多数国家的经济结构是以出口少数几种农产品和矿产品为主的单一经济结构，对外部经济依赖性很强。拉丁美洲各国都必须靠进口来弥补国内生产与消费的缺口，而其本身的出口收入又不足以填补进口支出所需要的外汇，不得不依赖外国资金，这也是导致拉美债务危机的一个重要原因。

类似的现象也出现在欧洲主权债务危机中。遭受主权债务危机的欧元区国家普遍存在经济结构不合理的现象，包括国内产业结构单一、工业基础薄弱、收入过于依赖外向型产业以及经济金融化等，其中以希腊、爱尔兰和冰岛最为显著。希腊采用典型的外向型经济发展模式：国内收入主要依赖农业，而国际收入以海运、旅游和侨汇三大外需型产业作为主要来源，其中又以旅游业对 GDP 的贡献最大。金融危机的爆发直接导致了其赖以生存的旅游业和海运业受到重创，两个支柱产业的萎缩大幅减少了其财政收入。爱尔兰和冰岛因过度依赖房地产开发以及经济金融化而导致了经济结构失衡。

3. 财政赤字庞大，债务负担沉重

巨额财政赤字迫使政府和国有企业大举借用外债，最终导致偿债困难。例如，2008 年美国次贷危机爆发后，为避免陷入与美国类似的经济深渊，欧元区国家开始实施财政刺激政策，比如对金融体系进行担保、启动财政政策的自动稳定器机制等，这一系列政策直接导致了欧元区国家财政状况的恶化以及债务规模的攀升。根据欧洲中央银行的统计，2008—2010 年欧洲总体债务水平从 2008 年的 69.4%增至 2010 年的 84.7%，其中因金融危机而出台的刺激政策和金融支持政策使债务水平提高了 25%～30%。居高不下的财政赤字和债务水平加大了相关国家经济的脆弱性，在市场疲弱时期很容易演变成危机。

4. 债务国缺乏有效的外债宏观调控，管理混乱

债务国缺乏有效的外债管理，主要表现在：

（1）外债规模膨胀。外债规模远超本国的还本付息能力。国际公认的偿债率安全线为 20%以下，但 1983 年墨西哥、巴西、阿根廷和委内瑞拉的偿债率分别高达 126%、117%、153%和 101%。它们的外债规模远超警戒线，最终导致了债务危机。

（2）外债结构不合理。例如，商业贷款比重过大，会增加偿债负担；外债币种过于集中，汇率风险大，一旦该外币升值，外债就会增加；外债期限结构不合理，短期外债比重过大，超过国际警戒线；偿债期限不合理，造成偿债时间集中，若流动性不足以支付到期外债，就会爆发危机。例如，在拉美债务危机中，拉丁美洲国家所借外债的 80%～90%来自外国私人银行贷款，而且短期债务比率高达 30%以上。这类贷款的条件苛刻、偿还期短，大多数贷款的利率随美国利率浮动，在美国利率多次上调后，拉丁美洲国家的债务负担大幅增加，造成不得不借新债还旧债的恶性循环。

（3）外债投向不当，投资效率和创汇率较低。当时，拉丁美洲国家借入的大部分外债不是用于生产性投资，而是用于非生产性支出，或者是用于弥补国有企业的亏损，这大大削弱了外债偿还能力，埋下了债务危机的隐患。

（二）国际债务危机爆发的外在原因

1. 世界经济衰退或金融危机是债务危机的主要诱因

进入20世纪70年代后，国际社会经历了两次石油危机。1973年10月6日，第四次中东战争爆发后，阿拉伯石油输出国组织部长会议于17日发表公告宣布，该组织成员国决定立即把对美国等支持以色列侵略行为的国家的石油供应逐月递减5%。接着，阿拉伯联合酋长国、利比亚、阿尔及利亚、沙特阿拉伯和科威特等国决定完全停止向美国输出石油。石油禁运导致原油供应不足，油价从每桶3美元猛涨至每桶12美元，使西方工业发达国家的经济受到重创。1978年秋，石油出口量占当时世界第二位的伊朗国内政局动荡，国际市场石油供应再度出现紧张。1979年初，伊朗采取抑制原油生产的政策，其他阿拉伯产油国也相继采取行动；与此同时，它们均大幅提高油价。1980年秋，世界市场原油价格从每桶13美元猛涨到每桶34美元。这就是人们所说的第二次石油危机。

两次石油危机导致了20世纪80年代初以发达国家为主导的世界经济衰退，西方经济陷入了停滞与通货膨胀并存的局面。为了自身的利益，发达国家在采取紧缩性政策的同时，加强了贸易保护主义，向发展中国家转嫁危机。除提高进口关税外，西方发达国家还设置了各种非关税壁垒，包括进口限额、进口最低限价以及严格的海关手续、质量检查等。贸易保护主义对以出口为外汇收入主要来源的拉丁美洲国家造成了沉重打击。

与此类似，欧洲主权债务危机是2008年美国次贷危机及其后续金融危机的延续，金融危机也是欧洲主权债务危机的主要诱因。在金融危机后，全球经济低迷对开放的欧洲经济体造成巨大冲击。欧元区16国2009年的GDP增长率为－4%，是自欧元区成立以来的首次年度负增长，而失业率由2008年底的8.2%上升到2009年的9.9%。更为严重的是，以冰岛、希腊和西班牙为代表的高债务国家在2009年和2010年进入了集中还款期，严重的债务问题由此引发；再加上欧元区有关国家为应对金融危机冲击，纷纷实行扩张性财政政策，使得本已状况不佳的财政和公共债务问题雪上加霜。

2. 国际金融市场上利率和汇率的上浮增加了债务成本

国际金融市场上借贷利率的急剧上升，增加了债务国的偿债负担。20世纪70年代美国的实际利率都在2%以下。进入20世纪80年代后，美国的利率持续攀升，在1988年达到自20世纪30年代大萧条以后的最高水平。债务成本的提高，使拉丁美洲国家的债务负担大大增加。1972年，拉丁美洲国家外债的利息为69亿美元，1982年上升到390亿美元，1987年更是高达610亿美元。1977—1987年的10年间，拉丁美洲国家的债务额增加了3倍，而利息支出额却增加了9倍。

3. 统一的货币制度使得宏观经济调控缺乏灵活性

这是欧洲主权债务危机的主要外因之一。欧元区的建立是最优货币理论的大胆实践，也是国际经济学领域中政策实践的伟大创举，带来了诸多福利。但是，由于实行统一的货币政策，欧盟在进行新的货币政策抉择时，需要更大的协调成本。因此，在遇到经济波动时，欧盟各成员国只能依靠单一的财政政策进行调控，其结果导致欧盟的财政纪律缺乏约束力。

1997 年欧盟推出了《稳定与增长公约》，规定了一系列财政纪律，目的在于确保欧元启动及欧元流通后的稳定，限制欧元区各国的政府支出，包括规定欧元区成员国的赤字率不超过 GDP 的 3%、债务率不超过 GDP 的 60%；如果某国的财政赤字超过这一比例，欧委会将启动“过度赤字程序……要求违规成员国缴纳占其 GDP 0.5%的不付利息的存款”。但在 2002 年，法国、德国的财政赤字率先超标；2005 年，《稳定与增长公约》被修改，同意成员国的财政赤字比例在特殊情况下可以超标。欧元区财政约束机制的软化为欧洲主权债务危机埋下了祸根。

4. 国际评级机构下调主权信用评级加速了债务危机的爆发

国际资本对信用评级机构的依赖程度较高，当一国的主权信用评级被下调后，导致相关国家的资金外逃，挤出效应明显。另外，评级标准往往存在顺周期性，不利于揭示经济的潜在威胁，即在经济上升周期，评级机构往往给予积极、乐观的评价。例如，在 2007 年美国次贷危机发生前，评级机构给予高负债率的发达国家较高的信用等级，使其可以利用高信用评级，低成本地占有全球 90%以上的信用资源，却掩盖了可能的债务风险；然而，当经济处于下行周期时，评级机构对相关国家的负面展望评级又加剧了市场的悲观预期，不利于陷入债务危机泥潭的国家在国际金融市场上举借新的债务来缓和债务危机，从而加速了债务危机的爆发。

三、国际债务危机的解决方案与措施

由于债务危机的具体原因不同，债务危机的解决方案与措施也会有所不同，下面分别介绍拉美债务危机和欧洲主权债务危机的解决方案与救助措施。

（一）拉美债务危机的解决方案与救助措施

1982 年拉美债务危机爆发后，债务国、债权国及国际社会都为寻求解决危机的对策而积极努力。拉丁美洲国家对国内经济进行了调整，而国际社会则通过融资和减免债务等帮助拉丁美洲国家缓解债务压力，重建国际金融秩序。

1. 拉丁美洲国家的国内经济调整

拉丁美洲国家对国内经济的调整可分为应急性调整和战略性调整。

（1）应急性调整。主要措施是：第一，压缩公共开支，减少财政赤字。在债务危机爆发后，拉丁美洲各国立即采取措施压缩政府支出。巴西在 1983 年和 1984 年削减预算 10%。1987 年，巴西宣布，把该年的公共赤字占 GDP 的比重由 6.7%降到 3.5%。阿根廷政府也下令削减公共开支，把预算赤字占 GDP 的比重从 1983 年的 18%降到 1984 年的 4%。第二，调整金融政策，防止资金外逃。自危机开始后，拉丁美洲各国都先后加强外汇管理。1982 年，巴西开始对银行的外汇进行管制，把私人银行的外汇存入国库的最低限额从 40%提高到 60%，并规定一切向国外汇出外汇的业务，统一由巴西中央银行集中办理。1983 年，巴西还将货币贬值 30%；同年，拉丁美洲其他各国均宣布本国货币贬值。第三，鼓励出口、限制进口，以改善国际收支。巴西在 1986 年制订的新经济规划中要求 1987 年争取外贸盈余 86 亿美元，以后每年盈余 100 亿美元。其他拉丁美洲国家纷纷限制非必需品尤其是奢侈品的进口。

(2) 战略性调整。主要措施是：第一，修改发展计划，放慢经济增长速度。第二，调整工农业比例，加强农业部门，使国民经济在部门协调的基础上稳定增长，主要通过增加农业贷款、减免农业税收、培育良种、推广先进技术等措施来促进农业发展。第三，实行能源多样化措施，以避免依赖单一能源所带来的被动局面。一些国家在发展石油产业的同时，注意煤炭、水力、核能、地热能等能源的发展。第四，改革国有企业，将部分国有企业私有化，并关闭部分长期无经济效益的国有企业，以减轻亏损及国家的债务负担。

2. 国际上解决拉美债务危机的对策

(1) 债务重新安排，包括官方债务重新安排和商业银行债务重新安排。

在官方债务重新安排方案中，由国际货币基金组织制订经济调整计划，然后交由十国集团负责安排。典型的债务重新安排措施包括将现有借款的80%～100%延长偿还时间，通常有4～5年的宽限期，然后分8～10年偿付，利率由各债权国与债务国协商。此外，其中一部分债务采用再融通方式解决，即借新债还旧债。这种方式只限于政府的直接借款和由政府担保的各种中长期借款。

在商业银行债务重新安排方案中规定：在完成政府官方债务重新安排及偿还利息欠款后，对本期或一年内到期的长期债务进行重新安排（有时也包括到期未付的本金）。延长还款期6～9年，包括2～4年的宽限期，相应的利率高于伦敦银行同业拆借利率。由于债权银行在计息标准、货币构成和偿还期等方面所做的让步是以不损害自己的利益为前提的，因此债务国的负债总额不可能因债务重新安排而减少，只是变成“缓期执行”而已。

(2) 债务资本化。债务资本化是指债务国将部分外债转变为债权人对本国的投资，包括债务转换股权、债务转换为资源保护以及债务调换等，从而达到减少其外债的目的。

债务转换股权是1983年以后出现的解决债务国部分债务的方法。具体做法为：债权方、债务方和政府三方经谈判同意后，委托某中介机构将贷给公共部门或私人部门的贷款向二级市场打折出售，有时外国债权银行亦把债权直接打折售给债务国中央银行。投资人向债务国金融当局提出申请，在取得同意后，即以这一折扣价买下这笔债务，然后到债务国中央银行按官方汇率贴现，兑换成该国货币。投资人再使用这笔货币在该债务国购入股权进行投资。因此，这笔债务便从债务国的外国贷款登记机构中注销而转为股票投资登记机构记录的股权了。

债务转换股权的优点是：①无须动用外汇储备就可减少债务，并可引进先进技术和提高就业率；②可在一定程度上缓解债务国缺乏资金的矛盾；③可吸引外逃资金回国参加建设。但是，其不利影响也是存在的：①若债务转换股权采用过多，引进过量外资，将导致一些部门的控制权逐渐落入外国公司之手，出现经济被外资控制的局面；②如果政府通过全国的银行系统筹措债务转换股权所需的资金，势必造成债务国货币供应量大增，进而引发通货膨胀，对汇率和国内经济产生不利影响；③单纯通过国内资本市场进行融资以满足债务转换股权的资金需求，会导致国内资金紧张，产生利率上升的压力。因此，这种方法不能广泛实施。

债务转换为资源保护是指通过债务转换取得资金用于保护自然资源。这一措施是由世界野生生物基金会（现世界自然基金会）于1984年提出的。具体做法为：世界野生生物基金会与债务国金融机构、中央银行、政府资源管理机构或私人自然资源保护组织达成原则协议，确定换成当地货币的汇率及管理和使用这笔资金的代理机构；然后，以其收到的捐赠资金从私人银行或二级市场以折扣价购进债务，转售给债务国资源管理机构或私人自然资源保护机构，并向该国中央银行兑换成该国货币，而后再交给资源保护机构用于环保项目投资。

债务调换是指发行新债以偿付旧债。具体做法为：一国以债券形式举措新债，通过出售债券取得现款，以便在二级市场上回购债务或直接交换旧债。如果新债券能以比现有债务低的折现率出售，就可以达到减少债务的目的。然而，这种方法受制于一国的主权信用等级及资本市场的发达程度。

（二）欧洲主权债务危机的解决方案与救助措施

在欧洲主权债务危机爆发后，债务国、欧盟以及国际货币基金组织从不同层面推出了各项救援措施。就债务国而言，主要采取了一揽子财政紧缩计划，以缓解国内困境和作为接受国际救援的条件。欧盟和国际货币基金组织考虑到欧洲市场可能的危机溢出效应，推出了历史上金额最大的救援计划，旨在帮助债务国脱离危机和遏制危机的进一步蔓延。

1. 债务国的自救

自2010年4月开始，债务国开始大力推出多项救助措施以及一揽子改革措施，以遏制危机的蔓延。例如，希腊政府承诺在未来三年内削减政府财政预算400亿欧元，到2014年将财政赤字占GDP的比例从2009年的12.7%降至3%。与此同时，希腊还实施了结构性改革，包括提高税收、降低工资和养老金以及冻结招收公务人员计划。

2. 欧盟和国际货币基金组织的救援

欧元区成员国与国际货币基金组织为了防止危机的蔓延，批准向希腊出资1 100亿欧元，其中国际货币基金组织承担300亿欧元，其余800亿欧元由欧元区成员国承担。此外，救援方案要求希腊政府在未来三年内实施紧缩性财政政策并进行结构性改革。2010年5月，欧洲经济金融事务特别会议决定设立总额为7 500亿欧元的欧洲金融稳定基金（EFSF），这7 500亿欧元的救助资金由三部分构成：2 500亿欧元由国际货币基金组织承担；600亿欧元需要靠欧盟从金融市场上筹集；其余4 400亿欧元将由欧元区成员国提供担保的欧洲金融稳定基金筹措。

案 例

欧洲主权债务危机的爆发及蔓延

自2007年美国次贷危机爆发后，危机迅速在全球蔓延，并重创各国经济，成为自大萧条以来最严重的经济危机。为此，各国政府相继出台了史无前例的大规模财政政策和货币政策，以刺激本国经济增长、应对金融危机带来的不利影响。但是，积极宽松的财政政策和货币政策在给全球经济注入流动性的同时，也给各国政府带来了巨大的财政赤字，为主权债务危机的爆发埋下了隐患。欧洲主权债务危机正是在这一背景下发生的。

狭义的欧洲主权债务危机肇始于希腊。2009 年 10 月，希腊新一届政府公布了上届政府掩盖的该国真实的财政状况。新一届政府宣布将 2009 年财政赤字占 GDP 的比重从预期的 6%提高至 12.7%，公共债务的比重也升至 113%，分别远高于 1997 年欧盟推出的《稳定与增长公约》中规定的 3%和 60%的上限。同年 12 月，由于担忧希腊主权债务的偿还能力，惠誉、标准普尔及穆迪三大国际评级机构相继下调希腊的主权信用评级，希腊的国债收益率飙升、融资成本加大、融资难度剧增，债务危机就此引爆。

由于担心救助将引发道德风险，同时由于欧元区各国缺乏相应的救援机制，欧元区对希腊债务危机反应迟缓。主权债务危机开始向同样债台高筑的葡萄牙、西班牙、爱尔兰及意大利等国（希腊及该四国一起被戏称为“欧猪五国”① ）蔓延。这五国的财政赤字及公共债务占各国 GDP 的比重都远超《稳定与增长公约》所规定的上限。

信用评级助推欧洲主权债务危机蔓延，使欧洲主权债务危机恶化。2010 年 6 月至 2011 年 6 月，三大国际评级机构下调希腊主权信用评级至垃圾级；2011 年 9 月 20 日，标准普尔下调意大利主权信用评级；2012 年 1 月 13 日，标准普尔对 9 个欧元区国家长期信用评级进行了下调，其中法国和奥地利均丧失了 3A 评级；2012 年 1 月 29 日，惠誉宣布对意大利、西班牙等 5 个欧元区成员国的主权信用评级进行下调；2012 年 2 月 14 日，穆迪也宣布下调对意大利、葡萄牙、斯洛伐克、斯洛文尼亚和马耳他的主权信用评级。

随着欧洲主权债务危机在欧元区国家的蔓延并对欧元区经济的稳定构成了巨大威胁，欧元区面临成立以来最严峻的考验。在欧盟理事会、欧洲央行及国际货币基金组织三方的共同努力下，欧洲主权债务危机才在一定程度上得到了暂时的控制。

然而，欧洲主权债务危机爆发的根本原因——欧元体制设计的缺陷（即欧元区财政政策和货币政策的不协调）并未改观，各成员国经济发展的差异以及财政政策和货币政策的错配并未得到根本治理，因此欧洲主权债务危机无法得到根本解决。与此同时，由于欧元区各成员国经济复苏乏力，欧洲主权债务危机仍在不断发展中。

第三节　货币危机

短期资本大量流出是引发一国货币危机的主要诱因，货币危机是国际投机资本流动所导致的最严重后果之一。

一、货币危机的定义

从广义上说，货币危机（currency crisis）是指一国货币的汇率变动在短期内超过一

① 欧猪五国（英语：PIIGS）是国际债券分析家、学者和国际经济界媒体对欧洲五个主权信用评级较低的经济体的贬称。这个称呼涵盖葡萄牙（Portugal）、意大利（Italy）、爱尔兰（Ireland）、希腊（Greece）、西班牙（Spain），特别是指各国的债券市场，这些国家的公共赤字都超过了 3%。“欧猪五国”最初被戏称为“欧猪四国”（PIGS），其中的“I”是指意大利，后来加入了爱尔兰。

定幅度（有的学者认为该幅度为 15%～20%）；从狭义上说，货币危机是指市场参与者通过外汇市场操作，致使该国固定汇率制度崩溃和外汇市场持续动荡的事件。因此，货币危机的一个明显特征就是本国货币的大幅贬值。

根据国际货币基金组织的界定，货币危机是指投机冲击导致一国货币贬值，或者迫使该国政府为保卫其货币而抛出大量外汇储备或者大幅提高国内利率水平的一种现象。

> 需要注意的是，货币危机和金融危机既有区别，又有联系。
>
> 金融危机既表现为汇率波动，又表现为股票市场和银行体系等国内金融市场上的价格波动以及金融机构的经营困难与破产等。
>
> 货币危机可以诱发金融危机，而由国内因素引起的一国金融危机也会导致货币危机的发生。

二、货币危机的生成机制

（一）投机性资本流动是引发货币危机的直接原因

当一国爆发货币危机时，如果国内并不存在经济或政治因素的恶化，那么这一危机通常是由投机性资本流动带来的投机性冲击引起的。一般来说，投机性资本流动是引发货币危机的直接原因。如前所述，投机性资本流动是指投资者利用国际市场上金融资产或产品的价格波动进行高抛低吸的资本流动。这种国际资本又称“游资”或“热钱”（hot money）。

投机性资本流动具有以下特点：①在期限上，国际投机资本首先是指“短期资本”，故人们形象地称它为“热钱”；②从动机上看，国际投机资本追求的是短期高额利润，而非长期利润；③从活动范围上看，国际投机资本并无固定投资领域，而是在各金融市场上迅速移动，它们可以在黄金市场、房地产市场、艺术品市场以及其他投机性较强的市场上频繁转移；④对经济和政策的各种变动极为敏感，资金流动的反复性大，具有较强的投机性；⑤受心理预期因素影响突出，这些预期有时是建立在经济基础上的，有时纯粹是由未经证实的信息和谣言导致的。

（二）投机性冲击的投机策略

投机者利用各类金融工具的交易（如即期交易、远期交易、期货交易、期权交易、互换交易等）同时在各类市场（如外汇市场、证券市场以及各类衍生品市场）上做全方位的投机，构成了立体投机策略。

对于典型的投机性冲击策略，对冲基金使用得最多。对冲基金就是投机性的投资公司，其目的是利用各种金融衍生工具来建立资产组合，从而获利。对冲基金的投资策略是，当它认为某种资产的价格会上涨时，就持有该种资产的多头；当它认为某种资产的价格会下跌时，就持有空头。如果投机者确信自己对未来的判断，就会借钱来做多或做空，或者两个都做，以牟取投机利润。对冲基金的特点是：第一，经常脱离本土在境外活动。第二，高杠杆性（高达 30～50 倍）。其在交易中的负债比率非常高，往往从银行或金融市场借入远超其资本数量的资金进行投机活动。第三，私募性。对冲基金属于私募基金，因而与共同基金和养老基金相比，其受到的监管较少，无须进行严格的信息披露。第四，大量从事金融衍生工具交易。由于在金融衍生交易中只要少量的保证金就可以进行交易，故对冲基金又获得了远超其实力的对市场的控制力。这些特点使得对冲基金的投机成分浓厚，成为在国际金融市场上兴风作浪的急先锋。一般认为，对冲基金的投机活动直接引发了1992年欧洲地区的货币危机和1997年的东南亚金融危机。

下面以对冲基金为例，对典型的投机性冲击的立体投机方式进行分解式剖析。

1. 在现货市场上利用即期外汇交易造成投机性冲击

当投机者预期某种货币即将贬值时，就会着力打压，迫使其迅速贬值。投机者能否成功打压的关键之一在于能否掌握足够数量的该种货币，然后在现货市场上强力抛售并引起恐慌性的跟风抛售。通常说来，投机者获得该货币的渠道有：①从当地银行获得贷款；②出售持有的以该货币计价的资产；③从离岸市场融资；④从当地股票托管机构借入股票并将其在股票市场上卖空。在筹集到足够的该种货币之后，投机者就在外汇现货市场上集中抛售。若能引起该货币强烈的贬值预期，并引起跟风性抛售（即“羊群效应”[①]），则该货币将迅速贬值。待该货币贬值后，投机者再在即期外汇市场上，以较少的外汇买进原先借取的该货币，并偿还各类贷款或股票。其间的差价就是投机利润。

例如，在1997年亚洲金融危机前的1992年，泰国为了取代即将回归中国的香港成为东南亚地区的国际金融中心，开办了曼谷国际银行设施（BIBF）（即离岸金融中心），放松了对资本账户的管制，为投机者提供了活动空间。投机者事先通过曼谷国际银行设施、泰国境内的非居民账户以及新加坡的亚元市场借入大量泰铢。1997年3月，泰国金融业出现动荡，投机者在外汇市场上大举抛空泰铢、购入美元，待泰铢汇率滑落后，再用手中美元购回贬值后的泰铢归还，并从中牟利，即

借本币→即期抛售本币→羊群效应→本币汇率下跌→购入本币→偿还本币债务→赚取汇差

2. 在远期外汇市场上利用远期外汇交易造成投机性冲击

如果说即期外汇市场还需要现实的资金进行交易，那么远期外汇交易就为投机者提供了更大的活动空间。如果投机者预期某种货币的远期汇率偏离未来的即期汇率水平，如远期外汇趋于升水，就会向当地银行买进大量远期合约，约定在未来某一时间以事先确定的远期汇率购买本币。为了规避风险，与投机者签订远期合约的银行将通过对冲远期合约来弥补头寸，即在现货市场上抛出本币、买进外币，其结果导致现货市场上本币供给增加，造成本币贬值、外币升值的压力。这样，投机者就可以通过交割远期合约买进外币，并在现汇市场上高价抛出，从而赚取差价利润。

举例说明，假设3月10日泰铢的即期汇率为1美元兑24.90泰铢，90天远期汇率为

① “羊群效应”是指人们经常受到多数人的影响，并跟从大众的思想或行为，又称“从众效应”。金融市场中的“羊群效应”是一种特殊的非理性行为，是指在信息环境不确定的情况下，投资者的投资行为受到其他投资者的影响，进而模仿他人的决策，或者过度依赖舆论，而不考虑自己的信息。由于“羊群效应”是涉及各个投资主体的相关性行为，它不仅对市场的稳定性和效率有很大影响，而且与金融危机有密切关系。

1 美元兑 25 泰铢，远期美元有升水趋势，于是投机者买入 100 万美元的 3 个月期远期外汇（交割时需要动用 2 500 万泰铢）。与此同时，在这三个月内，投机者将手中现有的泰铢不断抛出，以扰乱市场信心，泰铢汇率可能因此一跌再跌，导致远期外汇升水。假设 90 天后，泰铢的即期汇率滑落到 1 美元兑 30 泰铢（美元远期升水），则投机者只需用 83.33 万美元即可买入 2 500 万泰铢，用来交割先前买入的 100 万美元的远期合同，最终获利 16.67 万美元，即

卖出远期本币(买入远期外汇)→羊群效应→本币汇率下跌→买入即期以交割远期→赚取汇差

3. 在期货、期权市场上利用外汇期货、期权交易造成投机性冲击

如果某种货币趋于贬值，投机者还可以利用外汇期货、期权交易进行投机。在这种情况下，投机者先持有软币的空头期货或看跌期权，若软币在现货即期、远期打压下被迫贬值，则期货价格下跌、期权溢价，投机者可以在期货、期权市场上进行对冲交易，以赚取汇率差价，即

持有本币期货空头或买入看跌期权→羊群效应→本币汇率下跌→平仓期货或交割期权→赚取汇差

4. 利用货币当局的干预措施投机

这种投机策略主要是针对实行固定或钉住汇率制度的国家，其政府或中央银行有确保本国货币汇率相对稳定的承诺。中央银行维护本币汇率稳定最常见的外汇市场干预措施是：①动用外汇储备买入本币，以缓解本币贬值压力；②提高本币利率，以提高投机性冲击的借款成本。若投机者预料到中央银行入市干预的行动将受其外汇储备规模所限而提高本币利率，就可以利用利率上升进行投机并从中获利。

例如，由于利率上升会引起股票价格下跌，此时，投机者可先从股票托管机构借入股票，然后在股票市场抛售。外汇市场上的本币贬值压力在使中央银行提高利率后，借助市场恐慌使股票价格下跌。此时，投机者在低价位补回股票，买卖价差就是其收益。同理，投机者还可以通过事先持有股票指数期货空头或看跌期权，并通过对冲交易赚取投机利润，即

抛售股票或购入股指期货空头→投机性冲击→利率上升→股市下跌→购入股票或股指期货平仓→赚取股票差价

当然，在实践中，上述分解的各种投机方式几乎是同时发生的。在投机性冲击成功后，往往伴随货币危机的是全面的金融危机，于是被冲击的货币汇率和国内资产价格可能调整过度，投机者还可以顺势获利。

三、货币危机成因的理论解释

从 20 世纪 70 年代开始，国际金融市场危机频现，从而引发了金融危机理论的大发展。其中，货币危机理论的兴起尤为引人注目。这里仅从狭义的货币危机角度，对货币

危机成因的各种理论解释做一个简单介绍，不涉及各类模型的具体内容，有兴趣的读者可以自行参阅这方面的专著和论文。

这里重点介绍三代货币危机理论：强调扩张性财政政策和货币政策与固定汇率制度之间内在矛盾的第一代货币危机理论、强调货币预期自我实现机制的第二代货币危机理论以及强调裙带资本主义和金融机构道德风险与金融危机之间关系的第三代货币危机理论。

（一）第一代货币危机理论——国内信贷的持续扩张

第一代货币危机理论由克鲁格曼于 1979 年首创，而后在 1984 年经弗勒德（Flood）和加伯（Garber）等人扩展及简化后得以完善，因此该理论又称克鲁格曼-弗勒德-加伯模型。

1. 第一代货币危机理论的基本思想

第一代货币危机理论具有浓重的货币主义色彩，其核心观点是：在一国货币需求稳定的情况下，国内信贷扩张会带来外汇储备的流失和宏观基本面的恶化，导致原有的固定汇率制度在投机冲击下崩溃，进而引发危机。

（1）宏观经济基本面因素。宏观经济基本面的恶化包括外部不平衡（如经常账户赤字以及相对较低的外汇储备等）和内部不平衡（如金融体系的不健康运行、巨额财政赤字以及高企的通货膨胀等）。宏观经济基本面因素是导致货币危机的必要条件而非充分条件，它不一定能准确地预测出一国何时爆发货币危机。这是因为，即使在正常时期也不能保证宏观经济基本面因素的完好。因此，只能说当宏观经济基本面恶化时，投机攻击容易成为货币危机的催化剂。

（2）国内信贷的持续扩张。其基本分析逻辑是：根据国际收支的货币分析法的观点，一国的货币需求是稳定的。一国的货币供给由国内信贷和外汇储备（即外汇占款）两部分构成，即

$$M_s=M_d=D+R$$

在其他条件不变时，如果一国通过持续扩张国内信贷来为财政赤字融资，就会带来货币供给的增长，当货币供给超过了该国居民对货币的需求时，该国居民就会通过向外国居民购买产品、服务和金融资产等国际经济交易活动引起该国国际收支赤字，从而减少外汇储备，最终使货币供给重新回到与货币需求平衡的水平，如图 9－3 所示。

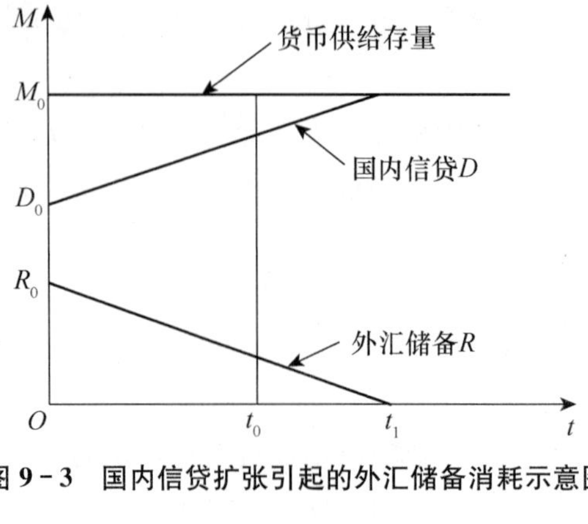

图 9－3 国内信贷扩张引起的外汇储备消耗示意图

图 9－3 表明，在国内货币需求稳定的情况下，国内信贷（D）的扩张会带来外汇储备（R）的等量减少。由于外汇储备有限，国内信贷的持续扩张最终会使该国货币当局耗尽外汇储备。而外汇储备是政府维持固定汇率的主要工具，因此，如果一国对外汇储备水平设定最低值，则当外汇储备低于最低值时，政府将宣告放弃固定汇率制度。此时，由汇率浮动确立的汇率水平会较原有的固定汇率水平有大幅的贬值。在图 9－3 中，当时间到达 t_1 时，外汇储备耗尽，固定汇率制度必然崩溃。

（3）投机攻击和固定汇率制度的提前崩溃。如果市场上不存在投机者，那么固定汇率制度的崩溃只是外汇储备随信贷扩张而逐渐消耗的结果。但是，如果投机者通过在外汇市场上卖出本币、买入外汇的方式对本国货币进行攻击，那么政府就会使用外汇储备来维护固定汇率制度，这就会加快外汇储备的流失和固定汇率制度的崩溃。

如果投机者根据宏观经济基本面的真实情况（如国内信贷的持续扩张）预期到固定汇率制度的崩溃，就会以目前的固定汇率购入外汇，以等待固定汇率制度的崩溃，而后出售外汇牟利。如果市场上的投机者在某一时刻集中抛售本国货币、抢购外汇，就会形成对该国固定汇率制度的投机冲击，这一攻击会使该国的外汇储备瞬间耗尽，固定汇率制度提前崩溃。

2. 第一代货币危机理论的特点与缺陷

第一代货币危机理论具有以下特点：

第一，在货币危机的成因上，它认为货币危机的发生是政府宏观政策（如财政赤字货币化）与固定汇率制度目标之间发生冲突的结果，同时强调宏观经济基本面的恶化是货币危机发生的根本原因，而国内信贷持续扩张是引起外汇储备流失的直接原因。因此，第一代货币危机理论认为政府的扩张性政策将经济推向了货币危机的泥潭。

第二，在货币危机的发生机制上，它强调投机攻击导致外汇储备下降到最低值是货币危机爆发的一般过程。在这一过程中，中央银行基本处于被动地位，市场预期只是使货币危机的发生时间提前，外汇储备存量才是决定是否放弃固定汇率制度的中心变量。

第三，在政策含义上，它认为紧缩性财政政策与货币政策是防止货币危机发生的关键。该理论认为，货币危机的根本原因在于宏观经济基本面，这是必要条件，而投机性冲击只是外在条件。因此，从国外借款、限制资本流动等措施只能暂时稳定汇率，如果没有宏观政策的调整，固定汇率制度最终仍将崩溃。

第一代货币危机理论的观点与 20 世纪 80 年代前绝大多数发展中国家货币危机的事实相符，它对于 1998 年的俄罗斯货币危机也有较强的解释力。在这些爆发货币危机的国家，普遍存在着巨额财政赤字货币化的现象。

但是，第一代货币危机理论的缺陷也是十分明显的：

首先，它忽视了引起货币危机的外部原因，把货币危机的成因完全归结为一国的宏观政策与固定汇率制度的不协调。在全球化程度不断提高的今天，这种分析是片面的。

其次，它对政府行为的分析过于机械和简单。该理论不仅忽略了政府可用的其他政策选择，而且忽略了政府在选择过程中对成本和收益的权衡，它认为政府只是按照一个固定的速度扩张信贷，并在外汇储备耗尽后让汇率浮动，这显然与现实不完全吻合。

在相当长的时期内，国际上发生的货币危机大多是由信贷扩张引发的。从第二次世界大战后来看，比较有影响的有20世纪70年代以来的墨西哥货币危机以及1982年的智利货币危机等。但是，进入20世纪90年代后，投机性资本流动对宏观经济的冲击越来越大，往往在宏观经济基本面还比较健康时，也会引发货币危机。因此，第二代货币危机理论应运而生。

（二）第二代货币危机理论——预期的自我实现

第一代货币危机理论无法解释一些国家和地区的货币危机，如发生在1992年的英镑危机。首先，在危机发生前，英国政府并没有长期通过货币化的手段来为其财政赤字融资；其次，众多数据表明，英国国内的信用扩张也是有限度的；最后，对于英国这样能够较轻易进入国际资本市场的国家而言，外汇储备是否充足不是一个问题，只要英国央行愿意在外汇市场进行干预，它就有足够的能力筹集到充足的外汇来维持英镑汇率的稳定。因此，英镑危机不仅在危机的发生机理上与第一代货币危机理论相去甚远，而且在投机冲击发生时，英国政府也不是在市场上进行无休止的干预，第二代货币危机理论——预期自我实现模型（又称奥布斯特费尔德模型）能对此进行较好的解释。

1. 第二代货币危机理论的基本思想

第一代货币危机理论认为，只有在宏观经济基本面出现问题时，投机者才会对一国货币发起攻击。第二代货币危机理论提出了另一种思路，它认为：投机者之所以对一国货币发起攻击，并不是因为宏观经济基本面的恶化，而是因为贬值预期的自我实现。

从理论上讲，当投机性冲击爆发后，政府可以通过提高利率来抵消市场贬值预期，吸引资本流入，以获得外汇储备、维持汇率平价。但是，如果提高利率维持汇率平价的成本远超维持汇率平价所能得到的收益，政府就会被迫放弃固定汇率制度。同样，投机者是否继续发动冲击也视投机性冲击的成本和冲击为投机者带来的收益而定。所以，固定汇率制度能否维持是政府和投机者各自对成本、收益比较分析的结果。

首先，考察投机者的行为。如前所述，投机者对一国货币的冲击步骤往往是，先在该国国内货币市场上借入本币，再在外汇市场上抛售本币、抢购外汇。如果这一冲击能取得成功，投机者就会在本币贬值后再用外汇购回本币，归还本币借款。这样，投机者的成本就是在本币市场上借入本币所支付的利息，其预期收益则是持有外汇资产期间的利息收益以及本币贬值所带来的汇差收入。只要预期投机冲击成功后该国货币的贬值幅度超过上述两种利率之间的差额，投机者就会进行投机冲击。

其次，考察政府的行为。政府通过提高利率来维持固定汇率制度的成本为：第一，如果政府债务的存量很高，则提高利率会进一步扩大财政赤字；第二，高利率引发借贷中的逆向选择和道德风险，不利于金融稳定；第三，高利率导致经济紧缩，加剧失业问题，甚至引发经济衰退，政治风险很高。相应地，政府通过提高利率来维持固定汇率制度得到的收益为：第一，为国际贸易和国际投资创造一个稳定的汇率环境；第二，发挥固定汇率制度的“名义锚”作用，遏制通货膨胀；第三，政府可从对固定汇率制度的维持中获得政策一致性的声誉，提高政府政策的可信度。

政府维持固定汇率制度所需承担的成本和能获取的利益是动态变化的，当成本远超收益时，就会导致政府主动放弃固定汇率制度。这可借用图9-4加以说明。

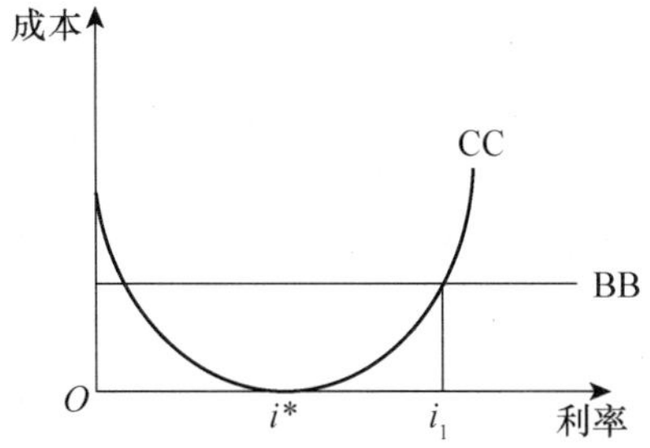

图 9-4 维持固定汇率制度的成本与收益示意图

在图 9-4 中，横轴表示本国的利率水平，纵轴表示维持固定汇率制度的成本，BB 曲线表示维持固定汇率制度的收益。根据前面的分析，它与利率无关，因此它在图上是一条水平线。CC 曲线表示维持固定汇率制度的成本变化，它随着利率的变动而变动。现在，假定经济中存在最佳利率水平 i^*，此时维持固定汇率制度的成本最低。当利率水平在此基础上逐渐降低或逐渐提高时，这一成本都将不断提高，因此 CC 曲线表现为两端向上倾斜的 U 字形。当利率水平为 i_1 时，维持固定汇率制度的成本与收益相等。从图上可以看出，当维持固定汇率制度所需的利率水平高于 i_1 时，维持固定汇率制度的成本将大于收益。此时，该国政府将会放弃维持固定汇率制度，货币危机爆发。

按照这一逻辑，货币危机发生的隐含条件是宏观经济中存在多重均衡。经济中至少存在两重均衡：公众对固定汇率制度能够维持的“好的预期”和“不好的预期”，每种预期都是自我实现的。其中，“好的预期”是公众对本国货币的贬值预期为零，从而能使汇率保持稳定。这是因为当公众预期汇率制度不会崩溃时，就不会产生对外汇储备的挤兑。在这种情况下，固定汇率制度维持的概率为 100%。“不好的预期”是存在贬值预期，当这种预期达到一定程度时，政府将不断提高利率以维持汇率平价，直至最终放弃汇率平价，这种均衡的结果就是货币危机。由“好的预期”向货币危机过渡往往是一些与经济基础完全无关的事件——“黑子事件”所导致的。这些“黑子事件”经常与国际短期资本流动的独特规律有关，当它导致投机者的贬值心理预期时，就会引发投机并使这一预期得以实现。

2. **第二代货币危机理论的特点**

第二代货币危机理论的特点是：

第一，它表明政府为抵御危机冲击而持续提高利率直至最终放弃固定汇率制度，这是货币危机发生的一般过程。利率水平是政府是否决定放弃固定汇率制度的中心变量。这一过程体现为一种恶性循环：政府通过提高利率来维持汇率平价→抬高政府维持固定汇率制度的成本→强化市场的贬值预期→促使利率进一步上升。

第二，它强调了市场预期在危机中的作用。货币危机是否发生取决于政府与投机者之间的动态博弈过程。在这一过程中，预期因素决定了货币危机是否会发生、发生到什么程度。如果在政府捍卫汇率平价期间有足以改变投机者预期的好消息来临，货币危机将被阻止；否则，政府将被迫进行贬值。如果宏观经济基本面因素在此期间发生实质性恶化，则货币危机的爆发将不可避免。因此，虽然投机的发生可能与宏观经济基本面因素无关，但应对危机的过程往往会导致宏观经济基本面发生变化。因此，这种货币危机又称“预期自我实现型货币危机”。

第三，它表明政府防范货币危机的主要措施之一是提高政策的可信度。政策的可信度越高，货币危机发生的概率越小。

3. **第二代货币危机理论的理论评述**

与第一代货币危机理论相比，第二代货币危机理论更为完善，特别是它更合理地解释了固定汇率政策的不可维持性，其理论框架实际涵盖了第一代货币危机理论。该理论的积极贡献在于：

（1）它认为货币危机的发生并不以过度扩张的财政政策和货币政策为前提。仅仅依靠稳健的国内经济政策是不足以抵御货币危机的，固定汇率制度的先天缺陷使其易受投机冲击，只要一国的失业或政府债务压力达到一定限度，固定汇率制度就可能步入以自我实现为特征的、随时可能在市场预期推动下陷入崩溃的恶性循环。这在一定程度上解释了1992年和1993年的欧洲汇率机制危机。因为这次危机的重灾国英国、意大利、西班牙、法国等在危机发生时的失业率都高达两位数，意大利还有沉重的政府债务。

（2）它指出了国际金融体系的内在不稳定性，即多重均衡区间的存在暴露了国际金融体系的内在不稳定性。因为根本没有执行与固定汇率制度不相容的财政政策和货币政策的国家，也有可能由于市场预期的作用而遭遇货币危机。正是从这个意义上说，有的学者认为：在汇率制度的选择上，要么完全固定（如实行货币局制度或采取钉住单一货币的固定汇率制度），要么浮动，任何介于两者之间的选择都是不稳定的。

（3）它指出了货币危机发生的时间是随机的。也就是说，一场本不会发生的货币危机也会因为市场预期的作用而发生。

虽然第二代货币危机理论强调了市场预期的作用，但它对于是什么因素决定了市场预期，却没有给出很好的解释。为此，斯蒂芬·莫里斯（Stephen Morris）在此基础上进行了补充与发展。他认为：人们的市场预期是根据市场上可获得的信息形成的，由于市场信息的不对称性，产生了人们的高阶不确定性。高阶不确定性是指，尽管每个人都可能知道基本经济状况是良好的，但不是每个人都知道其他人也知道这一点，这种信息不对称形成的不断循环就是高阶不确定性。加之“噪声信息”（即那些不是被所有的、不同的投机者用同一种方式解释的新闻事件）的存在，使人们的高阶不确定性产生效用，导致人们对基本面的正常认识不再成立，进而产生了对危机的预期。基于此，莫里斯认为，要防止货币危机的出现，政府可以在两个方面做出努力：一是提高市场信息的透明度，消除高阶不确定性和噪声信息，以便扭转预期；二是提高交易成本，弱化投机行为。

（三）第三代货币危机理论

第三代货币危机理论着眼于微观层次。虽然称之为“第三代货币危机理论”有些牵强，但至今尚无一种能对货币危机做出全面解释的理论。我们从中挑选一些主流观点进行简单介绍，有学者称之为“货币危机新论”。

1. **道德风险论**

道德风险是指因当事人的权利和义务不对称而可能导致他人的资产或权益遭受损失的一种风险。在金融危机中，道德风险表现为政府对存款者所做的担保（隐性的或显性的）使金融机构进行风险很高的投资行为，造成巨额的呆坏账，引发公众的信心危机和金融机构的支付危机，最终导致货币危机甚至金融危机。麦金农和克鲁格曼是这种观点的重要代表。

该理论认为，在亚洲，道德风险表现得更为复杂。这是因为在亚洲国家，人们之所以认为金融机构受到了政府的担保，并不是因为后者明确宣布了这一政策或是建立了存款保险制度，而是由于新闻媒体不断地暗示这一点，或是政府与金融机构之间长久以来就存在错综复杂的资金、业务和人事关系，人们由这些暗示得出结论：一旦发生危机，政府一定会施以援手。这就是所谓的“隐性担保”，而隐性担保的存在使道德风险的危害更为严重。因此，即使金融机构进行了扭曲的投资决策，但由于政府担保的存在，国外债权人也会低估东道国金融机构资产组合的真实风险，愿意借钱给金融机构或为那些高风险的工程和企业融资。随着金融机构以外币计价的负债比例上升，以本币计价的资产风险不断加大，关于金融机构资产预期回报的不利消息或不利预期就会引发国外投资者对国内金融机构的挤兑，产生对外汇储备的突然需求，迫使该国货币贬值。其结果是迫使政府介入，对金融机构和企业进行救助。如果政府求助于扩张性政策，就有可能引发第二代货币危机理论所描述的由预期引起的投机性冲击，导致货币危机发生。

那么，政府为什么要对金融机构提供担保？政府提供担保可能源于两方面的原因：一方面，为了优先发展某些产业，对一些大型企业或大型银行金融机构提供各种形式的担保，即保证在企业或银行面临财务困难时将提供财政上的救助。例如，在 1997 年亚洲金融危机前夕，泰国最大的金融机构——第一金融公司就是因为不良资产过大而岌岌可危，泰国政府为了防止该公司的倒闭影响到整个银行及金融体系的稳定，多次向外界声明，将全力担保国外投资者在该公司的利益。另一方面，由于东南亚国家普遍存在的“亲缘政治”，政府对与政客们有裙带关系的银行、企业提供各种隐性担保。政府的担保意味着：如果投资成功，银行（企业）获利；如果投资失败，坏账由政府来承担。扭曲的激励机制在投资与融资领域催生出巨大的道德风险。

因此，尽管危机前东南亚国家在账面上没有明显的赤字，但由于政府要最终承担银行与企业的投资损失，所以实际上存在大量隐性的财政赤字。然而，政府的担保并非总能兑现，如果最终呆账过大，使得政府挽救企业和金融机构的成本过于高昂，政府就不得不放弃拯救而任其破产。此外，当外国投资人或贷款人发现其对这些金融机构和企业的债权并不像原来想象的那么安全时，巨额的资本流入就会转变为恐慌性的资本外逃。实际上，即使国内银行体系没有发生危机，只要投机者觉察到银行系统存在大量不良资产以及为消除不良资产而可能产生的巨大财政赤字，他们就会冲击固定汇率制度。也就是说，在道德风险假说看来，即使在财政状况良好、国内银行体系运行正常的情况下，货币危机也会发生。

因此，根据道德风险模型，政府的隐性或显性担保导致的道德风险是引发危机的真正原因，货币的价值波动只不过是危机的一个表现而已。外界的援助只会使国际层面的道德风险问题更加严重，而对危机的预防也只能通过取消政府担保和加强金融监管来实现。

道德风险论对 1997 年发生的亚洲金融危机具有一定的解释力，但该理论仍然遗漏了许多重要因素，从而削弱了它的解释力。例如，道德风险论的结论是建立在三个重要前提下的：第一，当存在政府担保时，金融机构必定会过度投资；第二，风险性投资行为一定会“挤出”金融机构和其他经济主体的全部“正当”投资行为；第三，外资必定会优先考虑具有政府担保的企业和金融机构。这样的假设与事实是不完全吻合的。

2. **金融恐慌论**

金融恐慌论认为，在货币危机前夕，这些国家大多经历了一个资金迅速流入的过程，但外资的流入是很脆弱的，极易受到金融恐慌的影响而发生逆转，一旦发生大规模逆转，危机就会发生。因此，金融恐慌论又称流动性危机理论，它与道德风险论一样，都是以金融机构作为分析的中心环节。金融恐慌论主要用银行挤兑模型来解释亚洲金融危机。

早在 1983 年，戴蒙德（Diamond）等经济学家就提出金融恐慌会导致并恶化危机。金融恐慌（financial panic）是指由于某种外在因素的影响，短期资金的债权人突然大规模地从尚具清偿力的债务人那里撤回资金，并且它是一种集体行为。具体说来，造成金融恐慌的原因有三个：第一，一国或一家金融机构的短期债务超过其短期资产的数额；第二，一国或一家金融机构不具备足够的流动资金来偿还其所有的短期债务；第三，没有一个经济主体能够担负起最后贷款人的角色。如果上述现象发生，那么当一个债权人发现其他债权人已撤回资金时，他就会做出同样的行为；相反，如果债权人发现其他债权人还在继续贷出资金，他也会这样贷出资金。但是，当第一种行为发生时，将会演化成大规模的金融恐慌，引起严重的经济损失（如投资项目半途而废和银行挤兑等），并引发货币危机。

因此，该理论的基本逻辑与经典的银行挤兑模型相似，它只是在国际上的挤兑而已。货币危机发生国并不是在长期无力偿还外债，而是短期的流动性不足。货币危机的发生过程是：第一，金融恐慌引发银行挤兑，造成银行资产损失。特别是当国内金融机构将短期外债转化为缺少流动性的长期贷款时，这种短期债务与长期资产在期限上的不匹配，极易使投资人产生恐慌心理，并发生银行挤兑。第二，债权人信心动摇，出现自我实现式银行危机。债权人信心动摇，使得外资撤离该国或地区，导致该国或地区资产价格的下降以及货币的贬值，自我实现式银行危机发生。第三，中央银行有限的外汇储备使其无法消除市场恐慌，因而放弃固定汇率制度不可避免，最终导致货币危机发生。在中央银行承担最后贷款人角色的情况下，对银行的挤兑最终转化为对中央银行的挤兑。由于一国央行除了拥有外汇储备之外，并没有发行外汇的权力，单靠其自身的外汇储备是不可能阻止这种恐慌性资本外逃的，因而货币危机的爆发难以避免。

因此，金融恐慌论认为：恐慌源于一国基本面的恶化，并由一系列突发性金融经济事件加剧，最后由于各国政府和国际组织对危机的处理不当而不断膨胀，导致大规模的资本外逃（capital flight），最终引爆并恶化了危机。

对此，金融恐慌论提出了以下政策建议：第一，资本市场会发生多重均衡，所以要对金融体系进行改革，引导其健康发展，以防患于未然；第二，国际金融市场容易受到金融恐慌的影响，因此必须由一个公平有效的组织充当国际最后贷款人的角色，及时防止金融恐慌的爆发和蔓延；第三，政策制定者必须全面且谨慎地制定和采取措施，并在危机初现端倪时就采取微调手段，防止短期行为对市场情绪产生不利的影响。

一些学者批评金融恐慌论过分夸大了资产有形清算对促成危机的作用。事实上，在危机前还具有偿还能力的公司在危机之后就宣告破产，其原因除了资产提前清算之外，主要还是因为经济衰退和投资失败，或者资本外逃导致货币贬值，使得它们的美元债务激增。

案 例

阿根廷的债务危机是新冠疫情引起的吗?

自2019年12月以来，全球爆发了新型冠状病毒肺炎，科学家证实，这次新型冠状病毒肺炎的幕后真凶可能是一种刚刚发现的新型冠状病毒（2019-nCoV)，这种病毒的传染性极强，由此引发了世界范围内的“新冠疫情”。截至2020年7月4日24:00，中国31个省（自治区、直辖市）和新疆生产建设兵团报告，累计治愈出院病例78 516例，累计死亡病例4 634例，累计报告确认病例83 553例。世界卫生组织的每日疫情报告显示，截至欧洲中部时间7月4日10:00，中国以外的新型冠状病毒肺炎确诊病例为10 837 037例，中国以外的死亡人数达518 363例。

防控这种病毒的有效措施就是严格的隔离和保持社交距离，疫情暴发使全球各国的经济都基本处于停摆状态。

阿根廷债务危机爆发

当地时间2020年4月19日，阿根廷经济部长马丁·古斯曼（Martin Guzman）在接受媒体采访时表示，阿根廷目前无力偿还债务，提出全面债务重组。根据债务重组提案，未来三年内阿根廷不会偿还任何债务，同时希望债权人能免除部分本金和利息。需要注意的是，该国应于4月22日支付5亿美元债务，目前已到期，将在30天宽限期后偿还（即5月22日前），如果未及时偿还，则会进入违约状态。截至7月4日，阿根廷仍无法偿还于5月22日前到期的5亿美元债券票息，阿根廷已在技术上进入了违约状态。

其实，早在2020年初，根据咨询公司Alberdi Partners的估计，连续违约的阿根廷2020年需要支付387亿美元的利息和本金。其3 110亿美元的总债务负担包括来自国际货币基金组织的贷款，以及公共和私人投资者持有的外国债券及本币借款。

这不是阿根廷第一次赖账，在2001年的时候，阿根廷就有过一次严重的债务危机，当时的严重程度远超目前的债务危机。当时严重到何种程度呢？12天之内换了5任总统，最后一任总统直接对外宣布：阿根廷无力偿付其外债。2001年的危机，最终以债权人减免债务本息并延长偿还期限解决。

此次阿根廷提出的债务重组方案，目前被债权委员会ACC拒绝了。根据阿根廷政府的债务重组提案，阿根廷在海外的债务共计662.38亿美元。该债务重组方案计划削减62%的债务利息，共379亿美元；减记债券本金36亿美元，即债务存量减少5.4%。宽限期为3年。与此同时，阿根廷新发516亿美元的债券，新债券从2023年开始支付息票，平均利率为0.5%。

阿根廷屡陷债务危机的原因

早在2019年，阿根廷政府就和各大债主展开了债务谈判，希望免除379亿美元的利息和36亿美元的本金。然而，疫情却让阿根廷的经济形势更加严峻。那么，为什么物产丰富且不缺油气资源的阿根廷却屡屡欠债，沦落到还不起钱的境地？为什么阿根廷不能减少债务，发展经济？阿根廷经济之所以屡陷危机，最根本原因在于常年的高福利和经济的低增长。

1. 高福利

自1930年政变以来，阿根廷稳定的政治生态被破坏，历届政府平均任期不到3年。阿根廷政党将高福利作为争夺政权的手段，不同政党为讨好选民只能一步步增大福利水平，而易上难下的高福利政策致使阿根廷近年来的财政赤字规模大增，为了解决财政赤字，阿根廷历届政府均大幅举债。特别是自2017年以来，阿根廷的外债占其GDP的比重呈现飞跃式上升，目前阿根廷的外债占其GDP的比重已高达60%以上。

2. 经济低迷

一方面，过分的福利主义让民众缺乏生产的积极性，凡事政府买单，政府花纳税人的钱，没钱了就负债，保持赤字。另一方面，频繁变更的政府也使阿根廷缺乏基于长远发展考虑的经济政策（历届政府的经济政策不一致）。这些都阻碍了阿根廷的经济发展。如图9-5所示，自2012年以来，阿根廷的GDP发展基本等于不动。

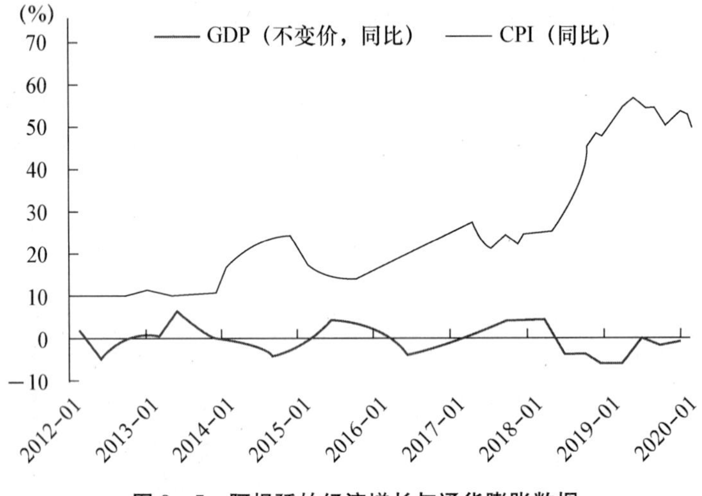

图9-5 阿根廷的经济增长与通货膨胀数据

3. 经济结构单一

阿根廷的经济结构落后，导致其出口创汇能力较低。阿根廷的畜牧业发达、农产品丰富，依赖出口就可以挣到不少钱，因此对发展工业和其他类型经济并不积极，所以阿根廷的工业比较落后。阿根廷为了保护本国工业，还采取了进口替代政策，鼓励国民优先购买本国工业产品。

另外，阿根廷的石油储量丰富，其石油工业在20世纪90年代曾一度迅速发展，1998年的石油产量达到3.08亿桶，是拉丁美洲地区的主要石油出口国之一。但由于国内政治动荡、国家屡屡出现信用危机，让不少投资者望而却步，并没有发挥很好的能源优势。比如2011年，阿根廷在西部地区发现了世界排名第二的页岩油气田和排名第四的页岩油气田。不过，阿根廷一直难以完善开采的配套建设，如修建公路、配建配套的工厂、修建水源设施等，其设备也需要大量从美国进口，因而开采成本高，所以进展一直很慢，并没有达到预想的页岩油繁荣。

4. 不稳定的货币

在阿根廷宣布独立的200多年中，其外债出现多次违约。阿根廷在历史上多次尝试建立稳定的货币体系，通过不同的比率回收旧币，但始终无法建立稳定的货币体系。

如今，阿根廷自己都不相信自己的货币。阿根廷成了美国之外，人均持有美元最多的国家，达到人均持有1 500美元的水平，这导致2019年阿根廷货币大幅跳水。2019年8月11日（周一），阿根廷比索在不到半个小时内大幅贬值30%；主要股指在几个小时内暴跌30%，若以美元计，跌幅更是达到48%；阿根廷以美元计价的国债平均下跌约25%，价格一度跌至55，短期收益率飙升至35%以上。

本币贬值，导致其国内通货膨胀在高位运行。阿根廷为了抑制通货膨胀，还采用拉高利率的方式抑制货币贬值，结果导致经济恶性循环。一方面，高利率暂时稳定了汇率；另一方面，高利率严重压制了经济活动。比如2019年12月27日，阿根廷的关键利率为55%；2020年3月10日，其关键利率为38%。

综上所述，新型冠状病毒肺炎疫情只是推动阿根廷债务危机的导火索，但不是主因，阿根廷债务危机最根本的原因还在于其自身的内部问题。阿根廷的公共福利难以削减，财政支出不断扩大，外债不断增加，历届政府不愿意管上一届的烂摊子，只能拆东墙、补西墙，再加上外汇储备短缺，最终无力偿还外债。

也就是说，疫情会使各国的经济出现困难，但绝不会爆发大规模的阿根廷式债务危机，因为决定债务危机的最关键原因不是疫情，而是内因。其实，截至2020年7月4日，阿根廷的疫情也不算严重，至少在全世界范围内来看，阿根廷的疫情算是很轻的一个。

经济学家西蒙·库兹涅茨说："世界有四类国家：发达国家、发展中国家、日本和阿根廷。"阿根廷足球踢得那么好，但为什么经济一直处于崩溃边缘？这是个世纪难题。

资料来源：作者根据网络资料整理。

本章小结

1. 国际资本流动是指资本从一个国家或地区转移到另一个国家或地区。按资本使用期限的不同，国际资本流动可分为长期资本流动和短期资本流动。

2. 中长期资本流出国面临的最大危险是债务国违约，导致国际债权与债务关系不能如期了结。当债务负担超过借款国自身的清偿能力时，就会引发债务危机。在第二次世界大战后，伴随着国际资本的大规模流动，债务危机屡屡发生，其中影响最广泛且具有典型意义的有两次：一次是20世纪80年代初爆发的拉美债务危机，另一次是爆发于2009年底的欧洲主权债务危机。

3. 短期资本大量流出是引发一国货币危机的主要诱因，货币危机是国际投机资本流动所导致的最严重后果之一。货币危机发生的具体原因和传导机制在不同的国家有显著的不同。

4. 货币危机理论的发展经历了三个阶段：第一个阶段是以克鲁格曼为代表的第一代货币危机理论，它将货币危机归因于政府信贷过度扩张引起的宏观经济基本面恶化；第二个阶段以奥布斯特费尔德的“预期自我实现模型”货币危机理论为代表，被称为第二代货币危机理论，其认为货币危机是由自我实现的货币贬值预期导致的；第三个阶段从1997年亚洲金融危机开始，有学者称之为第三代货币危机理论。本书介绍了道德风险论和金融恐慌论，分别从道德风险和金融恐慌的角度解释了亚洲金融危机发生的原因，进一步丰富了货币危机理论。

本章启示

全球经济当前面临的最迫切问题是尽快走出长期低迷的困境，缩小仍在扩大的贫富差距、南北差距问题。造成这些问题的成因复杂，不仅因为增长动能不足，难以支撑全球经济持续稳定增长，而且因为全球发展失衡，难以满足人们对美好生活的期待。

早在2016年G20杭州峰会上，中国针对这些问题提出了全球经济治理的新主张，并协调G20各方一致通过了以科技创新、结构性改革、新工业革命和数字经济为核心的《二十国集团创新增长蓝图》，第一次把发展问题置于全球宏观政策框架的突出位置，第一次就落实联合国2030年可持续发展议程制订行动计划，第一次集体支持非洲和最不发达国家工业化。

通过本章对国际金融危机和货币危机理论的介绍，有助于读者领会中国政府提出的全球经济治理的“中国方案”，对于稳定全球经济秩序、增强抵御国际金融危机的能力，具有十分重要的意义。

本章复习题

一、本章重要概念

国际资本流动　国际证券投资　国际直接投资　国际投机资本　国际债务危机
偿债率　债务率　负债率　货币危机

二、本章思考题

1. 试述国际资本的概念及国际资本流动的主要形式。
2. 国际资本流动的主要原因是什么？
3. 自20世纪90年代以来，国际资本流动的主要特点是什么？
4. 国际债务危机的主要原因是什么？
5. 简述第一代货币危机理论的基本观点、结论和缺陷。
6. 如何理解货币危机生成机制？
7. 简述第二代货币危机理论的基本分析框架和政策建议。
8. 试比较三代货币危机理论的异同。

本章讨论题

“如果信用卡还款日即将来临，而账单数目实在太大，最近一年的收入加起来都不够，应该怎么办？这个问题确实棘手，而手握这个烫手山芋的人就是希腊。”这就是2015年希腊所处的情形，当时的资料显示：进入2015年2月，希腊的还债日期又迫近一步。到2月底之前，希腊要偿还23亿欧元。即便当月债务还可勉力维持，但接下来的夏季还需要偿还100亿欧元，而希腊的总债务更是高达3 230亿欧元，占国内生产总值的175%，其债务水平位居全球第二，仅次于日本。事已至此，希腊只能请求债权国采取延期还债、降低利率或债务减记这三种方式。不论采取哪种方式，希腊的主张都是对原债务条款进行修改，属于事实上的违约。

请分析当一国陷入债务危机时，如何将其从债务泥潭中解救出来。

第十章

金融全球化下的国际协调与合作

学习目标

- 理解两国的蒙代尔-弗莱明模型中不同汇率制度下财政政策和货币政策的传导效应
- 了解国际货币制度的概念、内容及历史演变
- 掌握全球性国际金融组织和区域性国际金融组织的特点及问题
- 理解最适通货区理论中各派观点的异同
- 了解欧洲经济货币联盟的主要内容

本章导读

第九章分析了国际资本流动与国际金融危机，特别是与生产和贸易相脱离的短期资本流动给全球金融市场稳定和各国经济带来的冲击，这表明了国际协调与合作的必要性和重要性。首先，本章应用两国的蒙代尔-弗莱明模型，分析一国经济波动在国际传导的理论解释，证明国际货币协调与合作的必要性。然后，本章介绍了最重要的国际协调的制度安排，即国际货币制度和国际金融组织，后者包括全球性国际金融组织和区域性国际金融组织。最后，本章对区域间的货币协调（即货币区制度）进行了简单介绍，特别是针对欧洲经济货币联盟的主要成果——欧元的产生给区域货币协调带来的影响进行了分析。

本章词汇

蒙代尔-弗莱明模型	国际货币体系	国际金本位制度
布雷顿森林体系	特里芬难题	牙买加体系
国际货币基金组织	欧元	

第一节 国际政策协调的理论分析

在经济和金融全球化的背景下，两国之间的相互联系是普遍存在的，尤其是在研究的对象是大国时，当它的政策和经济变量发生变动时，不仅会对外国的经济变量造成影响，而且会反过来进一步影响其国内经济。例如，A 国的经济衰退将会导致 A 国自 B 国的进口下降，而 B 国的出口下降又会使 B 国的经济增长下降；进一步，B 国的经济增长下降会导致 B 国自 A 国的进口下降，其结果是 A 国的出口下降，因而 A 国的经济增长进一步下降，并且开始恶性循环，此时就需要国际社会在制度和政策上进行协调。下面利用两国的蒙代尔-弗莱明模型来分析不同汇率制度下财政政策和货币政策在不同国家间的传导效应，以便为国际货币制度的出现提供理论依据。

一、两国经济的相互传导机制

在本书的第四章和第八章，我们以蒙代尔-弗莱明模型为工具，分别介绍了开放经济条件下如何通过适当的政策搭配来实现内外均衡及不同汇率制度下经济政策的不同效果。在这两章的分析中，一国经济政策和经济变量的改变不会影响外国的经济变量（如外国的产出水平和利率水平），这实际上描述的是小型开放经济的情况。如果研究的对象是大国，当它的国内政策和国内经济变量发生变化时，就会对外国的经济变量造成影响，而且这种影响还可能进一步反馈给其自身。下面用两国的蒙代尔-弗莱明模型来说明一国经济政策对别国产生的影响。这种分析是国际经济政策协调安排的理论基础。

两国的蒙代尔-弗莱明模型是对小型开放经济的蒙代尔-弗莱明模型的拓展。假定只存在两个相同规模的国家，而且两国之间相互影响。这样，在前面分析的小型开放经济条件下，一国无法影响国际利率及外国国民收入的假定就不再成立，同时蒙代尔-弗莱明模型的其他假定不变。当一国经济发生内部变动时，根据两国的蒙代尔-弗莱明模型，这种变动会通过以下三种传导机制向另一国传递。

1. 收入传导效应

收入传导效应是指由于边际进口倾向的存在，当一国国民收入发生变动时，该国的进口（即另一国的出口）将发生变动，并通过乘数效应使另一国国民收入发生变动的效应。例如，当 A 国国民收入大幅增加时，由于边际进口倾向的作用，A 国的进口将大幅上升，也就是 B 国的出口将大幅上升。在乘数效应的带动下，B 国的国民收入将大幅上升，而且 A 国的边际进口倾向越高，B 国的出口增量越大，收入传导效应越显著。

2. 利率传导效应

利率传导效应是指当一国利率发生变动时，资本会在国与国之间流动，从而对另一国经济产生影响的效应。例如，当 A 国提高利率时，在资本完全流动的情况下，A 国的资本流入会上升，也就是 B 国的资本流出会上升，从而对两国资本市场的供求产生冲击，进而对两国的国内均衡产生影响。显然，国际资本流动的程度越高，这种传导效应越明显。

3. **相对价格传导效应**

相对价格传导效应是指由于名义汇率和价格水平的变动，引起实际汇率的变动，从而带来两国之间产品和服务竞争力的相对变动，进而对他国经济产生冲击的效应。如前所述，实际汇率等于名义汇率用外国价格水平与本国价格水平之比调整后的值。因此，与名义汇率相比，实际汇率能使我们更完整地测试两国相对国际竞争力的强弱。

由于以上传导效应的存在，与小型开放经济条件下的模型相比，两国的蒙代尔-弗莱明模型中的 IS 曲线会受到外国产出的影响——在由利率与收入构成的坐标图中，随着外国产出的增加，外国对本国产品的需求会上升，致使本国需求增加、IS 曲线右移，从而影响国内经济均衡。

在只有两个国家且国际资本完全流动的情况下，两国利率相等是国际收支平衡的充要条件，因此可以省略 BP 曲线，只要两国最终的利率水平一致，国际收支就能达到平衡。

这样，两国经济的均衡状态如图 10－1 所示。外国的相应变量都用 * 号表示，假定两国初始的利率水平分别为 i_0、i_0^*，且 $i_0=i_0^*$，产出水平分别为 Y_0、Y_0^*。

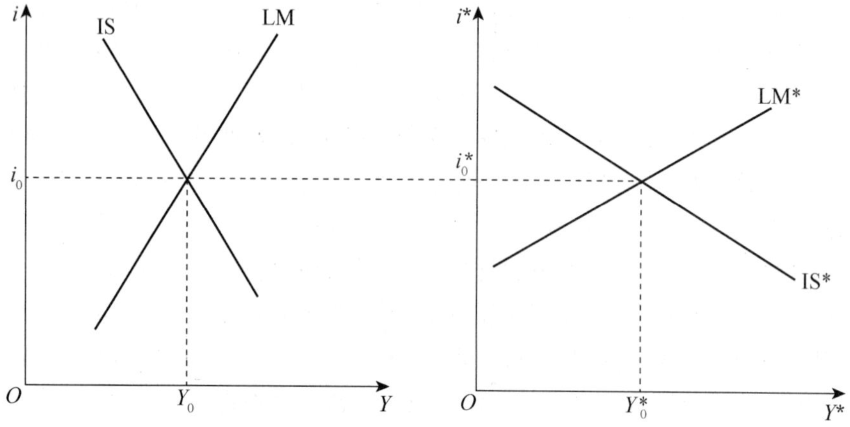

(a) 本国经济　　(b) 外国经济

图 10－1　两国的蒙代尔-弗莱明模型示意图

下面分析在不同的汇率制度下，一国经济调整如何通过上述三种传导机制对他国发生影响。为了简化起见，假定两国各自的物价水平不变，即相对价格机制只在汇率变动时才会生效。另外，我们仅考虑本国变量变动对外国经济造成的溢出效应，而不考虑外国变量调整后又反过来引起本国变量相应变动的反馈效应。

二、固定汇率制度下经济政策的国际传导

在固定汇率制度下，两国的汇率水平保持不变，因此经济波动的国际传导只通过收入机制和利率机制进行。

1. **货币政策的国际传导**

我们假定本国采取扩张性货币政策，在不考虑各国的相互影响时，这一政策会引起

本国 LM_0 曲线右移至 LM_1 曲线，因而本国的利率下降、产出增加，如图 10－2（a）所示。

首先，我们分析收入传导效应。本国产出增加会引起本国进口上升，也就是外国出口上升，这使外国的 IS_0^* 曲线右移至 IS_1^* 曲线，因而外国的产出上升、利率提高，如图 10－2（b）所示。

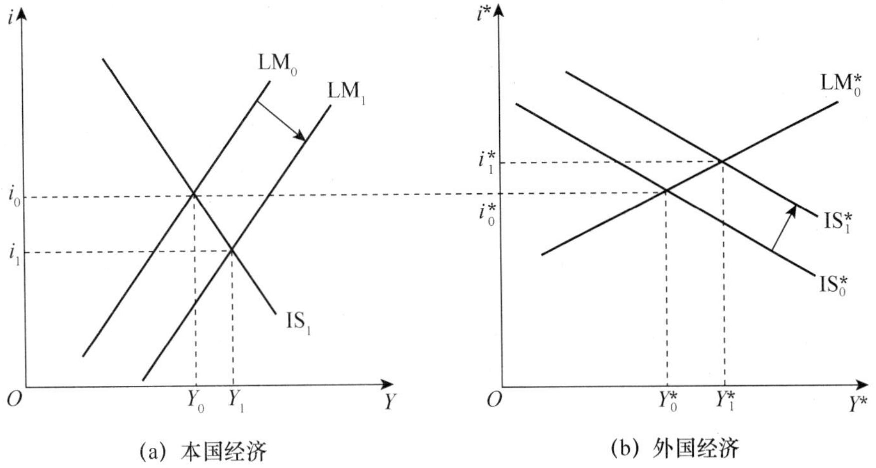

图 10－2　固定汇率制度下考虑收入传导效应时货币政策的国际传导

其次，我们分析利率传导效应。本国采取的扩张性货币政策使本国利率水平低于外国利率水平，因而大量资金从本国流向外国，致使外汇市场上的本币供给增加、外币需求增加。假定两国承担了同等的维持固定汇率制度的义务，则两国政府会同时在外汇市场上进行干预，导致本国的外汇储备减少、货币供给降低，LM_1 曲线左移至 LM_2 曲线，因而本国的产出下降、利率回升，如图 10－3（a）所示。如果外国的外汇储备增加，则其货币供给增加，LM_0^* 曲线右移至 LM_2^* 曲线，因而外国的利率下降、产出增加，如图 10－3（b）所示。

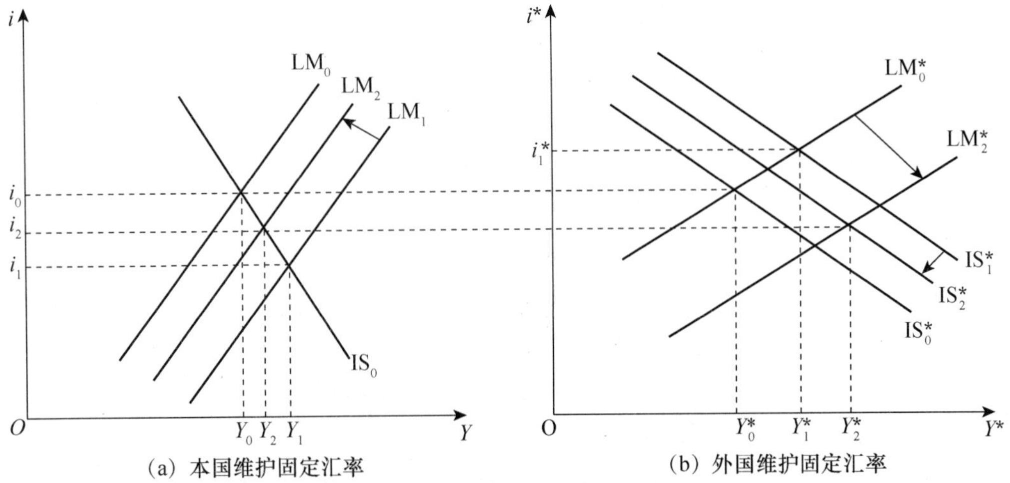

图 10－3　固定汇率制度下考虑收入、利率传导效应时扩张性货币政策的国际传导

本国的干预政策将使 LM_1 曲线移动，并引起本国利率上升、外国利率下降；另外，在本国 LM_1 曲线左移的过程中，本国的国民收入下降，而后通过边际进口倾向带来外国出口降低、IS_1^* 曲线左移。显然，当上述变动的共同效果使本国利率水平与外国利率水平相等时，两国经济重新处于均衡状态。此时，世界的货币存量高于期初水平，两国利率水平相等时确定的世界利率水平 i_2 低于货币扩张前的利率水平 i_0，同时两国的产出水平高于货币扩张前的产出水平，因而世界福利得到改善。

下面对上述分析做一个小结。当考虑各国经济的相互影响时，在固定汇率制度下，扩张性货币政策的效应如下：

第一，它造成本国产出的上升。在小型开放经济的情况下，扩张性货币政策在资本完全流动时是无效的。在两国模型的分析中，扩张性货币政策之所以能发挥作用，是因为它可以影响国内利率，进而对他国利率产生影响。

第二，它造成外国产出的上升，即国内货币政策对外国经济有正的溢出效应。这一溢出效应通过收入传导效应与利率传导效应发挥作用，即本国收入增加通过本国进口的上升造成外国国民收入的增加；本国利率降低通过资本流动使外国货币供给增加、利率下降，这也造成了外国国民收入的增加。

2. 财政政策的国际传导

我们假定本国采取扩张性财政政策，该政策会使 IS 曲线右移、本国利率上升、产出增加，如图 10－4（a）所示。

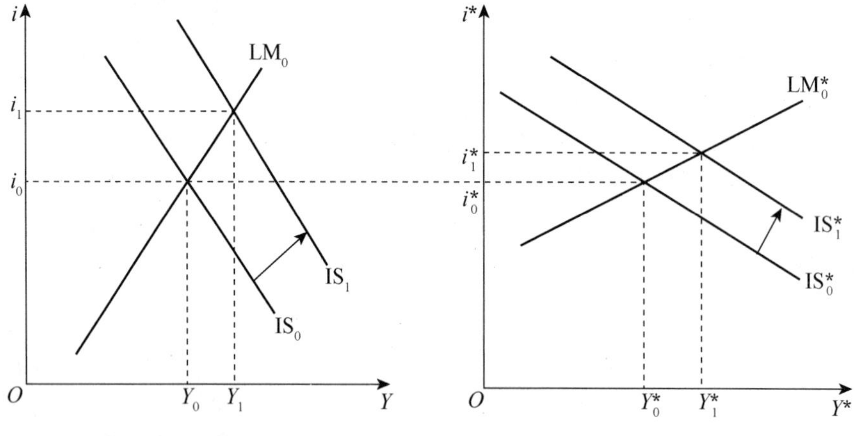

(a) 本国经济　　(b) 外国经济

图 10－4　固定汇率制度下考虑收入传导效应时财政扩张的国际传导

首先，我们分析收入传导效应。本国的产出增加同样通过边际进口倾向带来本国进口增加，也就是外国出口上升，从而使外国国民收入增加，这使外国的 IS_0^* 曲线右移至 IS_1^* 曲线，导致外国的产出上升、利率提高，如图 10－4（b）所示。一般来说，通过收入传导效应带来的外国国民收入的增加幅度低于本国因财政扩张所造成的收入增加幅度，在图上体现为 IS_0^* 曲线较小幅度的右移。

其次，我们分析利率传导效应。虽然本国的扩张性财政政策使本国利率水平与外国利率水平都提高了，但本国利率提高得更多。这样，大量的资本从外国流向本国，使本国的货币供给增加，LM_0 曲线右移，导致本国利率下降；外国货币供给收缩，LM_0^* 曲线左移，表明外国利率水平上升、外国国民收入下降。与此同时，本国 LM 曲线右移带来的本国国民收入增加又通过收入传导效应带来外国国民收入的一定增加，即 IS_1^* 曲线略有右移，使得外国利率水平进一步上升，同时抵消了 LM_0^* 曲线左移导致的外国国民收入的下降。上述调整过程将会持续到两国利率相等为止。此时，世界的货币存量不变，两国利率水平相等时确定的国际利率水平高于财政扩张前的利率水平，两国的产出水平都高于财政扩张前的产出水平，因而世界福利得到改善，如图 10－5 所示。

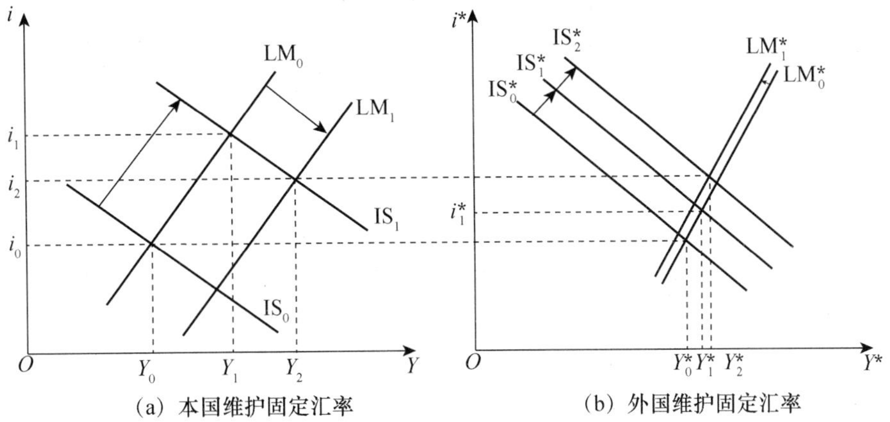

图 10－5　固定汇率制度下考虑收入、利率传导效应时财政扩张的国际传导

下面对上述分析做一个小结。当考虑各国经济的相互影响时，固定汇率制度下扩张性财政政策的效应如下：

第一，它造成本国产出的上升。与小型开放经济相比，在两国模型中，扩张性财政政策的效果略低，因为它会通过对国内利率的影响导致世界利率水平的上升，从而对投资产生了一定的挤出效应。

第二，它造成外国产出的上升，即国内扩张性财政政策对外国经济有正的溢出效应。该溢出效应是通过收入传导效应与利率传导效应发挥作用的，即本国收入增加通过本国进口的上升造成外国国民收入的增加；而本国更高的利率水平通过资金流动使外国的货币供给减少、利率上升，这又部分抵消了外国国民收入的增加。由此可见，财政政策的溢出效应低于在同等情况下货币政策的溢出效应。

三、浮动汇率制度下经济政策的国际传导

与固定汇率制度相比，在浮动汇率制度下，国际收支失衡不会引起货币供给的调整，而是造成名义汇率的调整。因此，经济波动的传导就通过收入传导效应、利率传导效应和相对价格传导效应这三条途径同时进行。

1. 货币政策的国际传导

首先，分析收入传导效应。在本国扩张性货币政策下，本国扩张性货币政策的效应与固定汇率制度下的传导效应相同，即它造成本国 LM_0 曲线右移至 LM_1 曲线，导致本

国国民收入上升，而后又通过边际进口倾向使外国 IS_0^* 曲线右移至 IS_1^* 曲线，致使外国国民收入也有一定程度的增加。此时，本国的利率水平下降，而且低于外国的利率水平。

其次，分析利率传导效应。本国的利率水平低于外国的利率水平，资本就会从本国流向外国。在浮动汇率制度下，由于本国没有维护汇率水平的义务，所以当本国利率偏低、资本外流时，货币当局会听任本国货币贬值而不改变货币供给。

最后，分析相对价格传导效应。本币贬值使本国产品的国际竞争力上升，因而本国出口上升、IS_0 曲线右移，进而本国均衡利率水平上升；外国进口上升，IS_1^* 曲线左移，因而外国均衡利率水平下降，以上过程将持续到两国利率相等时为止。此时，世界的货币存量增加，本国的国民收入较期初增加，而外国的国民收入较期初下降，两国利率水平相等时确定的国际利率水平低于货币扩张前的利率水平，如图 10－6 所示。

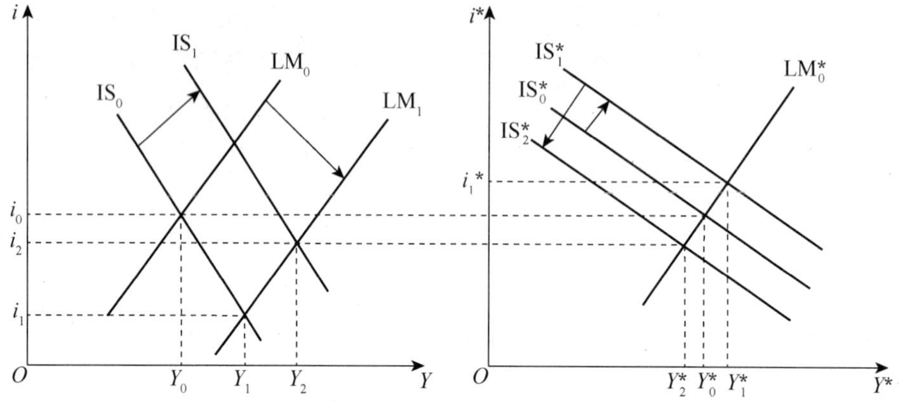

(a) 本国 (b) 外国

图 10－6 浮动汇率制度下考虑收入、利率和相对价格传导效应时货币扩张的国际传导

下面对上述分析做一个小结，当考虑各国经济的相互影响时，浮动汇率制度下扩张性货币政策的效应如下：

第一，它造成本国产出的上升。与小型开放经济相比，在两国模型中，扩张性货币政策的效果略低，因为本国扩张性货币政策带来了国际利率水平的上升，从而降低了本国货币需要贬值的幅度。

第二，它造成外国产出的下降，即国内扩张性货币政策对外国经济有负的溢出效应。这是因为本国收入增加虽能通过收入传导效应带来外国国民收入的增加，但本国较低的利率通过利率传导效应使本国货币贬值、外国货币升值，这又通过价格传导效应恶化了外国经常账户，从而带来外国国民收入更大幅度的下降。因此，此时的本国扩张性货币政策是一种典型的"以邻为壑"政策，本国产出扩张的一部分是以外国产出的相应下降来实现的。

2. **财政政策的国际传导**

首先，分析收入传导效应。在本国扩张性财政政策下，本国扩张性财政政策的效应与固定汇率制度下的传导效应相同，即它造成本国 IS_0 曲线右移至 IS_1 曲线，从而本国国民收入上升，后者又通过边际进口倾向使外国 IS_0^* 曲线右移至 IS_1^* 曲线，因而外国国民收入也有一定程度的增加。此时，本国与外国的利率水平都提高了，但本国利率水平提高得更多。

其次，分析利率传导效应。本国的利率水平高于外国，资本就会从外国流向本国。在浮动汇率制度下，本币升值，外币贬值。

最后，分析价格传导效应。汇率变动使得价格传导效应发挥作用，即本币升值使本国产品的国际竞争力减弱、本国出口下降、IS_1 曲线左移，本国均衡利率水平下降；外国进口下降将使 IS_1^* 曲线右移、外国均衡利率水平上升，以上过程将持续到两国利率相等时为止。此时，国际利率水平高于财政扩张前的利率水平，本国与外国的国民收入均较期初增加，如图 10－7 所示。

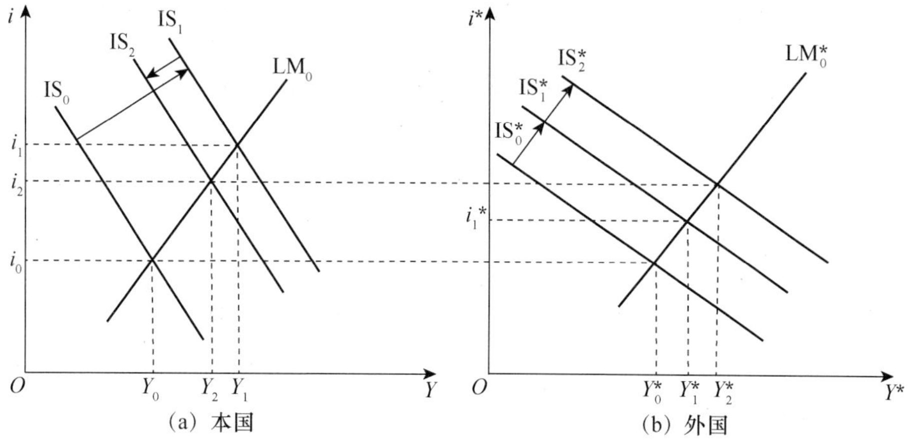

图 10－7　浮动汇率制度下考虑收入、利率和相对价格传导效应时财政扩张的国际传导

下面对上述分析做一个小结。当考虑各国经济的相互影响时，浮动汇率制度下扩张性财政政策的效应如下：

第一，它造成本国产出的上升。在小型开放经济条件下，扩张性财政政策在资本完全流动时是无效的，而在两国模型中，扩张性财政政策之所以能发挥作用，是因为它可以通过价格传导效应带来外国利率水平的上升，从而减少本币的升值幅度，使得财政政策的扩张效应不被本币升值所抵消。

第二，它造成外国产出的上升，即本国扩张性财政政策对外国经济有正的溢出效应。这是因为本国国民收入增加后，通过收入传导效应（本国进口增加）带来外国国民收入的增加，而本国更高的利率水平通过利率传导效应使本国货币升值、外国货币贬值，进而使外国出口增加，同时提高了外国的国民收入。由此可见，在浮动汇率制度下，财政政策的溢出效应与货币政策的溢出效应正好相反。

综上所述，我们可以将在两国开放经济条件下一国采取扩张性财政政策和货币政策对两国经济波动的影响归纳为表 10－1，并将其与封闭条件下小型开放经济的情况进行比较。

表 10－1　两国模型中本国采取扩张性政策的国际传导

汇率制度	政策种类	本国产出	外国产出
固定汇率制度	货币政策	上升	上升
	财政政策	上升	上升
浮动汇率制度	货币政策	上升	下降
	财政政策	上升	上升

从上述分析可知，各国国内的经济波动能够通过收入传导效应、利率传导效应和相对价格传导效应等途径在国际上传导，也就是各国经济存在相互依存性，各国的宏观经济政策不仅会对本国产生影响，而且会对其他国家产生正的或负的溢出效应。这就意味着在开放经济条件下，一国在实施宏观经济政策时不可能完全不考虑各国经济之间的相互依存性，而是要受到外国的影响和制约。各国在执行政策时，也要预先进行双边或多边的协调，以减少政策的不确定性、降低政策成本、加强政策效果。因此，下面介绍国际货币协调的制度安排及区域货币合作的相关内容。

第二节　国际货币协调的制度安排

国际货币协调的内容主要体现在两个方面：一是形成独特的国际货币制度；二是成立国际金融组织。前者经历了国际金本位制度、布雷顿森林体系和牙买加体系的演变，后者包括全球性国际金融组织（如国际货币基金组织、世界银行、国际清算银行等）和区域性国际金融组织（如亚洲开发银行、亚洲基础设施投资银行等）。

一、国际货币制度

（一）国际货币制度的内涵及作用

1. 国际货币制度的内涵

国际货币制度又称国际货币体系（international monetary system），是指支配各国金融关系的协议、规则、程序、措施的总称。它既包括具有法律约束力的关于货币国际关系的规章和制度性安排，又包括具有传统约束力的各国已在实践中共同遵守的某些规则和程序。

国际货币制度一般包括以下三方面的内容：①汇率制度安排，即一国货币与外币之间的汇率应该如何决定和维持，是采取固定汇率制度还是浮动汇率制度；②国际储备安排，即为应付国际收支需要，一国需要保持哪些资产作为国际储备资产以及这些资产的构成如何；③国际收支的调节机制，即在出现国际收支失衡时，各国政府应采取哪些措施进行调节以及各国的政策措施如何协调等。其中，汇率制度是国际货币制度的核心，国际储备资产是国际货币制度的基础。

2. 国际货币制度的作用

具体说来，国际货币制度有三大作用：

第一，确定国际清算和支付手段的来源、形式及数量，为世界经济的发展提供必要的国际货币，并规定国际货币与各国货币之间相互兑换的准则。也就是说，国际货币制度应致力于提供足够的国际清偿力，使国际清偿力保持与世界经济和贸易发展相当的增长速度。

第二，确定国际收支的调节机制，确保世界经济的稳定和发展。国际收支调节机制涉及三个方面：一是汇率机制；二是对逆差国的资金融通机制，即一国在发生国际收支逆差时，能在什么样的条件下，从何处获得资金及资金的数量和币种；三是对储备货币发行国制定某种限制，防止国际货币发行国为达到某种目的而持续性地保持国际收支逆差和输出货币。

第三，确立国际金融事务的协调机制或建立有关的协调和监督机构。在早期，有关的国际金融事务大多通过双边协商解决。随着第二次世界大战后各国经济联系的加强，参与国际金融事务的国家日益增多、形式日益复杂，双边磋商已不能解决所有的问题。因此，有必要建立多边的带有一定权威性的国际金融事务的协调机制，制定各国共同遵守的基本行为准则。国际货币制度可以在很大程度上降低国际金融事务的协调成本，使某些问题得以快速有效地解决。

（二）早期的国际货币制度——国际金本位制度

历史上的第一个国际货币体系是国际金本位制度。金本位制度是以一定成色及重量的黄金为本位货币的一种货币制度，黄金是该货币体系的基础。在国际金本位制度下，黄金充分发挥了世界货币的职能。一般认为，1880—1914 年是国际金本位制度的黄金时代。

国际金本位制度的特点是：①黄金充当国际货币；②黄金可以自由输出入；③一国的金铸币与另一国的金铸币或代表金币流通的其他金属铸币或银行券之间可以自由兑换；④在流通金币的国家内，金币可以自由铸造或熔化；⑤严格的固定汇率制度，各国货币之间的汇率由它们各自的含金量比例——铸币平价决定，汇率波动幅度不超过两国黄金输送点；⑥国际收支的自动调节，通过黄金的自由输出入自动调节国际收支失衡。

在国际金本位制度下，黄金的自由输出入保证了各国货币之间的比价相对稳定，金币的自由兑换保证了黄金与其他代表黄金流通的铸币、银行券之间的比价相对稳定，金币的自由铸造或熔化具有调节货币流通的作用，进而保证了各国物价水平的相对稳定。因此，国际金本位制度是一种比较稳定的货币制度，国际金本位制度所提供的稳定的国际货币体系，有利于生产成本的核算和国际支付，有利于减少国际投资风险，从而推动了早期国际贸易与对外投资的极大发展。

但是，国际金本位制度也有缺陷。从根本上讲，它过于“刚性”，这表现在：①国际清算和支付完全依赖于黄金的输出入；②货币数量的增长主要依赖于世界黄金产量的增长，而黄金产量跟不上世界经济的增长，致使金本位制度的物质基础不断削弱。

在第一次世界大战爆发前，各国为筹集战争经费增加了银行券的发行。在第一次世界大战爆发时，各国终止了银行券与黄金的兑换，禁止了黄金的输出，国际金本位制度宣告瓦解。

在国际金本位制度崩溃后，资本主义世界的货币金融便一直处于混乱状态。各国纷纷加强外汇管制，实行竞争性贬值和外汇倾销，这就是当时所谓的“以邻为壑”的货币战争。此后，英、美、法三国为了恢复国际货币秩序，于 1936 年 9 月达成了一个“三国货币协议”，力图减少汇率的波动、维持货币关系的稳定。但是，这个协议因第二次世界大战的爆发很快便瓦解了。因此，1929—1939 年国际货币金融领域的基本特征是无政府、无秩序状态。当时的混乱及其对世界经济的冲击，为此后建立布雷顿森林体系提供了经验和教训。

（三）布雷顿森林体系的内容及崩溃

在第二次世界大战结束前夕，世界上建立了一个以美元为中心的国际货币制度，即布雷顿森林体系（Bretton Woods System）。该体系因 1944 年 7 月在美国新罕布什尔州的布雷顿森林城（Bretton Woods）召开的“联合国联盟国家国际货币金融会议”而得名。

布雷顿森林体系的主要内容可以概括为以下几个方面：①美元的中心地位。根据《布雷顿森林协定》的规定，布雷顿森林体系下的国际货币制度是以黄金-美元为基础的，实行黄金-美元本位制度。在这个制度下，实行“双挂钩”的汇率平价体系，即美元与黄金挂钩——美国政府按规定的黄金官价（35 美元兑 1 盎司黄金）向各成员的货币当局承诺自由兑换黄金，各成员的中央银行或政府可以随时用美元向美国按官价兑换黄金；各成员的货币与美元挂钩——各成员的政府承诺维持其货币与美元的固定比价（外汇平价），各成员的货币兑美元的波动幅度为±1%；各成员的货币当局有义务在外汇市场上进行干预，以保持汇率的稳定。只有当成员出现“根本性的国际收支不平衡”时，经国际货币基金组织批准，该成员的货币才能升值或贬值，因此它又称可调整的钉住汇率制度。②美元充当国际储备货币。在布雷顿森林体系下，美元实际上等同于黄金，它充当国际储备货币，可以自由兑换为任何国家的货币，充当价值尺度、流通手段，具有价值储藏的作用，并成为最主要的国际货币。③多种渠道调节国际收支失衡。根据《国际货币基金组织协定》，当成员发生逆差时，有两种方法进行调节：一是依靠国际货币基金组织的融资，即成员根据自己在国际货币基金组织的储备头寸向国际货币基金组织借款；二是依靠汇率变动，即当一国出现国际收支根本不平衡时，经国际货币基金组织同意，该成员的货币汇率平价可做调整。与此同时，设立稀缺货币条款，即当某成员的国际收支持续大量顺差时，出现逆差的成员对该成员的货币需求将明显持续增长，并会向国际货币基金组织借取该种货币，使这种货币在国际货币基金组织的库存急剧下降。当库存下降到该成员份额的 75%以下时，国际货币基金组织就可以将该成员的货币宣布为“稀缺货币”，并按出现逆差成员的需要进行限额分配。与此同时，逆差成员有权对“稀缺货币”采取临时的限制兑换措施。这样，“稀缺货币”发行方的出口贸易就有可能受到影响，从而迫使其采取调节国际收支的措施。

布雷顿森林体系的积极作用表现在：①稳定了国际金融局势。布雷顿森林体系的建立结束了第二次世界大战前各货币集团之间相互对立、相互进行外汇倾销，同时进行货币战争的局面，从而稳定了国际金融局势。②在一定程度上解决了国际清偿力短缺问题。由于美元作为国际储备货币等同于黄金，弥补了国际储备的不足，在一定程度上解决了国际清偿力短缺问题。③促进了第二次世界大战后国际贸易和国际投资的迅速发展。它重新建立了国际货币秩序，实行以美元为中心的、可调整的钉住汇率制度，有力地促进了多边贸易和多边清算，为国际贸易和国际投资提供了有利的外部环境，使第二次世界大战后的国际贸易和国际投资迅速增长。因此，有人把这一时期称为资本主义世界的第二个“黄金时代”。

然而，布雷顿森林体系的局限性是以美元作为唯一的储备货币，它导致了布雷顿森林体系的崩溃。在布雷顿森林体系中，美元作为储备货币，既是一国的货币，又是世界的货币。作为一国的货币，美元的发行必须受制于美国的货币政策和黄金储备；作为世界的货币，美元必须为世界提供清偿力，因而美元的供应要满足世界经济和国际贸易增长的需要。这两个目标本身就存在着冲突的可能。

在布雷顿森林体系下，美元承担的两个责任（即保证美元按官价兑换黄金、维持各国货币与美元的固定汇率）之间是相互矛盾的。一方面，为满足世界经济增长和国际贸易的发展，美元的供应必须不断增长；另一方面，随着美元供应的不断增长，美元与黄金按固定比价的兑换性难以维持。美元的这种两难境地是美国经济学家特里芬（R. Triffin）在1960年预见到的，又称特里芬难题（Triffin dilemma）。

随着世界经济的发展，美国在西方世界中的经济地位逐渐下降，美国的国际收支状况从第二次世界大战后初期的盈余转变成了赤字，其黄金不断外流，世界各国持有的美元也不断增加，人们对美元按固定比价兑换黄金的承诺开始产生怀疑，导致1960—1973年爆发了四次美元危机。由于美元不断贬值，并且美国逐步中止了美元与黄金的兑换，最终于1973年2月，布雷顿森林体系崩溃。

案 例

四次美元危机与布雷顿森林体系的崩溃

第一次美元危机爆发于1960年。1960年10月，全世界出现了大规模抛售美元、抢购黄金和其他经济处在上升阶段的国家的硬通货（如马克）的风潮。其原因是美国已连续出现国际收支逆差，导致其短期外债（210亿美元）首次超过了美国的黄金储备（178亿美元），因而市场上的黄金价格上升为41.50美元兑1盎司黄金，高出官价约20%。为了维持汇率和金价的稳定，保持美元的可兑换性和固定汇率制度，美国与主要工业国家分别签订了“互惠信贷协议”，在国际货币基金组织的框架内建立了“借款总安排”和“黄金总库”。这次危机表明，美国已无力单独支撑以美元为中心的国际货币体系了。

第二次美元危机爆发于1968年。因为越南战争的扩大，美国的财政与金融状况明显恶化，国内通货膨胀加剧，美元与黄金的固定比价又一次受到怀疑。1968年3月，市场上再次掀起抛售美元、抢购黄金的风潮，导致金价迅速上涨。黄金总库为了打压金价，被迫大量抛售黄金，从1967年10月至1968年3月共损失黄金34.6亿美元。美国政府无奈，不得不实行“黄金双价制”，即在官方黄金市场上仍然实行35美元兑1盎司黄金的比价；而在私人黄金市场上，美国政府不再按35美元官价供应黄金，金价由市场供求决定。实际上，这意味着以黄金-美元为中心的布雷顿森林体系的局部崩溃。

第三次美元危机爆发于1971年。1971年5月，欧洲市场再次爆发大规模抛售美元，抢购黄金、联邦德国马克及其他西欧货币的风潮。8月15日，尼克松政府宣布，停止美元与黄金的兑换；当年12月，美国政府又将各国货币兑美元的汇率波幅从原来的±1%扩大为±2.25%。

第四次美元危机爆发于1973年春天，并导致布雷顿森林体系的彻底崩溃。长期的越南战争极大地消耗了美国国力，再加上美元贬值后又停止兑换黄金，导致美元的信用极度下降。1973年1月，大量美元在欧洲被抛售，而联邦德国马克、日元和黄金受到抢购。2月2日，美国政府宣布美元再次对黄金贬值，幅度为10%，每盎司金价提高到

42.22 美元。在这种情况下，其他西方国家为了应对美元危机的影响，纷纷取消了本国货币与美元的固定汇率，实行浮动汇率，这意味着布雷顿森林体系彻底崩溃。

（四）牙买加体系的形成及主要内容

在布雷顿森林体系崩溃后，国际金融秩序又开始动荡，国际社会及各方人士纷纷探索能否建立一种新的国际金融体系，并提出了许多改革主张，如恢复金本位制度、恢复美元本位制度、实行综合货币本位制度及设立最适货币区等，均未能取得实质性进展。

1976 年 1 月，国际货币基金组织国际货币制度临时委员会在牙买加首都金斯敦举行会议，达成了《牙买加协议》；同年 4 月，国际货币基金组织理事会通过了《国际货币基金组织协定第二次修正案》，正式宣告了布雷顿森林体系的终结，从而形成了新的国际货币制度——牙买加体系。从国际货币制度的三大支柱看，牙买加体系没有本位货币及其适度增长约束，没有统一的汇率制度，也没有国际收支协调机制，其实质是国际放任自由制度，因而被称为“无体系的体系”。

牙买加体系的实质是以美元为中心的多元化国际储备和浮动汇率体系，其主要内容为：

第一，浮动汇率制度合法化。《牙买加协议》正式确认了浮动汇率制度的合法性，承认了固定汇率制度与浮动汇率制度并存的局面，允许各成员自由选择汇率制度。与此同时，国际货币基金组织继续对各成员的货币汇率政策实行严格监督，并协调各成员的经济政策，用以促进金融稳定、缩小汇率波动范围。

第二，黄金非货币化。《牙买加协议》规定：废除黄金条款，取消黄金官价，使黄金与货币相分离，让黄金成为单纯的商品，各成员的中央银行可按市价自由进行黄金交易；取消成员之间以及成员与国际货币基金组织之间使用黄金清算债权和债务的规定，国际货币基金组织逐步处理其持有的黄金。

第三，增强特别提款权的作用。提高特别提款权的国际储备地位，扩大其在国际货币基金组织一般业务中的使用范围，并适时修订特别提款权的有关条款，使特别提款权逐步取代黄金和美元，进而成为国际货币体系的主要储备资产。

第四，增加成员的基金份额。将成员的基金份额从原来的 292 亿特别提款权增加至 390 亿特别提款权，增幅达 33.6%，以提高国际货币基金组织的清偿力。

第五，扩大对发展中国家的资金融通。国际货币基金组织以出售黄金所得建立信托基金，并以优惠条件向最穷困的发展中国家提供贷款，将国际货币基金组织的信贷部分由成员份额的 100%提高到 145%，同时提高国际货币基金组织“出口波动补偿贷款”在份额中的比重，即由 50%提高到 75%，以增加对发展中国家的融资。

牙买加体系的特点体现在以下三个方面：①汇率安排的多样化。《牙买加协议》允许各成员自由选择汇率安排，它们既可以实行固定汇率制度，又可以实行浮动汇率制度，还可以实行钉住某主要货币或一篮子货币的汇率制度，或实行有管理的浮动汇率制度等。②储备货币的多元化。与布雷顿森林体系中国际储备货币结构单一、美元十分突出的情形相比，在牙买加体系下，国际储备货币呈现多元化局面。虽然美元仍是主要的国际货币，但美元的地位明显下降，由美元垄断外汇储备的情形不复存在。各国为了减少风险暴露，均根据自身的具体情况在多种货币中进行选择，以便构建自己的多元化国际储备。③多渠道调节国际收支。

在牙买加体系下，调节国际收支的渠道是多样的，主要有：①运用国内经济政策。国内经济政策可以改变国内的需求与供给，从而消除国际收支不平衡。例如，在资本账户逆差的情况下可提高利率，以此吸引外资流入并弥补缺口。②运用汇率政策。在浮动汇率制度或可调整的钉住汇率制度下，汇率是调节国际收支的一种重要工具。③运用国际融资。随着国际金融市场的发展，各国逐渐转向欧洲货币市场，利用该市场比较优惠的贷款条件融通资金，调节国际收支差额。④加强国际协调。例如，各国政府通过国际货币基金组织这一平台，就国际金融问题达成共识与谅解，共同维护国际金融形势的稳定与繁荣。

二、国际金融组织

国际金融组织是指从事国际货币金融管理以及国际融资业务的超国家性质的机构组织。国际金融组织的成员通常由参加国政府或政府机构组成，是一种政府间的金融合作组织。国际金融组织大多以银行的形式出现，也有的采用了基金组织、协会或公司的名称，如世界银行、国际货币基金组织、国际开发协会和国际金融公司等。按照服务区域来分，国际金融组织可分为全球性国际金融组织和区域性国际金融组织。

（一）国际货币基金组织

国际货币基金组织（International Monetary Fund，IMF）是根据 1944 年 7 月在布雷顿森林会议中签订的《国际货币基金组织协定》，于 1945 年 12 月 27 日在华盛顿成立的。国际货币基金组织与世界银行同时成立，并列为世界两大金融机构之一，其职责是监察货币汇率和各国或地区的贸易情况，提供技术和资金协助，确保全球金融制度运作正常。国际货币基金组织的总部设在华盛顿。截至 2016 年 2 月，国际货币基金组织的成员已达 189 个，目前在联合国的成员中，只有古巴、列支敦士登、朝鲜和梵蒂冈等极少数国家或地区不是国际货币基金组织的成员。我国于 1980 年 4 月恢复在国际货币基金组织的合法席位。2016 年 1 月 27 日，国际货币基金组织宣布 2010 年份额和治理改革方案正式生效，这意味着中国正式成为国际货币基金组织的第三大股东，中国的份额占比从此前的 3.996%升至 6.394%，排名从第六位跃居第三位，仅次于美国和日本。

1. 国际货币基金组织的职能

国际货币基金组织的职能体现在三个方面：①确定各成员在汇率政策、与经常账户有关的支付以及货币兑换方面需要遵守的行为准则，并监督实施；②向国际收支发生困难的成员提供必要的临时性资金融通，以使它们遵守上述行为准则，避免采取不利于其他国家（或地区）经济发展的经济政策；③为成员提供国际货币合作与协商的场所。

2. 国际货币基金组织的结构

国际货币基金组织的结构如下：理事会是国际货币基金组织的最高决策机构，每年秋季举行定期会议，决定国际货币基金组织和国际货币体系的重大问题；执行董事会是一个常设机构，负责国际货币基金组织的日常行政工作，设主席 1 名，主席就是国际货币基金组织的总裁。在理事会和执行董事会之间还有两个机构：一个是国际货币基金组织理事会关于国际货币制度的临时委员会，简称国际货币与金融委员会，另一个是世界银行和国际货币基金组织理事会关于实际资源向发展中国家转移的联合部长级委员会，简称发展委员会。这两个委员会都是部长级委员会，每年开会 2～4 次，主要讨论国际货币体系及开发援助的重大问题。由于这两个委员会的成员大多来自主要国家，而且政治级别高，因此其决议往往就是理事会的最后决议。

3. 国际货币基金组织的份额

国际货币基金组织的资金来源主要是成员认缴的基金份额。基金份额是指成员参加国际货币基金组织时需要认缴的一定数额款项。国际货币基金组织规定：成员在加入国际货币基金组织时，需要用 25%的外汇和 75%的本国（或地区）货币向国际货币基金组织认缴份额。认缴份额的数量按成员的国民收入、外汇储备、进出口规模等因素确定，而且定期调整。份额一旦认缴后，就成为国际货币基金组织的财产和主要资金来源。除此之外，国际货币基金组织还发挥着以下作用：第一，决定成员从国际货币基金组织借款或提款的额度。第二，决定成员投票权的多少。每个成员有 250 票基本投票权，每缴纳 10 万美元增加一票投票权。重大问题须经全体成员总投票权的 85%通过才能生效。第三，决定成员分配的特别提款权的多少。

4. 国际货币基金组织的贷款

国际货币基金组织最重要的业务活动是对发生国际收支逆差的成员提供短期资金融通，即发放贷款业务。国际货币基金组织的贷款又称提款，是成员用本国（或地区）货币向国际货币基金组织购买所需的外币款项（或特别提款权）并向盈余成员进行结算。当成员还款时，再用外币款项赎回本国（或地区）货币。国际货币基金组织的贷款分为普通贷款和特殊贷款，普通贷款又分为储备部分贷款和信用部分贷款，如图 10－8 所示。

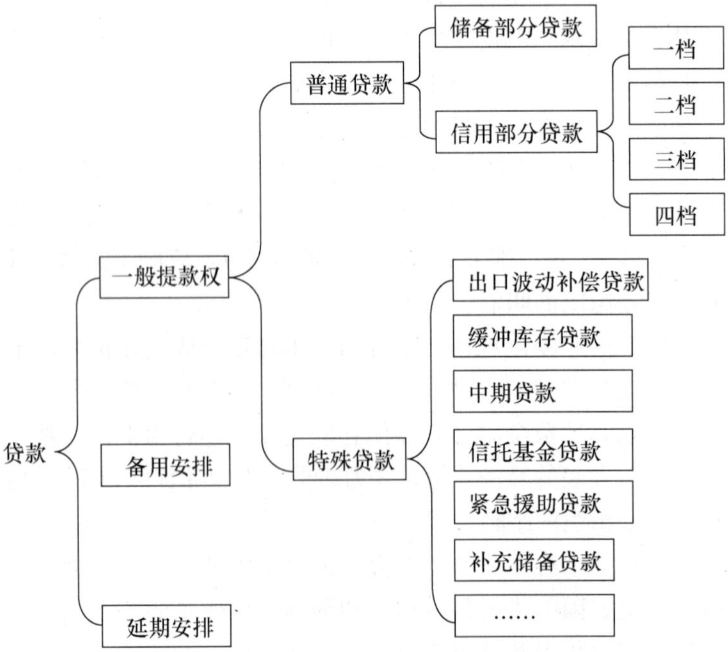

图 10－8　国际货币基金组织的贷款种类

国际货币基金组织的贷款特点可归纳如下：①贷款对象限于成员政府。②贷款目的限于调节国际收支。国际货币基金组织的贷款限于贸易和非贸易的经常性支付，以调节国际收支为主要目的。③贷款期限较短。最多3～5年，具有临时性和周转性的特点。④贷款有附加条件。贷款数额越大，所附加的贷款条件越严格。设置贷款条件的理由是：国际货币基金组织不是一个发展援助机构，国际货币基金组织的贷款必须与受贷成员可维持的国际收支前景及还款能力相结合，从而保证贷款的使用不损害国际货币基金组织的资金流动性，并有助于改善受贷成员的经济状况。但对于贷款条件的效果，经济学界特别是发展中国家的学者长期以来一直有所争议。

（二）世界银行

世界银行，即国际复兴开发银行（International Bank for Reconstruction and Development，IBRD），也是《布雷顿森林协定》的产物，它与国际货币基金组织是紧密联系、互相配合的国际金融机构。世界银行有三个附属机构，即国际开发协会、国际金融公司及多边投资担保机构，统称世界银行集团。从广义上说，世界银行是世界银行集团的俗称；在日常新闻报道里，世界银行一般是最狭义的世界银行，即专指国际复兴开发银行。我国于1980年5月15日恢复了在国际复兴开发银行、国际开发协会和国际金融公司这三个国际金融机构中的合法席位。

1. 国际复兴开发银行

国际复兴开发银行（以下简称“世界银行”）成立于1945年12月27日，总部设在华盛顿，并在纽约、日内瓦、巴黎及东京等地设有办事处。它是联合国的专门机构之一，在《国际复兴开发银行协定》上签字的创始成员有37个，中国是创始成员之一。截至2016年12月，世界银行的成员达189个。世界银行与国际货币基金组织是两个紧密联系、配合协调的国际金融机构：①参加世界银行的国家必须是国际货币基金组织的成员，但国际货币基金组织的成员并不一定是世界银行的成员；②国际货币基金组织贷款中的许多缺陷可从世界银行贷款的有利因素中得到弥补。

作为一个全球性的金融机构，世界银行的宗旨是：①对生产性投资提供便利，协助各成员的经济复兴以及生产资源的开发；②通过担保或参加私人贷款及其他私人投资的方式，促进私人对外投资；③用鼓励国际投资以开发成员生产资源的方式，促进国际贸易长期均衡地增长，维持国际收支平衡；④与其他国际贷款机构相配合，提供贷款保证。

世界银行的组织结构与国际货币基金组织差不多，也是由理事会下设执行董事会作为决策机构，执行董事会选举1人为行长和执行董事会主席，主持日常事务，行长的任期为5年，可以连任。

世界银行的资金来源于三个方面：成员缴纳的股金、在国际金融市场上发行债券、出让银行债权。各成员的股本份额主要参照它在国际货币基金组织中的份额。世界银行是世界各主要资本市场上最大的非居民借款人，其发行债券的方式有：一是直接向成员政府、政府机构或中央银行出售中长期债券；二是通过投资银行、商业银行等中间包销商向私人投资市场出售中长期债券。除此之外，世界银行还可采取将其贷款转让给私人投资者（主要是商业银行）的办法，从而提前收回一部分资金，以扩大世界银行贷款资金的周转能力。

世界银行的主要业务包括贷款和投资担保。其中，贷款是世界银行的主要业务。世界银行的贷款分为项目贷款和非项目贷款两大类。项目贷款是指用于成员特定发展项目的贷款，主要用于农业和农村发展、教育、能源、工业、交通、城市发展等方面的建设。非项目贷款是指没有具体项目作为保证的贷款，世界银行只有在特殊情况下才发放此贷款。

世界银行的贷款条件比较严格，主要有：①贷款对象仅限于成员政府、政府机构或国有企业和私营企业。若借款人不是政府，则须政府担保。②只有当借款成员确实不能以合理的条件从其他方面取得贷款时，世界银行才会给予贷款。③贷款只能用于特定的开发或建设项目，并且贷款项目在经济和技术上都必须是可行的，但在特殊情况下，世界银行也发放非项目贷款。④一般只提供为实施某个项目必须进口的产品和服务所需的外汇开支，一般不提供与该项目配套的本成员货币资金。

世界银行提供的贷款主要具有如下特点：①贷款期限长，可达 20～30 年，宽限期为 5～10 年。②贷款利率低于市场利率，实行浮动利率。具体说来，贷款利率根据世界银行从资金市场筹资的利率来确定，每三个月或半年调整一次。对贷款收取的杂费较少，只对签约后未支付的贷款收取 0.75%的承担费。③贷款额度不受成员股本份额的限制，主要根据借款成员的人均国民生产总值、债务信用强弱、借款成员的发展目标和需要、投资项目的可行性及在世界经济发展中的次序而定。④贷款以美元计值，借款成员承担汇率变动的风险。⑤贷款程序严格，审批时间长。世界银行的项目贷款要经过六个项目周期，即项目选定、项目准备、项目评估、贷款谈判、贷款执行及总结评价。

在 20 世纪 70 年代中期以后，世界银行还进行了贷款的创新，推出了一种新的贷款——联合贷款，即世界银行与其他贷款机构合作，共同为某借款成员提供的项目融资。联合贷款主要有两种形式：一是世界银行与有关成员政府确定贷款项目后，即与其他贷款者签订联合贷款协议，而后它们按通常的贷款条件分别与借款成员签订协议，各自提供融资；二是世界银行与其他借款者按商定的比例出资，由前者按贷款程序和产品、服务的采购原则与借款成员签订协议，提供融资。

2. 国际开发协会

国际开发协会（International Development Association，IDA）是世界银行的附属机构之一，也是专门向低收入发展中成员提供优惠长期贷款的金融组织。国际开发协会成立于 1960 年 9 月，同年 11 月 3 日开业，总部设在华盛顿。国际开发协会的宗旨是帮助世界上欠发达地区的成员促进经济发展，提高生产力和生活水平。作为世界银行活动的补充，国际开发协会向欠发达地区的成员提供条件较宽、期限较长、负担较轻并可用部分本地区货币偿还的贷款资金，以解决它在重要发展方面的需要。

因此，国际开发协会提供的贷款具有援助色彩：一是贷款不收利息，只收 0.75%的手续费，对未动用部分的贷款收取 0.5%的承担费；二是贷款期限长，可达 50 年，并有 10 年的宽限期，获得贷款后的第一个 10 年不必还本，第二个 10 年每年还本 1%，其余的 30 年每年还本 3%。因此，国际开发协会的贷款被称为软贷款（soft loan）。由于中国的经济实力增强，我国已于 1999 年从国际开发协会毕业，不再享受其提供的无息贷款。

国际开发协会进行贷款援助的领域主要有农业和农村发展、能源、工业项目、教育、人口保健和营养、电信、旅游、运输等部门。接受贷款较多的成员是印度、孟加拉国、巴基斯坦等；自20世纪70年代以后，国际开发协会投向撒哈拉以南非洲成员的信贷不断增加。

此外，世界银行还联合国际开发协会提供了一种贷款条件介于两者之间的贷款，称为“第三窗口”贷款（the third window loan），即比世界银行的贷款条件宽，但不如国际开发协会的贷款条件优惠，期限可长达25年，主要贷给低收入的发展中国家。

3. **国际金融公司**

国际金融公司（International Finance Corporation，IFC）成立于1956年7月24日，它也是世界银行的一个附属机构，总部设在华盛顿。根据规定，只有世界银行的成员才能成为国际金融公司的成员。国际金融公司的成立宗旨是：为发展中成员的私人企业提供没有政府机构担保的各种投资，以促进成员经济的发展；促进发展中成员私营经济的增长和资本市场的发展。

与世界银行相比，国际金融公司提供的贷款具有以下特点：①国际金融公司主要是对成员的生产性私营企业进行贷款，并且不要求成员政府为贷款的偿还提供担保，贷款数额一般为200万～400万美元，最高不超过3 000万美元，而世界银行提供的一般是大型项目贷款。②国际金融公司在提供资金时，往往采取贷款与资本投资相结合的方式（即购买借款公司的股票），但不参与其投资企业的经营管理活动。③国际金融公司通常与私人投资者共同对成员的私营生产性企业进行联合投资，从而起到促进私人资本在国际上流动的作用。

2005年10月，国际金融公司成为首个在中国发行人民币债券的境外发债人，首笔熊猫债券共募得11.3亿元，均用于支持私人部门的发展。2006年，国际金融公司再次发行熊猫债券，募得8 700万元，成为首个实现连续发债的国际机构。通过熊猫债券，国际金融公司共为8家中国公司提供了融资，涵盖卫生、节能环保、金融服务和基础设施等国家重点扶持领域。

4. **多边投资担保机构**

多边投资担保机构（Multilateral Investment Guarantee Agency，MIGA）成立于1988年4月，是世界银行中的最新成员，其主要功能是为跨国投资在东道国可能遇到的非商业性风险提供担保，以鼓励生产性的外国私人直接投资向发展中成员流动，促进东道国的经济增长，以此协助世界银行其他机构的活动。

（三）国际清算银行

国际清算银行（Bank for International Settlements，BIS）成立于1930年5月，是西方主要工业化国家的中央银行和私营商业银行合办的世界上最早的国际金融机构，总部设在瑞士巴塞尔。该行成立的最初目的是处理第一次世界大战后的德国战败赔款和债务问题。1945年国际货币基金组织和世界银行成立后，国际清算银行的宗旨发生转变，即旨在促进各国中央银行的合作，为国际金融活动提供更多便利，在国际金融清算中充当受托人或代理人。从某种意义上看，它履行着“中央银行的银行”的职能。

国际清算银行的最高权力机构是股东大会，股东大会每年举行一次，由认购该行股票的各国或地区中央银行派代表参加。董事会是国际清算银行的实际领导机构。国际清算银行创立时的股本全部由参加创建的各国或地区中央银行和美国银行集团认购。此后，随着国际清算银行规模的扩大，其股票也在市场上交易，持股者包括与该行有业务关系的其他国家或地区中央银行或金融机构，以及在市场上购买该行股票的私人投资者。不过，认购了该行股份的私人银行或个人没有投票权。

国际清算银行的资金来源有各成员认缴的股金、各成员中央银行的存款以及向成员中央银行的借款。目前，全世界约有 80 多家中央银行将其大约 10%的外汇储备和 3 000 多吨黄金储备存于该行。

国际清算银行的职能是“中央银行的银行”，办理多种国际清算事务。在第二次世界大战后，国际清算银行的业务不断拓展，目前的主要业务有：接受成员中央银行的黄金或货币存款，买卖黄金和货币，买卖可供上市的证券，向成员中央银行贷款或存款，也可与商业银行和国际机构进行类似业务，但不得向政府提供贷款或以其名义开设往来账户。目前，世界上很多中央银行在国际清算银行存有黄金和硬通货，并获取相应的利息。国际清算银行在每月的第一个周末于巴塞尔举行西方主要国家中央银行的行长会议，商讨有关国际金融问题，协调有关成员的金融政策，促进各成员中央银行的合作。

我国于 1984 年与国际清算银行建立了业务联系，自 1985 年起，国际清算银行已开始向我国提供贷款。1996 年 9 月，中国人民银行正式加入国际清算银行，中国人民银行是该行亚洲顾问委员会的成员，周小川行长担任该委员会主席。中国认缴了 3 000 股的股本，实缴金额为 3 879 万美元。2005 年 6 月 1 日，经追加购买，中国共有该行 4 285 股的股本。2006 年 7 月，中国人民银行周小川行长出任国际清算银行董事。

（四）亚洲开发银行

亚洲开发银行（Asian Development Bank，ADB，以下简称“亚行”）是面向亚洲、太平洋地区的区域性政府间国际金融机构。1966 年 11 月，亚行在日本东京成立，同年 12 月 19 日正式营业，总部设在马尼拉。截至 2016 年 12 月，亚行共有 67 个成员，其中本地区成员有 48 个，非本地区成员有 19 个。

亚行的宗旨是：向成员发放贷款、进行投资和技术援助，并与联合国及其专门机构进行合作，以协调各成员在经济、贸易和发展方面的政策，进而促进亚太地区的经济繁荣。

目前，日本和美国同为亚行最大股东，中国是亚行的第三大股东。2000 年 6 月 16 日，亚行驻中国代表处在北京成立。

（五）亚洲基础设施投资银行

亚洲基础设施投资银行（Asian Infrastructure Investment Bank，AIIB，以下简称“亚投行”）是全球首个由中国倡议设立的多边金融机构。亚投行于 2015 年 12 月 25 日正式成立，法定资本为 1 000 亿美元，总部设在北京。截至 2020 年 7 月，亚投行已有 103 个成员。

亚投行的宗旨是：①通过在基础设施及其他生产性领域的投资，促进亚洲经济可持续发展、创造财富并改善基础设施互联互通；②与其他多边和双边开发机构紧密合作，推进区域合作和伙伴关系，应对发展挑战。

亚投行的组织结构分理事会、董事会、管理层三级。理事会是亚投行的最高决策机构，每个成员在亚投行有正、副理事各一名。首任理事会主席是中国财政部部长楼继伟。董事会有12名董事，其中域内9名，域外3名。管理层由行长和5名副行长组成。首任行长是中国财政部副部长金立群。

亚投行的主要业务是援助亚太地区成员的基础设施建设，主要方式是为亚洲各成员的基础设施项目提供融资支持，包括贷款、股权投资以及提供担保等，以振兴包括交通、能源、电信、农业和城市发展在内的各行业投资增长。

专栏

金砖国家新开发银行

金砖国家新开发银行（New Development Bank，NDB）又称金砖银行。自2008年金融危机以来，美国金融政策的变动导致国际金融市场资金的波动，对新兴市场国家的币值稳定造成很大影响。中国货币的波动较小，但印度、俄罗斯、巴西等国都经历了货币巨幅贬值，导致通货膨胀。而靠国际货币基金组织救助存在不及时和力度不够的问题，金砖国家为避免在下一轮金融危机中受到货币不稳定的影响，计划构筑一个共同的金融安全网。一旦出现货币不稳定，可以借助这个资金池兑换一部分外汇来应急。2012年，中国提出了设立“应急储备基金”的倡议，主要是为了解决金砖国家的短期金融危机，是一种救助机制，不是盈利机制。

2013年3月，第五次金砖国家领导人峰会决定建立金砖国家开发银行，成立开发银行将简化金砖国家间的相互结算与贷款业务，从而减少对美元和欧元的依赖。

2014年11月15日，在出席G20布里斯班峰会前夕，习近平主席同巴西、俄罗斯、印度、南非等金砖国家的领导人进行会晤。他指出，金砖国家要继续致力于建设一体化大市场、金融大通道，基础设施互联互通，人文大交流，建立更紧密经济伙伴关系。要抓紧落实建立金砖国家开发银行和应急储备安排。

2014年7月15日，金砖国家发表《福塔莱萨宣言》宣布，金砖国家新开发银行的初始资本为1 000亿美元，由5个创始成员平均出资，总部设在中国上海，首任理事长来自俄罗斯，首任董事长来自巴西，首任行长是来自印度的瓦曼·卡马，任期5年。此后，将按巴西、俄罗斯、南非、中国的顺序轮流产生。2015年7月21日8:30开业。

2017年9月4日，中国与金砖国家新开发银行签署项目准备基金捐赠400万美元的协议。2019年2月26日晚，金砖国家新开发银行宣布在中国成功发行以人民币计价的债券，规模为30亿元人民币。

金砖银行与众不同之处就在于它所有的管理、章程、条款等都是基于平等的基础，金砖银行不会由任何一个国家控制。与亚投行不同，金砖银行中的五个国家都是各自占了20%的投票权，没有哪个国家占据主导权，没有一个国家能够一票否决其他国家的决定。

金砖银行与亚投行不是竞争关系，两者都关注基础设施建设项目，只是后者聚焦在亚洲市场。全球基础设施建设的需求很大，不是某个组织可以完全满足的，在这样的背景下，金砖银行与亚投行可以共同推进基础设施建设，填补这个巨大的缺口。

第三节　区域货币协调的理论与实践

国际货币与经济协调不仅包括全球性的制度和组织安排，还包括一些经济发展程度类似、联系密切的国家之间所进行的区域货币与经济合作。本节将对区域货币协调的理论与实践进行简单介绍。

一、区域货币合作概述

区域货币合作是对国际货币体系改革的一种试验。自 20 世纪 70 年代初布雷顿森林体系崩溃以来，区域性经济一体化的趋势逐渐加强，货币集团化趋势越来越明显，区域货币合作成为一股方兴未艾的潮流。一方面，区域经济一体化的不断深化，客观上要求各国加强货币金融领域的合作与协商以巩固已有成果，并借此增强在国际市场上的竞争力；另一方面，在当前浮动汇率制度盛行的情况下，主要货币之间的汇率波动剧烈，因而影响了国际金融体系的稳定。

根据区域内各国货币合作的程度，可将区域货币合作分为三个层次：

（1）区域货币合作。这是一个最广义的概念，覆盖了所有货币合作的形式和程度，是指有关国家或地区在货币问题上实行的协商、协调乃至共同行为，它在合作形式、时间和内容等方面都有较大的选择余地。区域货币合作往往是相对暂时的、局部的和松散的货币合作。

（2）区域性货币联盟。这是区域货币合作形式的深入发展，是指通过法律文件或共同遵守的国际协议，就货币金融的某些重大问题进行的合作。

（3）通货区。这是区域货币合作的一种高级形式。它具有五个显著特征：①成员货币之间的名义汇率相互固定；②具有一种占主导地位的货币作为各成员货币汇率的共同基础；③这种主导货币与成员货币可以自由兑换；④存在一个协调和管理机构；⑤成员的货币政策主权受到削弱。通货区的最高表现形式是在通货区内实行共同中央银行和共同货币，如欧洲货币联盟下的欧洲中央银行和欧元（Euro）。

二、最适通货区理论

与区域货币合作密切相关的理论是最适通货区理论（theory of optimum currency areas），它主要研究如何给通货区确定一个最佳范围，即具有哪些特性的国家或地区相互之间可以结合成一个通货区，或者说在什么样的条件下加入通货区是利大于弊的，在什么样的条件下加入通货区是利小于弊的。最适通货区的概念最早是由蒙代尔和麦金农于20世纪60年代提出的，此后经许多经济学家发展而日益成熟与完善。

（一）传统的最适通货区理论：单一指标分析法

1961年，经济学家罗伯特·A. 蒙代尔（Robert A. Mundell）首先提出最适通货区理论，他提出用生产要素的高度流动作为确定最适通货区的标准。在蒙代尔之后，罗纳德·麦金农（Ronald McKinnon）、彼得·凯南（Peter Kenen）和詹姆斯·英格拉姆（James Ingram）等学者也对这一问题进行了较深入的研究，提出了各自的划分标准，进一步发展和丰富了最适通货区理论。最适通货区的衡量标准主要包括要素流动性分析、经济开放度分析、产品多样化程度分析、金融一体化程度分析和通货膨胀相似程度分析，如图10－9所示。

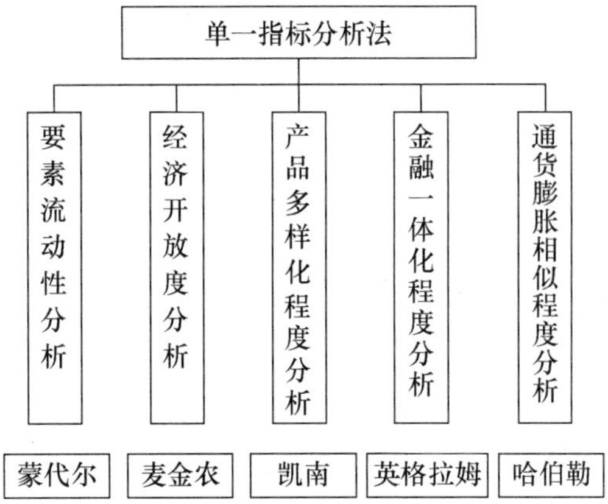

图10－9　最适通货区的衡量标准（单一指标分析法）

1. 要素流动性分析

罗伯特·蒙代尔认为，在价格、工资刚性的前提下，组成最适通货区的机会取决于相关地区的要素流动程度。那些彼此间生产要素高度流动的国家或地区适合组成一个通货区，它们可在区内实行固定汇率制度或采用共同货币，而对区外的其他货币实行浮动汇率制度。

蒙代尔假定世界上有两个经济体A和B（两个国家或两个地区），它们最初都处于充分就业、物价稳定和国际收支平衡状态。假定需求转移是引起A和B收支失衡的主要原因，当人们对B的产品需求转向对A的产品需求时，在A、B之间生产要素不能自由流动的情况下，必然会发生A的贸易顺差和通货膨胀以及B的贸易逆差和失业。如果A和B是拥有各自货币的两个国家，货币当局可以采取货币升值或者贬值的政策来调节国际收支。A国货币汇率的上升有助于降低A国的贸易顺差和通货膨胀压力，B国货币汇率的下跌有助于减轻B的贸易逆差和失业。但这样的汇率调节机制是有前提条件的，即至少应满足马歇尔-勒纳条件。如果A、B是同一国家内的两个区域，它们使用同一种货币，则无须通过汇率变动就能同时解决A区域的通货膨胀和B区域的失业。在允许生产要素自由流动的条件下，资本和劳动力会由B流向产品价格和工资水平较高的A，即通过供给的转移来满足需求的转移，这样就能在两个不同的区域同时达到物价稳定和充分就业。因此，蒙代尔认为现阶段解决问题的办法只能是建立区域性最适通货区或采用共同货币。

2. 经济开放度分析

1963年，罗纳德·麦金农提出，应以经济的高度开放性作为确定最适通货区的标准。麦金农用生产和消费中可贸易产品对不可贸易产品的比例来衡量经济开放度。可贸易产品对不可贸易产品的比重越大，该国的经济开放度越高；反之，经济开放度越低。

麦金农认为，一个经济高度开放的小国难以采用浮动汇率制度来实现经济均衡。这是因为在本币贬值引起可贸易产品价格上涨以后，在开放经济中，由于可贸易产品所占的比例很大，因而可贸易产品价格的上升会迅速引起消费者价格指数的明显上涨。由于货币幻觉不很明显以及工会力量强大，工资会提高，从而引起不可贸易产品价格随着可贸易产品价格的上涨而上涨，乃至全面的物价上涨。对于一个开放经济，由于国内对进口产品的依赖性很强、进口需求弹性较低，因而要纠正外部失衡所需的汇率变动幅度很大。

而在经济相对封闭的情况下，由于可贸易产品占整个社会总产品的比例较低，可贸易产品价格与消费者价格指数的联系较小，再加上很大的不可贸易产品部门也可以在一定程度上吸收部分转移过来的需求，因而本币贬值对通货膨胀的影响不大，有利于经济均衡的恢复。麦金农认为，浮动汇率制度对于相对封闭的经济是有效的，而对于开放经济则是效能低下的。因此，在外部世界价格稳定的前提下，那些贸易联系密切的经济开放区应结成货币同盟，在区域内实行固定汇率制度，以达到价格稳定；在区外实行浮动汇率制度，以期实现可贸易产品相对价格和实际工资的变化。

3. 产品多样化程度分析

彼得·凯南在1969年提出以产品多样化的程度作为确定一个最适通货区的标准，他认为：产品多样化程度越低的国家，越应该加入通货区。

凯南认为，国际收支失衡主要由宏观经济的需求波动引起。他表示这种需求冲击对一国经济所产生的影响，取决于该国产品的多样化程度。对于产品多样化程度高的国家，这种影响相当有限。这是因为产品多样化程度高的国家能够出口范围较广的各种产品，单一品种的出口产品在整个出口中所占比重不大，对某产品或部门的需求减少，可以通过资源向其他产品和部门的转移来缓解需求减少的冲击，因而不会引发严重的国际收支困难，汇率也不需要大幅波动。但是，如果产品单一，情况则正好相反。也就是说，对产品多样化程度低的国家来说，其出口产品的多样化也低，若外国对本国出口产品的需求下降，就必须对汇率做较大幅度的变动，才能维持原有的出口水平。因此，为了防止汇率的大幅波动，产品多样化程度低的国家就应该加入通货区，在区内实行固定汇率制度有助于稳定国内投资和减少外部冲击的打击。

4. 金融一体化程度分析

詹姆斯·英格拉姆在1973年提出将国际金融高度一体化作为最适通货区的一个标准。

英格拉姆认为，如果区域内的金融一体化程度低，则通货区的建立无助于金融市场的稳定和国际收支的平衡，即区域内金融一体化程度越高，越有必要建立通货区。英格拉姆认为，在金融一体化程度低的情况下，由于可以通过远期市场的抛补交易来规避买卖短期证券的外汇风险，因此人们会把短期外国证券作为主要交易对象，但这样一来，各国长期利率的结构就会发生明显差异，导致短期资本外流。

相反，在国际金融市场尤其是长期资本市场高度一体化的情况下，只要国际收支失衡导致利率发生微小变动，就会引起均衡性资本（非投机性短期资本）的大规模流动，使国际收支恢复平衡，从而避免汇率的波动。因此，可以由金融市场高度一体化的国家或地区组成一个最适通货区，在区域内实行固定汇率制度，在区域外实行浮动汇率制度，以实现内外均衡。

5. 通货膨胀相似程度分析

1970 年和 1971 年，哈伯勒和弗莱明分别提出以通货膨胀的相似程度作为确定最适通货区的标准。他们认为，国际收支失衡最有可能是由各国的经济结构不同、工会力量不同和货币政策不同所引起的通货膨胀率差异造成的。较大的通货膨胀率差异会导致贸易条件发生显著变化，并引起经常账户的失衡，从而要求出现与之相抵的汇率变化，而在通货膨胀率相近的情况下，对贸易条件不会产生太大影响，汇率的波动就可以避免。除此以外，通货膨胀率的巨大差异，还会引起短期资本的投机性移动，使国际收支出现失衡、汇率发生波动。所以，具备相同或相近的通货膨胀率，应是组成最适通货区的重要标准。

需要指出的是，以上的各种标准都是从某一角度提出来的，虽然或多或少地反映了国际经济形势的客观变化，但依然无法对区域货币合作问题做出满意的解释。因此，进入 20 世纪 90 年代以后，人们对通货区问题转向了从综合角度（即成本与收益相比较的角度）进行研究。

（二）最适通货区理论的新发展：综合指标分析法

自 20 世纪 90 年代以来，随着宏观经济学理论的不断发展，最适通货区的理论也不断得到修正和补充，逐渐由传统的单一指标分析法向综合指标分析法发展，即综合分析加入通货区的成本与收益。

1. 加入通货区的收益

加入通货区的收益主要在于简化经济结算程序、降低贸易成本。在通货区内实行固定汇率制度可以消除因汇率变动而对贸易和物价产生的不利影响。固定汇率制度为国际贸易决策提供了一个更具预测性的基础。因此，加入通货区的货币效率收益就等于加入国所避免的浮动汇率制度带来的各种不确定性、复杂性和结算与贸易成本等的损失。影响加入通货区所带来收益大小的因素，包括三个方面：

（1）加入国和通货区之间的经济一体化程度。如果经济一体化程度较高，加入国与通货区成员国之间的贸易量很大，加入国与通货区之间允许包括资本和劳动力在内的各种生产要素自由流动，则加入通货区会给加入国带来较大利益；反之，如果经济一体化程度较低，则给加入国带来的收益较小，如图 10 - 10 所示。

图 10 - 10 中的横轴表示加入国与通货区的经济一体化程度，它可以用经济交往的量

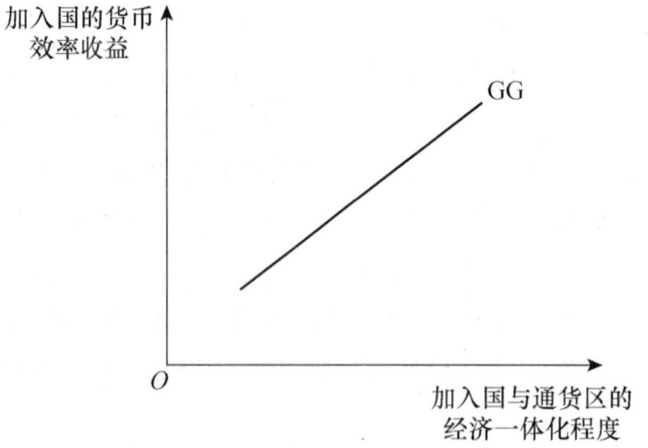

图 10－10　加入通货区的收益

占 GNP 的百分比表示；纵轴表示加入国的货币效率收益，即加入通货区所能带来的收益。图中的 GG 曲线就表示货币效率收益与经济一体化程度的关系，其斜率为正，表明一个国家的经济与其加入的通货区的一体化程度越高，加入的收益越大。

（2）通货区的价格稳定性。如果通货区的价格不稳定，通货区加入国的价格水平就会发生较大波动，从而可能会抵消该国加入通货区所获得的部分货币效率收益；反之，在通货区价格水平稳定或者存在低通货膨胀率的情况下，加入通货区不仅有助于加入国引入通货区低通货膨胀的成果，使该国国内的通货膨胀率也降低，而且还能为政府获得实行低通货膨胀的良好声誉。因此，加入价格水平越稳定的通货区，加入国的收益会越大。

（3）固定汇率制度的可信性。人们对一国加入通货区后维持固定汇率制度的坚定性，也会对加入国所获得的货币效率收益产生影响。当人们对通货区加入国是否真的实行固定汇率制度表示怀疑时（或者说，通货区加入国做出的实行固定汇率制度承诺没有得到市场的充分信任时），汇率变动的不确定性将会继续存在，通货区加入国所获得的货币效率收益将会比事先预期的少；反之，如果加入国实行固定汇率制度的决心得到确认，甚至采用单一货币实现不可逆转的固定汇率制度，则通货区加入国的收益会明显增加。

2. 加入通货区的成本

加入通货区的成本表现为一国加入通货区后，必须放弃其运用汇率工具和货币政策实现稳定国内产出及就业目标的一部分自主权。这是因为在该国面临外部需求冲击的条件下，若实行浮动汇率制度，将会允许国内外产品的相对价格立即发生变化，从而自动缓解外部冲击对该国经济所产生的扰动。但是，若该国加入某通货区，在固定汇率制度下，货币政策无法影响该国国内的产出，实现理想的经济稳定目标将变得非常困难。除非通货区内的国家也面临同样的外部冲击，致使该国货币和通货区内其他国家的货币同时相对于区外货币联合浮动，否则，若只是该国受到来自外部的需求冲击，必然会引起该国就业和产出的不稳定。这种由固定汇率制度引起的经济稳定性损失（economic stability loss）就是加入通货区的成本。

加入通货区的成本大小与加入国和通货区之间的经济一体化程度密切相关。经济一体化程度越高，经济稳定性损失越小，加入通货区的成本越低，反之亦然，如图 10－11

所示。

因此，一国是否加入通货区的决策就是对成本与收益进行比较的结果，如图 10－12 所示。从图中可以看出，当一国与通货区的经济一体化程度大于 θ 时，该国将选择加入通货区，因为此时加入的收益大于成本；当一国与通货区的一体化程度小于 θ 时，该国选择不加入通货区。若经济环境的变化使加入国的经济稳定性效率损失曲线由 LL 曲线右移到 LL′曲线，则在相同的一体化程度上，产出与就业的不稳定性损失较 LL 曲线有所提高，即决定一国是否加入通货区的一体化程度由 θ 提高到 θ'。

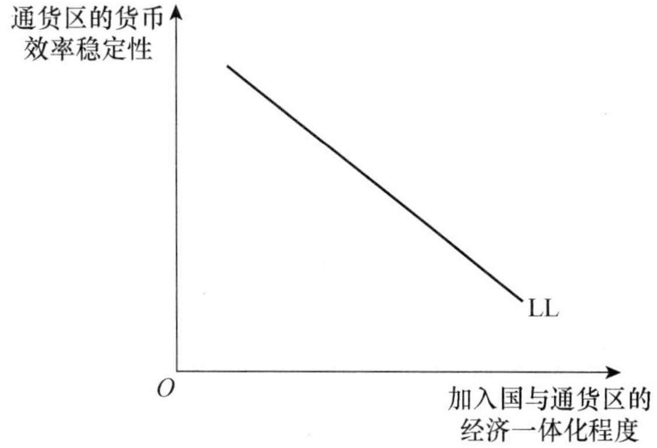

图 10－11 加入通货区的成本

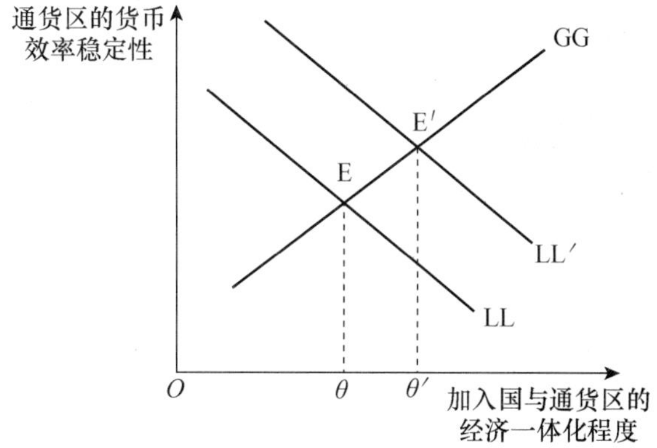

图 10－12 加入通货区的决策

三、最适通货区的政策实践——欧洲经济与货币联盟

欧洲货币一体化的演进被认为是布雷顿森林体系崩溃后国际货币协调方面最有意义的发展，也是迄今为止最适通货区理论最成功的实践。

欧洲货币体系的发展是从欧洲货币联盟开始的，其起源可以追溯至欧洲经济合作组织于 1950 年 7 月 1 日建立的欧洲支付同盟以及 1958 年取代了该同盟的《欧洲货币协定》。1979 年欧洲货币体系启动，1999 年欧元诞生。由此，欧洲货币体系的发展可以划分为四个阶段：欧洲支付同盟、欧洲经济与货币联盟、欧洲货币体系和欧元区。

1. **欧洲支付同盟**

欧洲支付同盟（European Payments Units，EPU）是在第二次世界大战结束后欧洲重建期间，由 17 个欧洲国家（奥地利、比利时、丹麦、法国、德国、希腊、荷兰、冰岛、爱尔兰、意大利、卢森堡、葡萄牙、挪威、瑞典、瑞士、土耳其、英国）直接建立的国际清算同盟。欧洲支付同盟建立于 1950 年 7 月，其建立的初衷是消除彼此间的贸易障碍，实现彼此间货币的自由兑换。

1951 年，法国、联邦德国、意大利、荷兰、卢森堡和比利时六国成立欧洲煤钢共同体；1957 年 3 月，这六国在罗马签署《欧洲经济共同体条约》和《欧洲原子能共同体条约》（合称《罗马条约》），决定建立欧洲经济共同体（European Economic Community，EEC，以下简称“欧共体”）。1958 年 1 月 1 日，《罗马条约》正式生效，标志着欧共体正式成立。

2. **欧洲经济与货币联盟**

在布雷顿森林体系瓦解之际，欧共体国家为了减少国际货币金融不稳定对区内经济的不利影响，同时也为了实现西欧经济一体化的整体目标，于 1969 年提出建立欧洲货币联盟的建议。1970 年 2 月，成立欧洲经济与货币联盟，建立了欧洲货币合作基金和欧洲货币单位，并于 1972 年开始实现成员国货币汇率的联合浮动。

联合浮动又称可调整的钉住汇率，是指区域内参与该机制的成员国的货币之间保持可调整的钉住汇率（固定汇率），并规定汇率的波动幅度；对区域外，则实行集体浮动汇率。按照当时的规定，参与联合浮动的欧共体六国货币之间的汇率波动不超过当时公布的美元平价的±1.125%。此时，国际货币基金组织规定各成员货币兑美元的波动幅度为±2.25%。这样，欧共体六国对区域外的集体浮动在国际货币基金组织规定的上下限内形成了一个更小的波动幅度，犹如“地洞中的蛇”，又称“蛇形浮动”，如图 10－13 所示。

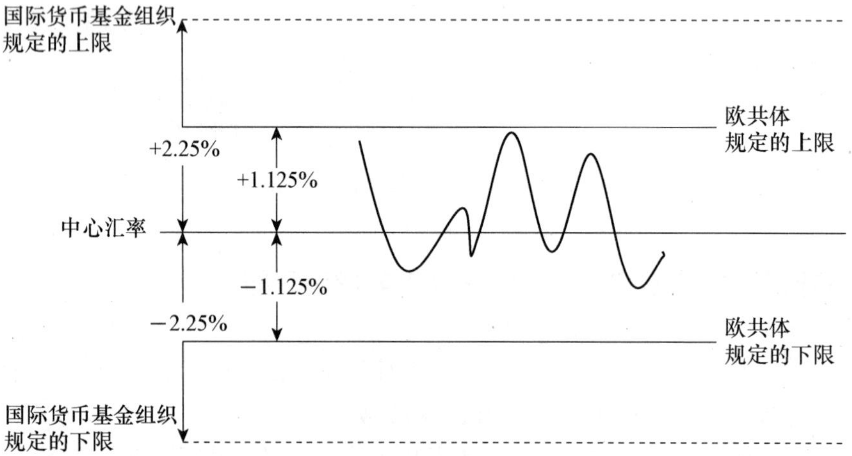

图 10－13　欧共体成员国货币的联合浮动

1973 年布雷顿森林体系解体，西欧各国货币与美元脱钩，国际货币基金组织规定的±2.25%不复存在，但欧共体成员国货币的联合浮动仍然存在，只不过从过去对美元的中心汇率改为对联邦德国马克的平价，此后又改为对欧洲货币单位的平价。这是欧洲经济共同体成员国进行货币合作和建立多边汇率机制的第一次尝试。

3. 欧洲货币体系

1979 年建立欧洲货币体系（European Monetary System，EMS）。欧洲货币体系有三项主要内容：

第一，创设欧洲货币单位（ECU），取代原来的欧洲计算单位（EUA）。欧洲货币单位类似于特别提款权，其价值是欧共体成员国货币的加权平均值，每种货币的权重根据该国在欧共体内部贸易中所占的比重和该国国民生产总值的规模确定。以这种方式计算出来的欧洲货币单位具有价值稳定的特点。在欧洲货币体系成立初期，各成员国将它们20%的黄金储备和 20%的外汇储备交给欧共体的欧洲货币合作基金，该基金以互换的形式向成员国发行数量相当的欧洲货币单位。其中，黄金储备按 6 个月前的黄金平均市场价格或按一个营业日的两笔定价的平均价格计算，美元储备则按市场汇率定值。

第二，建立稳定汇率机制（exchange rate mechanism，ERM）。根据该机制的安排，汇率机制的每一个参与国都确定本国货币与 ECU 的固定（可调整的）比例，也就是确定一个中心汇率，并依据中心汇率套算出与其他参与国货币相互之间的比价。稳定汇率机制通过各国货币当局在外汇市场上的强制性干预，将各国货币汇率的波动限制在允许的幅度内。如果两种货币的汇率达到允许波动幅度的上限或下限，软币国货币当局就必须买入本币以阻止其进一步贬值；相应地，硬币国货币当局必须卖出本币以阻止其货币继续升值。这样，欧共体得以实现汇率机制的稳定。

第三，建立欧洲货币合作基金（European Monetary Cooperation Fund，EMCF），集中成员国各 20%的黄金储备和美元储备作为发行欧洲货币单位的准备。欧洲货币合作基金的主要作用是向成员国提供贷款，帮助它们进行国际收支调节和外汇市场干预，保障欧洲汇率机制的稳定。与此同时，欧洲货币体系还规定了信贷机制：各成员国中央银行可以相互提供本国货币的短期信贷，以其作为利用外汇储备干预市场的补充。

4. 欧元区

自 1993 年 8 月后，多数成员国的汇率波动幅度由初始的±1.125%扩大到±15%。显然，要从根本上消除汇率的波动，只有统一货币。要建立稳定的货币联盟，必然涉及参与国的经济趋同问题。

1991 年，欧共体 12 国首脑在荷兰马斯特里赫特签署《马斯特里赫特条约》（又称《欧洲联盟条约》，以下简称《马约》），规定了参加欧洲货币联盟必须达到的五项趋同标准（convergence criteria）：①申请国在前一年的通货膨胀率不得高于通货膨胀率最低的 3 个国家平均通货膨胀率加 1.5 个百分点。②政府年预算赤字不得超过国内生产总值的 3%。③公共债务累计额不得超过国内生产总值的 60%。④长期平均利率不得超过通货膨胀率最低的 3 个国家相应利率加 2 个百分点。⑤货币汇率必须维持在欧洲货币体系规定的幅度内，并且至少有两年未发生过贬值。

1995 年 12 月，欧洲联盟成员国在马德里召开会议，确定未来的单一货币名称为欧元（Euro）。1999 年 1 月 1 日，欧洲单一货币——欧元开始以电子货币形式（支票、债券、信用卡、股票）在欧元区 11 国（德国、法国、比利时、西班牙、爱尔兰、意大利、卢森堡、荷兰、奥地利、葡萄牙和芬兰）流通。2002 年 1 月 1 日，欧元纸币和硬币在欧元区开始流通。2002 年 3 月 1 日，欧元区各国货币退出流通，欧元成为欧元区唯一的合法货币。截至 2016 年 12 月，欧元区有 19 个成员国。

欧元的出现改变了国际储备体系结构，欧元成为重要的国际贸易、国际投资和储备货币之一。在增强欧盟平衡国际金融市场振荡的能力、扩大欧洲资本市场的市场容量和流动性、促进国际金融市场一体化等方面发挥了重要作用。但是，我们也注意到，欧元和欧元区还存在很多问题，尤其是 2008 年金融危机后面临着多方面的挑战。例如，在统一的货币政策和汇率政策下，欧盟各国的通货膨胀率和经济增长的差异性仍在增强；政治一体化的滞后因素阻碍了金融一体化等。

专　栏

英国为什么要退出欧盟?

2016 年 6 月 23 日，英国举行“脱欧”公投，公投结果将直接影响英国未来是否留在欧盟。最终的计票结果显示，英国民众同意脱离欧盟，即支持脱欧选民票数占总投票数的 52%，支持留欧选民票数占总投票数的 48%。2017 年 2 月 1 日晚，英国议会下议院投票通过政府提交的“脱欧”法案，授权首相特雷莎·梅启动“脱欧”程序。2017 年 3 月 16 日，英国女王伊丽莎白二世批准“脱欧”法案，授权英国首相特雷莎·梅正式启动脱欧程序。

根据分析，英国要脱离欧盟很有可能是因为以下几个原因：

(1) 利益冲突不断加剧。英国并非欧元区国家，可以发行自己独立的货币，有利于保持其出口竞争力，同时拥有自主的财政、货币政策，但这使英国很难真正加入欧洲大陆的事务处理。英国在欧盟缴纳高昂会费，但得不到相应的回报，尤其是在 2008 年欧债危机的关键时期，由于各种利益分歧明显，这一传统强国正在逐步丧失其在欧盟中的地位与参与权。

(2) 孤立主义影响深远。英国是岛国，长期对欧洲大陆保持着优越感，一直对欧洲一体化存在警惕，是欧盟 28 个成员国中对欧盟持怀疑态度最强烈的国家。在市场开放上，不少英国人认为英国向来比欧洲其他国家更依赖全球市场，让英国接受开放的全球市场比限制在欧盟市场更好一些。在地缘政治上，隔着一条海峡，很多英国人完全没有欧洲人的感觉。难民、人口流动等问题让不少英国人对欧盟产生了更大的怀疑和反感。在主张英国“脱欧”的人看来，来自欧盟的移民还大量侵占了英国人的福利。

(3) 英国对欧盟的依赖减少。如果从数据来看，英国对欧盟的依赖度确实有所降低。仅考虑出口方面，英国与欧盟内部的出口比例已从 1999 年的 55%下降到了 2015 年的 45%。不过，如果从总量来看，欧盟仍是英国的第一出口地，这一现状在短期内发生反转的可能性不大，这成了“留欧派”的理论根据之一。

(4) 欧盟繁复的监管措施令英国人不满。欧盟制定的统一监管措施让英国国内有所不满。英国研究欧盟问题的智库——开放欧洲（Open Europe）于 2015 年发布的报告显示，欧盟繁重的监管规定让英国一年耗费 333 亿英镑（约合 470 亿美元）。开放欧洲的分析认为，在最理想的情形下，英国将因为“脱欧”而节省上述开支，从而抵消在贸易方面的损失，并使英国GDP保持增长。除此以外，英国还可以更自由地与其他新兴经济体发展贸易关系，从而刺激国内产业发展，而不必受到欧盟整体贸易政策的掣肘。

英国正式“脱欧”，最令外界关注的是英国的经济前景。对于英国脱离欧盟，欧盟国家也对此纷纷发表意见。德国外长希望英国能以积极的态度留在欧盟，而不是选择对其有益的方面，对欧盟通过的协议挑三拣四。欧洲需要继续加强一体化程度，而不是分裂。在英国脱离欧盟后，欧盟将由德、法、英三强变为德、法两强，这样的联盟从长期来看是不稳定、不持久的，而对于英国来说，由此可能衍生的结果将大大减轻来自欧盟的压力，并有利于英国的长远利益。

政治和经济学家分析了英国“脱欧”带来的后果，一种公认的说法是：英国的“脱欧”行为重创了欧洲经济一体化进程，无论对于哪一方，都有弊大于利的后果。失去了英国的欧盟，犹如少了一条大腿，残缺不全，可能触发多米诺骨牌效应，引发其他国家纷纷“脱欧”，因此欧盟有分崩离析的风险；对于英国，失去了欧盟统一的大市场，不利于英国自身的发展，会严重降低英国在世界上的话语权和影响力；而对于欧盟一方，欧洲理事会主席图斯克强调欧盟成员国仍然欢迎英国作为成员国留下。

本章小结

1. 在开放经济条件下，一国的经济政策会通过汇率、贸易等途径对他国造成影响，其传导效应包括收入传导效应、利率传导效应和相对价格传导效应，它的影响随着各国汇率制度的不同而不同。

2. 国际货币制度主要包括汇率制度、国际储备资产的确定、各国货币的可兑换性、国际支付的原则以及国际收支的调节机制等内容。其中，国际储备资产是国际货币制度的基础，汇率制度是国际货币制度的核心。

3. 历史上第一个国际货币制度是国际金本位制度。在金本位制度下，汇率体系为严格的固定汇率制度，中央银行以黄金形式持有大部分国际储备，物价-现金流动机制对国际收支进行自动调节。

4. 在布雷顿森林体系下，汇率制度是可调整的固定汇率制度，可兑换黄金的美元在该体系下居中心地位。布雷顿森林体系的内在矛盾反映在特里芬难题上，即对美元的信心和国际清偿力之间的矛盾。

5. 牙买加体系走向了以浮动汇率制度为主的混合汇率制度，并逐渐形成以美元为主导的多元化储备体系。国际收支调节通过汇率机制、利率机制、国际货币基金组织的干预和贷款、国际金融市场及商业银行的融资等综合进行。

6. 国际金融组织是国际货币与经济协调的重要组成部分，是指从事国际货币金融管理以及国际融资业务的超国家性质的机构组织，是一种政府间的金融合作组织。国际金融组织大多以银行的形式出现，有些采用了基金组织、协会或公司的名称，如世界银行、国际货币基金组织、国际开发协会和国际金融公司等。按照服务区域来分，国际金融组织可分为全球性国际金融组织和区域性国际金融组织。前者有国际清算银行、国际货币基金组织和世界银行等，后者有亚洲开发银行和亚洲基础设施投资银行等。

7. 区域货币合作是货币国际协调的重要方式，是以削弱成员国货币政策主权为代价来达到区域内经济协调和货币一体化的制度安排。最适通货区理论被用来衡量加入通货区的标准及加入通货区的利弊分析。判断最适通货区的指标主要包括要素流动性、经济开放度、产品多样化、金融一体化程度和通货膨胀相似程度等。

8. 欧洲经济与货币联盟是迄今为止最适通货区理论最为成功的实践，欧洲货币体系的发展经历了欧洲支付同盟、欧洲经济与货币联盟、欧洲货币体系和欧元区四个阶段。欧洲联盟的内部协调机制包括《稳定与增长公约》、欧洲中央银行及欧元区准入条件等。欧元的诞生对增强欧洲国家在国际政治和经济事务中的话语权具有重要作用，欧元对现有国际储备货币中美元一家独大的格局也构成了很大挑战。但是，欧洲货币制度中的单一货币和统一的货币政策与各自为政的财政政策存在严重的冲突，这也是 2009 年欧洲主权债务危机爆发的主要制度性原因。

本章启示

通过对本章知识点的学习，可以使读者了解到：中国倡导并全力推动或积极参与组建的金砖国家新开发银行、亚洲基础设施投资银行等全球或区域多边开发银行，弥补了现有全球和区域多边金融机构的不足，推动了国际政治经济体系的改革，尤其是金融体系的改革，提升了新兴经济体参与全球治理的境界和能力，为全球经济治理改革注入了新鲜血液。读者可以此领会“加强国际合作、推动全球治理体系变革，共同促进人类和平与发展崇高事业”的重要意义。

本章复习题

一、本章重要概念

两国的蒙代尔-弗莱明模型	国际货币制度	国际金本位制度
布雷顿森林体系	牙买加体系	特里芬难题
国际货币基金组织	世界银行	国际金融公司
国际开发协会	国际清算银行	亚洲基础设施投资银行

二、本章思考题

1. 试用两国的蒙代尔-弗莱明模型比较不同汇率制度下财政政策的传导效应。
2. 试用两国的蒙代尔-弗莱明模型比较不同汇率制度下货币政策的传导效应。
3. 简述国际货币制度的概念及分类。
4. 简述布雷顿森林体系的主要内容。
5. 什么是特里芬难题？为什么说它是布雷顿森林体系的致命缺陷？
6. 简述牙买加体系的主要特征。
7. 国际货币基金组织和世界银行在功能及地位上有哪些主要区别？
8. 你认为亚洲基础设施投资银行的产生有哪些作用？

9. 简述最适通货区理论的主要观点。

本章讨论题

2018 年 3 月 2 日，英国首相特雷莎·梅发表了英国政府对“脱欧”协议的五点主张：①协议必须尊重“脱欧”公投结果。②协议必须有持久效用。③协议必须保护英国的就业和安全。④协议必须符合英国未来的发展意愿。⑤协议必须保证英国团结。但是，英国国内对于“脱欧”的前景仍争论不休。根据你所掌握的知识和搜集的有关资料，发表你的看法。

附 录

《国际收支手册》(第六版) 关于各科目的设置及内容

表1 货物与服务账户的类型

科目	内涵	备注
货物	货物是指经济所有权在居民与非居民之间发生变更的一般商品，包括非流通纸币和铸币以及未发行证券、电力、天然气和水、承运人在港口购买的货物、金融租赁中承租方获得的货物等。	国际收支对该账户的统计口径一般不包括在以下特殊类别中的货物：转手买卖货物、非货币黄金，以及部分旅行、建设和别处未涵盖的政府货物和服务。
服务	服务账户记录服务的输入和输出，包括：制造加工服务、维护和维修服务、运输、旅行、建设、保险和养老金服务、金融服务、电信、计算机和信息服务等。	国际账户中服务的提供在各会计期间应当按权责发生制记录。其中，金融服务费用包括明示收费、买卖交易价差、资产管理费用等。

表2 初次收入账户的类型

科目	内涵	备注
雇员报酬	在雇主（生产单位）和雇员为不同经济体的居民时记入雇员报酬，包括居民企业向非居民雇员支付的现金或实物形式的酬金总额和个人从非居民企业获得的现金或实物形式的酬金总额。	
股息和准公司收益提取	股息为股份公司分配给股权所有者的已分配收益，因为后者投入资金供公司处置。 信托机构、合伙组织或其他机构正式组建的准公司分配或提取收益。	非参与优先股的收益按利息收益而非股息收益处理，因为此类股份被归为债务工具。股息和准公司所有者收益提取同样适用于投资基金股份。
再投资收益	投资基金的留存收益和直接投资企业中归属于直接投资者的那部分留存收益，其处理为分配给所有者，并由所有者投回该基金或企业。推算的分配给投资基金所有者和直接投资者的收益，在初次收入账户中列示为“再投资收益”。	对应流量在金融账户内记为“收益再投资”。收益再投资为推定的金融交易。

续表

科目	内涵	备注
利息	利息是某类金融资产所有者因投入金融资产供另一机构单位处置而应收的一种投资收益，这类金融资产包括存款、债务证券、贷款和其他应收款。	还包括金融租赁利息。最初对承租方的贷款以及随后的还款记入出租方和承租方的金融账户。应付贷款利息记入初次收入账户。
归属于保险、标准化担保和养老基金保单持有人的投资收益	这是指保单持有人在保险和标准化担保计划中以技术准备金和养老金权益应付收入的形式拥有的债权的回报。 技术准备金和养老金权益是保险公司、标准化担保发行人和固定福利养老基金的负债，以及保单持有人和受益人的对应资产。	
租金	租金是指将自然资源交由另一机构单位处置而获得的收入。 租金包括因使用土地提炼矿藏和其他地下资产以及捕鱼、林业和放牧权而支付的款项。	资源租赁合同是指具有无限使用期限的自然资源法定所有者向承租人提供该自然资源，以获得定期付款（租金）的协议。
对产品和生产的税收及补贴	除在经济联盟外，产品和生产的跨境税收及补贴通常不大。如果国际组织或地区组织自己征税或支付补贴（也可以通过各国政府完成），则会产生产品和生产的跨境税收及补贴。	

表 3　二次收入账户的类型

科目	内涵	备注
个人转移	包括居民住户向非居民住户提供的或者从其那里获取的所有现金或实物的经常转移。	住户之间进行的与彩票和其他博彩类型有关的经常转移记入个人转移。
对所得、财富等征收的经常性税收	主要包括对非居民提供劳务或金融资产的所得征收的税金和对非居民金融资产处置的资本利得征收的税金。	对非居民雇员的薪水和工资的税收记为非居民雇员的应付款。遗产税作为资本转移处理。
社保缴款	当住户向其工作的非居民经济体的社会保障和养老金计划支付社保缴款时，或雇主代表雇员支付实际或估算的社保缴款时，在国际账户中记录社保缴款。同理，非居民向居民社会保障和养老金计划支付社保缴款时记录该社保缴款。	
非寿险和标准化担保净保费	非寿险净保费来自减去服务费之后的非寿险保费和补充保费合计。只有非寿险净保费才构成经常转移，并记入二次收入账户。	
非寿险索赔和标准化担保下的偿付要求	非寿险索赔按对索赔人的转移处理，在保险事故发生时产生。保险索赔同时具有经常性和资本性要素。按照惯例，除了因灾难引起的异常大额索赔，跨境非寿险索赔按经常转移处理。	
经常性国际合作	包括不同国家政府之间或政府与国际组织之间的现金或实物经常转移。 具有优惠利率的贷款可视为提供经常转移，相关经常转移等于实际利息和市场等价利息之间的差额。	通常说来，技术援助具有经常转移的特点。但是，与投资项目挂钩或作为其中一部分的技术援助归为资本转移，因为投资捐赠属于资本转移。

续表

科目	内涵	备注
其他经常转移	包括除上述内容以外的所有类型经常转移。例如，向为住户服务的非营利机构的经常转移是指居民非营利机构从非居民机构单位获得的会员费、认缴款和捐赠等形式的定期或偶尔的转移。罚金和罚款是指法庭或其他政府机构对机构单位施以的罚金和罚款。赔偿的支付包括机构单位向其他机构单位的经常转移，以补偿前者引起的、未能按非寿险索赔解决的个人损伤或财产损失。向国际或超国家当局支付的无任何回报的强制性非税收款项等。	原始合同规定的提前或延期支付罚款不记入经常转移，而应视同相关货物、服务或收益一道处理。

表 4　资本账户的类型

科目		内涵	备注
非生产、非金融资产的取得（借记）/处置（贷记）	自然资源	包括土地、矿产权、林业权、水资源、渔业权、大气空间和电磁光谱。	
	契约、租约和许可	包括确认为经济资产的契约、租约和许可。这些资产为社会和其法律体系所创建，有时称为无形资产，包括可销售经营租赁、使用自然资源的许可（对这些资源不拥有完全所有权）、进行某些活动的许可（包括某些政府许可）以及购买某项货物或服务的专属权。此类资产的交易记入资本账户。	但是，持有这些资产不记入国际投资头寸，因为没有对应的负债。
	营销资产（或商誉）	营销资产包括品牌、报刊名称、商标、标志和域名等。当拥有营销资产的实体单独将其销售时，即记为非生产、非金融资产的取得和处置。设计新标识的费用属于商业服务，购买既有标识而支付的款项则记入营销资产。	互联网域名在某些情况下确认为营销资产。但是，向域名机构支付的正常注册费属于服务，因为该费用是对注册所做工作的回报。相反，如果域名因稀缺而具有溢价（即超过基础注册费），则作为营销资产项下的某类许可。
资本转移	债务减免	债务减免是指债权人与债务人通过合同（协议）的方式自愿撤销部分或全部债务的行为。债务减免通过合同（协议）方式撤销或减免全部或部分未付本金，包括拖欠的利息和任何已经发生的其他利息成本。	撤销尚未到期和尚未发生的未来利息支付不属于债务减免。
	非人寿保险索赔	非人寿保险索赔通常划分为经常转移。对于部分因灾难引起的异常大额索赔，可以记为资本转移。	
	投资捐赠	投资捐赠包括政府或国际组织向其他机构单位提供的、用于购买固定资产的现金或实物形式的资本转移。	接受者必须将收到的现金投资捐赠用于固定资本形成总额，同时，此类捐赠通常与特定的投资项目挂钩，如大型建设项目。

续表

科目		内涵	备注
资本转移	一次性担保和其他债务承担	一次性担保启动，同时担保人未获得对债务人的债权或获得的债权净值小于担保价值时，则产生资本转移。	
	税金	资本税包括对于机构单位拥有的资产价值或资本净值，或者由于遗赠、生前赠予或其他转让而发生的机构单位之间转移资产的价值，不定期和不经常征收的税金。	对所得和财富征收的经常性税金以及金融和资本交易税被归为经常转移。
	其他资本转移	例如，对保单未涵盖的重大损害或严重伤害进行赔偿而产生的重大非经常性支付，计入资本转移大额赠予和遗产（遗赠），其中包括对非营利机构的赠予和遗赠。	

表 5 金融账户概览

科目	内涵	备注
直接投资	直接投资是跨境投资的一种，其特点是：一经济体的居民对另一经济体的居民企业实施了管理上的控制或重要影响。	在国际组织中的股权不属于直接投资，即使表决权在 10% 或以上时也是如此，因此这种股权出资列入证券投资（如果是证券形式）或其他投资——股权（如果不是证券形式）。
证券投资	证券投资是指没有被列入直接投资或储备资产的、有关债务或股本证券的跨境交易和头寸。 证券投资包括但不限于在有组织市场或其他金融市场上交易的证券。	尽管属于可流通工具，但交易所交易的金融衍生品不列入证券投资，因为它们被列入单独的类别中。 非证券形式的股权（例如，非公司型企业中的股权）不列入证券投资，而列入直接投资或其他投资。
金融衍生品（储备除外）和雇员认股权	金融衍生合约是一种金融工具，该金融工具与另一个特定的金融工具、指标或商品挂钩，通过这种挂钩，可以在金融市场上对特定金融风险本身进行交易。 雇员认股权作为一种报酬形式，是向公司雇员提供的一种购买公司股权的期权。	在二级市场销售期权，无论是在交易所还是场外交易，都按市场价格计值，并作为金融衍生品交易记入金融账户。
其他投资	例如，一次性担保和其他债务承担在启动时确认为金融资产和负债；向国际货币基金组织成员分配的特别提款权，应作为特别提款权接受方的负债，列示在其他投资——特别提款权负债项目下，对应分录为储备资产下的特别提款权。	
储备资产	储备资产包括货币黄金、特别提款权持有、在国际货币基金组织的储备头寸、货币和存款、证券（包括债务和股本证券）、金融衍生品和其他债权（贷款和其他金融工具）。	不作为储备资产持有的金块不是金融资产，作为非货币黄金记入货物与服务账户。

国际金融重要术语中英文对照表

第一章

国际收支 balance of payment

国际收支平衡表 balance of international payments

经常账户 current account

初次收入账户 primary income account

二次收入账户 secondary income account

资本账户 capital account

金融账户 financial account

误差与遗漏 errors and omissions

自主性交易 autonomous transaction

调节性交易 accommodating transaction

国际收支顺差 balance of payment surplus

国际收支逆差 balance of payment deficit

外汇平准基金 exchange stabilization fund

第二章

外汇 foreign exchange

汇率 foreign exchange rate

直接标价法 direct quotation

间接标价法 indirect quotation

美元标价法 U. S. dollar quotation

买入汇率 buying rate，bid rate

卖出汇率 selling rate，offer rate

现钞汇率 banknote rate

基本汇率 basic rate

套算汇率 cross rate

电汇汇率 telegraphic transfer rate，T/T rate

信汇汇率 mail transfer rate，M/T rate

票汇汇率 demand draft rate，D/D rate

即期汇率 spot rate

远期汇率 forward rate

远期差价 forward margin

远期升水 forward premium

远期贴水 forward discount

互换率 swap rate

黄金输送点 gold transport points

金平价 gold par

铸币平价 mint par，specie par

升值 appreciation

贬值 depreciation

法定贬值 devaluation

法定升值 revaluation

贸易条件 terms of trade，TOT

外汇倾销 exchange dumping

第三章

国际收支说 balance of payment theory

一价定律 the law of one price

购买力平价理论 the theory of purchasing power parity，PPP

绝对购买力平价 absolute purchasing power parity

相对购买力平价 relative purchasing power parity

利率平价理论 theory of interest rate parity，IRP

抛补利率平价 covered interest rate parity，CIP

无抛补利率平价 uncovered interest rate parity，UIP

资产市场说 assets market approach

货币分析法 monetary approach

资产组合分析法 portfolio approach

弹性价格货币分析法 flexible-price monetary approach

黏性价格货币分析法 sticky price monetary approach

汇率超调 overshooting exchange rate

第四章

弹性分析法 elasticity approach

马歇尔－勒纳条件 Marshall-Lerner condition

J 曲线效应 J-curve effect

国际收支货币分析法 monetary approach to balance of payments

吸收论 absorption approach

米德冲突 Meade conflict

丁伯根法则 Tinbergen's rule

斯旺模型 Swan model

有效市场分配原则 the principle of effective market classification

蒙代尔－弗莱明模型 Mundell-Flemming model

第五章

外汇市场 foreign exchange market

跑街经纪人 running broker

即期外汇交易 spot exchange transaction

标准交割 value spot，VAL SP

隔日交割 value tomorrow，VAL TOM

当日交割 value today，VAL TOD

套汇交易 arbitrage transaction

地点套汇 space arbitrage

时间套汇 time arbitrage

直接套汇 direct arbitrage

远期外汇交易 forward exchange transaction

非交割远期合约 non-deliverable forward contracts，NDF

远期套期保值 forward hedging

掉期交易 swap transaction

外汇期货 foreign exchange futures，FxFut

外汇期权 foreign currency option

欧式期权 European option

美式期权 American option

看涨期权 call option

看跌期权 put option

第六章

国际金融市场 international financial market

大额可转让定期存单 certificate of deposit，CD

国库券 treasury bill

离岸金融市场 offshore finance market

在岸金融市场 onshore finance market

伦敦银行同业拆借利率 London interbank offered rate，LIBOR

银团贷款 consortium loan，syndicated loan

国际债券 international bond

外国债券 foreign bonds

扬基债券 Yankee bond

利息平衡税 interest equalization tax

猛犬债券 Bulldog bonds

武士债券 Samurai bond

全球债券 global bonds

欧洲货币 Eurocurrency

欧洲货币市场 Eurocurrency market

欧洲债券 Eurobonds

国际银行设施 International Banking Facilities，IBFs

承担费 commitment fee

宽限期 grace period

双货币债券 dual currency bond

附认股权证债券 bond with warrants

票据发行便利 note issuance facilities，NIF

牵头银行 lead bank

利率互换 interest rate swaps

货币互换 currency swaps

平行贷款 parallel loans

“背对背”贷款 back-to-back loans

信用违约互换 credit default swap，CDS

信用违约期权 credit default options，CDO

信用联结票据 credit linked note，CLN

第七章

定金 down payment

预付款 advance payment

打包放款 packing loans

出口押汇 export bill purchase

承兑信用 acceptance credit

信用证 letter of credit，L/C

国际保付代理 international factoring

国际保理商联合会 Factors Chain International，FCI

贸易融资 trade financing

信用销售控制 credit control

债款回收 collection from debtor

出口信贷 export credit

卖方信贷 supplier's credit

买方信贷 buyer's credit

福费廷 forfeiting

政府贷款 government loan

第八章

汇率制度 exchange rate regime，exchange rate system

浮动汇率制度 floating exchange rate system

固定汇率制度 fixed exchange rate system

管理浮动（肮脏浮动）managed floating，dirty floating

自由浮动（清洁浮动）free floating，clean floating

不可能三角定律 the principle of impossible trinity

联合浮动 joint floating

外汇管制 foreign exchange control

第八条款国 Article Ⅷ Member

十国集团 Group of Ten

国际清偿力 international liquidity

储备资产 reserve assets

黄金储备 gold reserve

货币性黄金 monetary gold

外汇储备 foreign exchange reserves

普通提款权 general drawing right

特别提款权 special drawing right，SDR

份额 quota

国际储备 international reserves

第九章

国际资本流动 international capital flows

短期资本流动 short-term capital flows

长期资本流动 long-term capital flows

国际证券投资 international portfolio investment

国际直接投资 international direct investment

外债 external debt

债务危机 debt crisis

货币危机 currency crisis

热钱 hot money

金融恐慌 financial panic

资本外逃 capital flight

第十章

国际货币体系 international monetary system

布雷顿森林体系 Bretton Woods System

特里芬难题 Triffin dilemma

国际货币基金组织 International Monetary Fund，IMF

国际复兴开发银行 International Bank for Reconstruction and Development，IBRD

国际开发协会 International Development Association，IDA

国际金融公司 International Finance Corporation，IFC

多边投资担保机构 Multilateral Investment Guarantee Agency，MIGA

国际清算银行 Bank for International Settlements，BIS

“第三窗口”贷款 the third window loan

软贷款 soft loan

亚洲开发银行 Asian Development Bank，ADB

亚洲基础设施投资银行 Asian Infrastructure Investment Bank，AIIB

最适通货区理论 theory of optimum currency areas

欧洲支付同盟 European Payments Units，EPU

欧洲货币体系 European Monetary System，EMS

汇率机制 exchange rate mechanism，ERM

欧元 Euro

参考书目

1. 吕随启，王曙光，宋芳秀. 国际金融教程. 2 版. 北京：北京大学出版社，2007.
2. 易纲，张磊. 国际金融. 上海：格致出版社，2008.
3. 侯高岚. 国际金融. 2 版. 北京：清华大学出版社，2009.
4. 杨胜刚. 国际金融学. 武汉：中南财经大学出版社，2010.
5. 姜波克. 国际金融新编. 5 版. 上海：复旦大学出版社，2013.
6. 蒋先玲，于瑾，吴青. 国际金融教程. 北京：北京大学出版社，2014.
7. 刘惠好. 国际金融. 3 版. 北京：中国金融出版社，2017.
8. [英] 阿德里安·巴克利. 国际金融. 北京：中国人民大学出版社，2013.
9. [美] 托马斯·A. 普格尔. 国际金融. 15 版. 北京：中国人民大学出版社，2014.

图书在版编目（CIP）数据

国际金融/蒋先玲编著. --2版. --北京：中国人民大学出版社，2021.4
新编21世纪金融学系列教材
ISBN 978-7-300-29108-6

Ⅰ.①国… Ⅱ.①蒋… Ⅲ.①国际金融学-高等学校-教材 Ⅳ.①F831

中国版本图书馆CIP数据核字（2021）第045091号

新编21世纪金融学系列教材
国际金融（第二版）
编　著　蒋先玲
Guoji Jinrong

出版发行	中国人民大学出版社			
社　址	北京中关村大街31号	邮政编码	100080	
电　话	010－62511242（总编室）		010－62511770（质管部）	
	010－82501766（邮购部）		010－62514148（门市部）	
	010－62515195（发行公司）		010－62515275（盗版举报）	
网　址	http：//www.crup.com.cn			
经　销	新华书店			
印　刷	北京密兴印刷有限公司	版　次	2018年10月第1版	
规　格	185 mm×260 mm　16开本		2021年4月第2版	
印　张	22.25插页1	印　次	2023年2月第4次印刷	
字　数	508 000	定　价	49.00元	

教学支持说明

1. 教辅资源获取方式

为秉承中国人民大学出版社对教材类产品一贯的教学支持，我们将向采纳本书作为教材的教师免费提供丰富的教辅资源。您可直接到中国人民大学出版社官网的教师服务中心注册下载——http://www.crup.com.cn/Teacher。

如遇到注册、搜索等技术问题，可咨询网页右下角在线 QQ 客服，周一到周五工作时间有专人负责处理。

注册成为我社教师会员后，您可长期根据您所属的课程类别申请纸质样书、电子样书和教辅资源，自行完成免费下载。您也可登录我社官网的“教师服务中心”，我们经常举办赠送纸质样书、赠送电子样书、线上直播、资源下载、全国各专业培训及会议信息共享等网上教材进校园活动，期待您的积极参与！

2. 赠送“经管之家”论坛币

经管之家（http://www.jg.com.cn）于 2003 年成立，致力于推动经济学科的进步，传播优秀教育资源，做最好的经管教育。目前已经发展成国内最大的经济、管理、金融、统计类在线教育平台，也是国内最活跃和最具影响力的经济类网站。

为了更好地服务于教学一线的任课教师，凡使用中国人民大学出版社经济分社教材的教师，注册成为我社教师会员后，均可填写以下信息调查表，发送电子邮件或者邮寄或者传真给我们，我们将会向您赠送经管之家论坛币 200 个。

教师信息表

姓名：
学校：
论坛 ID：
教授课程：
使用教材：
论坛识别码：pinggu_com_1501511_8899768

3. 高校教师可加入下述学科教师 QQ 交流群，获取更多教学服务

经济类教师交流群：一群：140105952（已满），或二群：809471792
财政金融教师交流群：一群：182073309（已满），或二群：766895628
国际贸易教师交流群：一群：162921240（已满），或二群：611026561
税收教师交流群：119667851

4. 购书联系方式

网上书店咨询电话：010-82501766
邮购咨询电话：010-62515351
团购咨询电话：010-62513136

中国人民大学出版社经济分社
地址：北京市海淀区中关村大街甲 59 号文化大厦 1506 室　100872
电话：010-62513572　010-62515803
传真：010-62514775
E-mail：jjfs@crup.com.cn